Die Casebook-Reihe
wird herausgegeben von

Prof. Dr. Johannes Kaspar
Prof. Dr. Tobias Reinbacher

NOMOSSTUDIUM

Prof. Dr. Johannes Kaspar
Universität Augsburg

Prof. Dr. Tobias Reinbacher
Julius-Maximilians-Universität Würzburg

Casebook Strafrecht Allgemeiner Teil

2. Auflage

Die Deutsche Nationalbibliothek verzeichnet diese Publikation in
der Deutschen Nationalbibliografie; detaillierte bibliografische
Daten sind im Internet über http://dnb.d-nb.de abrufbar.

ISBN 978-3-8487-8620-6 (Print)
ISBN 978-3-7489-3151-5 (ePDF)

2. Auflage 2023
© Nomos Verlagsgesellschaft, Baden-Baden 2023. Gesamtverantwortung für Druck
und Herstellung bei der Nomos Verlagsgesellschaft mbH & Co. KG. Alle Rechte, auch die
des Nachdrucks von Auszügen, der fotomechanischen Wiedergabe und der Übersetzung,
vorbehalten.

Vorwort zur 2. Auflage

Erfreulicherweise wurde unser Casebook zum Allgemeinen Teil des Strafrechts so gut aufgenommen, dass wir nun nach kurzer Zeit schon die 2. Auflage vorlegen können. Das Werk wurde vollständig durchgesehen und auf den neuesten Stand gebracht. Die wichtigste Änderung besteht darin, dass der frühere Fall 1 („YouTube"), der aufgrund einer zwischenzeitlichen Gesetzesreform überholt war, aus dem Buch entfernt wurde. Dafür haben wir Fall 6 („Hammerschlag") neu in die Darstellung aufgenommen – hier geht es um die (sehr examensrelevante) Entscheidung BGH NJW 2021, 795, in welcher sich der BGH erstmals zur Frage des dolus alternativus geäußert hat. Nach wie vor gilt, dass das Casebook die ideale Ergänzung zum Lehrbuch „Strafrecht Allgemeiner Teil" von Johannes Kaspar darstellt, das zeitgleich in 4. Auflage im Nomos-Verlag erscheint. Das Paket aus beiden Werken eignet sich nicht nur für die „ersten Schritte" im Strafrecht, sondern auch für eine kompakte Wiederholung im Rahmen der Examensvorbereitung.

Wie bei der ersten Auflage wurden wir auch dieses Mal wieder hervorragend von unseren Mitarbeiterinnen und Mitarbeitern unterstützt. In Augsburg waren dies vor allem Frau *Johanna Kloster*, Herr *Ben-Said Sharif Samani* und Herr *Nicolas Merdes*, in Würzburg Herr *Johannes Eirich*, Frau *Hannah Seligmann* und Frau *Sonja Seßler*. Ihnen gebührt unser ganz besonderer Dank.

Augsburg und Würzburg, September 2022

Johannes Kaspar   Tobias Reinbacher

Vorwort zur 1. Auflage

Wir freuen uns, mit diesem Casebook Strafrecht AT eine neue, von uns herausgegebene Reihe von Fallsammlungen einzuläuten, die auch das bereits erschienene Casebook BGB AT umfasst. Weitere Bände werden folgen. Wir sind davon überzeugt, dass das Lernen am Fall einen besonderen didaktischen Wert hat. Dies gilt insbesondere für die „Klassiker" aus der höchstrichterlichen Rechtsprechung, die den Gegenstand dieser Reihe bilden und deren Bedeutung für das juristische Verständnis *Otto* (Jura 2019, 474) erst vor kurzem nochmals hervorgehoben hat. Daher ist es unser Anliegen, das in Deutschland eher seltene Format des „Casebooks" zu beleben, das im angloamerikanischen Raum weit verbreitet ist. Wir haben die Fälle dabei nicht nur unkommentiert zusammengestellt, sondern nehmen zugleich eine Einordnung vor, die den historischen Kontext berücksichtigt, zugleich auf abweichende Stimmen in der Literatur eingeht und einen Bezug zu anderen höchstrichterlichen Entscheidungen herstellt, so dass auch eine Entwicklung in der Rechtsprechung nachverfolgt werden kann. Wir haben uns bewusst auf eine Auswahl von 30 Fällen beschränkt, um die rechtlichen Probleme eingehend diskutieren zu können und Raum für zusätzliche, über den jeweiligen Fall hinausgehende und das Verständnis weiter vertiefende Fragen zu lassen.

Dieses Buch richtet sich zunächst an Studierende, die sich den Allgemeinen Teil des Strafrechts anhand der wichtigsten BGH-Entscheidungen erschließen wollen. Es ist damit zugleich eine ideale Ergänzung zum einführenden Lehrbuch „Strafrecht Allgemeiner Teil" (3. Aufl. 2019) von Johannes Kaspar, einem der beiden Autoren des vorliegenden Werks. Aber auch für Examenskandidatinnen und Examenskandidaten werden sich die Casebooks als gewinnbringend erweisen, da die in den „Klassikern" behandelten Probleme regelmäßig auch in gleicher oder nur leicht abgewandelter Form Gegenstand von Klausuren und mündlichen Prüfungen sind und im Examen zum unabdingbaren Grundwissen gehören. Mit dieser Reihe können sie schnell und didaktisch aufbereitet wiederholt werden. Schließlich soll die Reihe aber auch ausländischen Forscherinnen und Forschern dienen, die sich einen ersten fallbasierten Überblick über die wichtigsten Teilgebiete des deutschen Rechts verschaffen wollen. Übersetzungen in andere Sprachen sind anvisiert.

Bei der Auswahl und Anordnung der Fälle haben wir uns an den Stufen des Deliktsaufbaus orientiert, so dass nach der Frage der Anwendbarkeit des deutschen Strafrechts der Reihe nach Probleme aus dem Tatbestand, der Rechtswidrigkeit und der Schuld angesprochen werden. Es folgen die Themenbereiche Versuch und Rücktritt, Unterlassen, Täterschaft und Teilnahme, Irrtümer sowie Konkurrenzen. Die einzelnen Fälle sind immer anhand desselben Schemas aufgebaut: Nach einer kompakten Zusammenfassung des Original-Sachverhalts wird kurz in die rechtlichen Probleme des Falles eingeführt. Danach folgt die Darstellung der Entscheidung des BGH anhand von besonders markanten Zitaten. Hierbei geben wir (abgesehen von z.T. leicht veränderten Namenskürzeln der Beteiligten) stets den Originalwortlaut des jeweiligen Urteils wieder. Im Anschluss erfolgt eine Einordnung der Entscheidung, die auch die Diskussion abweichender Ansichten umfasst. Dabei haben wir uns – dem didaktischen Konzept der Reihe entsprechend – mit unserer eigenen Meinung weitgehend zurückgehalten. Sodann haben wir einige Zusatzfragen gestellt, die über den Entscheidungsinhalt hinausgehen und jeweils im Anschluss beantwortet werden. Den Schluss bilden einige (bewusst selektive) Hinweise auf von uns ausgewählte Literatur, wobei es sich vornehmlich um didaktisch orientierte Lehrbücher sowie um einschlägige Aufsätze

Vorwort zur 1. Auflage

handelt. Auch im Text finden sich teilweise Hinweise auf spezifische Ansichten einzelner Autorinnen oder Autoren. Im Übrigen haben wir aber auf Nachweise verzichtet. Dazu dienen die Verweise auf einzelne Aufsätze und didaktische Lehrbücher, in denen die jeweiligen Streitstände bei Bedarf nachgearbeitet werden können.

Wir danken unseren zahlreichen Mitarbeiterinnen und Mitarbeitern, die uns bei der Erstellung dieses Bandes tatkräftig unterstützt haben, in Augsburg: *Michaela Braun, Dr. Stephan Christoph, Philipp Eierle, Dorin Guba, Juliane Koburg, Fabian Peltzer, Julia Schneider, Christoph Schrall, Jonas Schrötter* und *Hiba Tfeili*; in Berlin und Würzburg: *Yanik Bolender, Carolin Coenen, Cathrin Cordes, Lukas Hambel, Anna Rappl, Matthias Rinck und Sonja Seßler.*

Augsburg und Würzburg, Dezember 2019

Johannes Kaspar   Tobias Reinbacher

Inhalt

Vorwort zur 2. Auflage		5
Vorwort zur 1. Auflage		7
Fall 1:	Lederspray BGH, 2 StR 549/89, BGHSt 37, 106 Kausalität; Kausalität bei Gremienentscheidungen; Kausalität bei unbekannten naturwissenschaftlichen Zusammenhängen	13
Fall 2:	Bratpfanne BGH, 1 StR 291/66, NJW 1966, 1823 Objektive Zurechnung	23
Fall 3:	Radfahrer BGH, 4 StR 354/57, BGHSt 11, 1 Objektive Zurechnung; Pflichtwidrigkeitszusammenhang	28
Fall 4:	Gubener Hetzjagd BGH, 5 StR 42/02, BGHSt 48, 34 Erfolgsqualifikation; spezifischer Gefahrzusammenhang	34
Fall 5:	Lederriemen BGH, 5 StR 35/55, BGHSt 7, 363 Vorsatz; dolus eventualis	42
Fall 6:	Hammerschlag BGH, 4 StR 95/20, NJW 2021, 795 Vorsatz; dolus alternativus	48
Fall 7:	Jauchegrube BGH, 5 StR 77/60, BGHSt 14, 193 Vorsatz; dolus generalis	54
Fall 8:	Streit im Zugabteil BGH, 5 StR 432/95, BGHSt 42, 97 Notwehr; Notwehrprovokation	60
Fall 9:	Spanner BGH, 1 StR 74/79, NJW 1979, 2053 Rechtfertigender Notstand; entschuldigender Notstand; Dauergefahr	67
Fall 10:	Sado-Maso-Praktiken BGH, 2 StR 505/03, BGHSt 49, 166 Einwilligung; Sittenwidrigkeit	74
Fall 11:	Behandlungsabbruch BGH, 2 StR 454/09, BGHSt 55, 191 Rechtfertigung bei Behandlungsabbruch	81
Fall 12:	Zweitoperation BGH, 1 StR 300/03, NStZ-RR 2004, 16 Hypothetische Einwilligung	91

Inhalt

Fall 13: Trunkenheitsfahrt
BGH, 4 StR 217/96, BGHSt 42, 235
Schuldfähigkeit; actio libera in causa ... 95

Fall 14: Nachbarn
BGH, 2 StR 473/14, NStZ 2016, 84
Notwehr; Gebotenheit; Notwehrexzess ... 103

Fall 15: Haustyrann
BGH, 1 StR 483/02, BGHSt 48, 255
Entschuldigender Notstand; Entschuldigungstatbestandsirrtum ... 109

Fall 16: Pfeffertüte
BGH, 4 StR 839/51, NJW 1952, 514
Versuch; unmittelbares Ansetzen ... 117

Fall 17: Bärwurz
BGH, 1 StR 234/97, BGHSt 43, 177
Versuch; unmittelbares Ansetzen ... 122

Fall 18: Insektengift
BGH, 1 StR 846/94, BGHSt 41, 94
Grob unverständiger Versuch ... 128

Fall 19: Denkzettel
BGH, GSSt 1/93, BGHSt 39, 221
Rücktritt; außertatbestandliches Handlungsziel ... 134

Fall 20: Gashahn
BGH, 2 StR 251/02, BGHSt 48, 147
Rücktritt; Unterlassungsdelikt ... 142

Fall 21: Regenrohr
BGH, 4 StR 529/74, BGHSt 26, 35
Unterlassen; Garantenstellung ... 148

Fall 22: Staschynskij
BGH, 9 StE 4/62, BGHSt 18, 87
Täterschaft und Teilnahme ... 156

Fall 23: Sirius
BGH, 1 StR 168/83, BGHSt 32, 38
Mittelbare Täterschaft; Selbsttötung ... 162

Fall 24: Katzenkönig
BGH, 4 StR 352/88, BGHSt 35, 347
Mittelbare Täterschaft; vermeidbarer Verbotsirrtum ... 168

Fall 25: Zauberwald
BGH, 5 StR 581/10, NStZ 2011, 570
Vorstufen der Beteiligung; Verbrechensverabredung ... 176

Fall 26: Hoferbe
BGH, 4 StR 371/90, BGHSt 37, 214
Anstiftung; error in persona des Haupttäters ... 183

Fall 27: Sprengfalle
BGH, 1 StR 635/96, NStZ 1998, 294
error in persona; aberratio ictus ... 189

Fall 28: Vermeintlicher Verfolger
BGH, 4 StR 613/57, BGHSt 11, 268
Mittäterschaft; error in persona eines Mittäters ... 195

Fall 29: Hell's Angels
BGH, 2 StR 375/11, NStZ 2012, 272
Erlaubnistatbestandsirrtum ... 201

Fall 30: Dagobert
BGH, 5 StR 465/95, BGHSt 41, 368
Konkurrenzen; Handlungseinheit und Handlungsmehrheit ... 209

Stichwortverzeichnis ... 217

Fall 1: Lederspray

BGH, 2 StR 549/89, BGHSt 37, 106
Kausalität; Kausalität bei Gremienentscheidungen; Kausalität bei unbekannten naturwissenschaftlichen Zusammenhängen

I. Sachverhalt

Die W u. M GmbH stellte Artikel zur Schuh- und Lederpflege her, ua auch Ledersprays in Treibgasdosen. Ab dem Spätherbst 1980 gingen bei der Firmengruppe Meldungen über gesundheitliche Schäden ein, die nach Gebrauch des Ledersprays aufgetreten waren, wie Atembeschwerden, Übelkeit, Schüttelfrost und Fieber, teilweise in lebensgefährlicher Intensität. Die Schadensmeldungen lösten unternehmensinterne Untersuchungen aus, die sich auf zurückgegebene Spraydosen bezogen. Fabrikationsfehler ergaben sich dabei nicht. Es wurde nur festgestellt, dass bei einem Spray seit Mitte 1980 der Wirkstoffanteil des Silikonöls erhöht worden war. Diese Rezepturänderung wurde Anfang 1981 rückgängig gemacht. Gleichwohl folgten weitere Schadensmeldungen. Mitte April 1981 kam es deshalb zu einem kurzfristigen Produktions- und Vertriebsstopp für bestimmte Sprays, der jedoch, nachdem Untersuchungen in der firmeneigenen Chemieabteilung ohne Ergebnis geblieben waren, nach wenigen Tagen wieder aufgehoben wurde.

Im Mai 1981 fand eine Sondersitzung der Geschäftsführung statt. Den einzigen Tagesordnungspunkt bildeten die bekanntgewordenen Schadensfälle. Teilnehmer waren sämtliche Geschäftsführer der Firma W. u. M. GmbH, darunter auch S und Dr. Sch. Der in der Firmengruppe als Leiter des Zentrallabors beschäftigte Chemiker trug den Sachstand vor. Er verwies darauf, dass nach den bisherigen Untersuchungen kein Anhaltspunkt für toxische Eigenschaften und damit eine Gefährlichkeit der Sprays gegeben sei, weshalb keine Veranlassung zu einem Rückruf dieser Produkte bestehe. Er schlug ua vor, Warnhinweise auf allen Spraydosen anzubringen und bereits vorhandene Hinweise gegebenenfalls zu verbessern. Diesem Vorschlag schloss sich die Geschäftsführung an. Sie ging einstimmig davon aus, dass die Anordnung eines Vertriebsstopps, einer Rückruf- oder auch Warnaktion nur dann in Betracht zu ziehen sei, falls die noch ausstehenden Untersuchungen einen „echten Produktfehler" oder ein „nachweisbares Verbraucherrisiko" ergeben sollten. In der Folgezeit kam es zu weiteren Meldungen über Gesundheitsschäden beim Verwenden des Ledersprays. Nach Einschreiten des Bundesgesundheitsamts wurden 1983 schließlich ein Verkaufsstopp und eine Rückrufaktion durchgeführt. Neben anderen Beteiligten wurden auch S und Dr. Sch wegen der Schäden vor dem LG angeklagt. Obwohl es auch bei neuerlichen Untersuchungen nicht gelang, eine bestimmte Substanz als schadensauslösend zu identifizieren, stellte das Gericht fest, dass die Ursache der Vorfälle „nur in etwaigen toxikologischen Wirkungsmechanismen einzelner Rohstoffe allein oder zumindest in der Kombination mit anderen Rohstoffen liegen" konnte und mithin gelegen habe. Es verurteilte S und Dr. Sch wegen fahrlässiger Körperverletzung im Hinblick auf vier Schadensfälle, die eintraten, nachdem Anfang 1981 ein Schadensfall bekanntgeworden war. Im Hinblick auf 38 weitere Schadensfälle, die sich nach der Geschäftsführersitzung im Mai 1981 ereignet hatten, nahm es eine vorsätzliche gefährliche Körperverletzung an. Dagegen legten die Angeklagten Revision zum BGH ein.

II. Rechtliche Probleme des Falls

2   Im Zivilrecht hat die Rechtsprechung schon seit langem eine Produkthaftung des Produzenten eines fehlerhaften Produkts nach den Grundsätzen des Deliktsrechts anerkannt (vgl. nur BGHZ 51, 91 – Hühnerpest), was sich inzwischen im Produkthaftungsgesetz niedergeschlagen hat, das eine verschuldensunabhängige Schadensersatzpflicht vorsieht. Hier im Fall stand hingegen eine strafrechtliche Einstandspflicht der Geschäftsleitung im Raume. Eine Entsprechung zur verschuldensunabhängigen zivilrechtlichen Produkthaftung kann es im Strafrecht aufgrund des Schuldprinzips nicht geben. Die Frage, ob S und Dr. Sch sich strafbar gemacht haben, ist daher auch nicht ganz so leicht zu beantworten.

3   Dabei ist zunächst zu klären, ob S und Dr. Sch ein aktives Tun (der Vertrieb der Ledersprühdosen) oder ein Unterlassen (des Rückrufs) vorzuwerfen ist. In letzterem Fall müssten sie gem. § 13 StGB rechtlich dafür einzustehen haben, dass der Erfolg nicht eintritt, also eine entsprechende Garantenpflicht gehabt haben, ihn zu verhindern. Hier bieten sich verschiedene Anknüpfungspunkte an: Man könnte, wie es das LG tat, erwägen, die zivilrechtliche Produkthaftung und entsprechende Verkehrssicherungspflichten auf das Strafrecht zu übertragen; man könnte aber auch daran denken, eine Gefahrenquelle im Hinblick auf den Geschäftsbetrieb anzunehmen, den die Angeklagten überwachen mussten oder man könnte schließlich an eine Garantenstellung aus Ingerenz denken, weil der Vertrieb der Produkte möglicherweise ein vorwerfbares Vorverhalten darstellte.

4   Ein gewichtiges Problem des Falles liegt des Weiteren in der Frage der Kausalität des Verhaltens der Beteiligten für den Schaden. Dies gilt gleich in verschiedener Hinsicht. Denn zunächst einmal trugen sie vor, es sei überhaupt nicht nachgewiesen, dass das Produkt tatsächlich für die Schäden „verantwortlich" war, zumal es bis zuletzt ja nicht gelungen war, eine bestimmte Substanz als schadensauslösend zu identifizieren. Genügten die Feststellungen des LG also für die Annahme einer Kausalität? Und wenn dem so war, so ist es noch nicht ausgemacht, dass den einzelnen Angeklagten hier der entsprechende strafrechtliche Vorwurf gemacht werden konnte. Es stellt sich nämlich die Frage, inwiefern das Entscheidungsverhalten der einzelnen Geschäftsführer im Gremienbeschluss für die Schadensfälle kausal war. Man wird zwar eine Kausalität der Gremienentscheidung selbst kaum ablehnen können, da sich das Geschäftsführergremium gegen einen Rückruf entschieden hat, so dass weitere Verbraucher mit dem schadhaften Produkt (dessen Schadhaftigkeit einmal unterstellt) in Kontakt kamen. Es kann durchaus davon ausgegangen werden, dass eine Rückrufaktion die weitere Verwendung des Sprays beendet oder zumindest stark verringert hätte, da ein Rückruf zum einen den weiteren Vertrieb durch Zwischenhändler weitgehend gestoppt und zudem die Verbraucher gewarnt hätte, wodurch weitere Schadensfälle vermieden worden und damit der Schädigungserfolg (zumindest teilweise) entfallen wäre. Eine Strafbarkeit des Unternehmens bzw. des Gremiums scheidet de lege lata jedoch aus.

5   In Betracht kommt daher nur eine Bestrafung der einzelnen Gremiumsmitglieder, wie sie hier vor dem LG auch erfolgt ist. Da ihr jeweiliges individuelles Verhalten aber für den Taterfolg ursächlich gewesen sein muss, ist das konkrete Abstimmungsverhalten der einzelnen Gremiumsmitglieder zu untersuchen. Betrachtet man die einzelnen abgegebenen Stimmen, so hat jedes Mitglied des Gremiums es unterlassen, für den gebotenen Rückruf zu stimmen und so auf einen solchen hinzuwirken, denn der Beschluss fiel einstimmig aus. Es bleibt aber die Frage, ob dann jede dieser Stimmen bei einer

Entscheidung durch Mehrheitsbeschluss auch kausal für die Entscheidung geworden ist. Denn man könnte doch einwenden, dass für eine Entscheidung nur die Mehrheit der Stimmen benötigt worden wäre, so dass die „überzähligen" Nein-Stimmen nicht unmittelbar ursächlich für die Entscheidung waren. Auf der Grundlage der klassischen Conditio-sine-qua-non-Formel könnte man argumentieren, dass der Beschluss selbst dann zustande gekommen wäre, wenn man das individuelle Abstimmungsverhalten hinwegdenkt. Wie aber soll dann abgegrenzt werden, welche der abgegebenen Stimmen kausal und welche nicht kausal für die Gremienentscheidung gewesen sind? Schließlich haben ja alle Mitglieder dasselbe Abstimmungsverhalten gezeigt. Dabei hätte die einzelne Ja-Stimme an sich noch nicht für die Verhinderung des Erfolgs ausgereicht, erst im Zusammenwirken mit den für eine Mehrheit benötigten anderen Ja-Stimmen hätte sie den Schädigungserfolg durch Einleitung der Rückrufaktion und des Vertriebsstopps verhindern können. Auf der Grundlage dieser Annahme handelte es sich nicht um einen Fall der alternativen Kausalität, da die Einzelstimmen nicht unabhängig voneinander den Erfolg herbeiführen bzw. verhindern konnten. Man könnte stattdessen aber einen Fall der kumulativen Kausalität annehmen. Das ginge jedoch nur dann, wenn man für die einzelnen Bedingungen nicht voraussetzt, dass sie jeweils für den Erfolgseintritt notwendig sind, denn notwendig sind die „überzähligen" Nein-Stimmen für das negative Abstimmungsergebnis und den daraus resultierenden Schädigungserfolg nicht. Sollen sie also trotzdem nach den Regeln der kumulativen Kausalität als ursächlich gelten?

III. Die Entscheidung des BGH

Der BGH bestätigte die Verurteilung von S und Dr. Sch. Er bejahte zunächst die Kausalität der Spraybenutzung für den Eintritt der gesundheitlichen Schäden. In Fällen, in denen andere Ursachen verlässlich ausgeschlossen werden könnten, sei die Annahme von Kausalität auch dann rechtlich zulässig, wenn der exakte naturwissenschaftliche Wirkungszusammenhang im konkreten Fall offenbleibe. Es sei insofern ausreichend, dass nach den Feststellungen des LG die Ursache der Vorfälle „*nur in etwaigen toxikologischen Wirkungsmechanismen einzelner Rohstoffe allein oder zumindest in der Kombination mit anderen Rohstoffen liegen*" konnte. Er führte dazu aus: „*Diese für das Revisionsgericht bindende Feststellung reichte zur Bejahung des Ursachenzusammenhangs aus. Daran ändert es nichts, daß es – wie die Kammer selbst einräumt – bis heute nicht möglich war, diejenige Substanz oder Kombination von Substanzen naturwissenschaftlich exakt zu identifizieren, die den Produkten ihre spezifische Eignung zur Verursachung gesundheitlicher Schäden verlieh. Auf die Ermittlung des dafür verantwortlichen Inhaltsstoffes, die Kenntnis seiner chemischen Zusammensetzung und die Beschreibbarkeit seiner toxischen Wirkungsweise kam es im vorliegenden Falle nicht an. Ist in rechtsfehlerfreier Weise festgestellt, daß die – wenn auch nicht näher aufzuklärende – inhaltliche Beschaffenheit des Produkts schadensursächlich war, so ist zum Nachweis des Ursachenzusammenhangs nicht noch weiter erforderlich, daß festgestellt wird, warum diese Beschaffenheit schadensursächlich werden konnte, was also nach naturwissenschaftlicher Analyse und Erkenntnis letztlich der Grund dafür war*".

Danach wendete er sich der strafrechtlichen Verantwortlichkeit der einzelnen Gremiumsmitglieder zu. Hier differenzierte er hinsichtlich der Frage, ob es sich um ein aktives Tun oder ein Unterlassen handelte, zwischen einzelnen Vorwürfen: „*Dabei ist [...]*

innerhalb der als gefährliche Körperverletzung gewerteten Fälle tatbestandsmäßiges Verhalten durch positives Tun anzunehmen, soweit Schäden durch die Verwendung solcher Sprays eintraten, die erst nach der Sondersitzung der Geschäftsführung vom 12.5.1981 produziert oder vertrieben worden waren (10 Schadensfälle). Denn Produktion und Vertrieb von Erzeugnissen durch eine im Rahmen ihres Gesellschaftszwecks tätige GmbH sind ihren Geschäftsführern als eigenes Handeln – auch strafrechtlich – zuzurechnen. Sie haften für etwaige Schadensfolgen unter dem Gesichtspunkt des Begehungsdelikts. Anders verhält es sich mit den weit zahlreicheren Fällen, in denen das jeweils schadensursächliche Lederspray zu dem für den Schuldvorwurf maßgeblichen Zeitpunkt zwar schon in den Handel gelangt war, den Verbraucher aber noch nicht erreicht hatte. In diesen Fällen (28 Schadensfälle aus dem Gesamtkomplex der gefährlichen Körperverletzung und alle vier Schadensfälle der fahrlässigen Körperverletzung) sind die Geschäftsführer allein unter dem Gesichtspunkt des (unechten) Unterlassungsdelikts für die entstandenen Schäden verantwortlich."

8 Diese Erkenntnis zwang den BGH dazu, nun zur Frage der Garantenstellung der Angeklagten Stellung zu nehmen. Diese bejahte er zunächst mit der grundsätzlichen Annahme: *„Wer gesundheitsgefährdende Bedarfsartikel in den Verkehr bringt, ist zur Schadensabwendung verpflichtet und muß, falls er dieser Pflicht schuldhaft nicht nachkommt, für dadurch verursachte Schadensfolgen strafrechtlich einstehen."* Damit war aber noch unklar, welche der oben angeführten Fallgruppen hier einschlägig war. Hier äußerte der BGH zwar durchaus Sympathie für den Ansatz des LG, hier die zivilrechtlichen Verkehrssicherungspflichten fruchtbar zu machen: *„In der Tat spricht manches dafür, daß dieselben Pflichten, die für die zivilrechtliche Produkthaftung maßgebend sind, auch die Grundlage strafrechtlicher Verantwortlichkeit bilden, zumal die Verpflichtung zum Ersatz produktfehlerbedingter Schäden als ein Fall deliktischer Haftung (§§ 823 ff. BGB) begriffen wird."*

9 Er ließ dies aber letztlich offen, weil er die Garantenstellung anders begründete, nämlich aus einem vorangegangenen, pflichtwidrigen Gefährdungsverhalten (Ingerenz). Zwar erkannte er, dass die Frage nach Berechtigung, Grund und Voraussetzungen der strafrechtlichen Haftung aus vorangegangenem Tun in der Literatur durchaus streitig ist, meinte aber auch dies nicht weiter erörtern zu müssen, denn anerkannt sei jedenfalls, *„daß derjenige, der durch pflichtwidriges Vorverhalten eine Gefahrenlage für Dritte geschaffen hat, verpflichtet ist, den dadurch drohenden Schaden abzuwenden; dies gilt mindestens dann, wenn das Vorverhalten die Gefahr des Schadenseintritts als naheliegend erscheinen läßt (Adäquanz) und die Pflichtwidrigkeit gerade in der Verletzung eines solchen Gebotes besteht, das dem Schutz des gefährdeten Rechtsguts zu dienen bestimmt ist [...]. Zumindest in diesem Rahmen besteht auch eine strafrechtliche Verantwortlichkeit für die Herstellung und den Vertrieb fehlerhafter Produkte. Wer dadurch, daß er solche Produkte in den Verkehr bringt, pflichtwidrig eine Gefahr für deren Verbraucher herbeiführt, muß prinzipiell dafür einstehen, daß sich diese Gefahr nicht in einem entsprechenden Schaden verwirklicht. Das gilt namentlich für die Herstellung und den Vertrieb von Konsumgütern, die derart beschaffen sind, daß deren bestimmungsgemäße Verwendung für die Verbraucher – entgegen ihren berechtigten Erwartungen – die Gefahr des Eintritts gesundheitlicher Schäden begründet; insoweit haftet nicht nur, wer den Schaden durch positives Tun verursacht, sondern auch derjenige, der die Abwendung des drohenden Schadens unterläßt."*

III. Die Entscheidung des BGH

Nun erläuterte er, warum ein solches pflichtwidriges Vorverhalten von S und Dr. Sch vorlag: *„Das gefahrbegründende Vorverhalten [...] bestand darin, daß sie als Geschäftsführer der beteiligten Gesellschaften Ledersprays auf den Markt brachten, die bei bestimmungsgemäßem Gebrauch gesundheitliche Schäden bei den Benutzern zu verursachen drohten. [...] Das hiernach gefahrbegründende Vorverhalten der Angeklagten war auch objektiv pflichtwidrig. Dies folgt bereits daraus, daß es die Rechtsordnung, wenn auch nicht ausnahmslos, so doch grundsätzlich verbietet, Gefahren zu schaffen, aus denen sich, greift niemand in den Lauf der Ereignisse ein, im weiteren Fortgang körperliche Schäden für Dritte entwickeln. [...] Davon abgesehen folgt im zu entscheidenden Fall die objektive Pflichtwidrigkeit des gefahrbegründenden Vorverhaltens auch aus gesetzlichen Bestimmungen. Die Angeklagten haben den Vorschriften des Lebensmittel- und Bedarfsgegenständegesetzes (LMBG) zuwidergehandelt. [...] Die objektive Pflichtwidrigkeit des Vorverhaltens entfiel hier – wie die Strafkammer zu Recht ausgeführt hat – auch nicht unter dem Gesichtspunkt des ‚erlaubten Risikos' [...]; denn angesichts der Zahl der Schadensfälle handelte es sich bei den schadensursächlichen Ledersprays nicht bloß um sogenannte ‚Ausreißer' [...]. Die objektive Pflichtwidrigkeit des Vorverhaltens setzt nicht voraus, daß der Handelnde bereits damit seine Sorgfaltspflichten verletzt, sich also fahrlässig verhalten hat [...]. Insoweit genügt die rechtliche Mißbilligung des Gefährdungserfolgs. Darauf, ob das Verhalten dessen, der ihn herbeiführt, im Sinne persönlicher Schuld vorwerfbar ist, kommt es nicht an. Demgemäß begründet die Schaffung einer Gefahrenlage die zur Schadensabwendung verpflichtende Garantenstellung auch dann, wenn darin noch keine Sorgfaltswidrigkeit liegt; schuldhaft muß das pflichtwidrige Vorverhalten des Garanten nicht sein."*

Aus dieser Garantenstellung der Geschäftsführer habe sich die Handlungspflicht ergeben, einen Rückruf herbeizuführen, der sofort zu entsprechen gewesen wäre und die den Geschäftsführern *„jeweils zur gemeinschaftlichen Befolgung"* oblag. Zwar könne dies in einem Unternehmen mit aufgeteilten Zuständigkeitsbereichen grds. fraglich sein, es greife jedoch *„der Grundsatz der Generalverantwortung und Allzuständigkeit der Geschäftsleitung ein, wo – wie etwa in Krisen- und Ausnahmesituationen – aus besonderem Anlaß das Unternehmen als Ganzes betroffen ist; dann ist die Geschäftsführung insgesamt zum Handeln berufen."* Jedenfalls eine so wichtige und ressortübergreifende Frage wie der Rückruf der Produkte habe durch Mehrheitsbeschluss gefällt werden müssen. Diese führte dazu, dass der BGH die Handlungspflicht der Angeklagten anders beurteilte als noch das Tatgericht: *„Jeder war hiernach nur dazu verpflichtet, unter vollem Einsatz seiner Mitwirkungsrechte das ihm Mögliche und Zumutbare zu tun, um einen Beschluß der Gesamtgeschäftsführung über Anordnung und Vollzug des gebotenen Rückrufs zustandezubringen."* Dieser Pflicht habe keiner der Angeklagten genügt und diese Unterlassung sei jeweils auch ursächlich gewesen. Er sah zwar durchaus das oben angeführte Problem, dass es entscheidend war, ob ein solcher Beschluss gefasst worden wäre, wenn der jeweilige Angeklagte sich anders verhalten hätte: *„Wird diese Frage für jeden der Angeklagten gesondert gestellt, so kann ihre Beantwortung deshalb zweifelhaft sein, weil nicht auszuschließen ist, daß jeder der Geschäftsführer mit dem Versuch, die erforderliche Entscheidung herbeizuführen, am Widerstand der übrigen, den Rückruf ablehnenden Geschäftsführer gescheitert wäre."*

Ebendies tat das Gericht aber nicht. Es löste das Problem vielmehr durch eine gegenseitige Zurechnung der Stimmen der anderen Geschäftsführer im Wege der Mittäterschaft nach § 25 Abs. 2 StGB. Diese sei auch bei Unterlassungsdelikten möglich und liege gerade dann vor, *"wenn mehrere Garanten, die eine ihnen gemeinsam obliegende Pflicht nur gemeinsam erfüllen können, gemeinschaftlich den Entschluß fassen, dies nicht zu tun".* Demgemäß subsumierte das Gericht: *"So verhielt es sich hier. Bei der Sondersitzung der Geschäftsführung vom 12.5.1981, an der sämtliche Geschäftsführer der Firma W. u. M. GmbH, darunter auch die Angeklagten S und Dr. Sch, teilnahmen, trafen die Beteiligten einstimmig die Entscheidung, von einem umfassenden Rückruf abzusehen. Darin lag der gemeinschaftlich gefaßte Entschluß, die ihnen gemeinsam obliegende Schadensabwendungspflicht nicht zu erfüllen. Das begründete für die daran Beteiligten die Gemeinschaftlichkeit der Unterlassung und folglich Mittäterschaft."*

13   Schließlich gelte ebendies aber auch in den Fällen, in denen nur eine Fahrlässigkeit der Angeklagten in Betracht kam. Zwar könne man bei der Fahrlässigkeit keine mittäterschaftliche Zurechnung vornehmen, jedoch folge dies *"aus den Grundsätzen, die allgemein für die Beurteilung solcher Fallgestaltungen gelten, in denen sich der strafrechtlich relevante Erfolg nur aus dem Zusammentreffen der Verhaltensbeiträge mehrerer Täter ergibt."* Er begründete dies so: *"Im Bereich der strafrechtlichen Handlungsverantwortlichkeit ist nicht zweifelhaft, daß, wo mehrere Beteiligte unabhängig voneinander den tatbestandsmäßigen Erfolg erst durch die Gesamtheit ihrer Handlungsbeiträge herbeiführen, jeder einzelne Beitrag im haftungsbegründenden Sinne ursächlich ist. [...] Was aber hiernach für die Handlungsverantwortlichkeit gilt, muß ebenso auch im Bereich der strafrechtlichen Haftung für Unterlassungen gelten. Kann die zur Schadensabwendung gebotene Maßnahme, hier der von der Geschäftsführung zu beschließende Rückruf, nur durch das Zusammenwirken mehrerer Beteiligter zustandekommen, so setzt jeder, der es trotz seiner Mitwirkungskompetenz unterläßt, seinen Beitrag dazu zu leisten, eine Ursache dafür, daß die gebotene Maßnahme unterbleibt; innerhalb dieses Rahmens haftet er für die sich daraus ergebenden tatbestandsmäßigen Folgen [...]. Dabei kann er sich nicht damit entlasten, daß sein Bemühen, die gebotene Kollegialentscheidung herbeizuführen, erfolglos geblieben wäre, weil ihn die anderen Beteiligten im Streitfalle überstimmt hätten. Von seiner strafrechtlichen Mitverantwortung wäre er nur befreit, wenn er alles ihm Mögliche und Zumutbare getan hätte, um den gebotenen Beschluß zu erwirken. [...] Dies traf aber auf die Angeklagten nicht zu; keiner von ihnen hat – wie festgestellt ist – überhaupt eine Initiative zur Herbeiführung des Rückrufbeschlusses ergriffen, so daß sich die Frage erübrigt, welche Schritte dem einzelnen Geschäftsführer möglich, zumutbar und daher abzuverlangen gewesen wären."*

IV. Einordnung der Entscheidung

14   Der Lederspray-Fall und die Entscheidung des BGH betreffen im Grunde drei gewichtige Problemkreise: (1) den Nachweis der Kausalität in einem allgemeinen, (2) die Kausalität bei Gremienentscheidungen in einem speziellen Sinne sowie (3) die strafrechtliche Produkthaftung, also die Frage der Garantstellung bei Herstellung und Vertrieb gefährlicher Produkte, die der BGH hier über die Ingerenz löst.

15   Dabei liegt erstens die Bejahung der Kausalität im allgemeinen Sinne auf der Linie der Rechtsprechung, wonach in Fällen möglicher Schädigungen durch Produkte auf einen exakten Nachweis der naturwissenschaftlichen Zusammenhänge verzichtet wird und es vielmehr genügt, dass sich das Gericht in fehlerfreier Weise von der Kausalität des Produkts überzeugt und dabei insbesondere andere Ursachen zuverlässig ausgeschlos-

IV. Einordnung der Entscheidung

sen hat. Dabei stellt sich natürlich die Frage, wie dieser Ausschluss gelingen soll, wenn der eigentliche Wirkmechanismus im naturwissenschaftlichen Sinn gar nicht bekannt ist. Dessen ungeachtet hat der BGH in dem einige Jahre später entschiedenen Holzschutzmittel-Fall (BGHSt 41, 206) die Maßstäbe für das „Ausschlussprinzip" noch etwas weiter gelockert und erläutert:

„*Es ist nicht Aufgabe des Tatrichters, mit den Untersuchungsmethoden der Naturwissenschaften neue Erkenntnisse, insbesondere naturwissenschaftliche Erfahrungssätze zu gewinnen oder zu widerlegen. Der Tatrichter hat vielmehr nach den Regeln des Prozeßrechts und mit den dafür vorgesehenen Beweismitteln [...] bestimmte Sachverhalte zu ermitteln und zu beurteilen. Die Feststellung der für das Strafverfahren bedeutsamen Tatsachen, insbesondere auch der Nachweis von Kausalzusammenhängen, verlangt keine absolute, von niemandem anzweifelbare Gewißheit; es genügt vielmehr ein mit den Mitteln des Strafverfahrens gewonnenes, nach der Lebenserfahrung ausreichendes Maß an Sicherheit, das keinen vernünftigen Zweifel bestehen läßt. [...] Ein Ursachenzusammenhang zwischen einer Holzschutzmittelexposition und einer Erkrankung ist nicht etwa nur dadurch nachweisbar, daß entweder die Wirkungsweise der Holzschutzmittelinhaltsstoffe auf den menschlichen Organismus naturwissenschaftlich nachgewiesen oder alle anderen möglichen Ursachen einer Erkrankung aufgezählt und ausgeschlossen werden. Ein Ausschluß anderer Ursachen kann vielmehr – ohne deren vollständige Erörterung – auch dadurch erfolgen, daß nach einer Gesamtbewertung der naturwissenschaftlichen Erkenntnisse und anderer Indiztatsachen die – zumindest – Mitverursachung des Holzschutzmittels zweifelsfrei festgestellt wird.*" Daran ist problematisch, dass auch eine „Mit"-Verursachung nicht etwa weniger anspruchsvolle Voraussetzungen aufweist, wenn man die Conditio-sine-qua-non-Formel ernst nimmt. Letztlich können in solchen Fällen tatsächliche Zweifel verbleiben, bei denen fraglich ist, ob sie kraft richterlicher Überzeugungsbildung in der vom BGH beschriebenen Weise überwindbar sind – oder ob hier nicht der Grundsatz in dubio pro reo stärker gewichtet werden müsste.

Daneben wird zweitens va die Lösung der Kausalitätsproblematik im Rahmen der Gremienentscheidung im Wege einer mittäterschaftlichen Zurechnung in der Literatur kritisch gesehen. Es handle sich hierbei nur um einen „Trick", um der Frage nach der korrekten Herleitung der Ursächlichkeit des Abstimmungsverhaltens auszuweichen. Zudem liege hier auch gar kein Fall der Mittäterschaft vor, da ein Mittäter schließlich über das „Ob und Wie" der Tat entscheiden könne, was das einzelne Gremiumsmitglied hier gerade nicht gekonnt habe, da aus seinem individuellen Unterlassen noch keine Folgen entstünden, solange die anderen Gremienmitglieder nicht in der Mehrheit genauso entschieden. Die Mittäterschaft setze einen kausalen Beitrag des Mittäters voraus, der hier nicht vorliege. Weiterhin wird gegen die Mittäterschaftskonstruktion ins Feld geführt, dass sie bei Fahrlässigkeitsdelikten versage, da hier eine mittäterschaftliche Begehung aufgrund der Voraussetzung eines gemeinsamen Tatentschlusses, der den Vorsatz impliziere, zumindest nach herrschender Ansicht unmöglich sei. Dies hat auch der BGH so gesehen, allerdings vom Ergebnis ausgehend argumentiert: „*Demgemäß muß jeder der Angeklagten für das Unterbleiben des Rückrufs und die dadurch verursachten Schadensfolgen strafrechtlich einstehen. Nur dieses Ergebnis wird der gemeinsamen und gleichstufigen Verantwortung der Geschäftsführer gerecht. Fiele es anders aus, so bedeutete dies, daß sich – von Fällen mittäterschaftlichen Unterlassens abgesehen – in einer GmbH mit mehreren Geschäftsführern jeder von seiner Haftung allein durch den Hinweis auf die gleichartige und ebenso pflichtwidrige*

Untätigkeit der anderen freizeichnen könnte. Damit bliebe in diesem Bereich für die strafrechtliche Zurechnung tatbestandsmäßiger Schadensfolgen kein Raum – sie wäre stets und in jedem Falle unmöglich. Daß dies nicht rechtens sein kann, liegt auf der Hand."

18 Stattdessen wird zur Lösung des Kausalitätsproblems teilweise vorgeschlagen, dass nicht nur für die Erfolgsherbeiführung hinreichende Verhaltensweisen als Einzelursache anerkannt werden, sondern auch Verhaltensweisen, die notwendiger Bestandteil mehrerer Erfolgsbedingungen sind, so wie hier die einzelne Stimme gegen den Rückruf noch nicht hinreichende Bedingung für den Erfolgseintritt der Entscheidung gegen den Rückruf wird, aber wohl ein notwendiger Bestandteil der Gesamtentscheidung ist. Dieser Ansatz ist allerdings der Kritik unterworfen, dass die „überzähligen" Gegenstimmen eben kein notwendiger Bestandteil der hinreichenden Bedingung der Mehrheit sind. Eine andere Ansicht beurteilt die Kausalität mittels einer Kombination aus den Grundsätzen der alternativen und denen der kumulativen Kausalität. Die einzelnen Stimmen bewirkten nicht jeweils allein, aber kumulativ den Beschluss; für die überzähligen, „nicht notwendigen" Stimmen und die entscheidende mehrheitsbegründende Stimme soll sodann alternative Kausalität vorliegen, denn sie könnten einzeln, aber nicht kumulativ hinweggedacht werden. Auf diese Weise entgeht man dem Hindernis, dass nicht alle Stimmen für den Erfolgseintritt notwendig sind, was bei der Annahme rein kumulativer Kausalität aber Voraussetzung wäre. Ob eine solche Kombination der verschiedenen Kausalitätsgrundsätze möglich ist, wird indes von anderen angezweifelt.

19 Kritik erfahren hat drittens schließlich auch die Lösung des BGH, wonach hier eine Garantenstellung aus Ingerenz bestanden habe. Neben den ganz grundsätzlichen Bedenken, die gegen diese Figur vorgebracht werden, die in der Literatur teilweise sogar ganz abgelehnt wird, richtet sich die Kritik hier insbesondere gegen die Annahme des BGH, dass eine Garantenstellung aus Ingerenz bereits dann zu bejahen sei, wenn das Verhalten einen objektiv missbilligten Gefahrerfolg bewirke. Der BGH hatte ausgeführt: *„Die objektive Pflichtwidrigkeit des Vorverhaltens setzt nicht voraus, daß der Handelnde bereits damit seine Sorgfaltspflichten verletzt, sich also fahrlässig verhalten hat. [...] Insoweit genügt die rechtliche Mißbilligung des Gefährdungserfolgs."*

20 Dem wird entgegengehalten, entscheidend sei vielmehr ein objektiv pflichtwidriges Verhalten. Dies liege hier aber nicht vor, da das Inverkehrbringen des Ledersprays kein unerlaubtes Risiko, jedenfalls nicht objektiv sorgfaltswidrig gewesen sei. Denn die Schadhaftigkeit sei im Zeitpunkt der Tathandlung eben noch nicht objektiv vorhersehbar gewesen, sondern erst ex post in Anbetracht des schädigenden Erfolgs. Die Ansicht des BGH führe vielmehr dazu, dass er der Sache nach eigentlich eine strafrechtliche Produkthaftung im Sinne einer Herrschaft über die Gefahrenquelle bzw. eine strafrechtliche Garantenstellung aus einer Verkehrssicherungspflicht angenommen habe. In der Literatur werden unterschiedliche Lösungen vorgetragen. Teilweise wird die Einstandspflicht des Produzenten damit begründet, dass er ein gesteigert riskantes Vorverhalten an den Tag gelegt habe, was allerdings insoweit kritisiert wird, als diese Ansicht dem Grundgedanken der Ingerenz widerspreche, dass gerade ein pflichtwidriges Vorverhalten die Garantenstellung auslöse. Andere sehen eine Überwachungspflicht des Produzenten, die auch dann noch bestehe, wenn die Ware den Herrschaftsbereich verlassen habe. In diesem Sinne wird vorgetragen, dass es sich bei der Verantwortlichkeit des Produzenten für die Ungefährlichkeit seiner Produkte bei bestimmungsgemäßer Verwendung um einen Fall der sachbezogenen Verkehrssicherungspflicht

im Sinne einer Garantenstellung wegen Beherrschung einer Gefahrenquelle handelt. Daran wird aber wiederum kritisiert, dass der Gedanke der Überwachungsgarantie gerade voraussetze, dass der Garant für seinen Herrschaftsbereich einzustehen hat. Daher wird schließlich auch eine Garantenstellung aus tatsächlicher Übernahme einer Schutzpflicht angenommen, da der Konsument sich darauf verlassen müsse, dass der Produzent alle Sicherheitsvorkehrungen trifft und auch über erst nachträglich bekannt gewordene Risiken aufklärt. Bedauerlicherweise stellt der BGH in seiner Entscheidung allein auf den Aspekt der Ingerenz ab und lässt es ausdrücklich offen, ob man eine Garantenstellung (wie vom LG in seiner Ausgangsentscheidung angenommen) auf die zivilrechtliche Verkehrssicherungspflicht eines Produzenten stützen könnte.

V. Zusatzfragen

1. Ergeben sich Änderungen, wenn einer der Geschäftsführer für den Rückruf gestimmt hätte?

Eine Ja-Stimme (für den Rückruf) hätte hier lediglich zu einer Verschiebung der Mehrheit um eine Stimme, aber nicht zu einer Änderung des sich daraus ergebenden Beschlusses geführt. Denn für die Entscheidung gegen den Rückruf war keine Einstimmigkeit, sondern nur eine einfache Mehrheit erforderlich. Eine solche Ja-Stimme wäre also für den Beschluss nicht kausal (wenn man von der Sonderkonstellation absieht, dass allein durch die bloße Teilnahme an der Abstimmung die Beschlussfähigkeit und damit die Wirksamkeit des Mehrheitsbeschlusses zustande kam, s. dazu sogleich bei Zusatzfrage 2). Der Argumentation des BGH folgend scheitert dann aber insbesondere auch eine Zurechnung des Erfolgs über die Mittäterschaft, da das für den Rückruf abstimmende Mitglied keinerlei fördernden Tatbeitrag vornimmt, sondern im Gegenteil seine dem gefassten Beschluss entgegengesetzte Meinung zum Ausdruck bringt. Insofern ist diese Person auch schon nicht am gemeinsamen Tatenschluss beteiligt.

Das OLG Stuttgart (NStZ 1981, 27) hat demgegenüber die Auffassung vertreten, dass bei einer Gremienentscheidung nicht zwischen den individuellen Stimmabgaben zu unterscheiden sei, sondern dass jedes Mitglied allein schon durch seine Teilnahme an der Abstimmung erklärt, sich der daraus resultierenden Entscheidung beugen zu wollen und diese mitzutragen, egal, wie es selbst abgestimmt habe. Aus diesem Grund sei dann auch jedem Teilnehmer das Abstimmungsergebnis zuzurechnen. Kritiker bemängeln daran zu Recht, dass hier nicht, wie nach dem Schuldprinzip erforderlich, für jeden Täter die Schuld einzeln festgestellt wird. Mit einer Stimme, die sich gegen den Mehrheitsbeschluss richtet, möchte das entsprechende Gremiumsmitglied deutlich machen, dass es den Beschluss gerade nicht billigt und diesen eben nicht mittragen will, so dass es schwerlich für das Abstimmungsergebnis verantwortlich gemacht werden kann. Zudem kann auch hier wieder damit argumentiert werden, dass die für die Annahme von Mittäterschaft erforderliche Möglichkeit zur Einflussnahme auf das Ob und Wie der Tat nicht gegeben ist. Und schließlich hat der BGH im Hinblick auf die aus der Garantenstellung erwachsende Handlungspflicht von jedem einzelnen Geschäftsführer nur gefordert, *„unter vollem Einsatz seiner Mitwirkungsrechte das ihm Mögliche und Zumutbare zu tun, um einen Beschluß der Gesamtgeschäftsführung über Anordnung und Vollzug des gebotenen Rückrufs zustandezubringen"*, da keiner der Geschäftsführer den Rückruf des Ledersprays alleine hätte anordnen können. Auch unter diesem Aspekt dürfte der für einen Rückruf stimmende Gesellschafter hier entlastet sein.

22 **2. Wie wäre der Fall zu entscheiden, wenn sich einer der Abstimmenden bei der Frage des Rückrufs enthalten hätte?**

Auch hier ist zunächst der Sonderfall auszuscheiden, bei dem der sich Enthaltende allein mit seiner Teilnahme an der Abstimmung die Beschlussfähigkeit des Gremiums und damit (vorsätzlich) die Wirksamkeit des Mehrheitsbeschlusses kausal herbeiführt. Diese Konstellation lag der Mannesmann-Entscheidung des BGH (BGHSt 50, 331) zugrunde, in der eine strafrechtliche Verantwortlichkeit des sich Enthaltenden (der zudem den Inhalt des mehrheitlich ergangenen Beschlusses gekannt und gebilligt habe) bejaht wurde; nach Ansicht des BGH entsprach die Enthaltung hier *„objektiv und subjektiv im Ergebnis einer ‚Ja-Stimme' […]."*

Von dieser Konstellation abgesehen bereitet die Kausalitätsprüfung aber auch beim sich Enthaltenden Schwierigkeiten. Eine Lösung über die Mittäterschaft wird hier regelmäßig ausscheiden; wer sich bei einer Abstimmung enthält, beteiligt sich (auch aus einer ex-ante-Perspektive) nicht an einem gemeinsamen Tatentschluss. Ihm kann das Abstimmungsverhalten der anderen dann nicht gem. § 25 Abs. 2 StGB zugerechnet werden. Auch die Anwendung der Grundsätze der kumulativen oder der alternativen Kausalität führt hier nicht zur Ursächlichkeit der Enthaltung, da diese weder für sich allein noch im Zusammenwirken mit den anderen Stimmen den entsprechenden Beschluss bewirkt hätte. Daher greift hier auch nicht die teilweise herangezogene Lösung, nach der auch Verhaltensweisen kausal sein sollen, die zwar selbst keine hinreichende Bedingung für den Erfolg, aber notwendiger Bestandteil der hinreichenden Bedingung der Stimmenmehrheit sind. Es bleibt die Möglichkeit, eine Kausalität und letztlich auch Strafbarkeit nach allgemeinen Grundsätzen des Unterlassungsdelikts anzunehmen. Auch der BGH geht ja in Bezug auf den Rückruf von einem Unterlassungsvorwurf aus. Zu prüfen wäre dann die „Quasi-Kausalität" des Verhaltens; entscheidend ist die Frage, ob sich das in der Enthaltung liegende Unterlassen der Abgabe einer gegen die Mehrheit gerichteten Stimme im Ergebnis niedergeschlagen hat; dafür muss man fragen, ob eine solche Gegenstimme am Ergebnis etwas geändert hätte. Das ist bei klaren Mehrheiten nicht der Fall, sondern nur dann, wenn der Beschluss mit nur einer Stimme Mehrheit zustande kam und im Falle eines „Patts" blockiert worden wäre.

Zur Vertiefung:
Baumann/Weber/Mitsch/Eisele, AT, 13. Aufl. 2021, § 10 Rn. 30 ff.
Beulke/Bachmann, JuS 1992, 737
Heinrich, AT, 6. Aufl. 2019, Rn. 237 f., 968
Hilgendorf/Valerius, AT, 3. Aufl. 2022, § 11 Rn. 64
Kaspar, AT, 4. Aufl. 2022, § 5 Rn. 74 ff.
Rengier, AT, 13. Aufl. 2021, § 13 Rn. 35 ff., § 49 Rn. 20 ff.
Rotsch, ZIS 2018, 1
Roxin/Greco, AT I, 5. Aufl. 2020, § 11 Rn. 19 ff.
Wessels/Beulke/Satzger, AT, 51. Aufl. 2021, Rn. 232 ff.
Zieschang, AT, 6. Aufl. 2020, Rn. 73 ff., 600 ff.

Fall 2: Bratpfanne

BGH, 1 StR 291/66, NJW 1966, 1823
Objektive Zurechnung

I. Sachverhalt

H tyrannisierte seine Frau M und seine jugendliche Stieftochter F seit Jahren. Für den einzigen Ausweg aus dieser schrecklichen Lage hielt die 15-jährige F die Tötung des H. Eines Tages schlug F daher mit einer – verborgen bereitgehaltenen – schweren Bratpfanne ihrem Stiefvater mit voller Wucht mindestens dreimal auf den Hinterkopf. Dieser fiel schon nach dem ersten Schlag zu Boden. Nachdem F fortgelaufen war, um die Polizei anzurufen, ergriff nun auch M, die sich mit F nicht abgesprochen hatte, die Gelegenheit und schlug mit der Bratpfanne mindestens einmal ebenfalls auf ihren auf dem Boden liegenden Ehemann ein. Kurz darauf kehrte F vom Telefonieren zurück und schlug ihrem – noch röchelnden – Stiefvater erneut mindestens einmal mit der Pfanne heftig ins Gesicht. H verstarb. Welcher der Schläge zu seinem Tod führte, ließ sich allerdings nicht mehr sicher feststellen.

II. Rechtliche Probleme des Falls

Hier musste insbesondere die Frage geklärt werden, wer von den beiden Täterinnen für den Tod des H strafrechtlich zur Verantwortung gezogen werden kann, da sich nicht mehr klären ließ, ob dieser nun auf die Schläge der F oder auf den Schlag der M zurückzuführen war. Insofern könnte der Grundsatz in dubio pro reo eine entscheidende Rolle bei der Beurteilung der Strafbarkeit spielen, wenn man denn zugunsten von F und M jeweils davon ausginge, dass die jeweils andere die Tötung vollzogen hätte. Problematisch ist dabei insbesondere, dass sich an die Ersthandlung der F eine Zweithandlung der M anschloss. Entscheidend ist, dass F und M unabhängig voneinander und nicht etwa in Mittäterschaft handelten. Eine wechselseitige Zurechnung der Schläge scheidet damit aus. Vielmehr stellt sich die Frage, ob durch den Schlag der M in Bezug auf F der Kausal- oder Zurechnungszusammenhang hinsichtlich des Erfolgs unterbrochen wurde, wenn man denn in dubio pro reo unterstellt, dass M den tödlichen Schlag ausführte. Und wie steht es mit M selbst, wenn man zu ihren Gunsten unterstellt, dass entweder bereits die ersten oder die späteren Schläge der F tödlich waren. Müssen möglicherweise beide Täterinnen zumindest in Bezug auf den Vorwurf des vollendeten Tötungsdelikts freigesprochen werden, so dass trotz des eingetretenen Todes des H jeweils nur eine Versuchsstrafbarkeit in Betracht kommt?

III. Die Entscheidung des BGH

Das Schwurgericht hatte M wegen Totschlags und F wegen Mordes verurteilt. Auf die Revision der F hin hob der BGH das Urteil auf und verwies es zur erneuten Entscheidung zurück. Das Schwurgericht habe die Angeklagten wegen eines vollendeten Tötungsdelikts verurteilt, ohne ausreichende Feststellungen in Bezug auf diesen Vorwurf zu treffen. H sei zwar *„infolge der Schläge"* gestorben. Welcher Schlag oder welche Schläge den Tod herbeigeführt haben, sei jedoch nicht festzustellen gewesen. Da M – unabhängig von F – mindestens einen Schlag gegen ihren Ehemann geführt habe, müsse nach dem Grundsatz in dubio pro reo zugunsten der Tochter davon ausgegangen werden, dass die Mutter mehrmals zugeschlagen habe. *„Es blieb also [...] die Möglichkeit offen, daß die Schläge der Frau M den Tod des Verletzten beschleunigt haben, daß also der Tod des Verletzten seine Ursache nicht in den Handlungen der Jugendlichen, sondern in den Schlägen der Mutter hatte [...]."* Diese Möglichkeit lag nach Ansicht des BGH zwar fern, *„da F außer den ersten Hieben auch den letzten Schlag geführt hat [...]."* Da dies jedoch nicht völlig ausgeschlossen werden konnte, sei der Grundsatz in dubio pro reo anzuwenden. Dass bereits die ersten Schläge *„durchaus geeignet waren, den Tod herbeizuführen"*, reiche, *„zumal mangels Feststellbarkeit, welcher Schlag oder welche Schläge zum Tode führten, für die Annahme der Verbrechensvollendung nicht aus. In dem Urteil wird zwar die Überzeugung des Tatrichters ausgesprochen, daß bereits die von F geführten drei ersten Schläge tödlich wirkten. Damit sei aber nicht einwandfrei festgestellt, daß diese Schläge die für den Tötungserfolg ursächliche Handlung waren [...]."* Das Gleiche galt aber auch für M, da auch sie wegen eines vollendeten Totschlags verurteilt worden war, *„obwohl nicht festgestellt ist, daß ihr – wie ihr wiederum zugute gehalten werden muß – einziger Schlag für die Tötung ursächlich war."*

4 Das Gericht beschäftigte sich zudem kurz mit der Frage einer möglichen Rechtfertigung wegen Notwehr sowie ausführlicher mit einer möglichen Entschuldigung der Tat wegen eines entschuldigenden Notstandes. Während sowohl Notwehr als auch Notwehrexzess mangels eines gegenwärtigen Angriffs seitens des H im Tatzeitpunkt korrekt verneint worden seien, müsse das Schwurgericht den entschuldigenden Notstand in der neuen Verhandlung erneut prüfen. Das Schwurgericht hatte zwar eine gegenwärtige unverschuldete Notstandslage für F und M angenommen, den Schuldausschließungsgrund des § 54 StGB aF (= § 35 StGB nF) jedoch deshalb verneint, *„weil es an der gesetzlichen Voraussetzung fehle, daß der Notstand auf andere Weise nicht zu beseitigen gewesen sei."* Dies überzeugte den BGH nicht. So seien die Behörden durchaus über die Gewalttätigkeiten des Mannes informiert gewesen, aber *„nicht energisch"* genug gegen ihn eingeschritten. Ebenfalls rechtsfehlerhaft habe die Vorinstanz die Mutter auf die *„Ehescheidung"* oder einen Antrag auf *„Unterbringung des Ehemanns wegen Trunksucht"* verwiesen. Denn damit habe das Schwurgericht M zugemutet, *„bis zum etwaigen Erfolg dieser Maßnahmen die unmenschliche Behandlung durch den Mann weiter zu erdulden."* Ein unverschuldeter Notstand entschuldige aber *„jede – auch die äußerste – Handlung des Täters zur Rettung aus gegenwärtiger Gefahr für sein oder eines Angehörigen Leib oder Leben, wenn der Notstand auf keine andere Weise – sofort und endgültig – zu beseitigen ist."*

IV. Einordnung der Entscheidung

5 Der Fall ist unter dem Namen „Bratpfannenfall" in die Literatur eingegangen. Tatsächlich handelt es sich aber um einen frühen Fall der Tötung eines „Haustyrannen", der also einen Vorläufer für unseren weiter unten behandelten Fall 15: Haustyrann, S. 110 ff., bildet. Es geht bisweilen ein wenig unter, dass der BGH im „Bratpfannenfall" durchaus bemerkenswerte Aussagen zur Frage einer Entschuldigung der beiden Frauen wegen eines Notstandes getroffen hat. Dagegen lässt sich nicht einwenden, dass es darauf nicht ankommt, weil für eine Entschuldigung immerhin der Tatbestand erfüllt sein muss. Denn auch bei einem versuchten Totschlag bzw. Mord müsste § 35 StGB untersucht werden. Mehr Aufmerksamkeit haben in diesem Fall aber Kausalität und objektive Zurechnung erfahren. In dieser Hinsicht ist die Entscheidung des

IV. Einordnung der Entscheidung

BGH in der Literatur wohl zu Recht auf viel Kritik gestoßen, da der BGH in seinen Ausführungen in der Tat Kausalitäts- und Zurechnungsfragen vermischt. Das wird deutlich, wenn man eine genaue Prüfung der jeweiligen Handlungen von F und M hinsichtlich der Kausalität ihrer jeweiligen Handlungen und der objektiven Zurechenbarkeit des Erfolges vornimmt. Gehen wir zunächst einmal von F aus. Sie hat H mit der Bratpfanne nieder- und insgesamt dreimal auf ihn eingeschlagen, bevor M auf den Plan trat. Eine Unterbrechung des Kausalzusammenhangs ihrer Ersthandlung durch die Zweithandlung der M darf nicht vorschnell angenommen werden. Sie scheidet nämlich dann aus, wenn die ursprüngliche Bedingung (hier: die ersten Schläge der F) fortwirken, der Dritte also bei seiner Zweithandlung an die Ersthandlung anknüpft.

Ebendies liegt hier vor, weil M erst (und nur deshalb) zugeschlagen hat, als (bzw. weil) sie H wehrlos auf dem Boden liegen sah. Sie hat die von F geschaffene Lage somit ausgenutzt und an die vorangegangene Verletzungshandlung angeknüpft. Ohne den von F unternommenen Angriff hätte M den H ihrerseits gar nicht mit der Bratpfanne geschlagen. Denkt man sich also die Ersthandlung der F weg, so gäbe es gar keine Zweithandlung der M. Es ändert sich selbst dann nichts am ursächlichen Zusammenhang zwischen dem Handeln der F und dem Tod des H, wenn in dubio pro reo angenommen wird, dass der Tod des H durch die Schläge der M beschleunigt oder sogar nur durch diese herbeigeführt wurde. Vielmehr liegt dann eine kumulative Kausalität vor, so dass die Kausalität der Handlung der F (entgegen der Ansicht des BGH) zu bejahen ist. Es stellt sich dann bei F aber die Frage nach der objektiven Zurechnung und einer möglichen Unterbrechung des Zurechnungszusammenhangs durch das Dazwischentreten der M.

Das mehrmalige Zuschlagen mit einer schweren Bratpfanne auf den Hinterkopf eines Menschen birgt das rechtlich missbilligte Risiko in sich, diesen zu töten. Fraglich ist jedoch, ob das Dazwischentreten der M den Zurechnungszusammenhang unterbrochen hat, da diese ihrerseits vorsätzlich in das Geschehen eingegriffen hat. Denn grds. endet die Verantwortung des Erstverursachers, wenn ein Dritter vollverantwortlich eine neue, sich allein im Erfolg realisierende Gefahr begründet. So könnte es hier liegen, wenn in dubio pro reo zugunsten der F davon ausgegangen wird, dass sich allein das nachfolgende Handeln der M im Tod des H realisiert hat. Jedoch ist eine objektive Zurechnung des Erfolges trotz eines solchen Dazwischentretens eines Dritten dann zu bejahen, wenn das Verhalten des Dritten so spezifisch mit der Ausgangsgefahr verbunden ist, dass es bereits als typischerweise in dieser Ausgangsgefahr angelegt erscheint. Hier dürfte das Anknüpfen der M an die Handlung der F angesichts der schwierigen Familienverhältnisse nicht gänzlich außerhalb der Lebenserfahrung liegen. Doch erscheint es mehr als fraglich, allein darin eine typischerweise begründete Gefahr eines Dazwischentretens zu erblicken. Die von F verursachte Situation ermöglichte M das Zuschlagen mit der Pfanne, sie barg diese aber nicht typischerweise in sich. Mithin begründet das Dazwischentreten der M eine neue, sich unabhängig von der Ersthandlung der F realisierende Gefahr. Daher wäre jedenfalls der Zurechnungszusammenhang unterbrochen und die objektive Zurechnung zu verneinen. Folglich war die Entscheidung des BGH im Ergebnis zutreffend. Dass er zu dieser Lösung (schon) im Rahmen der Kausalität gelangte, lag mutmaßlich daran, dass in der Rechtsprechung die objektive Zurechnung als normative Prüfungsstufe nach der Kausalität nach wie vor nicht umfänglich anerkannt ist und es 1966 erst recht noch nicht war.

8   Schließlich stellt sich die Frage nach der Kausalität auch hinsichtlich der Handlung der M. Hier muss nach dem Grundsatz in dubio pro reo zu ihren Gunsten angenommen werden, dass ihr Schlag den Todeseintritt bei H gerade nicht beschleunigt hat, womit ihr Schlag tatsächlich nicht als ursächlich anzusehen wäre. Denn denkt man sich die Handlung der M, das weitere Zuschlagen auf den bereits am Boden liegenden H, weg, so ist gerade nicht sicher, ob der Erfolg in Form des Todes nicht in gleicher Weise eingetreten wäre. Insofern war die Entscheidung des BGH durchaus überzeugend.

V. Zusatzfragen

9   1. Wie wäre die Lösung des Falls, wenn M nach Ausführung der ersten Schläge durch F hinzugekommen wäre und dann mit dieser gemeinsam beschlossen hätte, weiter mit Tötungsvorsatz auf H einzuschlagen? Dabei ist davon auszugehen, dass wiederum nicht geklärt werden kann, welche Schläge letztlich den Tod verursacht haben.

Da hier F und M ab dem Zeitpunkt ihrer Absprache als Mittäterinnen handeln, stellt sich das Kausalitäts- und Zurechnungsproblem nicht in gleicher Weise wie im Originalfall, da die Schläge nun wechselseitig zugerechnet werden können. F und M wären als Mittäterinnen eines vollendeten Tötungsdelikts strafbar. Probleme ergeben sich allerdings, wenn nicht sicher ausgeschlossen werden kann, dass die ursprünglichen Schläge der F bereits die (alleinige) Ursache für den späteren Tod des H gesetzt haben, die späteren gemeinsamen Schläge von F und M also nicht noch zusätzlich (kumulativ) zum Tod beigetragen haben. Sollte dies der Fall sein, stellt sich die Frage, ob hier eine sukzessive Mittäterschaft möglich war, bei der M in einen noch nicht abgeschlossenen Vorgang nachträglich mit eingestiegen wäre, so dass ihr auch die früheren Schläge der F zugerechnet werden könnten. Die Frage der Reichweite der sukzessiven Mittäterschaft ist zwar umstritten, ihre Möglichkeit wird aber überwiegend dann bejaht, wenn es sich um einen noch nicht abgeschlossenen Vorgang handelt und der Mittäter noch vor Eintritt der Vollendung in das Geschehen einsteigt. Das wäre hier der Fall: Die Vollendung (der Tod des H) war beim Dazukommen der M noch nicht eingetreten und die früheren Schläge der F gingen ohne zeitliche Zäsur in die weiteren Schläge durch M über. Geht man davon aus, so dürfte auch die Erfüllung des Mordmerkmals der Heimtücke durch F der M zurechenbar sein, so dass beide sogar wegen eines mittäterschaftlichen Mordes zu bestrafen wären.

10 2. Im Zusammenhang mit Fällen, in denen ein Dritter eine vom Ersthandelnden pflichtwidrig geschaffene Lage ausnutzt und somit an dessen Handlung anknüpft, wird oft der Begriff des „Regressverbots" genannt. Was versteht man darunter und ist diese Lehre hier einschlägig?

Das Regressverbot ist eine Kausalitätslehre, wonach im Falle einer Vorsatztat ein (fahrlässiges) Vorverhalten eines anderen, welches die Vorsatztat erst ermöglicht hat, nicht Anknüpfungspunkt für die Kausalität sein kann. Danach unterbricht ein vorsätzliches, erfolgsverursachendes Eingreifen eines Dritten in den in Gang gesetzten Kausalverlauf den Kausalzusammenhang zwischen der vorherigen Handlung und dem Erfolg und schließt damit eine Haftung des Ersttäters aus. Allerdings lässt sich dieses Verbot mit der Äquivalenztheorie, die von der Gleichwertigkeit aller Ursachen ausgeht, nicht vereinbaren und wird daher von der hM nicht anerkannt. In solchen Fallkonstellationen ist allenfalls eine Unterbrechung des Zurechnungszusammenhangs denkbar. Auch das ist aber nicht stets der Fall, wenn ein Vorsatztäter an ein fahrlässiges Vorverhalten eines anderen anknüpft. Denn es gibt Konstellationen, in denen sich die Pflichtwidrigkeit des Vorverhaltens gerade auch daraus ergibt, dass fahrlässig der vorsätzliche Missbrauch durch Dritte ermöglicht wurde. Anders formuliert kann es gerade der Schutzzweck der verletzten Sorgfaltsnorm sein, vorsätzliche Taten Dritter zu verhindern. Ein gutes Beispiel ist der vom BGH (NStZ 2013, 238) entschiedene Fall des Vaters des Amokläufers von Winnenden, der die später vom Sohn zur Tötung mehrerer Menschen verwendeten Waffen nicht sorgfaltsgemäß aufbewahrt hatte. Unabhängig von der besonderen Tragik des Falles und der schwierigen Frage der „Vorhersehbarkeit" eines solchen Geschehens erscheint es zutreffend, in solchen Konstellationen die Möglichkeit einer strafbaren fahrlässigen Tötung nicht allein deshalb zu verneinen, weil daneben die Vorsatzstrafbarkeit des Haupttäters im Raum steht.

Zur Vertiefung:

Baumann/Weber/Mitsch/Eisele, AT, § 10 Rn. 1 ff.
Heinrich, AT, Rn. 214 ff., 239 ff.
Hertel, NJW 1966, 2418
Hilgendorf/Valerius, AT, § 4 Rn. 24 ff., 43 ff.
Kaspar, AT, § 5 Rn. 52 ff., 83 ff.
Rengier, AT, § 13 Rn. 1 ff.
Roxin/Greco, AT I, § 11 Rn. 3 ff.
Trüg, JA 2001, 365
Wessels/Beulke/Satzger, AT, Rn. 221 ff.
Zieschang, AT, Rn. 56 ff.

Fall 3: Radfahrer

BGH, 4 StR 354/57, BGHSt 11, 1
Objektive Zurechnung; Pflichtwidrigkeitszusammenhang

I. Sachverhalt

1   A lenkte einen Lastzug auf einer geraden und übersichtlichen Straße. Vor ihm auf dem rechten Seitenstreifen fuhr ein Radfahrer in dieselbe Richtung. A überholte diesen mit einer Geschwindigkeit von 26 bis 27 km/h. Der Seitenabstand vom Kastenaufbau des LKW-Anhängers zum linken Ellbogen des Fahrradfahrers betrug dabei 75 cm. Der Radfahrer hatte zu diesem Zeitpunkt einen Blutalkoholgehalt von 1,96 ‰. Während des Überholvorgangs stürzte er, geriet mit dem Kopf unter die rechten Hinterreifen des LKW-Anhängers, wurde überfahren und war auf der Stelle tot. Das als Berufungsinstanz in dieser Sache befasste LG hielt, anders als noch das AG, den Nachweis, dass A durch Fahrlässigkeit den Tod des Radfahrers verursacht habe, nicht für erbracht, weil sich nach seiner Überzeugung der tödliche Unfall mit hoher Wahrscheinlichkeit auch bei pflichtgemäßem Verhalten des A ereignet hätte. Dafür führte es folgende Umstände an: die unbedingte Fahruntüchtigkeit des Radfahrers, eine dadurch bewirkte starke Minderung seiner Wahrnehmungs- und Reaktionsfähigkeit sowie die in Übereinstimmung mit einem Sachverständigen bejahte Wahrscheinlichkeit, dass er das Fahrgeräusch des Lastzuges zunächst nicht hörte, dann plötzlich, als er es wahrnahm, heftig erschrak, besonders stark reagierte und dabei völlig ungeordnet und unvernünftig sein Fahrrad nach links zog, eine Verhaltensweise, wie sie für stark angetrunkene Radfahrer typisch sei.

II. Rechtliche Probleme des Falls

2   Das LG hatte eine Strafbarkeit des A wegen fahrlässiger Tötung gem. § 222 StGB unter Hinweis auf eine fehlende Kausalität des fahrlässigen Verhaltens des A verneint und ihn lediglich einer Verkehrsordnungswidrigkeit für schuldig befunden. Das als Revisionsgericht zuständige OLG war hingegen der Ansicht, einigen höchstrichterlichen Entscheidungen den Grundsatz entnehmen zu können, dass es nur dann gerechtfertigt sei, die strafrechtliche Verantwortlichkeit des Täters für den von ihm herbeigeführten Erfolg zu verneinen, *„wenn nach menschlichem Ermessen sicher sei, daß es auch bei verkehrsgemäßem Verhalten des Angeklagten zu einem gleichen Erfolg gekommen wäre"*, und wollte deshalb anders entscheiden. Da allerdings in anderen höchstrichterlichen Entscheidungen der Grundsatz ausgesprochen worden war, *„daß die Ursächlichkeit des schuldhaften Verhaltens für einen schädlichen Erfolg nur dann bejaht werden dürfe, wenn eine an Gewißheit grenzende Wahrscheinlichkeit dafür bestehe, daß der Erfolg bei pflichtgemäßem Verhalten ausgeblieben wäre"*, legte es dem BGH gem. § 121 Abs. 2 GVG die Frage zur Entscheidung vor.

3   Geht es hier aber wirklich um die „Kausalität" des Verhaltens des A? Denn hätte er den Radfahrer nicht überholt, so wäre dieser nicht zu Tode gekommen. Insofern hat der Überholvorgang des A den Tatererfolg verursacht. Zudem hat A sich vorschriftswidrig verhalten, da er einen zu geringen Seitenabstand einhielt. Allerdings besteht hier die Besonderheit, dass der Tod des Fahrradfahrers möglicherweise auch dann eingetreten wäre, wenn A vorschriftsmäßig überholt hätte. Ist das aber nicht bloß eine hypothetische Erwägung, die bei der Kausalität gar keine Rolle spielt? Was ändert dies

an der Kausalität des Verhaltens? Fehlt es bei genauer Betrachtung also nicht eher an der Kausalität der Pflichtwidrigkeit, also am sog. Pflichtwidrigkeitszusammenhang? Zudem lässt sich gerade nicht mit völliger Sicherheit feststellen, ob der Fahrradfahrer auch bei Einhalten des nötigen Abstands überfahren worden wäre. Genügt dies zur Ablehnung der Kausalität der Pflichtwidrigkeit? Welche Anforderungen sind also an den Nachweis dieses Pflichtwidrigkeitszusammenhangs zu stellen? Und wie wirkt es sich aus, wenn er fehlt?

III. Die Entscheidung des BGH

Der BGH folgte der Argumentation des OLG nicht, sondern hielt den Freispruch des A für richtig. Dazu verwies er zunächst einmal auf den Grundsatz in dubio pro reo, wonach auch die Ursächlichkeit eines schuldhaften Verhaltens nachgewiesen werden müsse. Hierbei stelle sich die Kernfrage, welche Erfordernisse an den Nachweis des ursächlichen Zusammenhanges zu stellen sind. Insbesondere musste die Frage geklärt werden, *„wann der Tatrichter den Nachweis als erbracht ansehen darf, daß ein verkehrswidriges Verhalten für den eingetretenen Erfolg ursächlich war"*. Diese Frage beantwortete das Gericht so: *„Die zur Verurteilung notwendige Überzeugung des Tatrichters von der Ursächlichkeit des Täterverhaltens für einen Erfolg und demgemäß von seiner Schuld läßt sich ohne Verstoß gegen den Grundsatz ‚im Zweifel für den Angeklagten' nicht dahin einengen, daß er dessen strafrechtliche Verantwortlichkeit nur dann verneinen dürfe, wenn der Eintritt des gleichen Erfolgs auch ohne das pflichtwidrige Verhalten nach menschlichem Ermessen sicher sei. Das würde dazu führen, daß der Richter die Ursächlichkeit der Handlungsweise selbst bei beachtlichen, auf bestimmten Tatsachen beruhenden Zweifeln zulasten des Angeklagten bejahen müßte, solange nicht durch sichere Feststellungen der Beweis für den Mangel des ursächlichen Zusammenhangs erbracht ist. Dabei wird – ähnlich wie im umgekehrten Falle – kaum je die ‚absolute', dh denkgesetzlich zwingende Sicherheit gegeben sein, daß der gleiche Erfolg auch bei verkehrsgemäßem Verhalten herbeigeführt worden wäre. Eine solche Auffassung ließe sich nicht mit der überragenden Stellung, die das Gesetz der freien richterlichen Überzeugung einräumt, und ebensowenig mit dem Grundsatz vereinen, daß im Zweifelsfall zugunsten des Angeklagten erkannt werden muß."* Nach diesen Grundsätzen waren die Ausführungen des LG nicht zu beanstanden. Dieses habe es nämlich für erwiesen erachtet, *„daß der Unfall auch dann, mit hoher Wahrscheinlichkeit' den tödlichen Ausgang genommen hätte"*. Ob sich der *„Verlauf, ‚jedenfalls in einzelnen Teilen', anders gestaltet hätte"*, sei unerheblich.

IV. Einordnung der Entscheidung

Während der BGH das hier angesprochene Problem als Kausalitätsfrage diskutiert (so auch noch in BGHSt 49, 1), wird der Einwand eines rechtmäßigen Alternativverhaltens, wie bereits einleitend bemerkt, in der Literatur häufig zu Recht unter dem Schlagwort des fehlenden „Pflichtwidrigkeitszusammenhangs" behandelt, also als Fallgruppe der objektiven Zurechnung. Insofern gilt also Ähnliches wie in Fall 2: Bratpfanne, S. 23 ff., bei dem wir ebenfalls die Vermischung von Kausalitäts- und Zurechnungsfragen moniert haben. Denn wir haben eingangs schon darauf hingewiesen, dass das Verhalten des A ohne Weiteres nach der Conditio-sine-qua-non-Formel kausal war. Hätte er nicht überholt, hätte es zu diesem Zeitpunkt keinen Unfall gegeben. Die Frage des Pflichtwidrigkeitszusammenhangs stellt sich insofern aber aus etwas anderer

Perspektive. Während man sich bei der Kausalität das Täterverhalten komplett hinwegdenken muss (Hätte A den Fahrradfahrer nicht überholt ...) und sodann fragt, ob der Taterfolg entfallen wäre (... dann wäre der Erfolg in seiner konkreten Gestalt nicht eingetreten), denkt man sich bei der Prüfung des Pflichtwidrigkeitszusammenhangs nur die Pflichtwidrigkeit des Täterverhaltens hinweg und unterstellt, dass der Täter sein Verhalten in pflichtgemäßer Weise vorgenommen hat (Hätte A den Fahrradfahrer mit 1 m Seitenabstand anstatt pflichtwidrig mit 0,75 m Seitenabstand überholt). Nur wenn auch dann der Taterfolg entfiele, ist nicht nur das Täterverhalten, sondern gerade seine Pflichtwidrigkeit „ursächlich" für den Taterfolg, so dass der notwendige Pflichtwidrigkeitszusammenhang vorliegt.

6   Im Ergebnis sind sich Rechtsprechung und Literatur aber darüber einig, dass ein fehlender Pflichtwidrigkeitszusammenhang die Strafbarkeit ausschließt. Der Grund liegt darin, dass man dem Täter eine Sorgfaltswidrigkeit nur dann vorwerfen kann, wenn sie sich auch ausgewirkt hat. Wäre der Erfolg auch dann eingetreten, wenn der Täter sich vollständig pflichtgemäß verhalten hätte, so wäre jedem anderen sorgfältigen Bürger genau dasselbe passiert. Dann kann man den Täter schwerlich strafrechtlich dafür zur Verantwortung ziehen. Das lässt sich bei vielen Fahrlässigkeitsdelikten schon aus dem Wortlaut ablesen. So muss bei § 222 StGB der Tod „durch die Fahrlässigkeit" verursacht worden sein. Das folgt auch aus dem strafrechtlichen Schuldgrundsatz: Strafbarkeit setzt individuelle Vorwerfbarkeit des Erfolgseintritts voraus. Diese ist nur gegeben, wenn der Täter die Wahl hatte, das heißt wenn er sich anders hätte verhalten können und der Erfolg dadurch ausgeblieben wäre. Als Verhaltensalternative muss es dabei auf die pflichtgemäße Handlungsvariante ankommen und nicht auf die völlige Untätigkeit – denn Anknüpfungspunkt der Strafbarkeit ist der Sorgfaltsverstoß und nicht jedes Tätigwerden. Wenn also sowohl das pflichtwidrige tatsächliche Verhalten des Täters als auch die pflichtgemäße Verhaltensalternative den Erfolg herbeigeführt hätten, dann hatte der Täter gerade keine Wahl und der Erfolgseintritt ist ihm nicht vorzuwerfen. Die Fahrlässigkeitsstrafbarkeit kann nicht uferlos jede zufällige Folge von Sorgfaltspflichtverstößen erfassen, sondern nur solche, die der Täter bei Einhaltung der erforderlichen Sorgfalt hätte vermeiden können. Insofern lässt sich sagen, dass bei den Fahrlässigkeitsdelikten im Hinblick auf den Pflichtwidrigkeitszusammenhang hypothetische Erwägungen durchaus eine Rolle spielen, die sonst bei der Kausalität unbeachtlich sind. Die Prüfung des Pflichtwidrigkeitszusammenhangs erfordert nämlich eine hypothetische Einschätzung, was passiert wäre, wenn der Täter sich pflichtgemäß verhalten hätte. Eine solch spekulative Bewertung kann lediglich Wahrscheinlichkeitsaussagen treffen. Umstritten ist jedoch, wie hoch nach der gerichtlichen Überzeugung die Wahrscheinlichkeit sein muss, dass der Taterfolg bei Vornahme des Alternativverhaltens durch den Täter ausgeblieben wäre.

7   Die in der Literatur vertretene sog. Risikoerhöhungslehre nimmt an, dass für die Strafbarkeit schon die gerichtliche Überzeugung genügt, dass das Risiko des Erfolgseintritts durch den Sorgfaltsverstoß deutlich höher ist als es im Fall des rechtmäßigen Alternativverhaltens wäre. Würde man etwa im vorliegenden Fall davon ausgehen, dass durch das Überholen mit 0,75 m Seitenabstand das Todesrisiko des Radfahrers wesentlich höher lag, als bei einem Überholen mit 1 m Abstand, dann wären nach dieser Ansicht der Pflichtwidrigkeitszusammenhang und die Strafbarkeit zu bejahen – auch wenn daneben weiter die erhebliche Chance bestand, dass es selbst bei pflichtgemäßem Überholen dennoch zum Erfolg gekommen wäre. Die Risikoerhöhungslehre hat damit

geringere Anforderungen und führt leichter zur Strafbarkeit als die Ansicht des BGH in unserem Fall.

Dafür wird vorgebracht, der Grundsatz in dubio pro reo gelte nur bei Zweifeln hinsichtlich des Sachverhalts, nicht jedoch bei rechtlichen Unklarheiten. Im vorliegenden Fall sei die *tatsächliche Lage* aber klar: A habe den Tod des Fahrradfahrers ohne Zweifel kausal verursacht. Bei der Bestimmung des Pflichtwidrigkeitszusammenhangs gehe es hingegen allein um die Rechtsfrage, ob das feststehende tatsächliche Geschehen dem Täter normativ zuzurechnen ist. Die in diesem Zusammenhang relevante Feststellung des hypothetischen Alternativgeschehens sei demnach keine Tatfrage, sondern Teil des normativen Zurechnungsproblems, so dass der Zweifelsgrundsatz keine Anwendung finde. Daher liege auch keine Verwandlung von Verletzungstatbeständen in Gefährdungsdelikte vor, da die Risikoschaffung nicht in einen erlaubten Teil, der sich im Erfolg realisiert hat (hier: dem Fahren des A im Straßenverkehr) und einen verbotenen Teil, der sich im Erfolg nicht realisiert hat (hier: dem Überholen), aufgespalten werden könne. Durch die Pflichtwidrigkeit überschreite das Täterverhalten insgesamt die Schwelle zur verbotenen Risikoschaffung und führe auch tatsächlich zu einem Verletzungserfolg. Problematisch bleibt, ab welcher Schwelle eine relevante Risikoerhöhung angenommen werden kann bzw. ab welchem Grad die Erhöhung des Risikos ausreicht, um das Geschehen dem Täter zuzurechnen.

Der BGH geht hingegen davon aus, dass der Taterfolg im Fall des rechtmäßigen Alternativverhaltens mit an Sicherheit grenzender Wahrscheinlichkeit entfallen muss, damit der Pflichtwidrigkeitszusammenhang und damit eine Strafbarkeit vorliegt. Auch nach dieser Ansicht bedarf es jedoch keiner zwingenden, absoluten Gewissheit, die bei der Feststellung eines hypothetischen Geschehens nie zu erlangen ist, sondern nur einer im Rahmen der menschlichen Erkenntniskräfte möglichen Sicherheit. Hält das Gericht wie im Radfahrer-Fall im Gegenteil den Erfolgseintritt für überwiegend wahrscheinlich, dann fehlt der Pflichtwidrigkeitszusammenhang. Dem pflichten weite Teile der Literatur bei. Dafür wird angeführt, dass der Grundsatz in dubio pro reo für alle Strafbarkeitsvoraussetzungen gelte, also auch für die objektive Zurechnung. Unsicherheiten bei der gerichtlichen Feststellung des hypothetischen Kausalverlaufs müssten sich demnach zugunsten des Angeklagten auswirken. Anders formuliert: Die nach § 261 StPO notwendige Überzeugung des Gerichts von der Verursachung des Taterfolgs durch Fahrlässigkeit könne nicht vorliegen, wenn das Gericht eine erhebliche Restwahrscheinlichkeit sieht, dass der Erfolg auch bei pflichtgemäßem Alternativverhalten eingetreten wäre. Wenn die kausale Verursachung des Taterfolgs durch die Pflichtwidrigkeit des Täterverhaltens nicht feststeht, werde der Täter im Ergebnis für die bloße Schaffung einer Gefahr bestraft. Die Risikoerhöhungslehre verwandle die Verletzungsdelikte entgegen dem Wortlaut und der Systematik der Tatbestände somit quasi in Gefährdungsdelikte.

V. Zusatzfragen

1. Die Fallgruppe des fehlenden Pflichtwidrigkeitszusammenhangs ist eine Ausnahme von dem Grundsatz, dass hypothetische Kausalverläufe unbeachtlich sind. Welche weiteren wichtigen Ausnahmen sind Ihnen bekannt?

Zunächst enthält auch die Kausalitätsbestimmung beim Unterlassungsdelikt ein hypothetisches Element. Denn dort wird ein Kausalzusammenhang bejaht, wenn die Vornahme der rechtlich gebotenen Handlung den Erfolgseintritt mit an Sicherheit grenzender Wahrscheinlichkeit hätte entfallen lassen. Anders als im Normalfall der Kausalitätsprüfung anhand der Conditio-sine-qua-non-Formel wird hier also kein tatsächliches Geschehen hinweggedacht, sondern eine vom Täter gerade nicht vorgenommene Handlung „hinzugedacht". Im Unterschied zum fehlenden Pflichtwidrigkeitszusammenhang entlastet der hypothetische Kausalverlauf den Täter nicht, sondern belastet ihn, indem ggf. auf diese Weise die Kausalität des Unterlassens begründet wird. Man spricht im Bereich des Unterlassens aufgrund der modifizierten Prüfungsmaßstäbe von einer „Quasi-Kausalität" (s. dazu Fall 1: Lederspray, S. 13 ff.). Eine weitere Konstellation ist schon dem Namen nach die hypothetische Einwilligung (s. dazu Fall 12: Zweitoperation, S. 91 ff.). Danach ist der ärztliche Heileingriff trotz eines Aufklärungsmangels auf Seiten des Patienten gerechtfertigt, wenn letzterer auch bei korrekter Aufklärung eingewilligt hätte. Manche sehen darin nichts anderes als den Gedanken des fehlenden Pflichtwidrigkeitszusammenhangs, also einen Zurechnungsausschluss, der hier eben nicht auf Tatbestandsebene, sondern auf der Ebene eines Rechtfertigungsgrunds relevant wird.

11 2. Ließe sich angesichts der völlig überzogenen Reaktion des Radfahrers noch aus anderen Gründen an einer Bestrafung wegen fahrlässiger Tötung zweifeln?

Zunächst könnte man überlegen, ob nicht ein atypischer Kausalverlauf vorlag. Immerhin ließe sich argumentieren, dass die völlig überzogene Reaktion des Radfahrers nicht vorhersehbar war. Der BGH behandelt diese Frage bei Vorsatzdelikten im Rahmen des subjektiven Tatbestands (subjektive Zurechnung), was bei Fahrlässigkeitsdelikten natürlich nicht möglich ist. Jedenfalls hier kommt es im Rahmen des Tatbestands auf die objektive Voraussehbarkeit an. Ob es sich bei der objektiven Voraussehbarkeit des Erfolges um einen Prüfungspunkt der Fahrlässigkeit selbst handelt, die in den meisten Lehrbüchern die zwei Prüfungspunkte objektive Sorgfaltspflichtverletzung und objektive Voraussehbarkeit beinhaltet, oder um eine Fallgruppe der objektiven Zurechnung (Stichwort: atypischer Kausalverlauf), mag hier dahinstehen (vgl. dazu aber *Heinrich/Reinbacher*, JURA 2005, 743). Jedenfalls würde ein völlig atypischer Kausalverlauf voraussetzen, dass der Erfolg außerhalb aller Lebenserfahrung lag. Aus der Sicht der objektiven Zurechnung ist zu fragen, ob es sich noch um ein „Werk des Täters" oder vielmehr um ein „Werk des Zufalls" handelte. Letzteres liegt nach der Rechtsprechung indes höchst selten vor und scheidet im Ergebnis auch hier aus, da es nicht außerhalb aller Lebenserfahrung lag, dass der betrunkene Radfahrer sich derart erschrecken, hinfallen und unter die Räder geraten konnte (vgl. dazu auch Fall 4: Gubener Hetzjagd, S. 34 ff.).

Ferner ließe sich (auch deshalb) an der objektiven Zurechnung des Erfolges zweifeln, weil sich an das sorgfaltswidrige Verhalten des A das Verhalten des Radfahrers anschloss, so dass man nach dem Prinzip der abgegrenzten Verantwortungsbereiche eine Unterbrechung der Verantwortung des A erwägen könnte. Insofern ist aus der Sicht der objektiven Zurechnung zu fragen, ob es sich noch um ein „Werk des A" oder um ein „Werk des Radfahrers" handelte. Auch mit dieser Erwägung lässt sich die objektive Zurechnung hier nach hM aber nicht ablehnen, da das Verhalten des Radfahrers selbst nur sorgfaltswidrig war. Im Ergebnis scheitert die objektive Zurechnung wie gesehen aber am fehlenden Pflichtwidrigkeitszusammenhang.

Zur Vertiefung:
Baumann/Weber/Mitsch/Eisele, AT, § 10 Rn. 88 ff., § 12 Rn. 43 ff.

V. Zusatzfragen

Frisch, JuS 2011, 205
Heinrich, AT, Rn. 1041 ff.
Hilgendorf/Valerius, AT, § 12 Rn. 32 ff.
Kaspar, AT, § 9 Rn. 40 ff.
Kaspar, JuS 2012, 112
Rengier, AT, § 52 Rn. 26 ff.
Roxin/Greco, AT I, § 24 Rn. 8 ff.
Wessels/Beulke/Satzger, AT, Rn. 1128 ff.
Zieschang, AT, Rn. 428 ff.

Fall 4: Gubener Hetzjagd

BGH, 5 StR 42/02, BGHSt 48, 34

Erfolgsqualifikation; spezifischer Gefahrzusammenhang

I. Sachverhalt

1   In einer Diskothek kam es zu einem Streit zwischen einigen ausländischen und deutschen Besuchern. Nach Verlassen der Diskothek beschloss eine Gruppe der deutschen Beteiligten, die aus insgesamt elf Personen bestand, einen der Kontrahenten zu suchen. Allen Beteiligten war klar, dass sie ihm gegenüber Gewalt anwenden und ihn möglicherweise auch verletzen würden. Sie fuhren mit drei PKWs durch die Gegend und suchten nach den Ausländern. Sie bemerkten die drei ausländischen Diskobesucher B, G und K, die sich auf dem Heimweg befanden. Die Fahrer bremsten die drei Autos neben B, G und K scharf ab. Einige Personen sprangen aus den Fahrzeugen und stürmten schreiend auf die drei Ausländer zu. Durch ihre Bekleidung mit Bomberjacken und Springerstiefeln waren sie als Rechtsextreme erkennbar. B, G und K ergriffen in Panik die Flucht in verschiedene Richtungen. Die Verfolger teilten sich nun ebenfalls auf. Während G und K durch zwei Rechtsextreme verfolgt wurden, liefen drei andere hinter B her. Sie holten B ein und versetzten ihm einige Tritte, so dass er gegen ein geparktes Auto stürzte und sich eine Kopfwunde zuzog. Daraufhin ließen die Täter von ihm ab und gingen zurück zu den Fahrzeugen. Die anderen Neonazis hatten hingegen die Verfolgung von G und K nach einigen Metern abgebrochen, weil sie sie aus den Augen verloren hatten oder ihnen deren Vorsprung mittlerweile zu groß erschien, gaben die Suche insgesamt aber nicht auf. K und G bemerkten dies nicht, sondern glaubten, dass sie immer noch verfolgt würden. Sie liefen zu einem etwa 200 m entfernten Mehrfamilienhaus, um sich dort in Sicherheit zu bringen. Da G die Haustür nicht öffnen konnte, trat er in Todesangst die Glasscheibe der Haustür ein. Dabei oder beim anschließenden Durchsteigen der Tür verletzte er sich an den im Türrahmen verbliebenen Glasresten. Er zog sich eine 8,5 cm tiefe Wunde am Bein und eine Verletzung an der Schlagader zu und verblutete binnen kurzer Zeit.

II. Rechtliche Probleme des Falls

2   Dieser Fall hat als Gubener Hetzjagd traurige Berühmtheit erlangt und war insbesondere wegen des rechtsextremen Hintergrundes der Täter auch Gegenstand intensiver Presseberichterstattung. Er verdient aber auch in rechtlicher Hinsicht eine nähere Betrachtung. Tragische Folge dieser Hetzjagd war der Tod des fliehenden G. Inwieweit konnte man die Verfolger dafür strafrechtlich verantwortlich machen? Einen Tötungsvorsatz konnte man ihnen nicht unterstellen, denn ihr Plan hatte nur vorgesehen, G möglicherweise zu verletzen. Insofern stand zunächst eine fahrlässige Tötung gem. § 222 StGB im Raume. In Betracht kam im Hinblick auf die anvisierte Körperverletzung, die zu der schweren Folge des Todes des G geführt hatte, aber auch eine Körperverletzung mit Todesfolge gem. § 227 StGB, deren Strafmaß – bei Vollendung – immerhin auch nicht unter drei Jahren Freiheitsstrafe liegt, also gem. § 38 Abs. 2 StGB bis zu 15 Jahren Freiheitsstrafe gehen kann, im Gegensatz zu § 222 StGB, dessen Strafmaß (nur) bis zu fünf Jahre Freiheitsstrafe oder Geldstrafe beträgt.

3   Diesbezüglich waren jedoch einige Fragen zu klären. Erstens hatten die Täter die Verfolgung des G bereits abgebrochen. Nimmt man insofern an, dass sie G gar nicht

vorsätzlich am Körper verletzt haben, so kam nur eine versuchte Körperverletzung mit Todesfolge in Betracht. Ist eine solche aber überhaupt strafbar? Man spricht insofern von der Konstellation eines erfolgsqualifizierten Versuchs. Diese Frage stellt sich umso mehr, weil die schwere Folge selbst hier nicht vorsätzlich herbeigeführt wurde. Bejaht man grds. die Strafbarkeit eines erfolgsqualifizierten Versuchs, so fragt sich zweitens, ob die Täter durch die Verfolgung überhaupt das Versuchsstadium erreicht haben, also unmittelbar zur Körperverletzung angesetzt haben. Wäre dies der Fall, so läge im Übrigen im Hinblick auf die gemeinschaftliche Begehungsweise auch eine versuchte gefährliche Körperverletzung gem. den §§ 224 Abs. 1 Nr. 4, 22, 23 Abs. 1 StGB gegenüber K vor.

Drittens stellt sich das Problem, dass die vorangegangene Verfolgung zwar im Sinne der Conditio-sine-qua-non-Formel ursächlich für die tödliche Verletzung war, denn wäre er nicht verfolgt worden, hätte G nicht die Tür eingetreten und durchstiegen; letztlich war der Tod des G aber die unmittelbare Folge einer von ihm selbst vorgenommenen Handlung. Kann man den Verfolgern dies zurechnen, insbesondere wenn man bedenkt, dass § 227 StGB als erfolgsqualifiziertes Delikt einen spezifischen Gefahrzusammenhang zwischen Grunddelikt und schwerer Folge voraussetzt? Zwar stand der Tod in einem direkten Zusammenhang mit der Verfolgung. Man könnte gegen eine Zurechnung jedoch verschiedene Erwägungen vorbringen. So könnten die Angeklagten einwenden, dass der Tod des G nicht die Realisierung der spezifischen Gefahr der Körperverletzung sein kann, wenn schon der Verletzungserfolg gar nicht eingetreten ist. Im Kern geht es dann um die Frage, ob für die Strafbarkeit nach § 227 StGB die schwere Folge auf dem Tatererfolg des Grunddelikts beruhen muss oder ob dafür auch die bloße Tathandlung als Grundlage genügt, was letztlich wieder auf die Frage hinausläuft, ob es einen erfolgsqualifizierten Versuch überhaupt geben kann. Zudem könnten sie vorbringen, dass die schwere Folge eben auf einem Handeln des G beruhte, so dass er insofern in das Geschehen eingetreten ist und den Zurechnungszusammenhang unterbrochen hat. Und schließlich muss man sich fragen, ob der Geschehensverlauf nicht entweder ohnehin völlig atypisch war oder jedenfalls so abweichend, dass er nicht mehr als spezifische Folge der versuchten Körperverletzung bezeichnet werden kann.

III. Die Entscheidung des BGH

Das LG hatte die Angeklagten wegen gefährlicher Körperverletzung in Tateinheit mit Nötigung und mit fahrlässiger Tötung sowie wegen anderer Delikte zu Jugendstrafen verurteilt. Der BGH sah dies anders. Er änderte den Schuldspruch und nahm nicht nur eine vollendete gefährliche Körperverletzung in Tateinheit mit Nötigung gegenüber B, sondern tateinheitlich dazu auch eine versuchte gefährliche Körperverletzung gem. den §§ 224 Abs. 1 Nr. 4, 22, 23 Abs. 1 StGB an K sowie eine versuchte Körperverletzung mit Todesfolge gem. den §§ 227, 22, 23 Abs. 1 StGB an G an.

Zunächst erläuterte der BGH, warum das Verhalten der Angeklagten bereits den Versuch der gefährlichen Körperverletzung gegenüber G und K dargestellt habe. Dafür gab er zunächst die bekannte Vereinigungsformel zum unmittelbaren Ansetzen wieder, allerdings ergänzt um das Kriterium eines weiteren „*Willensimpulses*": „*Das Versuchsstadium erstreckt sich [...] auch auf Handlungen, die in ungestörtem Fortgang unmittelbar zur Tatbestandserfüllung führen sollen oder die in unmittelbarem räumlichen und zeitlichen Zusammenhang mit ihr stehen. Dies ist der Fall, wenn der Täter subjek-*

tiv die Schwelle zum ‚jetzt geht es los' überschreitet, es eines weiteren ‚Willensimpulses' nicht mehr bedarf und er objektiv zur tatbestandsmäßigen Angriffshandlung ansetzt, so daß sein Tun ohne Zwischenakte in die Erfüllung des Tatbestands übergeht." Ebendies sei spätestens mit der Verfolgung der Flüchtenden zu Fuß und dem weiteren, dem Verhalten der Flüchtenden angepassten arbeitsteiligen Verhalten der Fall gewesen. Anders als die Nebenkläger dies in der Revision vortrugen, verneinte der BGH indes eine vollendete Körperverletzung an G und K. So hätten die Angeklagten hinsichtlich der bei G aufgetretenen Schnittverletzungen jedenfalls nicht vorsätzlich gehandelt. Es liege angesichts der gesamten Tatumstände vielmehr eine wesentliche Abweichung zwischen vorgestelltem und tatsächlich eingetretenem Kausalverlauf vor. Zudem hätte die Verfolgung bei G und K zwar Angst- und Panikgefühle ausgelöst, jedoch genügten solche rein psychischen Empfindungen nicht für eine Körperverletzung iSd § 223 StGB. Insofern ließ sich also zumindest eine versuchte gefährliche Körperverletzung annehmen.

7 Nun musste der BGH Stellung dazu beziehen, ob überdies eine versuchte Körperverletzung mit Todesfolge vorlag. Hierzu erklärte das Gericht zunächst noch einmal die Grundstruktur des Tatbestandes der Körperverletzung mit Todesfolge. Für die im Tatbestand enthaltene Voraussetzung, dass der Tod der verletzten Person „durch die Körperverletzung" verursacht wurde, reiche es nicht aus, dass zwischen Körperverletzungshandlung und schwerer Folge ein ursächlicher Zusammenhang bestehe. Vielmehr seien nur solche Körperverletzungen erfasst, denen die spezifische Gefahr anhafte, zum Tod des Opfers zu führen. Eine solche deliktsspezifische Gefahr könne aber auch schon von der Körperverletzungshandlung ausgehen. Hier lag der Knackpunkt des Falles. Der BGH bejahte insofern letztlich auch die Existenz des erfolgsqualifizierten Versuchs. Er argumentierte wie folgt: „*Der Wortlaut der Bestimmung steht einer solchen Auslegung nicht entgegen. [...] Auch der Gesetzgeber ist dieser Rechtsprechung nicht entgegengetreten. Vielmehr hat er § 227 Abs. 1 StGB durch den Zusatz,(§§ 223 bis 226)' ergänzt [...], ohne – was im Sinne der sogenannten Letalitätstheorie [...] dann aber angezeigt gewesen wäre – die in §§ 223, 224, 225 StGB enthaltenen versuchten Körperverletzungsdelikte (jeweils Abs. 2) vom Anwendungsbereich des § 227 StGB auszunehmen [...]. Verwirklicht sich die von der Körperverletzungshandlung ausgehende Gefahr und führt dies zum Tod des Opfers, kann die Anwendbarkeit des § 227 StGB ferner nicht davon abhängen, ob darüber hinaus ein vorsätzlich herbeigeführter Körperverletzungserfolg eingetreten ist, da dieser für den Unrechtsgehalt der Tat allenfalls von untergeordneter Bedeutung sein kann. [...] Mithin ist der Versuch einer Körperverletzung mit Todesfolge auch in Form eines ‚erfolgsqualifizierten Versuchs' möglich.*" Auf den Fall angewandt bedeutete dies, dass nach Ansicht des BGH ein gefahrspezifischer Zusammenhang zwischen dem Heranstürmen durch die Angeklagten und dem Tod des G bestand, welcher auch nicht durch dessen eigenes Verhalten unterbrochen wurde.

8 Der BGH begründete dies folgendermaßen: „*Denn dessen Reaktion war eine naheliegende und nachvollziehbare Reaktion auf den massiven Angriff der Angeklagten. Ein solches durch eine Flucht ‚Hals über Kopf' geprägtes Opferverhalten ist vielmehr bei den durch Gewalt und Drohung geprägten Straftaten geradezu deliktstypisch und entspringt dem elementaren Selbsterhaltungstrieb des Menschen. [...] Zwar hat der Bundesgerichtshof in Einzelfällen eine Zurechnung in Folge selbstgefährdenden Verhaltens des Opfers ausgeschlossen [...]; doch steht dies hier – angesichts des außergewöhnlich massiven Vorgehens der Angreifer und der weiteren Besonderheiten – dem*

gefundenen Ergebnis nicht entgegen." Konnte insofern also ein spezifischer Gefahrzusammenhang zwischen dem vorsätzlichen Versuch der gefährlichen Körperverletzung und der schweren Folge bejaht werden, so sei der Tod des G auch allen Angeklagten als Mittätern gem. § 25 Abs. 2 StGB zuzurechnen, zumal die Handlung im Rahmen des allseitigen ausdrücklichen oder stillschweigenden Einverständnisses gelegen habe.

Zum Abschluss erklärte der BGH, dass allen Beteiligten auch Fahrlässigkeit hinsichtlich der schweren Folge vorzuwerfen war. Insbesondere sei der Erfolg für jeden vorhersehbar gewesen. Er erläuterte: *„Hierfür reicht es aus, daß der Erfolg nicht außerhalb aller Lebenserfahrung liegt; alle konkreten Einzelheiten brauchen dabei nicht voraussehbar zu sein. Es genügt die Vorhersehbarkeit des Erfolgs im allgemeinen."* 9

IV. Einordnung der Entscheidung

Anders als noch die Vorinstanz bejahte der 5. Senat eine versuchte Körperverletzung, im Fall des G sogar eine versuchte Körperverletzung mit Todesfolge. Dass er im Hinblick auf die (rein) psychischen Folgen bei G und K keine Vollendung der Körperverletzung annahm, ist ein interessanter „Nebenschauplatz", den wir hier angesichts unserer Fokussierung auf den AT nicht weiter vertiefen wollen. Zwar könnte man ferner vortragen, G habe sich doch an den Scherben verletzt und dies sei auch kausal auf die Handlung der Angeklagten zurückzuführen, jedoch nahm der BGH diesbezüglich eine wesentliche Abweichung des Kausalverlaufs im Hinblick auf den Vorsatz an. Dies betrifft wohlgemerkt den subjektiven Tatbestand. Hielte man den Geschehensverlauf bereits objektiv für atypisch, müsste man im Übrigen bereits die objektive (!) Zurechnung der schweren Folge ablehnen. Unter diesen Prämissen folgerichtig ging es insofern also nur um eine versuchte (gefährliche) Körperverletzung. Diese war einerseits schon hinsichtlich des K zu prüfen, bei dem es zu keinen weiteren schweren Folgen gekommen war. Fraglich war hier insbesondere das unmittelbare Ansetzen zur Tat. Die zur Abgrenzung herangezogenen Kriterien entsprechen im Wesentlichen der ständigen Rechtsprechung des BGH (vgl. dazu auch Fall 16: Pfeffertüte, S. 117 ff.). Insofern wird indes in der Literatur teilweise die Unklarheit des hinzugenommenen Kriteriums des „weiteren Willensimpulses" als zu unbestimmt kritisiert, da nicht einmal klar sei, ob damit der Tatentschluss, ein Impuls zur Vornahme der tatbestandlichen Körperbewegung, das „Jetzt geht's los" oder etwas ganz anderes gemeint sein sollte; stattdessen habe der BGH besser die relevanten Umstände näher bestimmen und erklären sollen, wann die Täter den Verfolgten nahe genug waren, dass ein Schlag oder Tritt „unmittelbar" bevorstand (vgl. zum Ganzen *Hardtung*, NStZ 2003, 261). 10

Letztlich wird überwiegend aber ein unmittelbares Ansetzen der Täter im vorliegenden Fall bejaht. Nach wie vor umstritten ist dagegen die zweite wesentliche Weichenstellung des Falles: Die Frage, ob ein erfolgsqualifizierter Versuch möglich ist – ob also ein erfolgsqualifiziertes Delikt vorliegen kann, wenn nicht wie im Regelfall der Erfolg des Grunddelikts zum Eintritt der schweren Folge führt, sondern bereits die Tathandlung ursächlich ist. Der Streit betrifft grundsätzlich nicht nur § 227 StGB, sondern sämtliche erfolgsqualifizierten Delikte (vgl. etwa die §§ 178, 251, 306 c StGB). Vertreter der sog. Letalitätstheorie machen geltend, dass die erfolgsqualifizierten Delikte ihrem Normzweck nach gerade die Realisierung der spezifischen Gefahr sanktionieren sollen, die sich aus dem Erfolg des Grunddelikts ergibt. Entsprechend setze eine Erfolgsqualifikation stets die Vollendung des Grunddelikts voraus. Speziell für § 227 StGB könne dafür auch der Wortlaut des § 227 Abs. 1 StGB angeführt werden, in dem vom „Tod 11 der verletzten Person" die Rede ist, was darauf hindeute, dass es tatsächlich zu einer Verletzung gekommen sein muss. Zudem müsse man die erfolgsqualifizierten Delikte wegen der deutlich erhöhten Strafdrohung restriktiv auslegen.

12   Trifft die Letalitätstheorie zu, so sind daraus unterschiedliche Schlüsse zu ziehen. Erstens kann es – zumindest bei § 227 StGB – keinen erfolgsqualifizierten Versuch geben, da sich die schwere Folge ja aus der Verletzung des Opfers ergeben muss. Zweitens geht die Letalitätstheorie auch bei der Frage des spezifischen Gefahrzusammenhangs zwischen Körperverletzungserfolg und schwerer Folge weiter als der BGH. Dieser hat etwa im ebenfalls sehr berühmten Hochsitz-Fall (BGHSt 31, 96) eine (vollendete) Körperverletzung mit Todesfolge bejaht, obgleich das Umwerfen des Hochsitzes durch den Täter beim Opfer zunächst nur zu einem Bruch des rechten Knöchels geführt hatte, das Opfer sodann aber aufgrund ärztlicher Versäumnisse bettlägerig geworden und infolgedessen an einer Lungenentzündung gestorben war. Nach der Letalitätstheorie muss der spezifische Gefahrzusammenhang jedoch gerade zwischen der Verletzung (Knöchelbruch) und der schweren Folge bestehen.

13   BGH und Teile der Literatur widersprechen dieser Ansicht und gehen davon aus, dass die typische Gefährlichkeit einer Straftat ebenso wie im Erfolg auch in der Tathandlung liegen könne. Die Unterscheidung zwischen Handlungs- und Erfolgsgefährlichkeit sei wertungsmäßig nicht angezeigt. Daraus folgt, dass auch der Versuch als Anknüpfungspunkt ausreicht. Teilweise wird jedoch vorgeschlagen, die Frage für die einzelnen Qualifikationstatbestände je nach Auslegung von Schutzzweck und Deliktsstruktur differenziert zu beantworten. So ergebe sich die besondere Gefährlichkeit bei einigen Tatbeständen schon aus der Begehungshandlung, wie nach hM etwa bei § 178 StGB. Beziehe sich die schwere Folge dagegen nach dem Normzweck gerade auf den Taterfolg, komme ein erfolgsqualifizierter Versuch nicht in Betracht, was überwiegend für § 306 c StGB angenommen wird. An dieser Ansicht wird allerdings kritisiert, dass die fraglichen Tatbestände vielfach keine hinreichenden Anhaltspunkte für eine eindeutige Auslegung böten. Aus diesem Grund wird letztlich innerhalb der differenzierenden Ansicht in der Tat uneinheitlich beurteilt, welche Delikte zu welcher Gruppe zählen.

14   Auch speziell bei § 227 StGB ist diese Frage umstritten. Anders als noch das RG (RGSt 44, 137) nimmt der BGH in ständiger Rechtsprechung (vgl. etwa BGHSt 14, 110) an, dass bereits eine Körperverletzungshandlung als Anknüpfungspunkt für die schwere Folge nach § 227 StGB dienen kann. Auch diese Meinung führt den Wortlaut der Norm an, denn der Begriff „Körperverletzung" umfasse die Handlung und den Erfolg der Tat. Dies hat der BGH auch im vorliegenden Fall so gesehen und zudem angeführt, dass durch den Verweis auf die §§ 223 bis 226 a StGB auch auf die Versuchstatbestände im jeweiligen Absatz 2 dieser Vorschriften Bezug genommen werde. Schließlich sprechen aus Sicht der Befürworter dieser Ansicht auch kriminalpolitische Erwägungen und Wertungsgesichtspunkte für die Strafbarkeit des erfolgsqualifizierten Versuchs.

15   Zu prüfen bleibt dann der sog. spezifische Gefahrzusammenhang. Dieses einschränkende Erfordernis ist in Rechtsprechung und Literatur weitestgehend anerkannt. Teilweise ist hier auch von einem „Unmittelbarkeitszusammenhang" die Rede, was aber den Kern dieses Kriteriums nicht trifft. Würde man tatsächlich eine „Unmittelbarkeit" zwischen Grunddeliktshandlung und schwerer Folge fordern, so müssten gerade solche Fälle ausscheiden, bei denen das Opfer selbst noch tätig wird. Zwar ist im Wesentlichen konsentiert, dass es schon wegen des exorbitant angehobenen Strafrahmens einer

Restriktion bedarf, die zu Recht darin gesehen wird, dass der Gesetzgeber eben nur bei bestimmten Delikten eine typische Gefahr gesehen hat, dass diese schwere Folgen mit sich bringen. Die dogmatische Einordnung dieser Einschränkung ist jedoch umstritten. Zutreffend wird darin eine spezielle Ausprägung der objektiven Zurechnung gesehen (vgl. *Heinrich/Reinbacher*, JURA 2005, 743), namentlich des Schutzzwecks der Norm, die hier, anders als bei den reinen vorsätzlichen Erfolgsdelikten, auch von der Rechtsprechung akzeptiert wird. Inhaltlich erfordert dieser spezifische Gefahrzusammenhang, dass die schwere Folge gerade spezifische Folge der Grunddeliktshandlung war. So erläuterte der BGH auch in unserem Fall, dass nur solche Körperverletzungen erfasst sind, denen die spezifische Gefahr anhaftet, zum Tod des Opfers zu führen.

Gerade Fälle des Dazwischentretens des Opfers oder eines Dritten bereiten in dieser Hinsicht Schwierigkeiten. Während der BGH im Hochsitz-Fall, wie geschildert, trotz des Fehlverhaltens der Ärzte einen spezifischen Gefahrzusammenhang annahm, hat er im ebenso berühmten Rötzel-Fall (NJW 1971, 152) eine Körperverletzung mit Todesfolge in einem Fall verneint, in dem das Opfer eines tätlichen Angriffs bei der Flucht vor dem Täter aus dem Fenster auf den Balkon springen wollte, jedoch abstürzte und dadurch zu Tode kam. Hier habe nicht die Verletzungshandlung des Täters, sondern der Fluchtversuch unmittelbar zum tödlichen Sturz geführt. Er führte zur Begründung aus: „*In einem tödlichen Ausgang, der unmittelbar erst durch das Eingreifen eines Dritten oder das Verhalten des Opfers selbst herbeigeführt wurde, hat sich aber nicht mehr die dem Grundtatbestand (§ 223 StGB) eigentümliche Gefahr niedergeschlagen [...], die der Gesetzgeber im Auge hatte.*" Diesen Standpunkt hat der BGH im vorliegenden Fall, in dem er die Zurechnung der tödlichen Folge nicht an der Fluchtreaktion des Opfers scheitern ließ, nicht mehr vertreten, wenngleich er „*angesichts des außergewöhnlich massiven Vorgehens der Angreifer*" annahm, das Urteil im Rötzel-Fall stehe der hier getroffenen Entscheidung nicht entgegen. Vergleicht man diese Entscheidungen mit der allgemeinen objektiven Zurechnung (vgl. Fall 2: Bratpfanne, S. 23 ff.), so wird klar, dass nur ein eigenverantwortliches Dazwischentreten eines Dritten oder des Opfers die Zurechnung zum Ersttäter unterbricht. Legt man dies zu Grunde, so kann sowohl im Rötzel-Fall als auch im vorliegenden Fall nicht von einem solchen die Zurechnung unterbrechenden Dazwischentreten des jeweiligen Opfers gesprochen werden, weil dieses sich jeweils nicht freiwillig, sondern unter dem Eindruck der massiven Bedrohung nachvollziehbar auf die Flucht begeben hat. Wohlgemerkt: Nähme man ein Dazwischentreten an, so müsste sogar eine Bestrafung aus § 222 StGB unter dem allgemeinen Aspekt der objektiven Zurechnung verneint werden (vgl. zu objektiver Zurechnung und spezifischem Gefahrzusammenhang auch *Heinrich/Reinbacher*, JURA 2005, 743).

V. Zusatzfragen

1. In dem der Entscheidung RGSt 44, 137 zu Grunde liegenden Fall versetzte der Täter dem Opfer mit der Mündung eines Gewehrs vorsätzlich einen Stoß gegen den Körper. Zugleich berührte er bei der Bewegung der Waffe zur Ausführung des Stoßes versehentlich mit dem Finger den Abzug. Ein Schuss löste sich, der das Opfer tödlich traf. Das Grunddelikt der Körperverletzung war hier also nicht nur versucht, sondern in Gestalt des Stoßes auch vollendet. Ist eine Bestrafung wegen einer Körperverletzung mit Todesfolge gem. § 227 StGB hier möglich?

Eine Bestrafung wegen eines erfolgsqualifizierten Delikts setzt wie gesehen voraus, dass zwischen dem Grunddelikt und dem Eintritt der schweren Folge ein spezifischer Gefahrzusammenhang besteht. Das erfordert zunächst, dass „das Grunddelikt" kausal für den Eintritt der schweren Folge war. Nach der Äquivalenztheorie dürfte also die Körperverletzung in Form des Stoßes mit dem Gewehr nicht hinweggedacht werden können, ohne dass der Tod des Opfers entfiele. Für die Tathandlung trifft dies zu, denn wenn der Täter nicht die Stoßbewegung in Richtung des Opfers geführt hätte, hätte sich der Schuss nicht gelöst. Anders ist dies aber, wenn man den Tatererfolg betrachtet. Auch wenn die Gewehrmündung den Körper des Opfers nicht erreicht hätte (etwa weil der Stoß zu kurz ausfiel), der Körperverletzungserfolg also nicht eingetreten wäre, hätte sich der Schuss durch die Stoßbewegung gelöst. Der Verletzungserfolg war für die schwere Folge also nicht kausal. Etwas anderes würde etwa dann gelten, wenn die Erschütterung der Waffe durch den Aufprall auf dem Körper des Opfers den Schuss verursacht hätte. So lag der Fall aber gerade nicht. Genau wie im Fall des erfolgsqualifizierten Versuchs kommt daher der Verletzungserfolg als Anknüpfungspunkt der Erfolgsqualifikation nicht in Betracht. Wie der BGH in der obigen Entscheidung musste sich das RG daher die Frage stellen, ob auch die Tathandlung allein einen entsprechenden Zurechnungszusammenhang begründen kann – was damals noch verneint wurde. Nimmt man hingegen mit dem BGH an, dass die ursächliche Beziehung zwischen Grunddeliktshandlung und schwerer Folge genügt, so wäre weiter zu prüfen, ob der Tod auch spezifische Folge dieser Handlung war. Auch dies dürfte dann aber zu bejahen sein, denn es ist gewiss nicht atypisch, dass sich beim Schlag mit einer Waffe ein Schuss löst.

18 2. Ist der erfolgsqualifizierte Versuch auch bei einer versuchten Aussetzung mit Todesfolge (§ 221 Abs. 3 StGB) strafbar? Welches Problem stellt sich hier?

Anders als bei den §§ 223-226a StGB ist der Versuch der Aussetzung gem. § 221 Abs. 1 StGB mangels ausdrücklicher Regelung nicht strafbar, da es sich um ein Vergehen handelt (§ 12 Abs. 2 StGB). Es sind aber (zumindest theoretisch) Konstellationen denkbar, in denen aus dem bloßen Versuch der Aussetzung die fahrlässig oder vorsätzlich herbeigeführte schwere Folge des Todes resultiert. Ist auch dann eine Bestrafung wegen eines erfolgsqualifizierten Versuchs möglich? Dies wird teilweise mit dem Argument bejaht, dass die hier in Rede stehenden Erfolgsqualifikationen durch ihre erhöhten Strafandrohungen ihrerseits Verbrechen sind, § 12 Abs. 1 StGB, so dass deren Versuch dann gem. § 23 Abs. 1 StGB problemlos strafbar sei. Mit anderen Worten ändert sich durch den Eintritt der schweren Folge insofern die Deliktsnatur, weil aus dem Vergehen ein Verbrechen wird, so dass eine Versuchsstrafbarkeit begründet ist. Dem wird von anderen Stimmen der Wortlaut des § 18 StGB entgegengehalten. Der Gesetzgeber spreche insofern von „schwererer Strafe" gegenüber dem Grunddelikt, gehe also davon aus, dass die Erfolgsqualifikation strafschärfend und nicht strafbegründend wirken soll. Ist der Versuch des Grunddelikts wie bei § 221 Abs. 1 StGB aber nicht strafbar, so würde die fahrlässig oder vorsätzlich herbeigeführte schwere Folge die Strafe aber nicht nur schärfen, sondern die Strafbarkeit erst begründen. Daher scheide der erfolgsqualifizierte Versuch hier aus.

Zur Vertiefung:
Baumann/Weber/Mitsch/Eisele, AT, § 13 Rn. 28 ff., § 22 Rn. 13 f., 52 f.
Hardtung, NStZ 2003, 261
Heinrich, AT, Rn. 692 ff.

V. Zusatzfragen

Hilgendorf/Valerius, AT, § 12 Rn. 72 ff.
Kaspar, AT, § 9 Rn. 80 ff.
Laue, JuS 2003, 743 ff.
Rengier, BT II, § 16 Rn. 9 ff.
Roxin, AT II, 2003, § 29 Rn. 322 ff.
Wessels/Beulke/Satzger, AT, Rn. 999 ff.
Zieschang, AT, Rn. 403 ff.

Fall 5: Lederriemen

BGH, 5 StR 35/55, BGHSt 7, 363
Vorsatz; dolus eventualis

I. Sachverhalt

1 J und K planten, Wertgegenstände von ihrem Bekannten M zu erlangen. Zu diesem Zweck wollten sie mit Gewalt gegen M vorgehen, ihn widerstandsunfähig machen und ihm dann in Ruhe aus seiner Wohnung die ersehnten Sachen wegnehmen, um sie für eigene Zwecke zu verwenden. Nach einem missglückten Versuch, M mit Schlaftabletten zu betäuben, kamen sie auf die Idee, M mit einem ledernen Hosenriemen zu würgen, um ihn dann fesseln und knebeln zu können. Sie erkannten, dass eine solche Drosselung über eine Bewusstlosigkeit hinaus auch schwerere Schädigungen, ja sogar den Tod, herbeiführen könnte. Bei einem Besuch wollten die beiden diesen Tatplan ausführen; es verließ sie jedoch der Mut. J und K gaben ihren Plan nicht grundsätzlich auf. J riet jedoch wegen der potenziellen Lebensgefahr davon ab, M mit dem Lederriemen zu drosseln. Er schlug vor, M lieber durch einen Schlag mit einem Sandsack zu betäuben, womit sich K schließlich einverstanden erklärte. Sie hatten sich nämlich überlegt, dass der Sandsack sich beim Aufprall gegen den Kopf der Schädelform anpasse und deshalb keine ernsthaften Verletzungen eintreten könnten.

Am Tattag suchten sie M auf. J hatte den Sandsack in seiner Hosentasche, K hatte aus eigenem Entschluss ohne Wissen des J für alle Fälle auch noch den Lederriemen mitgenommen. Sie übernachteten bei M, der damit einverstanden war. Gegen 4 Uhr morgens schlug J im Beisein von K mit dem Sandsack zweimal kräftig auf den Kopf des schlafenden M ein. Die Schläge hatten jedoch nicht die erhoffte Wirkung, sondern weckten M nur. Bei einem nochmaligen Schlag platzte der Sandsack. M stieg aus dem Bett und geriet in ein Handgemenge mit J. K rannte in den Flur und holte den Lederriemen. Er näherte sich M, der bis dahin noch gar nicht gemerkt hatte, dass auch K mit zu seinen Angreifern gehörte, von hinten und warf ihm hinterrücks den Lederriemen über den Kopf. J drückte, um das nunmehr auch von ihm erkannte Vorgehen mit dem Lederriemen zu unterstützen, die Hände und Arme von M nach unten, wodurch dieser wieder auf das Bett geworfen wurde. Hier warf ihm K nochmals den Riemen über den Kopf, während J die Arme des M festhielt. Der Riemen lag nun um den Hals des M, die beiden Enden waren im Nacken über Kreuz geschlungen. J und K zogen nunmehr mit aller Gewalt so lange an jeweils einem der Riemenenden, bis M die Arme fallen ließ und in das Bett sank. Daraufhin begannen sie, M zu fesseln. Als dieser sich aufrichtete, warf sich J auf seinen Rücken und drückte ihn nach unten. K begann erneut, M mit dem Riemen zu drosseln, bis dieser sich nicht mehr rührte und keinen Laut mehr von sich gab. Als J das merkte, rief er K zu: „Hör auf!" K ließ daraufhin vom Drosseln ab. Sie fesselten M nunmehr. Alsdann suchten sie sich aus seiner Wäsche und Kleidung eine Reihe von Gegenständen aus. Anschließend sahen sie dann nach M. Sie bekamen jetzt Bedenken, ob dieser noch lebe. Sie versuchten vergeblich eine Wiederbelebung und verließen schließlich die Wohnung.

II. Rechtliche Probleme des Falls

2 Das Problem des Falles, in dem J und K vom Schwurgericht wegen eines heimtückischen Mordes verurteilt worden waren, liegt erkennbar im Bereich des Vorsatzes. Da

man angesichts der Vorgeschichte weder unterstellen kann, es sei ihnen unbedingt um die Tötung des M gegangen (dolus directus I), noch davon ausgehen kann, sie hätten ein sicheres Wissen hinsichtlich des Todes gehabt (dolus directus II), was ua auch ihre Wiederbelebungsversuche zeigen, kam nur ein bedingter Vorsatz (dolus eventualis) in Betracht. Da die §§ 211, 212 StGB keinen bestimmten Vorsatzgrad voraussetzen, wäre tatsächlich auch ein bedingter Vorsatz ausreichend. Dessen Voraussetzungen sind allerdings heillos umstritten. Dabei geht es insbesondere um die Frage, wie der bedingte Vorsatz von der bewussten Fahrlässigkeit abzugrenzen ist und ob er wie der Vorsatz im Allgemeinen aus einer Wissens- und einer Willenskomponente besteht. Und selbst wenn man Letzteres mit der überwiegenden Ansicht in Literatur und der Rechtsprechung annimmt, so fragt sich weiterhin wie die Willenskomponente beim Eventualvorsatz beschaffen sein soll. Nimmt man diesbezüglich wiederum mit der seit den Zeiten des RG herrschenden Ansicht an, dass hierfür ein „Billigen im Rechtssinne", dh ein „billigendes In-Kauf-Nehmen" des Erfolges, erforderlich ist, so fragt sich für diesen konkreten Fall, ob ein solches Billigen im Rechtssinne bei J und K angenommen werden kann.

J und K haben zwar den Tod des M durch Würgen mit dem Lederriemen herbeigeführt. Ursprünglich hatten sie aber genau diesen Plan aufgrund der potenziellen Lebensgefahr für M verworfen, weil sie diesen nur außer Gefecht setzen und nicht töten wollten. Außer Frage steht hier zwar, dass den beiden Tätern beim Würgen mit dem Lederriemen bewusst war, dass eine solche Vorgehensweise zum Tod des M führen *kann*. Es erscheint hingegen zweifelhaft, ob sie dies auch wollten, also wenigstens billigend in Kauf nahmen. Schließlich hatten sie ja eine Reihe (wenn auch erfolgloser) Versuche unternommen, M mit „ungefährlicheren" Mitteln außer Gefecht zu setzen. Insoweit könnten J und K vorbringen, dass sie den Tod des M gerade nicht wollten und somit ihr Handeln eher als bewusste Fahrlässigkeit einzustufen sei. Somit hatte der BGH hier zu entscheiden, ob man auch eine an sich ungewollte Folge „billigend in Kauf nehmen" kann. Oder anders ausgedrückt: Welche Voraussetzungen sind an das Willenselement im Bereich des dolus eventualis zu stellen?

III. Die Entscheidung des BGH

Der 5. Strafsenat entschied, dass die Annahme eines bedingten Vorsatzes durch das Schwurgericht im Ergebnis rechtsfehlerfrei war. Er führte dazu aus: „*Richtig ist, daß die Kenntnis der möglichen Folgen einer Handlungsweise und die Billigung dieser Folgen zwei selbstständige Voraussetzungen des bedingten Vorsatzes sind. Das hat das Schwurgericht aber auch nicht verkannt. Es ist nicht davon ausgegangen, daß der Täter im Rechtssinne einen Erfolg schon dann wolle, wenn er ihn nur als möglich voraussehe.*" Folglich ging der 5. Strafsenat davon aus, dass sich ein bedingter Vorsatz aus einem kognitiven und voluntativen Element zusammensetzt. Dementsprechend musste er sich auch mit der Frage beschäftigen, ob die Angeklagten den Tod des M bei ihrer Planung ausschließen wollten. Dazu erläuterte der Senat: „*Die erwähnten Umstände sprechen zwar dafür, daß den Angeklagten der eingetretene Tod M's höchst unerwünscht war. [...] Die Billigung des Erfolges, die nach der Rechtsprechung des Reichsgerichts [...] und des Bundesgerichtshofs [...] das entscheidende Unterscheidungsmerkmal des bedingten Vorsatzes von der bewußten Fahrlässigkeit bildet, bedeutet aber nicht etwa, daß der Erfolg den Wünschen des Täters entsprechen muß. Bedingter Vorsatz kann auch dann gegeben sein, wenn dem Täter der Eintritt des*

Erfolges unerwünscht ist. Im Rechtssinne billigt er diesen Erfolg trotzdem, wenn er, um des erstrebten Zieles willen, notfalls, dh wofern er anders sein Ziel nicht erreichen kann, sich auch damit abfindet, daß seine Handlung den an sich unerwünschten Erfolg herbeiführt, und ihn damit für den Fall seines Eintritts will [...]."

5   Somit machte der BGH deutlich, dass billigendes In-Kauf-Nehmen nicht heißen soll, dass vorsätzlich nur handeln kann, wer die Folgen positiv gutheißt. Vielmehr kann auch derjenige mit Eventualvorsatz handeln, der sich mit dem Erfolgseintritt nur „abfindet". Er erklärte weiter, wie der bedingte vom unbedingten Vorsatz abzugrenzen ist: *„Auch beim unbedingten Vorsatz kann dem Täter der Erfolgseintritt unangenehm sein. Das ist in allen Fällen so, in denen jemand, um ein bestimmtes Ziel zu erreichen, ungern ein Mittel anwendet, weil er weiß, daß er nur durch dieses Mittel den von ihm erstrebten Erfolg erzielen kann. Der bedingte Vorsatz unterscheidet sich vom unbedingten Vorsatz dadurch, daß der unerwünschte Erfolg nicht als notwendig, sondern nur als möglich vorausgesehen wird."* Ein solches Für-möglich-Halten ist als kognitives Element aber auch Bestandteil der bewussten Fahrlässigkeit. Der BGH gab daher zur Abgrenzung vor: *„[Der bedingte Vorsatz] unterscheidet sich von der bewußten Fahrlässigkeit dadurch, daß der bewußt fahrlässig handelnde Täter darauf vertraut, der als möglich vorausgesehene Erfolg werde nicht eintreten, und deshalb die Gefahr in Kauf nimmt, während der bedingt vorsätzlich handelnde Täter sie um deswillen in Kauf nimmt, weil er, wenn er sein Ziel nicht anders erreichen kann, es auch durch das unerwünschte Mittel erreichen will."*

6   Auf den Fall übertragen sei das Schwurgericht von den folgenden zutreffenden Gedanken ausgegangen: *„Die Angeklagten wollten unter allen Umständen sich die in M's. Besitz befindlichen Gegenstände aneignen. Sie wollten es auf eine Weise tun, die M so wenig wie möglich verletzte. Deshalb begannen sie mit dem ungefährlichsten Mittel. Sie versuchten, M zunächst Schlaftabletten einzugeben. Als das nicht gelang, griffen sie zu dem gefährlicheren, wenn auch nach ihrer Auffassung nicht lebensgefährlichen Angriff mit dem Sandsack. Erst als auch dieser scheiterte, entschlossen sie sich zu der Drosselung, deren Lebensgefahr sie vorher erkannt und erörtert hatten. Sie taten dies nicht deshalb, weil sie nunmehr im Gegensatz zu früher darauf vertraut hätten, daß der als möglich vorausgesehene Erfolg nicht einträte, sondern deshalb, weil sie nunmehr die Sachen, auf die sie keinesfalls verzichten wollten, auch für den Fall wegnehmen wollten, daß die Drosselung zum Tode des M führen würde. Auch jetzt wollten sie diesen Tod nur dann, wenn es nicht anders ging."* Die Bestrafung wegen Mordes war daher rechtsfehlerfrei.

IV. Einordnung der Entscheidung

7   Die Abgrenzung von bedingtem Vorsatz und (bewusster) Fahrlässigkeit hat erhebliche Auswirkungen auf die Bewertung des Unrechts einer Tat (Vorsatz- oder Fahrlässigkeitsdelikt) und daher insbesondere auch auf das Strafmaß. Dies gilt va auch deshalb, weil fahrlässiges Verhalten gem. § 15 StGB nur in den gesetzlich ausdrücklich angeordneten Fällen strafbar ist. Es ist daher nicht verwunderlich, dass diese Frage nach wie vor höchst umstritten ist. Insbesondere wird kontrovers diskutiert, ob auch im Bereich des bedingten Vorsatzes neben der Wissenskomponente (kognitives Element) auch eine Willenskomponente (voluntatives Element) erforderlich ist. Dementsprechend wurden eine Vielzahl an Abgrenzungstheorien entwickelt, die sich insbesondere danach einteilen lassen, ob sie ein voluntatives Element verlangen oder nicht. Es lassen sich auf

IV. Einordnung der Entscheidung

dieser Grundlage – ohne Anspruch auf Vollständigkeit – insbesondere die folgenden Ansichten anführen.

Anhänger der kognitiven Theorien vertreten die Ansicht, dass es für ein bedingt vorsätzliches Handeln ausreicht, wenn der Täter den Erfolg (mit einem gewissen Grad) wissentlich herbeiführt. Eines voluntativen Elementes bedarf es für ein bedingt vorsätzliches Handeln nach diesen Ansichten also gar nicht. Hierzu zählen als bekannteste Spielarten die Möglichkeits- und die Wahrscheinlichkeitstheorie. Nach der zuerst genannten Theorie handelt ein Täter mit dolus eventualis, wenn er den Erfolgseintritt für möglich hält. Maßgeblich sei, dass sich der Täter wissentlich über die Verbotsvorschriften hinwegsetze. Da aber auch derjenige, der einen Erfolg für möglich hält, noch auf einen guten Ausgang hoffen und daher bewusst fahrlässig handeln kann, fordert die zuletzt genannte Theorie für den bedingten Vorsatz insofern ein Mehr, als der Täter den Erfolg hiernach für wahrscheinlich halten muss. Beide Theorien würden hier wohl ebenfalls zur Annahme eines bedingten Vorsatzes kommen. Ihnen ist gemein, dass sie auf ein Willenselement verzichten. Ebendies macht es aber schwierig, den (bedingten) Vorsatz von der (bewussten) Fahrlässigkeit abzugrenzen. Daher stehen die Vertreter der voluntativen Theorien auf dem Standpunkt, dass ein Willenselement unabdingbar ist. Im Rahmen dieser Theorien ist jedoch wiederum umstritten, welche Voraussetzungen an dieses Willenselement im Einzelnen zu stellen sind. Die herrschende Ansicht innerhalb der voluntativen Theorien verlangt für den Vorsatz, dass der Täter den Erfolg für möglich hält und ihn wenigstens billigend in Kauf nimmt. Dieser sog. Billigungstheorie folgt auch der BGH, hat sie im vorliegenden Fall aber noch näher präzisiert, indem er ausführte, dass es für ein Billigen im Rechtssinne genügt, wenn der Täter sich mit dem (an sich unerwünschten) Erfolg abfindet.

Nahe bei dieser Billigungstheorie liegt die häufig in der Literatur anzufindende Ernstnahmetheorie. Hiernach ist es für einen bedingten Vorsatz erforderlich, dass der Täter die Möglichkeit des Erfolges erkennt, ernst nimmt und sich damit abfindet. Dem Ernstnehmen der Gefahr steht das Handeln aus bloßem Leichtsinn (Fahrlässigkeit) gegenüber. Auch die Gleichgültigkeitstheorie liegt grds. auf dieser Linie. Hiernach soll es ausreichen, wenn der Täter den Erfolg der Rechtsgutsverletzung für möglich hält und er ihm dabei entweder erwünscht oder doch gleichgültig ist. Natürlich lässt sich diesen Theorien vorwerfen, dass die subjektive Willenskomponente der Gleichgültigkeit, des Billigens wie auch des Ernstnehmens der Gefahr des Erfolgseintritts in der Praxis schwer nachweisbar sind. Allein dies spricht aber noch nicht gegen ihre Anwendung, haben sie doch den großen Vorteil gegenüber den rein kognitiven Theorien, dass sie eine saubere Abgrenzung von der bewussten Fahrlässigkeit ermöglichen. Nach der Billigungstheorie in ihrer Ausprägung durch den BGH liegt hier im Fall bedingter Vorsatz vor. Dies gilt auch für die Ernstnahmetheorie, wohl aber nicht für die Gleichgültigkeitstheorie, da sich nicht sagen lässt, J und K sei der Eintritt des Todes völlig gleichgültig gewesen. Dies mag aber belegen, dass die Gleichgültigkeit kein überzeugendes Kriterium ist, da das Nicht-Vorliegen von Gleichgültigkeit nicht unbedingt bedeuten muss, dass der Täter keinen Vorsatz aufweist.

Ähnlich argumentiert auch die Theorie von der Manifestation des Vermeidewillens. Nach dieser Theorie handelt derjenige vorsätzlich, der den Erfolg für möglich hält und dessen steuernder Wille nicht auf die Vermeidung dieses Erfolgs gerichtet ist, wobei sich nach objektiven Kriterien beurteilen soll, ob sich der Vermeidewille nach außen erkennbar manifestiert hat, dh danach, ob der Täter Maßnahmen zur Vermeidung des

Erfolgseintritts getroffen hat. Ist dies nicht der Fall, so sei sein Vorsatz anzunehmen. Hier wird man vielleicht sagen können, dass J und K gewisse Vorsichtsmaßnahmen getroffen haben, ob sie das aber von einem vorsätzlichen Handeln freispricht, ist zweifelhaft. Zudem kann auch derjenige, der keine Gegenmaßnahmen ergreift, auf einen guten Ausgang hoffen und umgekehrt. In der Literatur werden teilweise auch Kombinationstheorien vertreten, die mehrere der angeführten Ansätze verbinden oder jedenfalls als Indizien zur prozessualen Feststellung des Vorsatzes heranziehen.

11 Daneben finden sich auch neue Ansätze, die auf andere Kriterien abstellen. Genannt seien hier nur die Risikotheorie, die vom tatbestandsmäßigen Verhalten ausgeht und danach fragt, ob der Täter insoweit ein unerlaubtes Risiko eingegangen ist. Der Vorsatz verlangt dann nur noch die Kenntnis dieses unerlaubten Risikos. Ein voluntatives Element sei dann nicht erforderlich. Fahrlässigkeit soll aber vorliegen, wenn der Täter noch auf einen guten Ausgang vertraut. Gegen diese Ansicht lässt sich einwenden, dass die Abgrenzung zur bewussten Fahrlässigkeit auch auf dieser Grundlage mangels eines voluntativen Elements schwierig erscheint. In diesem Zusammenhang lässt sich schließlich auch die Theorie vom unabgeschirmten Risiko anführen, die davon ausgeht, dass derjenige Täter vorsätzlich handelt, der objektiv ein unabgeschirmtes Risiko geschaffen und subjektiv dies auch erkannt hat. Dabei soll die Frage, ob es sich um eine ernst zu nehmende Gefahr handelt, bereits im objektiven Tatbestand geprüft werden. Diese Theorie wird daher auch als objektive Ernstnahmetheorie bezeichnet, wobei es im Wesentlichen auf die Frage der Abschirmung der Gefahr ankommt. Im Grunde ist der Verzicht auf ein voluntatives Element hier ebenso wie bei den anderen entsprechenden Theorien nicht überzeugend.

V. Zusatzfragen

12 1. Was besagt im Zusammenhang mit Tötungsdelikten die sog. „Hemmschwellentheorie"?

Der BGH, der wie gesehen grds. der Billigungstheorie folgt, hat in späteren Entscheidungen bei Tötungsdelikten die Anforderungen an das Willenselement noch weiter präzisiert. So hat er hinsichtlich eines Täters, der mit seinem PKW auf einen Polizisten zugerast war, um diesen zu zwingen, die Fahrbahn freizugeben, ausgeführt (BGH, 4 StR 637/75, BeckRS 2012, 16508): *„Es gibt zwar Fälle, in denen das äußere Verhalten des Täters den Schluss auf seinen Tötungsvorsatz so sehr nahelegt, dass eine nähere Begründung überflüssig erscheint. Das trifft hier jedoch nicht zu. Die Erfahrung lehrt, dass es in den Fällen, in denen Kraftfahrer eine Polizeisperre durchbrechen, den bedrohten Beamten meist gelingt, sich rechtzeitig außer Gefahr zu bringen. Die Täter rechnen mit solcher Reaktion und nehmen um ihres Zieles willen wohl auch eine Gefährdung des Polizeibeamten in Kauf, in der Regel aber nicht seine Tötung; denn vor dem Tötungsvorsatz steht eine viel höhere Hemmungsschranke als vor dem Gefährdungsvorsatz."* Diese sog. „Hemmschwellentheorie" hat der BGH in der Folge in vielen Entscheidungen beibehalten, so zB im HIV-Fall (BGHSt 36, 1), in dem ein mit HIV-Infizierter mit einer anderen Person ungeschützten Analverkehr ausgeübt hatte, obgleich ihm die Risiken bekannt waren. Bei den Unterlassungsdelikten sah der BGH aber *„generell keine psychologisch vergleichbaren Hemmschwellen vor einem Tötungsvorsatz wie bei positivem Tun"* (BGH NJW 1992, 583 (584)).

In der Literatur ist diese „Hemmschwellentheorie", deren Charakter als „Theorie" sich mit Recht bezweifeln lässt, auf Kritik gestoßen, wobei insbesondere vorgetragen wurde, die Theorie sei sehr vage und werde vom BGH selbst nicht konsequent angewendet. In einer Entscheidung aus dem Jahr 2012 (BGHSt 57, 183) hat der 4. Strafsenat klargestellt, dass der bloße Hinweis der Strafkammer auf das Schlagwort „Hemmschwelle" bei Tötungsdelikten keineswegs ausreichend sei, um einen Tötungsvorsatz zu verneinen. An den rechtlichen Anforderungen ändere sich gar nichts, *„wenn die zur Annahme oder Verneinung bedingten Tötungsvorsatzes führende Beweiswürdigung ohne Rückgriff auf das Postulat einer Hemmschwelle überprüft"* werde. Denn die „Hemmschwellentheorie" erschöpfe sich in einem Hinweis auf § 261 StPO. Mit anderen Worten geht es nicht darum, die Anforderungen an den bedingten Vorsatz zu erhöhen, sondern die Gerichte zu einer sorgfältigen Prüfung anzuhalten.

2. Welche Anforderungen sind beim dolus directus I und dolus directus II an das Wissens- und Willenselement zu stellen?

Beim dolus directus I, also der Absicht, muss es dem Täter gerade auf den Taterfolg ankommen. Dies kann zum einen um der Erfüllung des Tatbestandes selbst willen geschehen, andererseits aber auch dann, wenn die Tatbestandserfüllung nur als Zwischenschritt zur außertatbestandlichen Zielerreichung dient. Entscheidend ist das zielgerichtete Handeln. Auf der Wissens-Seite ist wenigstens ein für-möglich-Halten erforderlich. Der dolus directus II verlangt hingegen auf der Wissensebene ein sicheres Wissen bzgl. des objektiven Tatbestandes, so dass ein bloßes für-möglich-Halten und auch ein für-wahrscheinlich-Halten nicht ausreichend ist. Ob der Täter auf der voluntativen Ebene den Erfolg will, ist indes unerheblich. Er kann ihm sogar gänzlich unerwünscht sein. Dies liegt ua auch daran, dass man bei einem Handeln trotz sicherer Kenntnis vom Erfolgseintritt zumindest von einem billigenden Inkaufnehmen ausgehen kann.

Zur Vertiefung:
Baumann/Weber/Mitsch/Eisele, AT, § 11 Rn. 19 ff.
Geppert, JURA 1986, 610 ff.
Heinrich, AT, Rn. 295 ff.
Herzberg, JA 1997, 802
Hilgendorf/Valerius, AT, § 4 Rn. 85 ff.
Kaspar, AT, § 5 Rn. 123 ff.
Rengier, AT, § 14 Rn. 18 ff.
Roxin/Greco, AT I, § 12 Rn. 21 ff.
Schroth, JuS 1992, 1
Wessels/Beulke/Satzger, AT, Rn. 324 ff.
Zieschang, AT, Rn. 123 ff.

Fall 6: Hammerschlag

BGH, 4 StR 95/20, NJW 2021, 795
Vorsatz; dolus alternativus

I. Sachverhalt

1   A und B hatten bereits über einen längeren Zeitraum Ehestreitigkeiten und lebten getrennt. B teilte A mit, dass sie mit den gemeinsamen Kindern verreisen werde und A die Kinder daher in diesem Zeitraum nicht sehen könne. Bei A kamen alsbald jedoch Zweifel an dieser angeblichen Reise auf. Um herauszufinden, was seine Frau wirklich vorhat, begab er sich zu dem Haus, in dem die Familie der B lebte und fand dabei heraus, dass dort die Hochzeitsfeier seiner Schwägerin stattfand. A betrat das Haus mit einem Hammer in der Hand. Als B ihn in Begleitung weiterer Familienmitglieder entdeckte, beschloss der wütende und sich als Opfer fühlende A, zum Angriff überzugehen. Mit dem mitgebrachten Hammer schlug er in Richtung der B und ihres dahinterstehenden Bruders C. Dabei hielt er es für möglich und nahm auch billigend in Kauf, dass er eine der beiden Personen mit dem Hammer treffen und verletzen könnte. Sowohl B als auch C mit einem Schlag zu treffen, schloss A hingegen sicher aus. Tatsächlich traf der Hammerschlag C am Kopf, sodass dieser eine Beule davontrug.

II. Rechtliche Probleme des Falls

2   Der Fall wirft das Problem des dolus alternativus (Alternativvorsatz) auf, also eines Vorsatzes, der entweder die eine oder die andere mögliche Alternative eines Geschehensablaufs erfasst. Im Gegensatz zum dolus cumulativus, bei dem sich der Vorsatz auf beide Alternativen erstreckt, sodass dem Täter problemlos zwei vorsätzlich begangene Delikte vorgeworfen werden können, weil er ja auch zwei Delikte begehen wollte, erweist sich der dolus alternativus als deutlich problematischer. Denn hier akzeptiert der Täter im Ergebnis nur eine der beiden Alternativen, dh sein zumindest bedingter Vorsatz geht dahin, dass er nur eine der beiden Alternativen verwirklichen werde, eine kumulative Begehung beider Delikte aber ausgeschlossen sein soll. Dies kann zum einen rechtliche Alternativen betreffen, etwa wenn der Täter billigend in Kauf nimmt, entweder einen Diebstahl oder eine Unterschlagung zu begehen, weil er nicht weiß, ob sich die fremde Sache in fremdem Gewahrsam befindet. Zum anderen kann es sich aber auch um eine Konstellation handeln, in welcher der Täter nicht weiß, welches von zwei möglichen Objekten er verletzen wird, er aber beide Alternativen billigen würde. Ersichtlich fällt der Fall Hammerschlag in letztere Kategorie. A ging davon aus, mit dem Hammer entweder B oder C zu treffen, als er in deren Richtung schlug, nicht jedoch beide gleichzeitig. Da er entweder eine Verletzung der B oder eine Verletzung des C billigend in Kauf nahm, wies er hinsichtlich beider Opfer dolus eventualis im Hinblick auf eine gefährliche Körperverletzung gem. § 224 Abs. 1 Nr. 2 Alt. 2 StGB auf, aber eben nur alternativ, nicht kumulativ. Wie ist in einem solchen Fall zu verfahren? Sollte A nur wegen einer Vorsatztat, etwa einer gefährlichen Körperverletzung am tatsächlich verletzten C, bestraft werden, weil er im Ergebnis ja auch nur eine Person verletzen wollte? Dann würde aber der zweite tatsächlich vorhandene Vorsatz gar nicht berücksichtigt. Oder sollte er wegen zwei Vorsatztaten bestraft werden, dh neben der vollendeten gefährlichen Körperverletzung an C auch wegen einer versuchten gefährlichen Körperverletzung an B, die er verfehlt hat, weil er doch auch bzgl. seiner

Frau zumindest bedingt vorsätzlich handelte und es unbillig wäre, den zweiten Vorsatz zu ignorieren? Und wie würden sich diese beiden Taten zueinander verhalten? Würde damit der dolus alternativus nicht genauso behandelt wie der dolus cumulativus?

Das Problem tritt noch deutlicher hervor, wenn wir uns vorstellen, dass hinter B nicht ihr Bruder C, sondern eine wertvolle Vase gestanden hätte, die durch den Schlag zu Bruch gegangen wäre, was A ebenfalls alternativ gebilligt hätte. Würde im Sinne der zuerst genannten Lösung nur ein Vorsatz berücksichtigt, so müsste entschieden werden, ob dies dann immer nur der das vollendete Delikt betreffende sein sollte; dann wäre hier nur wegen einer vollendeten Sachbeschädigung an der Vase zu bestrafen. Wäre es aber nicht ungerecht, die versuchte gefährliche Körperverletzung am Menschen, also das qualitativ erheblichere Unrecht, nicht zu berücksichtigen? Sollte stattdessen also immer nur das schwerere Delikt genommen werden? Dann könnte hier zwar wegen einer versuchten gefährlichen Körperverletzung an B bestraft werden, außer Betracht bliebe aber, dass A immerhin auch die teure Vase zerschlagen hätte. Wenn man dagegen im Sinne der zweiten Lösung zwei Vorsätze berücksichtigen wollte, so läge sowohl eine vollendete Sachbeschädigung als auch eine versuchte gefährliche Körperverletzung vor. Wäre diesbezüglich dann Tateinheit anzunehmen, da mit dem einen Schlag auch nur eine Handlung im natürlichen Sinne vorläge (Folge: Bestrafung aus dem schwereren Delikt, § 52 Abs. 2 S. 1 StGB), oder sollte eines der beiden Delikte im Wege der Gesetzeseinheit zurücktreten, um den dolus alternativus vom dolus cumulativus abzuheben und den Tenor entsprechend zu bereinigen?

III. Die Entscheidung des BGH

Der BGH bestätigte die Verurteilung des A wegen einer vollendeten gefährlichen Körperverletzung zulasten des C gem. § 224 Abs. 1 Nr. 2 Alt. 2 StGB in Tateinheit mit einer versuchten gefährlichen Körperverletzung zulasten der B nach den §§ 224 Abs. 1 Nr. 2 Alt. 2, Abs. 2, 22 StGB. Die Tatsache, dass A den Eintritt eines Körperverletzungserfolgs bei nur einem der beiden Tatopfer für möglich hielt, nicht aber bei beiden, stehe der Annahme von zwei bedingten Körperverletzungsvorsätzen nicht entgegen. Das Gericht erläuterte: *„Für die Annahme von nur einem zurechenbaren Vorsatz besteht kein Grund. Ein Verstoß gegen Denkgesetze liegt nicht vor, denn auf sich gegenseitig ausschließende Erfolge gerichtete Vorsätze können miteinander verbunden werden, solange sie – wie hier – nicht den sicheren Eintritt eines der Erfolge zum Gegenstand haben."*

In Bezug auf das Verhältnis der beiden vorsätzlichen Delikte führte der BGH aus, A habe *„sowohl die zum Schutz der körperlichen Unversehrtheit der B als auch die zum Schutz der körperlichen Integrität ihres Bruders aufgestellten Verhaltensnormen verletzt und in Bezug auf beide ein Delikt verwirklicht bzw. unmittelbar dazu angesetzt [...]. Obgleich er davon ausgegangen ist, dass allenfalls ein tatbestandsmäßiger Erfolg eintreten wird, hat er damit eine größere Tatschuld auf sich geladen als derjenige, der nur einen einfachen Vorsatz aufweist [...]. Dieser Schuldgehalt wird erst mit der tateinheitlichen Verurteilung auch wegen versuchter gefährlicher Körperverletzung zum Nachteil der B neben der Verurteilung wegen vollendeter gefährlicher Körperverletzung zum Nachteil ihres Bruders erschöpfend abgebildet und klargestellt."*

Der BGH beanstandete jedoch im Ergebnis die Strafzumessungsentscheidung des LG, weil dieses bei der Bemessung der Einzelstrafe aus dem Regelstrafrahmen des § 224 Abs. 1 StGB für die zum Nachteil des Bruders der B begangene vollendete gefährliche

Körperverletzung die in Tateinheit stehende versuchte gefährliche Körperverletzung zum Nachteil der B uneingeschränkt strafschärfend gewichtet hatte. Dies sei verfehlt, da aufgrund des Alternativvorsatzes des A ein verminderter Handlungsunwert vorgelegen habe. Er führte aus: *„Unter den hier gegebenen Umständen hätte die Tatsache, dass A seinen Angriff in Bezug auf einen der beiden möglichen Taterfolge für einen Versuch hielt, der ähnlich einem untauglichen Versuch nicht zur Vollendung führen konnte, erkennbar Berücksichtigung finden müssen. Insoweit verhält es sich anders als beim kumulativen Vorsatz, bei dem der Täter ein Zusammentreffen beider Erfolge für möglich hält."* Jedenfalls für die Konstellation des Alternativvorsatzes in Bezug auf höchstpersönliche Rechtsgüter verschiedener Rechtsgutsträger hat der BGH sich mit dieser Entscheidung also für Tateinheit zwischen versuchtem und vollendetem Delikt ausgesprochen. Für andere Konstellationen des Alternativvorsatzes wollte er sich aber ausdrücklich nicht festlegen: *„Der Senat kann dabei offenlassen, ob diese Erwägungen in Fällen des Alternativvorsatzes generell gelten oder ob – wie in der Literatur teils gefordert – in bestimmten Konstellationen das versuchte Delikt im Wege der Gesetzeseinheit konsumiert wird."* Ob das Gericht in Bezug auf die oben erwähnte Fallabwandlung, in der es um Körperverletzung und Sachbeschädigung ging, genauso entscheiden würde, ist also nicht klar.

IV. Einordnung der Entscheidung

7   Es verwundert, dass die Rechtswissenschaft, die das Problem schon seit langem diskutiert, bis zum Jahr 2021 auf eine Entscheidung des BGH zum Alternativvorsatz warten musste. Nun ist sie ergangen, wenngleich mit den soeben erwähnten Beschränkungen auf die Konstellation höchstpersönlicher Rechtsgüter verschiedener Rechtsgutsträger. Für solche Fälle nimmt auch die überwiegende Ansicht in der Literatur – wie der BGH – Tateinheit zwischen versuchtem und vollendetem Delikt an. Dem Täter werden also zwei Vorsätze zur Last gelegt. Dafür wird im Wesentlichen angeführt, dass ansonsten ein tatsächlich vorhandener Vorsatz unter den Tisch fiele. Der BGH sprach hier von einer insofern erhöhten Tatschuld im Vergleich zu einem Täter, dessen Vorsatz nur auf eine Person bezogen ist. Zudem lässt sich sagen, dass A neben dem getroffenen C durch seinen Schlag auch die B gefährdet hat und diese Gefährdung eben einen Versuch der Körperverletzung ausmacht (vgl. *Roxin*, JR 2021, 334). Für die herrschende Ansicht könnte schließlich die auch vom BGH bemühte Parallele zur Strafbarkeit des untauglichen Versuchs sprechen: Wenn sogar ein Versuch strafbar ist, der von vornherein nicht in eine Tatbestandsverwirklichung münden kann, müsste doch erst recht ein Versuch strafbar sein, bei dem zumindest alternativ die Tatbestandsverwirklichung möglich war. Zwingend ist das allerdings nicht, denn beim untauglichen Versuch geht der Täter ex ante ja gerade (irrig) davon aus, dass seine Handlung geeignet ist, den Erfolg herbeizuführen, was dann das Handlungsunrecht konstituiert. Beim dolus alternativus weiß der Handelnde dagegen von vornherein, dass sich seine Tathandlung im Hinblick auf eine der beiden Alternativen als untauglich erweisen wird. Durch die Annahme von Tateinheit zwischen dem vollendeten Delikt am getroffenen und dem versuchten Delikt am verfehlten Tatobjekt droht eine nicht sachgerechte Gleichbehandlung mit der Konstellation, in der der Täter mit Kumulativvorsatz handelt und sein Vorsatz sich somit auf eine mögliche gleichzeitige Vollendung beider Taten, also ein deutlich erhöhtes Unrecht, erstreckt. Dieses Problem erkennt die herrschende Ansicht zwar, will es dann aber nur im Rahmen der Strafzumessung lösen. Andere Ansichten plädieren hingegen dafür, dem unterschiedlichen Unrechts- und Schuldgehalt

nicht erst in der Strafzumessung Rechnung zu tragen. Hier lassen sich Konkurrenz- und Tatbestandslösungen unterscheiden.

Nach der Konkurrenzlösung sind zwar ebenfalls zwei Vorsätze und damit zwei Delikte anzunehmen. Sodann soll aber das mildere Delikt im Wege der Konsumtion als mitbestrafte Begleittat oder im Wege der (materiellen) Subsidiarität hinter dem schwereren Delikt zurücktreten, hier also die versuchte gefährliche Körperverletzung an B hinter der vollendeten gefährlichen Körperverletzung an C. Wenn höchstpersönliche Rechtsgüter verschiedener Rechtsgutsträger betroffen sind, wird hingegen von manchen Vertretern der Konkurrenzlösung wiederum Tateinheit angenommen. Ferner wird teilweise für Tateinheit plädiert, wenn das mildere Delikt vollendet und das schwerere nur versucht ist. Abgesehen davon, dass die alternativ begangene (Versuchs-)Tat wohl kaum eine typische Begleittat (Konsumtion) oder eine Vor- oder Durchgangsstufe der schwereren Tat an einem anderen Tatobjekt (Subsidiarität) ist, führt die Einschränkung bei höchstpersönlichen Rechtsgütern zum gleichen Ergebnis wie die herrschende Ansicht, sodass auch sie der Vorwurf trifft, in dieser Konstellation im Ergebnis den Unterschied zum Kumulativvorsatz einzuebnen. 8

Tatbestandslösungen wollen stattdessen nur einen Vorsatz berücksichtigen, weil der Täter im Ergebnis auch nur eine Tat begehen wollte. Diese Lösungen können für sich reklamieren, dass sie den Alternativvorsatz klar vom Kumulativvorsatz unterscheiden und die belastende Wirkung vermeiden, dass zwei Taten im Schuldspruch tenoriert werden. Welcher der beiden alternativen Vorsätze zu einer Strafbarkeit des Täters führen soll, wird dabei jedoch wiederum unterschiedlich beurteilt. Nach einer Auffassung soll dem Täter allein der Vorsatz des vollendeten Delikts angelastet werden, in unserem Fall würde also nur wegen der vollendeten gefährlichen Körperverletzung bestraft, nicht aber wegen der versuchten gefährlichen Körperverletzung an B. Dieses Ergebnis klingt zunächst bestechend. Im oben angeführten Fall des Schlages auf einen Menschen und eine Sache können jedoch unbillige Ergebnisse entstehen. Tritt nämlich der Tatererfolg bei der Sache ein und nicht beim Menschen, so stünde im Tenor allein die Strafbarkeit wegen einer vollendeten Sachbeschädigung, nicht aber die Strafbarkeit wegen einer versuchten gefährlichen Körperverletzung; bei einem Handeln mit Tötungsvorsatz würde wegen einer Sachbeschädigung und nicht wegen eines versuchten Totschlags oder gar Mordes bestraft. Der höhere Unrechtsgehalt der Körperverletzungs- bzw. Tötungsdelikte käme in solchen Konstellationen nicht ausreichend zur Geltung. Es erscheint zudem unverständlich, warum die versuchte Verletzung oder gar Tötung eines Menschen nur deshalb straflos sein sollte, weil der Täter zusätzlich eine Sache beschädigt hat. Ein Täter, der „nur" Vorsatz bzgl. der Verletzung oder Tötung einer Person aufweist, wäre im Ergebnis schlechter gestellt als ein Täter, der alternativ auch noch die Verletzung einer Sache mit in seinen Vorsatz aufgenommen hat, wenn sich letzterer Vorsatz realisiert – das erscheint nicht sachgerecht. 9

Diese Konsequenz lässt sich vermeiden, wenn mit einer anderen Auffassung dem Täter allein der Vorsatz bzgl. des schwereren Delikts zur Last gelegt wird. Auf diese Weise könnte im Fall der Vase etwa aus der versuchten gefährlichen Körperverletzung bestraft werden, während die vollendete Sachbeschädigung wegfiele. Handelt es sich wie in unserem Fall um gleich schwere Delikte und gleichwertige Rechtsgüter, so müsste dann wiederum nur der Vorsatz des vollendeten Delikts berücksichtigt werden, welches dann schwerer wöge als das bloß versuchte Delikt. Andere Stimmen plädieren dafür, stets die günstigere Alternative anzunehmen, also aus dem milderen Delikt 10 zu bestrafen, hier jeweils aus der Sachbeschädigung, wobei dann allerdings ein (versuchtes) Tötungs- oder Körperverletzungsdelikt „unter den Tisch fiele", nur weil der Täter auch eine Sachbeschädigung begangen hat. Problematisch an allen genannten Tatbestandslösungen ist jedoch, dass sie in dem Fall in Schwierigkeiten geraten, in dem der Täter keines der beiden Objekte trifft, beide Taten also im Versuch stecken bleiben. Wiegt eines der versuchten Delikte schwerer, so wäre mit der zweiten Lösung nur der Versuch dieses Delikts zu bestrafen. Welcher Vorsatz wäre aber zu berücksichtigen, wenn A weder B noch C getroffen hätte? Dann wöge nämlich keine der beiden Taten schwerer. Auch wenn B und C beide getroffen werden, sind beide Delikte vollendet und wiegen gleich schwer. In diesen Fällen kann dann aber wiederum nur eine versuchte oder vollendete Vorsatztat geahndet werden. Sind beide Taten vollendet, kommt hinsichtlich der anderen Tat aber Fahrlässigkeit in Betracht, sofern diese strafbar ist. Teilweise wird noch weiter differenziert (vgl. *Heinrich*, AT, Rn. 292): Bei Gleichwertigkeit der Tatobjekte soll nur aus dem vollendeten Delikt bestraft werden, da der Vorsatz des versuchten milderen Delikts „verbraucht" sei; bei Ungleichwertigkeit soll es hingegen darauf ankommen, ob der Täter das schwerere Delikt vollendet (dann nur Bestrafung aus diesem) oder ob er das leichtere Delikt vollendet und das schwerere Delikt nur versucht hat (dann Tateinheit); verfehlt er beide, so sei nur ein Versuch des schwereren Delikts anzunehmen. Zu klären bleibt auch dann, was gelten soll, wenn der Täter zwei gleichwertige Tatobjekte verfehlt.

11   Einen anderen Begründungsansatz verfolgt *Joerden* (ZStW 95 (1983), 656). Er schlägt vor, in Anerkennung der Tatsache, dass der Vorsatz des Täters beim dolus alternativus jeweils auflösend bedingt ist, aus verschiedenen Perspektiven auf die in Betracht kommenden Tatbestände und deren Verwirklichung zu blicken, wobei der Täter jeweils nur Vorsatz bzgl. einer der beiden Alternativen hat. Aus der Perspektive 1 hätte A hier nur Vorsatz bzgl. einer Körperverletzung an B und aus der Perspektive 2 hätte er nur Vorsatz bzgl. der Körperverletzung an C. Aus der Perspektive 1 läge eine versuchte gefährliche Körperverletzung vor, da B nicht getroffen wurde; da der Hammerschlag jedoch C traf, wäre daneben auch eine fahrlässige Körperverletzung an C anzunehmen. Aus der Perspektive 2 läge hingegen eine vollendete gefährliche Körperverletzung an C vor, bzgl. der nicht getroffenen B wäre dann auch kein Vorsatz gegeben. Welche Perspektive zu wählen ist, soll sodann davon abhängen, aus welcher sich ein höherer Strafrahmen für den Täter ergibt. Im Ergebnis wird nach dieser Ansicht also auch nur nach dem schwereren Delikt bestraft. Hier wäre nur eine vollendete gefährliche Körperverletzung anzunehmen. Bei Ungleichheit der Objekte bliebe dann nur eine versuchte Körperverletzung bestehen, die vollendete Sachbeschädigung bliebe unberücksichtigt. Sind beide Delikte vollendet oder beide versucht, kann wiederum nur eine Tat geahndet werden. Diesem Ansatz würde die herrschende Ansicht indes wiederum entgegenhalten, dass ein tatsächlich gewolltes Delikt nicht bestraft würde.

V. Zusatzfragen

12   1. Wie läge der Fall, wenn A sowohl B als auch C hätte treffen wollen?

Im Gegensatz zur Konstellation des Alternativvorsatzes hätte A in dieser Situation beide Erfolge nebeneinander in seinen Vorsatz aufgenommen. Man spricht in diesem Fall vom sog. Kumulativvorsatz (dolus cumulativus). A würde auch in diesem Fall wegen einer vollendeten gefährlichen Körperverletzung zulasten des C in Tateinheit mit einer versuchten gefährlichen Körperverletzung zulasten der B bestraft. Insofern bestünde im

V. Zusatzfragen

Tenor des Urteils kein Unterschied zur Lösung des BGH zum dolus alternativus. In der Strafzumessung dürfte in diesem Fall die zweite Tat dann jedoch uneingeschränkt strafschärfend berücksichtigt werden.

2. Wie läge der Fall, wenn A nur die B hätte treffen wollen, beim Schlag mit dem Hammer aber aus Versehen den dahinterstehenden C getroffen hätte?

In dieser Konstellation wäre der Vorsatz des A nur auf den Erfolgseintritt bei B gerichtet. Dass er C treffen könnte, hätte er nicht in seine Vorstellung mit aufgenommen. In Abgrenzung zum Alternativvorsatz hätte er somit eine der beiden Personen als Opfer individualisiert. Da er entgegen seiner Vorstellung dann aber nicht die individualisierte Person, sondern eine andere Person getroffen hätte, spricht man von einem Fehlgehen der Tat (aberratio ictus). Die herrschende Meinung würde bei einem solchen Fehlgehen der Tat wegen eines Versuchs der gefährlichen Körperverletzung an B gem. den §§ 224 Abs. 1 Nr. 2 Alt. 2, Abs. 2, 22 StGB in Tateinheit mit einer fahrlässigen Körperverletzung an C gem. § 229 StGB bestrafen. Zur aberratio ictus siehe Fall 27: Sprengfalle, S. 189 ff.

Zur Vertiefung:

Eisele, JuS 2021, 366

Erb/Zeller, famos 10/2021, 55

Heinrich, AT, Rn. 292 ff.

Hilgendorf/Valerius, AT, § 4 Rn. 99 ff.

Joerden, ZStW 95 (1983), 565

Kaspar, AT, § 5 Rn. 154 ff. und § 7 Rn. 31

Kudlich, JA 2021, 339

Li, ZfiStW 2022, 27

Rengier, AT, § 14 Rn. 57 ff.

Roxin/Greco, AT I, § 12 Rn. 93 f.

Roxin, JR 2021, 332

Wessels/Beulke/Satzger, AT, Rn. 348 ff.

Zieschang, AT, Rn. 172 ff.

Fall 7: Jauchegrube

BGH, 5 StR 77/60, BGHSt 14, 193
Vorsatz; dolus generalis

I. Sachverhalt

1 In einer Auseinandersetzung würgte die A die B und stopfte ihr, um sie am Schreien zu hindern, mit bedingtem Tötungsvorsatz zwei Hände voll Sand in den Mund. Da B daraufhin regungslos am Boden lag, war A fest davon überzeugt, dass B gestorben sei, und versenkte die vermeintliche Leiche in einer Jauchegrube. B verstarb aber tatsächlich unmittelbar erst in Folge dieses Versenkens in der Jauchegrube.

II. Rechtliche Probleme des Falls

2 Der Sachverhalt des Jauchegruben-Falls wird auch vom BGH nur in denkbarer Kürze mitgeteilt. Wir wissen also nicht, warum die beiden Frauen in Streit gerieten und warum A der B letztlich nach dem Leben trachtete. Für die rechtliche Problematik des Falles ist die Kenntnis der näheren Hintergründe indes tatsächlich nicht unbedingt erforderlich. Das Problem des Falles lässt sich nämlich kurzerhand so zusammenfassen: Hat A ein vollendetes Tötungsdelikt begangen oder hat sie nur versucht, die B durch das In-den-Mund-Stopfen des Sandes zu töten, was dann zunächst entgegen ihrer Vorstellung nicht gelang, und daneben eine fahrlässige Tötung begangen, weil sie die B durch das Versenken der vermeintlichen Leiche in der Jauchegrube sodann tatsächlich tötete, allerdings ohne dies überhaupt zu bemerken? Im Grunde lag hier insofern ein zweiaktiges Geschehen vor, nämlich das Stopfen des Sandes in den Mund der B als erster und das Werfen in die Jauchegrube als zweiter Akt. Das Koinzidenz- oder Simultanitäts-Prinzip, das aus § 16 Abs. 1 S. 1 StGB folgt, verlangt jedoch, dass der Vorsatz des Täters „bei Begehung der Tat" vorliegt. Es war daher zu entscheiden, wie weit ein bedingter Vorsatz ein mehraktiges Geschehen begleiten kann und wie sich ein Irrtum über den genauen Eintritt des Todeszeitpunktes darauf auswirkt. Bei strenger Trennung der beiden Akte ließe sich nämlich in der Tat Folgendes sagen: Beim In-den-Mund-Stopfen des Sandes hatte A zwar Tötungsvorsatz, diese Handlung führte ihrerseits aber nicht zum Erfolg; das Versenken der B in der Jauchegrube führte den Tod nun zwar unmittelbar herbei, zu diesem Zeitpunkt hatte A aber keinen Tötungsvorsatz mehr, weil sie B schon für tot hielt. Insofern könnte ihr Vorsatz also ein unbeachtlicher dolus antecedens gewesen sein. Das Schwurgericht Oldenburg kam als Vorinstanz indes zu einem anderen Ergebnis. Es verurteilte A wegen eines vollendeten Totschlags, indem es annahm, es habe ein *„die ganze Tat durchziehender Generaldolus"* vorgelegen. Dieser bedingte Tötungsvorsatz der A habe ihr gesamtes Vorgehen beherrscht, *„beginnend mit der Verhinderung des Schreiens der Gewürgten und endend mit der Versenkung ihres Opfers in die Jauchegrube"*. Ist das überzeugend?

III. Die Entscheidung des BGH

3 Der 5. Senat entschied, dass die Annahme eines vollendeten statt eines versuchten Totschlags im Ergebnis zutreffend sei. Dabei war nicht ganz klar, was das Tatgericht mit dem „Generaldolus" gemeint hatte. Der BGH konnte dies auch nicht abschließend klären, hielt aber das Folgende fest: *„Es wäre unrichtig, wenn das Schwurgericht*

hiermit sagen wollte, die Angeklagte habe noch beim Beseitigen der bewußtlosen Frau B, von deren Tode sie fest überzeugt war, mit einem fortwirkenden bedingten Tötungsvorsatz gehandelt. Dieser war vielmehr durch jene Überzeugung der Angeklagten erledigt. Daran kann der unklare und rechtsgeschichtlich überholte Begriff eines ‚Generalvorsatzes' nichts ändern. Es geht nicht an, mit seiner Hilfe den ursprünglichen Tötungsvorsatz auf spätere Handlungen auszudehnen, bei denen er tatsächlich nicht mehr bestand [...]." Ob das Schwurgericht dies wirklich habe tun wollen, konnte nach Ansicht des BGH indes dahinstehen, da er den Schuldspruch des vollendeten Totschlags im Ergebnis für zutreffend hielt. Er kam zu diesem Ergebnis, indem er das In-den-Mund-Stopfen des Sandes als entscheidende Tathandlung wertete, während der ein bedingter Tötungsvorsatz auch vorgelegen habe. Hierzu begründete er zunächst die Kausalität des mit bedingtem Tötungsvorsatz vorgenommenen In-den-Mund-Stopfens des Sandes: *„Wie das SchwGer. rechtlich einwandfrei darlegt, hatte die Angekl. den bedingten Tötungsvorsatz, als sie Frau B zwei Hände voll Sand in den Mund stopfte, um sie am Schreien zu hindern. Dadurch verursachte sie den Tod zwar nicht unmittelbar, aber mittelbar. Denn die Folge war, daß Frau B schließlich regungslos dalag, von der Angekl. für tot gehalten und deshalb von ihr in die Jauchegrube geworfen wurde. Zu diesem Vorgange, der den Tod unmittelbar bewirkte, wäre es ohne die früheren Handlungen, die die Angekl. mit bedingtem Tötungsvorsatz ausgeführt hatte, nicht gekommen. Diese sind daher Ursache des Todes."*

Der BGH sah demnach den objektiven Tatbestand als verwirklicht an: A hatte kausal den Tod der B durch das In-den-Mund-Stopfen des Sandes bewirkt. Da sie bei dieser insofern entscheidenden Tathandlung auch bedingt vorsätzlich gehandelt hatte, sei sie wegen eines vollendeten Totschlags zu bestrafen. Zwar war der Tod auf eine andere Art eingetreten (Ertrinken in der Jauchegrube statt Ersticken am Sand), dies lasse aber die subjektive Zurechnung zum Vorsatz nicht entfallen. Er führte in Bezug auf den Todeserfolg aus: *„Die Angekl. hat ihn also mit bedingtem Vorsatz herbeigeführt. Er ist zwar auf eine andere Weise eingetreten, als die Angekl. es für möglich gehalten hatte. Diese Abweichung des wirklichen vom vorgestellten Ursachenablauf ist aber nur gering und rechtlich ohne Bedeutung. [...] Daß die Angekl. bei ihrem Angriff nur mit bedingtem Tötungsvorsatz gehandelt hatte, ist jedenfalls im vorl. Falle kein Grund, etwas anderes anzunehmen. Denn der Unterschied zwischen beiden Arten des Vorsatzes hat mit der Ursächlichkeit nichts zu tun. Er ändert auch nichts daran, daß das Maß, in dem der wirkliche Ursachenablauf von der Vorstellung der Angekl. abwich, gering und daher rechtlich bedeutungslos ist."* Der BGH stufte also den Irrtum der A über den Kausalverlauf als unbeachtlich ein, so dass sie sich bereits durch ihre erste Handlung wegen vorsätzlichen Totschlags strafbar gemacht hatte.

IV. Einordnung der Entscheidung

Bis heute herrscht keine Einigkeit über die Lösung des Jauchegruben-Falls und es wurde eine Vielzahl an Theorien dazu entwickelt. Als erstes ist die sog. „Lehre vom dolus generalis" zu nennen, der scheinbar auch das Schwurgericht anhing. Danach soll auf den zweiten Teilakt, hier also auf das den Tod unmittelbar herbeiführende Versenken der Leiche, abzustellen und ein genereller Vorsatz zur Tötung des Opfers zu diesem Zeitpunkt weiterhin „aktiv" sein. Man könnte also sagen, A wollte B töten und hat dies ja auch geschafft. Im Zusammenhang mit dieser Lehre wird vielfach auf *Welzel* verwiesen, der allerdings einen dolus generalis nur dann annahm, wenn insgesamt eine „heimliche Tötung" geplant war; anders sei der Fall hingegen zu beurteilen, wenn der Wille zur Beseitigung des Opfers erst nach der vermeintlichen Tötung gefasst werde (*Welzel*, Das deutsche Strafrecht, 11. Aufl. 1969, § 13 I 3 d). Auch er müsste hier im Fall einen solchen Generalvorsatz daher (wohl) ablehnen, da dem Sachverhalt jedenfalls nicht zu entnehmen ist, dass A die Beseitigung der B bzw. eine „heimliche Tötung" geplant hatte. Gegen einen „Generalvorsatz" wird zu Recht vorgebracht, dass das Simultanitätsprinzip ein Abstellen auf den zweiten Akt verbietet. Muss der Vorsatz hiernach nämlich im Zeitpunkt der Tathandlung vorliegen, so kann man ebendies im Jauchegruben-Fall schwerlich sagen. Es ging A ja nicht darum, die B irgendwie zu töten, sondern sie wollte dies dadurch erreichen, dass sie ihr Sand in den Mund stopfte.

6   In strenger Betrachtung verlangt die in der Literatur nicht selten anzutreffende sog. Trennungstheorie stattdessen, dass dogmatisch sauber zwischen beiden Akten zu trennen und daher ein versuchtes Tötungsdelikt mit anschließender fahrlässiger Tötung anzunehmen sei. Der erste Akt hat nach dieser Auffassung nicht zum Tod der B geführt, so dass diesbezüglich lediglich ein versuchter Totschlag in Betracht kommt; der zweite Akt, also das Versenken der Leiche, stellte sodann höchstens eine fahrlässige Tötung dar. Der BGH hat zwar keinen dolus generalis angenommen, er ist im Ergebnis aber auch nicht der Trennungstheorie gefolgt. Vielmehr hat er auf den ersten Akt abgestellt, so dass „bei Begehung der Tat" ein entsprechender Vorsatz vorlag. Darin folgen ihm zu Recht auch viele Vertreter in der Literatur. Denn A hat, wie auch der BGH zutreffend ausführt, eine Handlung vorgenommen, die ursächlich für den Tod der B geworden ist, und dabei auch mit Tötungsvorsatz gehandelt. Die Ursächlichkeit wird auch durch den zweiten Akt nicht beseitigt, denn hätte A der B nicht Sand in den Mund gestopft, so hätte diese nicht regungslos auf dem Boden gelegen und wäre von A nicht für tot gehalten worden. Der zweite Akt beseitigt also nicht im Sinne einer abgebrochenen oder überholenden Kausalität die Ursächlichkeit der Ersthandlung für den Erfolg (s. dazu Zusatzfrage 1). Es ist daher begründungsbedürftig, warum dieser Erfolg A nicht zugerechnet werden soll.

7   Der Jauchegruben-Fall betrifft insofern bei Licht betrachtet einen Fall der Abweichung des Kausalverlaufs. Man kann insofern schon auf der Ebene des objektiven Tatbestandes fragen, ob nicht eine so relevante Abweichung vorliegt, dass die objektive Zurechenbarkeit des Erfolges trotz der weiterbestehenden Kausalität unterbrochen wird. Auch wenn dies in der Tat manche Vertreter der Literatur so sehen, wird man dem wohl nicht zustimmen können, denn es erscheint nicht als außerhalb aller Lebenserfahrung liegend, dass ein medizinischer Laie den Tod der betreffenden Person nicht sofort erkennt und daher eine vermeintliche Leiche beseitigt. Schon das RG hatte einen nahezu identischen Fall zu entscheiden und ihn mit dem gleichen Ergebnis gelöst (RGSt 67, 258: Versenken der Leiche im Fluss; vgl. auch RGSt 70, 257). Man könnte ferner überlegen, ob ein relevantes Dazwischentreten der A selbst anzunehmen ist. Hätte etwa nicht A, sondern ein Dritter die vermeintliche Leiche in die Jauchegrube geworfen, so wäre zu überlegen, ob der Tod dann noch das „Werk" der A oder nicht vielmehr des Dritten wäre. Dem Grunde nach gilt nichts anderes, wenn der Täter selbst in seine eigene Tat eintritt. Nach zutreffender Ansicht unterbricht jedoch ein lediglich fahrlässiges Dazwischentreten eines Dritten oder des Täters selbst die objektive Zurechnung des Erfolgs nicht.

Für den BGH stellte sich diese Frage hingegen als Problem der subjektiven Zurechnung, also des Vorsatzes, dar. Dem liegt zu Grunde, dass sich der Vorsatz des Täters nicht nur auf den Erfolg, sondern auch auf die Kausalität des eigenen Verhaltens, also auch auf den Kausalverlauf, beziehen muss. Natürlich kann ein Täter den Kausalverlauf nicht in allen Einzelheiten vorhersehen. Das muss er auch nicht. Die Frage, ob er trotz einer Abweichung des tatsächlichen vom vorgestellten Kausalverlauf noch vorsätzlich gehandelt hat, beurteilt die Rechtsprechung vielmehr danach, ob die Abweichung vom Kausalverlauf wesentlich oder unwesentlich war. Eine Abweichung vom vorgestellten Kausalverlauf ist als unwesentlich anzusehen, wenn sie sich innerhalb der Grenzen des nach allgemeiner Lebenserfahrung Vorhersehbaren hält und keine andere Bewertung der Tat rechtfertigt. Dies hat der BGH im Jauchegruben-Fall zwar noch nicht explizit so definiert, ist aber inzwischen die in ständiger Rechtsprechung immer wieder wiederholte Formel des BGH (vgl. nur BGH NStZ 2016, 721). Im Jauchegruben-Fall stellte er lediglich fest, dass die Abweichung des wirklichen vom vorgestellten Ursachenablauf *„nur gering und rechtlich ohne Bedeutung"* war. Im Ergebnis wird man dem wohl zustimmen können.

Neben der Theorie vom dolus generalis und der Trennungstheorie finden sich in der Literatur noch weitere Lösungsansätze, die hier kurz skizziert seien. So vertreten Anhänger der sog. Planverwirklichungstheorie, dass nur dann eine Vorsatztat vorliegen soll, wenn der Täter bzgl. des Taterfolges absichtlich gehandelt habe. Handelte er dagegen mit einfachem (bedingtem) Vorsatz, sei nur eine Versuchsstrafbarkeit in Betracht zu ziehen. Dieser Theorie ist jedoch entgegenzuhalten, dass sich entsprechende Vorsatz-Voraussetzungen dem Gesetz nicht entnehmen lassen. Die Fortwirkungstheorie fragt hingegen danach, ob die durch den ersten Akt erfolgte Verletzung bei ungestörtem Geschehensablauf alleine zum Tod geführt hätte. Ist dies zu bejahen, liege eine Vorsatztat vor; ansonsten bleibe höchstens die Annahme von Versuch und Fahrlässigkeit. Gegen diese Theorie ist jedoch anzumerken, dass allein von der Erfolgstauglichkeit eines Verhaltens schwerlich auf die subjektive Tatseite geschlossen werden kann. Des Weiteren wird die Theorie vom Gesamtvorsatz vertreten. Hierbei soll zu untersuchen sein, ob der Täter das gesamte Geschehen, also auch die weiteren Akte nach dem ersten Akt noch in einen ursprünglichen Tatplan mitaufgenommen hatte. Entspricht der letztlich unmittelbar zum Tod führende Akt noch dem ursprünglichen Tatplan, so liege eine vorsätzliche Tötung vor. Beruhe der (unmittelbar) zum Tod führende Akt jedoch auf einem neuen Entschluss, so sei der Tötungsvorsatz (beim vorhergehenden Akt) abzulehnen. Diese Theorie liegt nahe bei dem oben angeführten Ansatz von Welzel.

V. Zusatzfragen

1. Was versteht man unter einer abgebrochenen oder überholenden Kausalität?

Als abgebrochene oder überholende Kausalität werden Fälle bezeichnet, in denen das Erstverhalten des Täters nicht kausal wird, weil eine andere selbstständige Ursache dazwischentritt, die für sich allein den Erfolg bewirkt, ohne dabei auf die erste Handlung aufzubauen. Als Standardbeispiel wird regelmäßig der folgende oder ein ähnlicher Fall gebildet: A schüttet B ein tödliches Gift ins Getränk, das dieser auch trinkt. Sodann kommt C in den Raum und erschießt B, der daraufhin sofort an dem Schuss verstirbt, noch bevor das Gift wirken konnte. Für A bleibt hier nur ein versuchter Mord, denn nach der Conditio-sine-qua-non-Formel kann seine Handlung (das Vergiften des B) vollständig hinweggedacht werden, ohne dass der Erfolg entfiele. Der Erfolg (Tod durch Erschießen) beruht nämlich alleine auf dem Schuss des C. Die Kausalität des Schusses „überholt" die Kausalität der ursprünglichen Handlung des A bzw. unterbricht den Kausalverlauf, so dass die Kausalität der Ersthandlung „abgebrochen" wird. Wie bereits oben ausgeführt, ist dies im Jauchegruben-Fall gerade nicht der Fall, denn ohne das In-den-Mund-Stopfen des Sandes wäre es nicht zur Versenkung der B in der Jauchegrube gekommen. Die zweite Handlung baut also auf der ersten auf und überholt sie gerade nicht, vgl. dazu auch Fall 2: Bratpfanne, S. 23 ff., in dem in diesem Sinne tatsächlich auch keine überholende Kausalität vorlag.

11   2. Welche Konstellation wird als „umgekehrter dolus generalis-Fall" bezeichnet und wie wird sie rechtlich behandelt?

Unter dem „umgekehrten dolus generalis-Fall" versteht man ein mehraktiges Geschehen, bei dem der Täter den Erfolgseintritt eigentlich erst durch einen zweiten oder späteren Akt herbeiführen möchte, der Tatererfolg aber schon bei dem ersten oder früheren Akt eintritt, wobei der Täter schon hier das Versuchsstadium erreicht. Einen solchen Fall entschied der BGH im Jahr 2002 (NStZ 2002, 475). Hier wollten die Angeklagten das Opfer durch Injektion von Luft in die Armvene mittels einer Einwegspritze töten. Zu diesem Zwecke schlugen sie auf den Hals und das Gesicht des Opfers ein. Als es schwer verletzt am Boden lag, fixierten sie es mit einem Tuch und injizierten Luft in eine Armvene. Tatsächlich starb das Opfer aber nicht an dieser Luftinjektion, sondern erstickte, weil durch die zuvor ausgeführten Schläge der Kehlkopffortsatz abgebrochen war und es deshalb Blut eingeatmet hatte. Die Luftinjektion hätte für sich nicht tödlich gewirkt. Auch in dieser Konstellation ist das Koinzidenzprinzip das entscheidende Kriterium und auch hier fragt sich, ob die zwei Handlungen getrennt zu betrachten sind. Tatsächlich nimmt dies auch hier eine strenge Ansicht an, die man als Versuchs- oder Trennungslösung bezeichnen könnte. Sie argumentiert damit, dass der Täter bei der zum Erfolg führenden (Erst-)Handlung (bereits) einen Vollendungsvorsatz aufweisen müsse, was aber nicht der Fall sei, wenn er erst durch die zweite Handlung die Vollendung herbeiführen wolle. Der Vorsatz verlange bei der Vollendungstat mehr als der Tatentschluss zum Versuch, nämlich dass der Versuch aus der Sicht des Täters beendet ist (*Freund/Rostalski*, AT, 3. Aufl. 2019, § 7 Rn. 154). Nach der Vorstellung des Täters müsse sich schon der erste Akt als „Beitrag zur Schaffung eines erfolgsrelevanten Risikos" darstellen (*Kindhäuser/Zimmermann*, AT, 10. Aufl. 2021, § 27 Rn. 49). Es bleibt insofern die Bestrafung wegen eines Versuchs und wegen Fahrlässigkeit.

Die herrschende Auffassung, der sich auch der BGH im soeben geschilderten Luftinjektions-Fall angeschlossen hat, geht hier hingegen ebenfalls von einem vollendeten Tötungsdelikt aus. Denn wenn der Täter bereits das Versuchsstadium erreicht hat und dabei einen Tötungsvorsatz aufwies, stelle sich das Geschehen, dh der unerwartet frühere Todeseintritt, wiederum nur als unwesentliche Abweichung vom Kausalverlauf dar. Dies ist auch hier zutreffend. Denn die Täter haben im Luftinjektions-Fall eine Ursache für den Tod gesetzt, wobei an der Zurechenbarkeit des Erfolgs keineswegs zu zweifeln ist, zumal hier noch nicht einmal von einem Dazwischentreten die Rede sein kann. Und auch eine wesentliche Abweichung des vorgestellten vom eingetretenen Kausalverlauf ist nicht anzunehmen. Eine Differenzierung zwischen Vollendungs- und Versuchsvorsatz ist dem Gesetz auch nicht zu entnehmen. Der BGH nahm also im Luftinjektions-Fall zu Recht vollendeten Totschlag an, während nach der anderen Ansicht nur versuchter Totschlag in Tateinheit mit Körperverletzung mit Todesfolge

V. Zusatzfragen

gem. § 227 StGB vorliegen würde. Voraussetzung ist allerdings, dass der Täter mit der Ersthandlung schon das Versuchsstadium erreicht hat. Tötet der Täter das Opfer, während er bloße Vorbereitungshandlungen vornimmt, zB die Waffe reinigt, so kommt nur eine Bestrafung wegen Fahrlässigkeit in Betracht. Das ist insofern konsequent, als hier zum Zeitpunkt der zum Erfolg führenden Handlung tatsächlich noch kein Vorsatz vorliegt, weil aus der Sicht des Täters die Tat noch gar nicht begonnen hat, so dass das Koinzidenzprinzip einer Bestrafung aus einer Vorsatztat entgegensteht.

Zur Vertiefung:
Baumann/Weber/Mitsch/Eisele, AT, § 10 Rn. 30 ff.
Heinrich, AT, Rn. 1092 ff.
Hettinger, GA 2006, 289
Hilgendorf/Valerius, AT, § 4 Rn. 104 ff.
Jerouschek/Kölbel, JuS 2005, 422
Kaspar, AT, § 5 Rn. 138 ff.
Rengier, AT, § 15, Rn. 51 ff.
Roxin/Greco, AT I, § 12, Rn. 174 ff.
Wessels/Beulke/Satzger, AT, Rn. 387 ff.
Zieschang, AT, Rn. 160 ff.

Fall 8: Streit im Zugabteil

BGH, 5 StR 432/95, BGHSt 42, 97
Notwehr; Notwehrprovokation

I. Sachverhalt

1   Der 54 Jahre alte A benutzte für die Heimfahrt von der Arbeit die 1. Klasse eines Eilzugs. Da der Zug überfüllt war, standen die Fahrgäste, die in der 2. Klasse keinen Sitzplatz gefunden hatten, auf dem Gang vor der Tür des Abteils, in welchem A saß. Außer A befand sich nur der 19 Jahre alte J in dem Abteil, welcher, nachdem die Fahrkarten kontrolliert wurden, eine Fahrkarte für die 2. Klasse kaufte und auf Aufforderung des Kontrolleurs das Abteil verließ. Kurz darauf kehrte J jedoch an seinen alten Platz zurück. Er war durch Alkohol leicht bis mittelgradig berauscht und hatte eine geöffnete Bierdose bei sich. Biergeruch breitete sich im Abteil aus. A fühlte sich von J gestört und wollte allein in dem Abteil sein. Er entschloss sich deshalb, J mit Kaltluft aus dem Abteil „herauszuekeln", und öffnete das Fenster. J fror aufgrund seiner leichten Bekleidung, stand auf und machte das Fenster wieder zu. A öffnete erneut das Fenster, das sodann wieder von J geschlossen wurde. Dieser Vorgang wiederholte sich, ehe es zu einer verbalen Auseinandersetzung kam, bei der J immer lauter wurde. Nachdem A das Fenster erneut geöffnet hatte, drohte J, der das Fenster abermals schloss, A mit erhobener Faust Schläge für den Fall an, dass er das Fenster noch einmal öffne. Daraufhin zog A aus der Tasche seiner neben ihm hängenden Jacke ein Fahrtenmesser so weit heraus, dass die Klinge sichtbar wurde. Er wollte J dadurch zeigen, dass ihm ein Messer zur Verteidigung gegen Tätlichkeiten zur Verfügung stehe. In der Annahme, das Messer werde J von Tätlichkeiten abschrecken, öffnete A erneut das Fenster. Nun sprang J auf, ging auf A zu und fasste ihm mit beiden Händen ins Gesicht. A hatte den Eindruck, J wolle ihm „an den Hals gehen". Da A keine Zeit mehr hatte, um aufzustehen, holte er sein Fahrtenmesser aus der neben ihm hängenden Jacke und stach damit dem über ihn gebeugten J „ungezielt in einer Aufwärtsbewegung" acht bis zehn Zentimeter in den Oberbauch. J wich daraufhin zurück, so dass A aufstehen konnte. Es kam innerhalb des Abteils zu einem Kampf, bei dem A den J mit dem Fahrtenmesser fünf bis sechs Zentimeter in den Hals stach, ihm zwei Schnittverletzungen am Hinterkopf zufügte und ihm einen Boxhieb in die Magengegend versetzte. Sowohl der Streit als auch ein Schreien und Stöhnen, darunter der laute Ruf des J: „He is killing me", konnten von den Fahrgästen vor dem Abteil und von weiter entfernt stehenden Reisenden wahrgenommen werden. J verstarb am späten Abend desselben Tages an den Folgen des Stiches in den Oberbauch.

II. Rechtliche Probleme des Falls

2   Streitigkeiten zwischen Reisenden in der Bahn, zumal um ein geöffnetes Fenster, sind leider keine Seltenheit, eine solche Eskalation inklusive der tödlichen Folgen glücklicherweise schon. Ganz salopp lässt sich sagen, dass beide Kontrahenten hier eine „Mitverantwortung" für diese Entwicklung tragen, da beide nicht gewillt waren, nachzugeben, sondern sich durch gegenseitige Provokationen in die Auseinandersetzung verstrickten, die sodann sogar tätlich und tödlich wurde. Rechtlich ist diese Situation aber gar nicht so leicht zu erfassen. Für das LG ging es dabei um die Bestrafung des A wegen einer Körperverletzung mit Todesfolge nach § 226 StGB aF (jetzt § 227 StGB),

da es meinte, einen Tötungsvorsatz des A nicht feststellen zu können. Schon das mag man angesichts des Stichs in den Oberbauch des J bezweifeln. Aber auch die Körperverletzung mit Todesfolge konnte und kann immerhin mit einer Freiheitsstrafe von mindestens drei bis zu 15 Jahren geahndet werden. Wird A gegen eine Bestrafung aber nicht einwenden, dass er nicht grundlos auf J eingestochen hat, sondern sich vielmehr gegen dessen tätlichen Angriff verteidigt hat? Denn immerhin war J aufgesprungen und hatte ihn ins Gesicht gegriffen. Es stellt sich daher die Frage, ob das Zustechen des A mit dem Messer wegen Notwehr gem. § 32 StGB gerechtfertigt war. Eine Notwehrlage, dh ein gegenwärtiger, rechtswidriger Angriff seitens des J auf A wird sich dabei wohl bejahen lassen, zumal J sich bei seinem Angriff trotz der vorhergehenden Provokationen des A selbst nicht in einer Notwehrlage befand. Zweifel ergeben sich jedoch hinsichtlich der Erforderlichkeit und Gebotenheit der Notwehrhandlung des A, da er durch sein Verhalten mit dazu beigetragen hatte, dass J ihn angriff. Rechtlich stellt sich daher die Frage, ob A wegen seiner eigenen „Mitverantwortung" für das immer weiter eskalierende Geschehen Einschränkungen seines Notwehrrechtes hinnehmen musste.

III. Die Entscheidung des BGH

Anders als das LG lehnte der BGH eine Rechtfertigung des A wegen Notwehr ab. Zwar befand A sich in einer Notwehrlage, weil J ihn trotz der Provokationen nicht habe angreifen dürfen. Der BGH erläuterte dazu (an anderer Stelle): *„Ihm war es zuzumuten, einem Streit mit dem Angekl. aus dem Wege zu gehen, indem er das Abteil verließ, zumal da er zu dessen Benutzung als Inhaber einer Fahrkarte zweiter Klasse ohnehin nicht berechtigt war. Keinesfalls durfte J als Reaktion auf das Öffnen des Fensters körperliche Gewalt anwenden."* A durfte aber nicht in der gewählten Weise vorgehen. Der BGH führte zunächst die folgenden Grundsätze aus: *„Ein lebensgefährlicher Messerstich, zumal ein Stich in den Oberbauch, darf, solange der Angreifer nicht seinerseits das Leben des Verteidigers unmittelbar bedroht, nur in Ausnahmefällen als letztes Mittel der Verteidigung eingesetzt werden. Voraussetzung der Rechtfertigung ist grundsätzlich, daß schonendere Möglichkeiten der Verteidigung nicht in gleicher Weise die Gefahr zu beseitigen vermögen [...]. Bei der Wahl eines lebensgefährlichen Verteidigungsmittels muß sich der Angegriffene eine besondere Zurückhaltung auferlegen, wenn er die Auseinandersetzung schuldhaft provoziert hat [...]. In solchen Fällen ist dem Angegriffenen zuzumuten, dem Angriff nach Möglichkeit auszuweichen [...]. Steht fremde Hilfe – auch privater Art – zur Verfügung, so hat er auf sie zurückzugreifen. Bei besonders gewichtiger Provokation kann der Verteidiger verpflichtet sein, das Risiko hinzunehmen, das mit der Wahl des minder gefährlichen Abwehrmittels verbunden ist [...]."* 3

Diese Grundsätze übertrug er sodann auf den Fall und stellte fest, dass unter diesen Umständen nicht davon auszugehen sei, dass A eine erforderliche und gebotene Verteidigung gewählt habe. Hierzu stellte er zunächst klar, dass sogar ein Tötungsvorsatz des A unter den gegebenen Umständen wohl eher zu bejahen war, und begründete dies folgendermaßen: *„Entgegen der Auffassung des Tatrichters liegt es nach den Umständen sehr nahe, daß der Angekl., als er das Messer acht bis zehn Zentimeter tief in den Oberbauch stieß, mit bedingtem Tötungsvorsatz gehandelt hat. Daß der sehr intelligente, als Ingenieur ausgebildete Angekl. bei seinem ungezielten Stich auf den Körper des über ihn gebeugten Mannes die damit verbundene Lebensgefahr nicht erkannt hat, liegt ganz fern. [...] Die weiteren Stiche, zumal der fünf bis sechs Zentimeter tiefe Stich* 4 *in den Hals, sprechen dafür, daß sich der Angekl. während des gesamten Verlaufs der Auseinandersetzung mit einer tödlichen Wirkung seiner Stiche abgefunden hat."*

5   Zwar kann grundsätzlich auch eine (vorsätzliche) Tötung durch Notwehr gerechtfertigt sein, wenn dem Angegriffenen kein milderes Mittel zur Verfügung steht. Jedoch war das Vorverhalten des A zu berücksichtigen, der seinerseits durch das mehrfache Öffnen des Fensters den Angriff durch J provoziert hatte. Hinsichtlich der Bewertung des provokativen Vorverhaltens des A führt der BGH aus, dass dieses den Umständen nach sozialethisch zu beanstanden gewesen sei, denn A „*hatte kein Recht und mit Rücksicht auf die verbleibende Reisezeit von wenigen Minuten keinen verständlichen Anlaß, seinen Mitreisenden durch die Zufuhr kalter Luft aus dem Abteil ‚herauszuekeln'. Unter diesen Umständen drückte das wiederholte Öffnen des Fensters eine Mißachtung des J aus, die ihrem Gewicht nach einer schweren Beleidigung gleichkommt, auch wenn der alkoholisierte J durch sein Verhalten seinerseits Anlaß für den Ärger des Angekl. gegeben hatte.*" Ein solches Vorverhalten führe zu einer Einschränkung des Notwehrrechts, die in ihrem Umfang allerdings einzelfallabhängig sei: „*Welches Maß der Beschränkung der Verteidigung von dem Provokateur zu verlangen ist, hängt von den Umständen ab. [...] Die Beschränkungen sind um so geringer, je schwerer das Übel ist, das von dem Angriff droht. Nach den Urteilsausführungen drohten dem Angekl. Faustschläge oder, wie es an anderer Stelle heißt, Prügel. Daß diese Gewalttätigkeiten lebensbedrohlich waren, hat der Tatrichter bisher nicht festgestellt. Der Umstand, daß J den Angekl. mit beiden Händen in das Gesicht faßte, bedeutet nicht notwendig, daß gefährliche Faustschläge in das Gesicht [...] bevorstanden. Daß J von vornherein vorhatte, den Angekl. zusammenzuschlagen und auf diese Weise lebensgefährlich zu verletzen, liegt nach den Umständen nicht nahe: Es kann J trotz der Alkoholeinwirkung nicht verborgen geblieben sein, daß zahlreiche Personen im Gang standen, die seine Flucht hätten vereiteln können, wenn sie schon nicht dem Angekl. zur Hilfe kamen.*"

6   Aufgrund dieser Feststellungen konnte nach Ansicht des BGH eine Gebotenheit des von A gewählten tödlichen Verteidigungsmittels nicht angenommen werden. Auch wenn A durch seine liegende Position in der Verteidigung behindert war, habe er sich möglicherweise mit seinen Händen in Form von passiver Trutzwehr vor den Schlägen des B schützen oder J mittels eines Fußtritts aus dem Gleichgewicht bringen können. Hinzu kam ein weiterer Aspekt: „*Vor dem Abteil standen, vom Inneren des Abteils sichtbar, zahlreiche Personen im Gang. Sie konnten während des Wortstreits die lauten Worte des J und später seinen Ruf ‚he is killing me' sowie sein Stöhnen hören. Hätte der Angekl., als J ihn ins Gesicht faßte, seinerseits laut um Hilfe gerufen, so hätten die Mitreisenden dies ebenfalls wahrgenommen. Jedenfalls in dieser Anfangsphase der Gewalttätigkeiten bestand die Aussicht, daß ein Hilferuf des Angekl. seine Lage verbessern würde.*" Als Provokateur hätte A nach Ansicht des BGH vorrangig eines dieser milderen Verteidigungsmittel wählen müssen.

IV. Einordnung der Entscheidung

7   Aufgrund der Tatsache, dass § 32 StGB – anders als § 34 StGB – keine Abwägung des verteidigten und des verletzten Rechtsguts verlangt, stellt sich die Notwehr als der Rechtfertigungsgrund dar, der ein tatbestandsmäßiges Verhalten am weitreichendsten rechtfertigen kann. Liegt ein gegenwärtiger rechtswidriger Angriff vor, dessen Voraussetzungen freilich enger sind als die gegenwärtige Gefahr beim rechtfertigenden

IV. Einordnung der Entscheidung

Notstand, so darf der Angegriffene die erforderliche und gebotene Verteidigung vornehmen. Hinsichtlich der Erforderlichkeit gilt, dass er vom Grundsatz her zwar das für den Angreifer mildeste Verteidigungsmittel unter mehreren gleich wirksamen Mitteln, die ihm zur Verfügung stehen, wählen muss. Er darf sich aber sogleich verteidigen und muss nicht ausweichen oder die Flucht ergreifen. Zudem findet grundsätzlich keine Interessenabwägung statt, so dass sich der Angegriffene auch eines tödlichen Verteidigungsmittels bedienen darf. Diese „Schneidigkeit" des Notwehrrechts wird, wie die Notwehr insgesamt, unterschiedlich begründet. Die hM legt dem Notwehrrecht zwei Aspekte zu Grunde: Der Angegriffene verteidigt sich selbst und seine Individualrechtsgüter (Individualschutzprinzip), tritt dabei aber zugleich auch als Verteidiger der Rechtsordnung auf (Rechtsbewährungsprinzip). Wer zumindest auch auf dieses Rechtsbewährungsprinzip zurückgreift, kann damit leicht erklären, warum der Angegriffene nicht ausweichen muss: Er verteidigt ja die Rechtsordnung, die ebenfalls angegriffen wird, was auch dann der Fall ist, wenn es sich im Verhältnis zum durch die Verteidigung verletzten Rechtsgut nur um einen eher geringfügigen Angriff handelte.

Es gibt jedoch Fälle, in denen diese Grundsätze nicht volle Geltung beanspruchen dürfen, weil sonst eine Ausübung des Notwehrrechts als rechtsmissbräuchlich erscheint oder zu unerträglichen Ergebnissen führt. Dabei dient das Merkmal der Gebotenheit der sozial-ethischen Restriktion der Notwehr. Nach hM handelt es sich dabei um Fälle, in denen eine Rechtsbewährung nicht in vollem Maße angezeigt ist. Einer solchen sozialethischen Einschränkung unterliegt das Notwehrrecht nach im Grundsatz ganz hM ua bei „provozierten Notwehrlagen". 8

Dabei ist zu unterscheiden: Handelt es sich bei der Provokationshandlung selbst um einen gegenwärtigen, rechtswidrigen Angriff, so befindet sich der Provozierte in einer Notwehrlage mit der Folge, dass dem Provozierenden überhaupt kein Notwehrrecht zusteht. Fehlt es jedoch für den Provozierten an der Notwehrlage, da beispielsweise der Angriff des Provozierenden nicht mehr gegenwärtig ist oder unterhalb der Schwelle eines rechtswidrigen Angriffs verbleibt, befindet sich der Provozierende grundsätzlich in einer Notwehrsituation. Dann stellt sich die Frage, ob sein Notwehrrecht nicht aufgrund seiner vorangegangenen Provokation eingeschränkt werden muss. Dabei ist zwischen zwei Fallkonstellationen zu differenzieren. Geht es dem Täter gerade darum, einen Angriff auf sich selbst zu provozieren, um anschließend „unter dem Deckmantel der Notwehr" zu handeln, liegt eine sog. Absichtsprovokation vor. Wie die Fälle einer solchen Absichtsprovokation zu lösen sind, ist umstritten: Nach einzelnen Stimmen im Schrifttum besteht in solchen Fällen ein eingeschränktes Notwehrrecht, nach welchem der Provokateur grundsätzlich auszuweichen und auch leichtere Verletzungen hinzunehmen hat; ist ein Ausweichen nicht mehr möglich, hat er sich auf Schutzwehr zu beschränken; die Trutzwehr bleibt schließlich nur als ultima ratio zulässig. Für diese Ansicht wird angeführt, dass die Versagung jeglichen Notwehrrechts unbillig wäre, wenn der Provozierte einen stärkeren Angriff verübt, als der Täter provozieren wollte. Nach der hM handelt der Täter in den Fällen der Absichtsprovokation jedoch rechtsmissbräuchlich, so dass er sich überhaupt nicht mehr auf die Notwehr berufen kann; vielmehr ist er wegen vorsätzlicher Tatbegehung strafbar, da ihm jedenfalls der Verteidigungswille fehle und er in Wirklichkeit als Angreifer agiere. 9

Kommt es dem Täter dagegen nicht darauf an, einen Angriff zu provozieren, führt er den Angriff aber gleichwohl in vorwerfbarer Weise herbei – wie nach der Ansicht des BGH auch im hier behandelten Fall –, so spricht man von der Fallgruppe der sog. 10

unabsichtlich provozierten Notwehrlage. Deren Voraussetzungen und Rechtsfolgen sind aber wiederum umstritten. Nach einer Ansicht genügt schon ein sozial-ethisch zu missbilligendes Verhalten. In dieser Hinsicht lässt sich hier auch der BGH verstehen, der explizit darauf abstellte, dass das Verhalten des A den Umständen nach sozial-ethisch zu beanstanden gewesen sei. Später erläuterte er indes, dass A eine Missachtung des J ausgedrückt habe, die ihrem *„Gewicht nach einer schweren Beleidigung gleichkommt."* Eine andere Ansicht fordert stets ein rechtswidriges Vorverhalten, da bei einem an sich rechtstreuen Verhalten das Rechtsbewährungsprinzip nicht versagt werden könne. Diese Auffassung plädiert für eine restriktive Handhabung der Einschränkung des Notwehrrechts, zumal dem Provokateur bei lediglich sozial-ethisch zu missbilligenden Handlungen kein rechtsmissbräuchliches Verhalten vorzuwerfen sei und die Verantwortung für die Notwehrlage stärker beim Provozierten liege, der sich durch sein Verhalten erstmalig gegen die Rechtsordnung wende. Des Weiteren wird vor dem Hintergrund der Rechtssicherheit darauf verwiesen, dass die Fallgruppe des sozial-ethisch zu missbilligenden Verhaltens zu vage sei und sich demgegenüber ein rechtswidriges Provokationsverhalten bestimmter feststellen lasse. Auch bestehe die Gefahr, eine Einschränkung des Notwehrrechts auf sämtliche in irgendeiner Form störenden Verhaltensweisen auszudehnen. Die zuerst genannte Gegenansicht hält dem jedoch entgegen, dass es für die maßgebliche Wirkung der Provokation letztlich unbeachtlich sei, ob der Angegriffene durch rechtswidriges oder lediglich durch sozial-ethisch zu missbilligendes Verhalten den Angriff provoziere. Diese Rechtsprechungslinie hat der BGH auch bis heute in seinen neueren Entscheidungen beibehalten (vgl. dazu Fall 14: Nachbarn, S. 103 ff.). Dagegen wird in der Literatur Kritik geäußert, da das Kriterium der Sozialwidrigkeit unbestimmt sei und nur die Kategorien „rechtmäßig" oder „rechtswidrig" eine klare rechtliche Bewertung erlaubten. Insofern bleibt der Hinweis des BGH, dass ein vorwerfbares Verhalten „jedenfalls" dann rechtlich relevant ist, wenn es dem Gewicht nach einer schweren Beleidigung gleichkomme, unklar. Insbesondere bleibt offen, ab wann eine solche „Beleidigungsnähe" gegeben sein soll. Dass daraus letztlich folgt, dass die Gerichte eine schwer prognostizierbare Einzelfallentscheidung treffen müssen, ist unter Bestimmtheits- und Rechtssicherheitsgrundsätzen nicht unproblematisch.

11 Auch die Rechtsfolgen der sonst vorwerfbar provozierten Notwehrlage sind umstritten. Nach hM ist der Angegriffene in solchen Fällen nach einem Drei-Stufen-Modell zunächst zum Ausweichen gezwungen. Scheidet dieses aus, bleibt seine Notwehr auf Schutzwehr beschränkt. Erst wenn auch diese nicht ausreichend ist, kann er sich mit Trutzwehr verteidigen. Dieses Modell hat der BGH im vorliegenden Fall durchgeprüft und kam zu dem Ergebnis, dass A sich nicht in dieser Weise hätte verteidigen dürfen. A hätte zuerst versuchen müssen, auszuweichen, dann Schutzwehr üben und erst als letztes Mittel zu Trutzwehr übergehen dürfen. Dieser Einschränkung ist A mit seinem Stich in den Oberbauch aber gerade nicht nachgekommen, da er so unmittelbar zur Trutzwehr übergegangen ist, weshalb man eine Rechtfertigung über die Notwehr ablehnen müsste. Andere gehen davon aus, dass das vorwerfbare Herbeiführen der Notwehrlage keine Auswirkungen auf das Notwehrrecht habe, sofern sie nur mit dolus eventualis oder Fahrlässigkeit hervorgerufen wurde. Dann hätte A hier gerechtfertigt gehandelt, da er die Notwehrlage nicht absichtlich herbeigeführt hat und auch mit Verteidigungswillen handelte.

12 Einen ganz anderen Ansatz als die bisher dargestellten Meinungen verfolgt eine dritte Ansicht, die sowohl für die Absichtsprovokation als auch für den sonst vorwerfbaren

Angriff auf das Rechtsinstitut der sog. actio illicita in causa zurückgreift und die Verteidigungshandlung und das provozierende Vorverhalten getrennt voneinander bewertet. Demnach sei, unter Ausblendung der eigentlichen Entstehung der Notwehrlage, in Bezug auf die Verteidigungshandlung der § 32 StGB als erfüllt anzusehen. Hingegen diene nach dieser Ansicht als Anknüpfungspunkt für eine Strafbarkeit nicht die Verteidigungshandlung, sondern die Tathandlung des provozierenden Vorverhaltens, welches nicht als von § 32 erfasst angesehen wird. Insofern behält der Angegriffene in actu sein volles Notwehrrecht, kann sich dann jedoch nach der Figur der actio illicita in causa – ähnlich wie bei der actio libera in causa – in Anknüpfung an das Vorverhalten wegen Vorsatz (Absichtsprovokation) oder Fahrlässigkeit (sonst vorwerfbar herbeigeführte Notwehrlage), im vorliegenden Fall also gem. § 222 StGB, strafbar machen. Diese Ansicht hat sich bislang nicht durchsetzen können.

V. Zusatzfragen

1. Von der Absichtsprovokation ist die sog. Abwehrprovokation zu unterscheiden. Was versteht man darunter?

13

Von der Abwehrprovokation sind diejenigen Fälle erfasst, in denen sich jemand in eine erwartete Notwehrsituation begibt, sich dazu aber bewusst übertrieben „aufrüstet", so dass später in der konkreten Kampfsituation eine Verteidigung mithilfe dieser (gefährlichen) Mittel als einzig möglich und daher erforderlich erscheint. Die Behandlung dieser Fälle ist umstritten. Nach einer Meinung im Schrifttum soll die Abwehrprovokation zu entsprechenden Einschränkungen des Notwehrrechtes wie die Absichtsprovokation führen, sofern der später Attackierte schon in der Absicht, später einen gefährlicheren Gegenstand zum Einsatz bringen zu können, sich im Vorhinein mit diesem ausgestattet hat. Dies ist etwa der Fall, wenn er anstatt eines Pfeffersprays ein großes Messer mitnimmt, obwohl er weiß, dass regelmäßig Pfefferspray genügt, um etwaige Angreifer abzuwehren. Nach der Ansicht des BGH und der herrschenden Auffassung im Schrifttum ergeben sich in diesen Konstellationen jedoch keine Einschränkungen im Rahmen der Gebotenheit, solange der Angegriffene die Notwehrsituation nicht absichtlich oder sonst vorwerfbar herbeigeführt hat, da der Angreifer die alleinige Verantwortung für den Angriff trage, was durch die vorherige „Aufrüstung" des später Attackierten nicht verändert werde. Demnach steht in solchen Fällen dem sich Verteidigenden ein volles Notwehrrecht zu. Zu beachten ist dabei allerdings, dass die Verteidigungshandlungen dennoch erforderlich iSv § 32 StGB sein müssen, dh sie müssen die mildesten, gleich wirksamen zur Verfügung stehenden Verteidigungsmittel darstellen.

2. Kann die sonstige Provokation in einzelnen Fällen mit der Absichtsprovokation gleichgesetzt werden, so dass es auch bei dieser zu einer vollständigen Versagung des Notwehrrechts kommt?

14

Der BGH deutet in mehreren Entscheidungen eine Gleichsetzung der sonstigen Herbeiführung einer Notwehrlage mit der Absichtsprovokation an, wenn der Provokateur den Angriff zwar nicht mit Absicht, aber mit bedingtem Vorsatz herbeiführt (was dann auch erst recht für den direkten Vorsatz gelten müsste). Auch wenn der Provokateur den späteren Angriff lediglich billigend in Kauf nehme und somit nur mit bedingtem Vorsatz handle, sei eine „ähnliche Einschränkung" wie bei der Absichtsprovokation angezeigt, heißt es in BGH NStZ-RR 2011, 305. Zumindest im Leitsatz dieser Entscheidung klingt das wie eine Gleichstellung mit dem völligen Ausschluss des Notwehrrechts bei der als „rechtsmissbräuchlich" bezeichneten Absichtsprovokation. Allerdings erwähnt der BGH dann in der Folge (ohne nähere Erläuterungen) die mögliche Variante des „Ausweichenmüssens", was eher an das Drei-Stufen-Modell bei der sonst vorwerfbaren Provokation erinnert und offenbar doch keinen vollständigen Ausschluss des Notwehrrechts bedeuten soll. Das bestätigen die Ausführungen in der Entscheidung BGH NJW 1994, 871, auf die in der Entscheidung von 2011 Bezug genommen wird. Hier hatte sich der Angeklagte nach einer (mittlerweile abgeschlossenen) körperlichen Auseinandersetzung bewaffnet und war zum Ort des Geschehens zurückgekehrt, um seinen ebenfalls bewaffneten Kontrahenten herauszufordern und zur Rede zu stellen. Dieser eröffnete das Feuer und wurde daraufhin vom Angeklagten erschossen. Auch hier betont der BGH zunächst eine enge Nähe von Absichtsprovokation und bedingt vorsätzlicher Provokation: *„Der Angekl. hat den Schußwaffengebrauch durch P vorsätzlich provoziert. Zwar beabsichtigte er nicht in erster Linie, in eine Notwehrlage zu gelangen und dadurch Gelegenheit zur Abgabe tödlicher Schüsse auf P zu erhalten (Absichtsprovokation [...]). Der Angekl. hat aber die Möglichkeit erkannt, daß sein Verhalten einen Schußwechsel unter besonders gefährlichen Umständen auslösen konnte, und er hat dies billigend in Kauf genommen. [...] Diese ‚Vorsatzprovokation' [...] grenzte an eine Absichtsprovokation"*. Auch hier wird dann aber in der Folge kein völliger Ausschluss des Notwehrrechts angenommen, sondern lediglich eine Einschränkung im Sinne des Drei-Stufen-Modells, was in einer jüngst ergangenen Entscheidung (BGH NStZ 2019, 263 f.) bestätigt wird.

Im Ergebnis erscheint das auch zutreffend. Denn eine Gleichstellung aufgrund enger Nähe zur Absichtsprovokation leuchtet allenfalls bei direktem Vorsatz ein, da sich der Provokateur hier, ebenso wie bei der Absichtsprovokation, zumindest sehenden Auges in eine als sicher vorhergesehene Angriffssituation begibt und sich somit auf die Verteidigungshandlung vorbereiten kann. Handelt der Provokateur dahingegen nur mit bedingtem Vorsatz, so hält er den späteren Angriff zwar für möglich und nimmt diesen billigend in Kauf, rechnet jedoch nicht sicher damit, so dass er auch keinen Anlass hat, sich in vergleichbarer Weise auf die Verteidigungshandlung vorzubereiten. Aufgrund dieser abweichenden Ausgangslage ist eine Gleichstellung der Konstellation der bedingt vorsätzlichen Provokation mit der Absichtsprovokation zweifelhaft. Vielmehr liegt es zumindest im Falle des bedingten Vorsatzes näher, das Notwehrrecht nicht vollständig zu versagen, sondern – wie es der BGH dann letztlich auch macht – einen Fall des sonst vorwerfbar provozierten Angriffs anzunehmen und auch hier das Drei-Stufen-Modell anzuwenden.

Zur Vertiefung:
Baumann/Weber/Mitsch/Eisele, AT, § 14 Rn. 63 ff., § 15 Rn. 54 ff.
Heinrich, AT, Rn. 371 ff.
Hilgendorf/Valerius, AT, § 5 Rn. 49 ff.
Kaspar, AT, § 5 Rn. 206 ff.
Rengier, AT, § 18 Rn. 72 ff.
Roxin/Greco, AT I, § 15 Rn. 65
Schöneborn, NStZ 1981, 201
Voigt/Hoffmann-Holland, NStZ 2012, 362
Wessels/Beulke/Satzger, AT, Rn. 532 ff.
Zieschang, AT, Rn. 220 ff.

Fall 9: Spanner

BGH, 1 StR 74/79, NJW 1979, 2053
Rechtfertigender Notstand; entschuldigender Notstand; Dauergefahr

I. Sachverhalt

A und seine Ehefrau E bemerkten innerhalb eines Jahres dreimal, dass ihnen auf unerklärliche Weise aus der Wohnung Geld abhanden gekommen war. Einige Zeit später erwachte E nachts im Schlafzimmer dadurch, dass jemand sie an der Schulter berührte. Sie sah im Halbdunkel einen Mann, den S. E weckte A, der S daraufhin ebenfalls im Wohnzimmer stehen sah. S flüchtete, woraufhin A die Verfolgung aufnahm. Diese blieb jedoch erfolglos. Nach diesen Vorfällen ließ A eine Alarmanlage am Gartentor anbringen und erwarb eine Schreckschusspistole. Etwa sechs Wochen später ertönte abends das Signal der Alarmanlage. A ergriff die Schreckschusspistole und lief in den Garten. Dicht neben sich bemerkte er denselben Mann, den er früher im Wohnzimmer gesehen hatte. Er gab einen Schuss aus der Schreckschusspistole ab, woraufhin S wiederum flüchtete. A verfolgte ihn, allerdings verlor er S kurz danach aus den Augen. Er zeigte die Vorkommnisse bei der Polizei an, die zum Erwerb eines Waffenscheins und einer Schusswaffe riet. Die Eheleute befürchteten, dass der Eindringling es auf die Ehefrau E oder auf die Kinder abgesehen habe. Ihre Angst steigerte sich derart, dass sie abends fast nie mehr gemeinsam ausgingen, auf Theaterbesuche und die Teilnahme an sonstigen Veranstaltungen verzichteten und keine Einladungen mehr annahmen. Zeitweilig traten bei ihnen Schlafstörungen auf. E betrieb eine Arztpraxis und befürchtete, dass ihr jemand auflauere, wenn sie zu nächtlichen Hausbesuchen gerufen wird. A ließ nach diesen Ereignissen eine der E gehörende Pistole instand setzen und nahm sie mit deren Einverständnis in Besitz. Die dazu erforderliche behördliche Erlaubnis hatte er nicht. Eines nachts ertönte gegen 2:30 Uhr erneut die Alarmanlage. E und A verhielten sich ruhig und verständigten telefonisch die Polizei. Bevor diese eintraf, konnte der Eindringling flüchten. Knapp fünf Monate später erwachte A um 1:50 Uhr durch ein Geräusch und sah S am Fußende seines Bettes stehen. A sprang mit einem Schrei aus dem Bett, ergriff die Pistole und lud sie durch. S flüchtete und A nahm die Verfolgung auf. Erneut war S jedoch schneller. A rief mehrfach „Halt oder ich schieße" und schoss schließlich, da S nicht stehen blieb, zweimal in Richtung auf dessen Beine. A wollte S dingfest machen und so der für seine Familie unerträglichen Situation ein Ende bereiten. Die Schüsse trafen S in die linke Gesäßhälfte und in die linke Seite.

II. Rechtliche Probleme des Falls

Wir wissen nicht, was S im Haus der Eheleute wollte. War er ein Dieb, weil dort ja Gegenstände verschwanden? Oder ging es ihm darum, das Ehepaar im Schlaf zu betrachten? War Letzteres der Fall, so ist der Name „Spanner-Fall" durchaus trefflich. Jedenfalls wählte auch der BGH diese Bezeichnung für S. Ganz modern könnte man wohl auch von einem „Stalker" sprechen. Ob darüber hinaus sogar die Gefahr bestand, dass S zu sexuellen Übergriffen geneigt war, ist unklar. So oder so handelte es sich aber um eine Situation, die für A und E unerträglich war und letztlich sogar dazu führte, dass ihr Privatleben drastisch in Mitleidenschaft gezogen wurde. Wie hat A nun reagiert? Er besorgte sich eine Waffe und schoss auf den fliehenden S, den er wieder einmal in seinem Haus angetroffen hatte. Signifikant dabei ist, dass selbst die zuvor informierte Polizei ihm dazu geraten hatte.

3   Der BGH hatte die Strafbarkeit des A zu beurteilen, nicht des S. Das Verhalten des Letzteren spielt höchstens insofern eine Rolle, als sich die Frage stellt, ob A so vorgehen durfte, wie er es getan hat. Betrachten wir sein Vorgehen ganz nüchtern aus strafrechtlicher Sicht, so hat er zum einen gegen das Waffengesetz verstoßen, weil er keine behördliche Erlaubnis für seine Waffe besaß, zum anderen hat er aber durch die beiden Schüsse in die linke Gesäßhälfte und die linke Flanke des S nicht nur den objektiven Tatbestand einer einfachen Körperverletzung gem. § 223 Abs. 1 StGB, sondern auch den Qualifikationstatbestand des § 224 Abs. 1 Nr. 2 Alt. 1 StGB erfüllt. Gehen wir davon aus, dass er den flüchtenden S auch treffen wollte, so hat er auch den subjektiven Tatbestand einer gefährlichen Körperverletzung verwirklicht. Das sagt uns aber noch nicht, ob er sich strafbar gemacht hat oder ob er nicht vielmehr auf S schießen durfte. Denn S war nicht irgendein Unbeteiligter, sondern ebendie Person, die sich immer wieder Zugang zum Haus der Eheleute verschafft und dabei anfangs offenbar auch Geld entwendet hatte. Genau genommen setzte sich A also nur zur Wehr gegen ein strafbares Verhalten des S, das seinerzeit jedenfalls als Hausfriedensbruch qualifiziert werden konnte. Aus diesem Grund mag das Verhalten des A gerechtfertigt gewesen sein. Insofern bieten sich mehrere Rechtfertigungsgründe an. Zuerst zu denken ist stets an den besonders „schneidigen" Rechtfertigungsgrund der Notwehr gem. § 32 StGB. Voraussetzung hierfür ist das Vorliegen einer Notwehrlage, also eines gegenwärtigen rechtswidrigen Angriffs. An einen solchen könnte man denken, weil S in das Haus der Eheleute eingedrungen war. Problematisch ist allerdings, dass er sich bereits auf der Flucht befand, was an der erforderlichen Gegenwärtigkeit des Angriffs zweifeln lässt. Wie wirkt es sich aber aus, dass die Eheleute aufgrund der ständigen Angst vor einem erneuten Einbruch ihren Alltag stark eingeschränkt hatten und unter Schlafstörungen litten? Kann man nicht sagen, dass aufgrund eines solchen andauernden Zustandes zumindest eine „notwehrähnliche" Lage bestand, in der sie sich verteidigen durften? Soll das „scharfe Schwert" der Notwehr hingegen auf enge Angriffssituationen beschränkt bleiben, insbesondere weil die Notwehr dem Grundsatz nach keine Güterabwägung erfordert, lässt sich überlegen, ob A nicht dennoch andere Rechtfertigungsgründe zur Verfügung standen.

4   In Betracht käme nämlich auch eine Rechtfertigung durch das Festnahmerecht nach § 127 Abs. 1 StPO, zumal es A sicher auch darum ging, S aufzuhalten, bis die bereits verständigte Polizei eintraf. Voraussetzung für eine Rechtfertigung wären hierbei eine Festnahmelage und ein Festnahmegrund. Auch wenn man insofern tatsächlich sagen könnte, dass S von A auf frischer Tat, nämlich einem Hausfriedensbruch, betroffen und verfolgt wurde (Festnahmelage) und dass seine Identität nicht sofort festgestellt werde konnte (Festnahmegrund), so bleibt es doch äußerst fraglich, ob er zur Festnahme auch schießen durfte. Denn § 127 Abs. 1 StPO soll ja eine vorläufige Festnahme und damit vom Grundsatz her doch nur Eingriffe in die Fortbewegungsfreiheit des Flüchtigen ermöglichen. Des Weiteren kann ein rechtfertigender Notstand gem. § 34 StGB anzunehmen sein. Dieser setzt eine gegenwärtige Gefahr voraus. Hier könnte man annehmen, dass der Begriff der Gefahr grundsätzlich weiter ist als der des Angriffs iSd § 32 StGB und dass dabei auch die Gegenwärtigkeit einen längeren Zeitraum umfasst als bei der Notwehr. Lässt man im Rahmen des Notstandes auch eine „Dauergefahr" genügen, so könnte eine solche im Hinblick auf die sich schon über einen längeren Zeitraum erstreckenden Belästigungen durch S durchaus bestanden haben.

III. Die Entscheidung des BGH

Erlaubt § 34 StGB dann aber Schüsse auf den Fliehenden? Lehnt man auch dies ab, so bliebe immerhin die Möglichkeit, an einen entschuldigenden Notstand nach § 35 StGB zu denken, dessen Notstandslage ebenfalls in einer gegenwärtigen Gefahr besteht, wobei die bedrohten Rechtsgüter hier zwar enger gefasst sind, die Begriffe der Gefahr und der Gegenwärtigkeit aber ebenso bestimmt werden wie bei § 34 StGB. Bestand in diesem Fall also eine gegenwärtige Gefahr für eines der in § 35 StGB angeführten Rechtsgüter? Und wenn dem so war, war A dann entschuldigt?

III. Die Entscheidung des BGH

Der 1. Senat stellte fest, dass A sowohl bezüglich der gefährlichen Körperverletzung als auch im Hinblick auf den Verstoß gegen das Waffengesetz jedenfalls gem. § 35 StGB ohne Schuld handelte, und entschied – ausnahmsweise – selbst auf Freispruch, nachdem die Tatsacheninstanz A noch zu einer Geldstrafe verurteilt hatte. Immerhin widmete er sich zunächst kurz der Frage der Notwehr. Hier lehnte er eine Notwehrlage ab und führte zur Begründung aus: *„Zu Recht lehnt die StrK [...] das Vorliegen einer Notwehrlage (§ 32 StGB) ab. Notwehr setzt einen rechtswidrigen gegenwärtigen Angriff voraus. Der Angriff des S war aber nicht mehr gegenwärtig, denn der Eindringling flüchtete bereits, als der Angekl. auf ihn schoß. Der Angriff dauerte auch nicht deshalb fort, weil S etwas entwendet hatte und mit der Beute flüchten wollte [...]. S hatte nichts weggenommen, und der Angekl. wußte das. Die Befürchtung, S könne zu einem anderen unbestimmten Zeitpunkt nachts wiederkehren, begründet nicht die Annahme eines gegenwärtigen Angriffs. Daß ein solcher unmittelbar bevorgestanden habe, ist nicht festgestellt."*

Das Gericht ließ jedoch die Frage nach einer etwaigen Rechtfertigung, sowohl wegen eines Festnahmerechts gem. § 127 StPO als auch wegen eines rechtfertigenden Notstandes gem. § 34 StGB, offen. Einer Klärung bedürfe es aufgrund der Tatsache, dass A jedenfalls gem. § 35 StGB ohne Schuld gehandelt habe, nicht. Der 1. Senat bejahte vielmehr eine Notstandslage iSd § 35 StGB und begründete dies wie folgt: *„Entgegen der Annahme des LG bestand für die Freiheit des Angekl. und dessen Ehefrau eine gegenwärtige nicht anders abwendbare Gefahr. Ihr durfte der Angekl. in der von ihm gewählten Art und Weise begegnen, ohne sich einem Schuldvorwurf auszusetzen. Gefahr im Sinne der Vorschrift ist auch eine Dauergefahr. Sie begründet einen entschuldigenden Notstand, wenn sie so dringend ist, daß sie jederzeit, also auch alsbald, in einen Schaden umschlagen kann, mag auch die Möglichkeit offenbleiben, daß der Eintritt des Schadens noch eine Zeitlang auf sich warten läßt [...]. Bei Bestehen einer gegenwärtigen Dauergefahr braucht sich die Abwehr nicht darauf zu beschränken, den sofortigen Eintritt des Schadens zu hindern, die Gefahr also hinauszuschieben; die einheitliche Dauergefahr ist nicht in einen gegenwärtigen und einen zukünftigen Teil zu zerlegen [...]."*

Eine solche Dauergefahr sah das Gericht hier als gegeben an. Es führte aus: *„Diese Voraussetzungen sind hier erfüllt. Der als ‚Spanner' bezeichnete Eindringling hatte durch siebenmaliges nächtliches Erscheinen in der Wohnung und im Garten des Angekl., insbesondere durch seine auffallende Hartnäckigkeit und Unverfrorenheit, eine fortdauernde Gefährdung der Freiheit der Eheleute geschaffen, die bereits in drastischen Maßnahmen (nächtliche Alarmbereitschaft, Verzicht auf abendlichen Ausgang, Einschränkung ärztlicher Hausbesuche) ihren Ausdruck fand. Zu Recht charakterisiert die Revision die Situation als ‚Terror, dem das gesamte Familienleben unterlag'. Die*

Gefährdung konnte zum vollständigen Verlust der häuslichen Bewegungsfreiheit führen, wenn es nicht gelang, des Eindringlings habhaft zu werden. Auf den zeitlichen Abstand zwischen den einzelnen Gefährdungen kommt es nicht entscheidend an, wenn feststeht, daß das bedrohte Rechtsgut jederzeit erheblich beeinträchtigt werden kann. Unter diesen Umständen bedarf keiner Entscheidung, ob für die sexuelle Selbstbestimmung der Ehefrau des Angekl. und damit für deren Freiheit oder für ihre körperliche Unversehrtheit eine weitere Dauergefahr bestand."

8   Auch die weiteren Voraussetzungen des § 35 StGB bejahte der BGH mit der folgenden Begründung: *„Die Gefahr war, weil alle anderen Maßnahmen, insbesondere die Inanspruchnahme der Polizei und sogar die Abgabe eines Schreckschusses, ohne Erfolg blieben, nicht anders abwendbar. Die Gefährdung auch weiterhin auf sich zu nehmen, war den Eheleuten [...] nicht zuzumuten."*

IV. Einordnung der Entscheidung

9   Das Urteil des 1. Senats ist in dogmatischer Hinsicht nicht ganz zufriedenstellend. Denn sowohl der rechtfertigende Notstand gem. § 34 StGB als auch das Festnahmerecht nach § 127 StPO bleiben ungeprüft, da A jedenfalls gem. § 35 StGB ohne Schuld gehandelt habe. Ein solches Vorgehen mag in der Praxis durchaus ökonomisch und üblich sein, dogmatisch einwandfrei ist es indes nicht. Denn nach dem dreistufigen Deliktsaufbau ist die Rechtswidrigkeit vor der Schuld zu prüfen. Auch ist es kaum eingängig, durch das Auslassen einer Rechtfertigungsprüfung keine Aussage darüber zu treffen, ob das Verhalten des A überhaupt ein Unrecht darstellte, stattdessen aber einen individuellen Schuldvorwurf zu prüfen und abzulehnen. Darüber hinaus verlangt § 35 StGB explizit, dass der Täter eine „rechtswidrige Tat" begeht. Jedenfalls in der Ausbildung und in juristischen Klausuren verbietet sich ein solches Vorgehen. Zudem bleibt fraglich, warum der BGH hier eine Gefahr *„für die Freiheit des Angekl. und dessen Ehefrau"* annahm. Denn die ganz hM subsumiert unter den Begriff der „Freiheit" iSd § 35 StGB nur die körperliche Fortbewegungsfreiheit, die durch § 239 StGB geschützt ist. Inwieweit diese hier beeinträchtigt war, erhellen die Ausführungen des BGH nicht, außer dass er auf den drohenden *„vollständigen Verlust der häuslichen Bewegungsfreiheit"* hinweis. Ob dies aber für den Begriff der Freiheit iSd § 35 StGB genügt, ist keineswegs ausgemacht und eher zu bezweifeln, zumal die Fortbewegungsfreiheit hier nicht physisch, sondern allenfalls psychisch eingeschränkt war. Insoweit wird die Entscheidung des BGH auch vielfach kritisiert.

10 Wäre stattdessen schulmäßig die Rechtswidrigkeit des Verhaltens geprüft worden, so hätte zunächst die Notwehr untersucht werden müssen. Dies hat immerhin auch der BGH getan und dabei eine Notwehrlage mit überzeugenden Argumenten abgelehnt. Teilweise wird erwogen, auch eine „notwehrähnliche Lage" bzw. eine sog. „Präventiv-Notwehr" zur Abwehr künftiger Angriffe zuzulassen. Dem ist der BGH zu Recht nicht gefolgt, denn solche Fälle können sachgerecht über die Notstandsregeln gelöst werden. Der Begriff der Gegenwärtigkeit innerhalb des § 32 StGB ist wegen der weitreichenden Notwehrhandlungsmöglichkeiten restriktiver auszulegen als bei den §§ 34 und 35 StGB, da hier insbesondere auch keine Abwägung stattfindet. Greift § 32 StGB also in der Tat nicht, so hätte § 127 StPO näher untersucht werden müssen. Dass im Spanner-Fall sowohl eine Festnahmelage als auch ein Festnahmegrund vorlagen, haben wir oben bereits festgestellt. Demnach war A grds. zur Festnahme des S berechtigt, um ihn bis zum Erscheinen der Polizei festzusetzen. Von diesem Festnahmerecht sind jedoch

lediglich geringfügige Körperverletzungen zur Einschränkung der Bewegungsfreiheit erfasst. Der Gebrauch einer Schusswaffe kann allenfalls zur Abgabe eines Warnschusses gerechtfertigt sein. Eine Rechtfertigung der Schüsse auf S gem. § 127 Abs. 1 StPO ist hingegen nicht möglich.

Im Gegensatz dazu scheidet eine Rechtfertigung gem. § 34 StGB nicht ohne Weiteres aus. Der BGH wies sogar selbst darauf hin, dass *„nach Lage der Dinge"* einiges für eine Rechtfertigung gem. § 34 StGB spreche. Denn wenn man sich die Argumentation des Gerichts zur Annahme einer Dauergefahr iSd § 35 StGB zu eigen macht, so müssen ebendiese Erwägungen auch für § 34 StGB gelten. Nach Ansicht des BGH lässt sich eine einheitliche Dauergefahr *„nicht in einen gegenwärtigen und einen zukünftigen Teil [...] zerlegen".* Das Gericht sah die Gegenwärtigkeit vielmehr auch dann als erfüllt an, wenn *„der Eintritt eines Schadens noch eine Zeitlang auf sich warten läßt".* Dieses weite Verständnis der Gegenwärtigkeit lässt sich auch auf den insoweit gleich lautenden § 34 StGB übertragen. Gleiches gilt im Grunde auch für die Erwägungen des Gerichts, die Gefahr sei nicht „anders abwendbar", die Notstandshandlung also „erforderlich", gewesen. Denn alle vorher von den Eheleuten getätigten Maßnahmen waren erfolglos geblieben, selbst die Polizei, die als milderes Mittel vorher hätte eingeschaltet werden müssen und auch eingeschaltet wurde, wusste sich scheinbar nicht anders zu helfen, als A zum Anschaffen einer Schusswaffe zu raten, die er dann auch einsetzte. Im Rahmen des § 34 StGB ist zudem eine Abwägung der widerstreitenden Interessen vorzunehmen. Dabei ist zu berücksichtigen, dass A die Rechtsgüter der Person verletzte, von der die Gefahr ausging. Das entspricht einem „Defensivnotstand" (s. dazu auch Fall 15: Haustyrann, S. 109 ff.). Während in dieser Konstellation teilweise ein eigenständiger Rechtfertigungsgrund in Analogie zu § 228 BGB angenommen wird, ist sich die hM darin einig, dass § 34 StGB einschlägig bleibt, gleichwohl der Aspekt, dass die Gefahr von demjenigen ausging, gegen den sich die Notstandshandlung richtet, in der Interessenabwägung zu berücksichtigen ist, so dass dem Angegriffenen weitergehende Befugnisse zustehen.

Hier muss man einerseits auf der Seite des S berücksichtigen, dass eine gefährliche Körperverletzung begangen wurde und die zwei Schüsse in die linke Gesäßhälfte und die linke Seite eine erhebliche Verletzung und Beeinträchtigung der Interessen des S darstellten. Auf der anderen Seite muss aber zu Buche schlagen, dass das alltägliche Leben der Eheleute über einen langen Zeitraum durch S intensiv eingeschränkt wurde, so dass eine „notwehrähnliche Lage" und ein „Defensivnotstand" vorlagen. Zudem kann immerhin eine Festnahmelage iSd § 127 Abs. 1 StPO bejaht werden. Wenn man zu guter Letzt berücksichtigt, dass nicht klar war, welcher Art die Bedrohung durch S eigentlich war, so dass jedenfalls nicht ausgeschlossen war, dass auch eine körperliche Bedrohungslage bestand, die in die andere Richtung hätte eskalieren können, so lag der BGH wohl richtig, dass *„nach Lage der Dinge"* die Tat gerechtfertigt war.

V. Zusatzfragen

1. Würde die Lösung des Falles anders ausfallen, wenn A den S nicht lediglich verletzt, sondern vorsätzlich getötet hätte?

Zunächst ist festzustellen, dass die Ausgangslage hier die gleiche ist. Insofern ändert sich nichts an den Ausführungen zu § 127 Abs. 1 StPO und § 32 StGB. Problematischer erscheint jedoch, ob A dennoch gem. § 34 StGB gerechtfertigt wäre. Fraglich sind hierbei die Nicht-anders-Abwendbarkeit der Gefahr (= die Erforderlichkeit der tödlichen Schüsse) und die Interessenabwägung. Bzgl. der Nicht-anders-Abwendbarkeit der Gefahr wäre durch das Gericht zunächst festzustellen, ob A anders hätte schießen können, dh ob er etwa einen gezielten Kopfschuss angesetzt (§ 212 Abs. 1 StGB) oder ob er wie im Ausgangsfall auf die Beine des S geschossen und dabei nur versehentlich den Todeserfolg herbeigeführt hätte (§ 227 StGB). Einer gezielten vorsätzlichen Tötung wird man nämlich entgegenhalten müssen, dass das weniger einschneidende Mittel der Körperverletzung mittels eines Schusses auf die Beine zur Verfügung stand, so dass schon aus diesem Grund eine Rechtfertigung entfiele. Problematisch ist zudem die bei § 34 StGB vorzunehmende Abwägung der Interessen. Standen sich im Ausgangsfall noch die erhebliche Beeinträchtigung des täglichen Lebens bzw. die „Freiheit" der Eheleute auf der einen und die körperliche Unversehrtheit des S auf der anderen Seite gegenüber, geht es nun um das Leben des S. Dieses höchste Rechtsgut überwiegt das Interesse der Eheleute, so dass § 34 StGB in diesem Fall jedenfalls an der Interessenabwägung scheitern würde. Daran ändert es auch nichts, dass A sich in einem „Defensivnotstand" befand.

Es bleibt dann auch hier eine Entschuldigung nach § 35 StGB zu prüfen. Entsprechend den obigen Ausführungen würde dies natürlich voraussetzen, dass man annimmt, eines der dort genannten Rechtsgüter (hier also die „Freiheit") der Eheleute sei tatsächlich gefährdet gewesen, was aus den genannten Gründen sehr zweifelhaft ist. Bejaht man dies (wie der BGH), so muss man nach hM indes die Frage der Nicht-anders-Abwendbarkeit wie bei § 34 StGB beurteilen. Lag gemäß den obigen Ausführungen keine nicht anders abwendbare Gefahr vor, so scheidet auch § 35 StGB aus. Eine gezielte Tötung war im Fall eben nicht erforderlich. Nur ergänzend ist darauf hinzuweisen, dass § 35 StGB vom Grundsatz her keine Interessenabwägung kennt wie sie § 34 StGB vorsieht, so dass auch vorsätzliche Tötungen grds. entschuldigt sein können. Es wird allerdings zu Recht angenommen, dass in Fällen eines extremen Missverhältnisses der betroffenen Güter die Gefahrhinnahme ausnahmsweise iSd § 35 Abs. 1 S. 2 StGB zumutbar sein kann. Schon das RG (RGSt 66, 397 (399)) hielt fest, dass auch eine Entschuldigung nach § 35 StGB immerhin eine *„gewisse Verhältnismäßigkeit"* verlange. Insofern kommt hier eine Zumutbarkeit der Hinnahme der Gefahr durchaus in Betracht, da mit dem Leben des S ein besonders hochrangiges Rechtsgut betroffen ist. Der BGH (NJW 2000, 3079) hat etwa die vorsätzliche Tötung eines DDR-Grenzpostens an der innerdeutschen Grenze nicht nach § 35 StGB entschuldigt, obwohl die „Freiheit" des Täters und seiner Familienangehörigen, die in den Westen flüchten wollten, bei einer Festnahme durchaus in Gefahr war, und dies so begründet: *„Es war ihm aber trotz der schwer erträglichen Trennungssituation für seine Familie und vor dem Hintergrund menschenrechtswidriger Versagung von Ausreisefreiheit gleichwohl zuzumuten, die Gefahr im Blick auf die Bedeutung des Lebensrechts des betroffenen Grenzpostens insoweit hinzunehmen, als er sie nicht durch dessen vorsätzliche Tötung abwenden durfte (§ 35 Abs. 1 S. 2 StGB)."*

14 2. Macht es aus der Sicht des S einen Unterschied, dass der BGH anstatt einer Rechtfertigung gem. § 34 StGB eine Entschuldigung nach § 35 StGB annahm? Und wie wirkt sich dies auf eventuelle Teilnehmer an der Tat des A aus?

Stellt man nur auf eine Entschuldigung gem. § 35 StGB ab, so bleibt die Tat des A rechtswidrig. Dies hat sowohl Folgen für den Verletzten S als auch für eventuelle Teilnehmer. Denn gegen einen gegenwärtigen und rechtswidrigen Angriff darf man sich verteidigen, was letztlich auch für S gilt. Zwar hätte er selbst den Angriff seitens des

V. Zusatzfragen

A in Form der Schüsse schuldhaft provoziert, so dass sein Notwehrrecht eingeschränkt wäre, dem Grundsatz nach hätte es aber bestanden. An der rechtswidrigen Tat des A könnten sich andere auch beteiligen. Dies käme zB für E in Betracht, die ihm immerhin die Waffe gegeben hatte und insofern eine Beihilfe begangen haben könnte. Nach dem Grundsatz der limitierten Akzessorietät ist die individuelle Schuld für jeden Beteiligten gesondert zu beurteilen (s. auch § 29 StGB). Freilich hätte E sich dann gleichermaßen auf § 35 StGB berufen können.

Zur Vertiefung:

Baumann/Weber/Mitsch/Eisele, AT, § 15 Rn. 18 ff., 81 ff., § 18 Rn. 18 ff.
Heinrich, AT, Rn. 345 ff. und 412 ff.
Hilgendorf/Valerius, AT, § 5 Rn. 21 ff. und 73 ff.
Kaspar, AT, § 5 Rn. 184 ff. und 243
Koch, JA 2006, 806
Küper, FS Rudolphi, 2004, S. 151
Rengier, AT, § 18 Rn. 19 ff. und § 19 Rn. 9 ff.
Roxin/Greco, AT I, § 15 Rn. 21 ff. und § 16 Rn. 20 ff.
Wessels/Beulke/Satzger, AT, Rn. 461 ff. und 498 ff.
Zieschang, AT, Rn. 205 ff. und 249 ff.

Fall 10: Sado-Maso-Praktiken

BGH, 2 StR 505/03, BGHSt 49, 166
Einwilligung; Sittenwidrigkeit

I. Sachverhalt

1 Frau R zeigte großes Interesse an der Ausübung außergewöhnlicher sexueller Praktiken, vor allem sogenannter „Fesselspiele". Hierzu gehörte unter anderem, dass ihr Lebensgefährte A, der an diesen „Spielen" kein Interesse hatte, mit einem Gegenstand Druck auf ihren Kehlkopf oder ihre Luftröhre ausübte, um auf diese Weise den von ihr erstrebten vorübergehenden Sauerstoffmangel hervorzurufen, der für sie eine erregende Wirkung hatte. Nachdem eine Zeitlang derartige Fesselspiele nicht mehr stattgefunden hatten, weil A Sicherheitsbedenken geäußert hatte, verlangte R von ihm erneut die Durchführung eines Fesselspiels und bereitete die dazu erforderlichen Utensilien selbst vor; dabei wählte sie statt des bisher verwendeten Stricks ein Metallrohr. Die Bedenken des A, R könnte keine Luft mehr bekommen, zerstreute sie. Daraufhin fesselte A die R und begann, sie ihrem Wunsch gemäß mit dem Metallrohr zu würgen. Dabei erkannte er, dass die Verwendung eines sich den Konturen des Halses nicht anpassenden Gegenstandes gefährlich war, ließ sich von R jedoch zur weiteren Verwendung überreden und verstärkte auf deren Wunsch hin den Druck. Als R sich nicht mehr vernehmlich artikulieren konnte, löste A die Fesselungen in dem Glauben, sie sei – wie nach solchen Handlungen in der Vergangenheit üblich – eingeschlafen. Am Nachmittag musste A jedoch feststellen, dass R nicht mehr am Leben war. Den Eintritt eines tödlichen Verlaufs infolge seiner gewaltsamen Einwirkung hielt A zwar für möglich, vertraute jedoch darauf, dass dies nicht geschehen werde. Nach seinen persönlichen Fähigkeiten und dem Maß seines individuellen Könnens war er imstande, die Gefährlichkeit seines Tuns zu erkennen und die sich daraus ergebenden Sorgfaltsanforderungen zu erfüllen.

II. Rechtliche Probleme des Falls

2 Auch wenn A nur die Wünsche der R erfüllte, stellt sich dennoch die Frage, ob er für die schlimme Folge seines Tuns strafrechtlich belangt werden kann. Zwar mag das Ausüben von Sexualität zum höchstpersönlichen Lebensbereich zählen, in den der Staat sich nicht einmischen darf, jedoch ist die Grenze eines solchen abgeschotteten Bereichs jedenfalls dort erreicht, wo das Leben eines Menschen in Gefahr gerät oder gar wie in diesem Fall beendet wird. Wer einen anderen Menschen tötet, erfüllt den Tatbestand eines Totschlags gem. § 212 Abs. 1 StGB. Voraussetzung für eine Bestrafung ist des Weiteren allerdings ein vorsätzliches Handeln. Diesbezüglich erläutern die Feststellungen des Tatgerichts, dass A den Tod seiner Lebensgefährtin zwar für möglich hielt, jedoch darauf vertraute, dass dieser nicht eintreten werde. Dieses reine „Für-möglich-Halten" des Todeserfolges reicht nach der ständigen Rechtsprechung für das Vorliegen eines bedingten Tötungsvorsatzes nicht aus (s. dazu Fall 5: Lederriemen, S. 42 ff.). Scheidet ein vorsätzliches Tötungsdelikt damit aus, so kann A dennoch eine Körperverletzung mit Todesfolge gem. § 227 Abs. 1 StGB begangen haben. Durch das Würgen mit dem Metallrohr hat er R mittels eines gefährlichen Werkzeuges körperlich misshandelt und in die konkrete Gefahr des Todes gebracht. Er hat daher eine gefährliche Körperverletzung iSd §§ 223 Abs. 1, 224 Abs. 1 Nr. 2 Alt. 2, 5 StGB objektiv und subjektiv verwirklicht. Zudem ist die schwere Folge des Todes der R eingetreten. Es ist

nicht abwegig, dass A diese auch gem. § 18 StGB mindestens fahrlässig herbeigeführt hat, zumal er die R vorsätzlich am Körper verletzte und die Tatsache, dass das minutenlange Würgen mit einem Metallrohr zum Tod des Opfers führen kann, auch nicht außerhalb aller Lebenswahrscheinlichkeit liegt. Da das Würgen mit dem Metallrohr mit solch einer großen Kraft durchgeführt wurde, lässt sich schließlich auch vermuten, dass dieser Vorgehensweise die Gefahr des Todes anhaftete, so dass auch der erforderliche spezifische Gefahrzusammenhang bestünde. Nimmt man all dies zusammen, so liegt es nahe, dass A tatsächlich den Tatbestand des § 227 StGB erfüllt hat. Kann er deshalb also bestraft werden? Und wie wirkt es sich aus, dass R von ihm ebendieses Verhalten verlangt hat, weil sie sich davon einen sexuellen Kick versprach?

Insofern lässt sich nämlich sagen, dass R genau diese Körperverletzung wollte, wenn auch ohne Todesfolge: Sie wollte, dass A sie mit dem Metallrohr in lebensgefährlicher Weise würgt. Dann könnte A aber doch geltend machen, dass eine Einwilligung der R vorlag, welche die Rechtswidrigkeit seines Handelns beseitigen würde. Und scheidet die Rechtswidrigkeit der Körperverletzung aus, so bliebe für eine Bestrafung aus § 227 StGB kein Raum mehr; allenfalls wäre an eine fahrlässige Tötung nach § 222 StGB zu denken. Allerdings muss man auch mit diesem Schluss vorsichtig sein, denn wer eine Körperverletzung mit der Einwilligung der verletzten Person vornimmt, handelt gem. § 228 StGB trotzdem rechtswidrig, wenn die Tat gegen die „guten Sitten" verstößt. Ist die vorgenommene sado-masochistische Handlung nicht ein solcher Fall? Was ist unter den „guten Sitten", von denen in § 228 StGB die Rede ist, zu verstehen? Geht es dabei (auch) um Verhaltensweisen, die von der Mehrheit als „unmoralisch" und „anstößig" empfunden werden? Lässt sich dies in einer pluralistischen Gesellschaft überhaupt überzeugend feststellen? Und würde dies nicht der ansonsten stets betonten strikten Trennung von Recht und Moral zuwiderlaufen?

III. Die Entscheidung des BGH

Während das LG A noch lediglich wegen einer fahrlässigen Tötung verurteilt hatte, wies der BGH die Revision der Staatsanwaltschaft zwar insofern zurück, als diese eine Verurteilung wegen eines vorsätzlichen Totschlages erstrebte, meinte aber, dass A durchaus wegen einer Körperverletzung mit Todesfolge zu verurteilen gewesen wäre. Ein bedingt vorsätzliches Handeln des A iSd § 212 Abs. 1 StGB verneinte der BGH im Einklang mit seiner ständigen Rechtsprechung, da ein solches voraussetze, dass der Täter den Eintritt des tatbestandlichen Erfolges für möglich gehalten und ihn gleichzeitig billigend in Kauf genommen habe. Hofft der Täter dagegen ernsthaft und nicht nur vage auf den Nichteintritt des Erfolges, so handelt er nach Ansicht des BGH nicht vorsätzlich. Hier hielt A den Eintritt des Todes der R zwar für möglich, hoffte aber nachhaltig, dass dieser nicht eintreten werde. Eine Strafbarkeit wegen vorsätzlichen Totschlags gem. § 212 Abs. 1 StGB schied damit folgerichtig aus.

Eine detailliertere Betrachtung schenkte das Gericht aber der Strafbarkeit des A nach § 227 Abs. 1 StGB. Nach Ansicht des BGH hat A den Tatbestand durchaus erfüllt. Er führte aus: *„Der Angekl. hat durch die massive Kompression der Halsgefäße und die dadurch unterbundene Sauerstoffzufuhr zum Gehirn beim Tatopfer einen Herzstillstand und damit dessen Tod herbeigeführt; die dem Angriff auf den Hals des Tatopfers innewohnende spezifische Gefahr hat sich somit im tödlichen Ausgang niedergeschlagen. Hinsichtlich der Verursachung des Todes ist dem Angekl., wie das LG zutreffend festgestellt hat, Fahrlässigkeit vorzuwerfen, so dass die tatbestandlichen Voraussetzun-*

gen des § 227 StGB [...] vorliegen." Hier lag der Knackpunkt also nicht. Vielmehr war entscheidend, ob das Handeln des A durch eine Einwilligung der R gerechtfertigt war. Der BGH musste also klären, ob das Würgen mit dem Metallrohr gegen die „guten Sitten" verstieß. Das Gericht erläuterte daher zunächst sein Begriffsverständnis: *„Der Begriff der „guten Sitten" betrifft weniger außerrechtliche, ethisch-moralische Kategorien. Um dem Gebot der Vorhersehbarkeit staatlichen Strafens zu genügen, muss der Begriff der guten Sitten auf seinen rechtlichen Kern beschränkt werden. Ein Verstoß gegen die Wertvorstellungen einzelner gesellschaftlicher Gruppen oder des mit der Tat befassten Strafgerichts genügt nicht. Lässt sich nach rechtlichen Maßstäben die Sittenwidrigkeit nicht sicher feststellen, scheidet eine Verurteilung wegen eines Körperverletzungsdelikts aus [...]. Welche Kriterien im Einzelnen als Beurteilungsgrundlage für die Sittenwidrigkeit der Tat heranzuziehen sind, ist jedoch umstritten."* Mit diesen Kriterien setzte sich der BGH im Folgenden auseinander. Dabei erteilte er der älteren Ansicht, nach der auch der mit der Tat verfolgte Zweck sowie die der Tat zu Grunde liegenden Ziele und Beweggründe der Beteiligten in die Beurteilung einzubeziehen sind, eine Absage. Insofern soll gerade nicht überprüft werden, ob es sich um sittlich-moralisch verwerfliche Zwecke handelt. Diesbezüglich referierte der BGH die gegen diese Ansicht vorgebrachten Bedenken. Sie führe insbesondere zu unklaren Abgrenzungen, entferne sich zu weit vom Rechtsgüterschutz und gebe das vom Gesetz vorgegebene Abstellen auf die Tat als Bezugspunkt auf.

6   Folgerichtig distanzierte sich der BGH insbesondere von der Ansicht des RG, das in sado-masochistischen Praktiken einen Verstoß gegen die guten Sitten gesehen hatte, weil diese *„zu Unzuchtszwecken"* erfolgten. Diese Meinung sei *„nicht zuletzt wegen der gewandelten Moralauffassungen überholt"*. Zur Frage der Bewertung sado-masochistischer Handlungen lasse sich überdies *„auch unter Berücksichtigung ihrer gesamten Bandbreite wohl kaum nach allgemeinen Anschauungen in der Bevölkerung ein eindeutiges Sittenwidrigkeitsurteil feststellen"*. Gegen eine so begründete Bewertung als sittenwidrig lasse sich schließlich anführen, *„dass dies den Wertungen des 4. Strafrechtsreformgesetzes [...] widersprechen würde, welches die frühere Kennzeichnung der Straftatbestände im 13. Abschnitt des Besonderen Teils des StGB als ‚Sittlichkeitsdelikte' durch diejenige als „Straftaten gegen die sexuelle Selbstbestimmung" ersetzt und damit ein anderes Rechtsgut in den Vordergrund gerückt hat"*.

7   Stattdessen folgte der BGH der jüngeren Rechtsprechung und herrschenden Meinung in der Literatur, die sich an der Sittenwidrigkeit der Tat orientiert. Er erläuterte: *„Nach neuerer Rechtsprechung und in der Literatur überwiegend vertretener Auffassung ist für die Sittenwidrigkeit der Tat entscheidend, ob die Körperverletzung wegen des besonderen Gewichts des jeweiligen tatbestandlichen Rechtsgutangriffs unter Berücksichtigung des Umfangs der eingetretenen Körperverletzung und des damit verbundenen Gefahrengrads für Leib und Leben des Opfers trotz Einwilligung des Rechtsgutträgers nicht mehr als von der Rechtsordnung hinnehmbar erscheint. Für das Sittenwidrigkeitsurteil iSd § 228 StGB ist demnach grundsätzlich auf Art und Gewicht des Körperverletzungserfolgs und den Grad der möglichen Lebensgefahr abzustellen, weil generalpräventiv-fürsorgliche Eingriffe des Staates in die Dispositionsbefugnis des Rechtsgutinhabers nur im Bereich gravierender Verletzungen zu legitimieren sind [...], die in ihrem Gewicht an die in § 226 StGB geregelten erheblichen Beeinträchtigungen heranreichen. Der mit der Tat verfolgte Zweck ist nach dieser Ansicht für die Beurteilung der Sittenwidrigkeit nach § 228 StGB nur ausnahmsweise von Bedeutung, nämlich dann, wenn die betreffende Körperverletzung für sich allein betrachtet als*

IV. Einordnung der Entscheidung

sittenwidrig anzusehen wäre, eine solche negative Bewertung aber durch einen positiven oder jedenfalls einsehbaren Zweck kompensiert wird. Selbst bei schwerwiegenden Rechtsgutangriffen ist danach der Bereich der freien Disposition des Rechtsgutinhabers nicht überschritten, wenn ein positiv kompensierender Zweck hinzukommt, wie etwa bei lebensgefährlichen ärztlichen Eingriffen, die zum Zwecke der Lebenserhaltung vorgenommen werden [...]. In Übereinstimmung mit dem Urteil des 3. Strafsenats vom 11. 12. 2003 [...], das zum strafbaren Verabreichen von Betäubungsmitteln mit tödlichen Folgen ergangen ist, und der herrschenden Lehre hält der Senat für die Beurteilung der Sittenwidrigkeit der Tat nach § 228 StGB vorrangig das Gewicht des jeweiligen tatbestandlichen Rechtsgutangriffs und damit ein objektives Kriterium für ausschlaggebend. Hierbei sind in erster Linie der Umfang der vom Opfer hingenommenen körperlichen Misshandlung oder Gesundheitsschädigung und der Grad der damit verbundenen Leibes- oder Lebensgefahr maßgeblich."

Ab welcher Verletzungsintensität Sittenwidrigkeit in Betracht kommt und ob bzw. unter welchen Voraussetzungen weitergehende Zwecke oder sonstige Umstände in die Würdigung der Tat einzubeziehen sind, ließ der Senat an dieser Stelle offen, da die Grenze zur Sittenwidrigkeit jedenfalls dann überschritten sei, „*wenn bei vorausschauender objektiver Betrachtung aller maßgeblichen Umstände der Tat der Einwilligende durch die Körperverletzungshandlung in konkrete Todesgefahr gebracht wird.*" Das Gericht führte zur Begründung an: „*Für diese Eingrenzung sprechen sowohl der Normzweck des § 228 StGB als auch die aus der Vorschrift des § 216 StGB abzuleitende gesetzgeberische Wertung. Sie begrenzen die rechtfertigende Kraft der Einwilligung in eine Tötung oder Körperverletzung, da das Gesetz ein soziales Interesse am Erhalt dieser Rechtsgüter auch gegen den Willen des Betroffenen verfolgt. Die Beeinträchtigung durch den Rechtsgutinhaber selbst (in Form einer Selbsttötung oder -verletzung) ist zwar straflos; im Allgemeininteresse wird aber die Möglichkeit, existenzielle Verfügungen über das Rechtsgut der eigenen körperlichen Unversehrtheit oder des eigenen Lebens zu treffen, begrenzt. Der Schutz der Rechtsgüter körperliche Unversehrtheit und Leben gegen Beeinträchtigungen durch Dritte wird demnach nicht schlechthin, sondern nur innerhalb eines für die Rechtsordnung tolerierbaren Rahmens zur Disposition des Einzelnen gestellt.*" 8

Daran gemessen waren im vorliegenden Fall die Grenzen, innerhalb derer das Handeln des A noch hingenommen werden kann, überschritten. Der Senat erläuterte: „*Das über einen Zeitraum von mindestens drei Minuten andauernde, intervallartig, also unter abwechselnder Verstärkung und Verringerung des Drucks ausgeführte Würgen des Tatopfers mithilfe eines starren, sich nicht den Konturen des Halses anpassenden Metallrohrs brachte das Tatopfer für den Angekl. erkennbar nicht nur in eine abstrakte Lebensgefahr iSd § 224 Abs. 1 Nr. 5 StGB, sondern in eine konkrete Gefahr. Denn bei der hier gewählten Vorgehensweise war das Risiko, durch die Handlung unmittelbar den Tod seiner Lebensgefährtin herbeizuführen, für den Angekl. weder kalkulierbar noch beherrschbar.*" 9

IV. Einordnung der Entscheidung

Der interessanteste Aspekt der Entscheidung des BGH liegt fraglos in der Bewertung der Sittenwidrigkeit der Handlung des A. Die Lösung des BGH, wonach die Sittenwidrigkeit der Körperverletzung maßgeblich durch den Umfang der vom Opfer hingenommenen körperlichen Misshandlung oder Gesundheitsschädigung und dem Grad 10 der damit verbundenen Leibes- oder Lebensgefahr abhängig ist, entspricht inzwischen der herrschenden Ansicht. Immerhin wird auf diese Weise dem unbestimmten Rechtsbegriff der „guten Sitten" eine im Vergleich etwas trennschärfere rechtsgutsbezogene Auslegung beigelegt. Die weit verbreiteten Bedenken wegen der Unbestimmtheit der Norm (vgl. Art. 103 Abs. 2 GG) können so zumindest etwas entschärft werden. Allerdings kann eine solch strikte Folgenbetrachtung in den Fällen, in denen beispielsweise die Lebensgefahr des Opfers aus einer Rettungsmotivation des Täters heraus erfolgt, zweifelhafte Ergebnisse nach sich ziehen. Führt etwa ein zum Unfallort herbeigerufener Arzt am verletzten Opfer mit dessen Zustimmung eine gravierende, mit einem hohen Sterberisiko verbundene (aber letztlich erfolgreiche) Operation durch, wäre es offensichtlich nicht sachgerecht, ihn trotz der vorliegenden Einwilligung wegen gefährlicher Körperverletzung gem. § 224 Abs. 1 Nr. 5 StGB zu bestrafen. Der BGH referierte zutreffend, dass daher in der Literatur als Korrektiv vorgeschlagen wird, dass die Sittenwidrigkeit im Einzelfall – im Sinne einer „Gegenprobe" – *„durch einen positiven oder jedenfalls einsehbaren Zweck kompensiert"* werden kann.

11 Auch der BGH erwähnt explizit die ärztlichen Heileingriffe, bei denen trotz hoher Gefährlichkeit eine Einwilligung möglich sein muss und möglich ist. Dass diese Unsicherheiten über die Kriterien der Sittenwidrigkeit trotz der neueren Rechtsprechung des BGH weiter fortbestehen, zeigt, dass die Norm nach wie vor Bestimmtheitsprobleme aufwirft und eine Neuformulierung erwogen werden sollte.

V. Zusatzfragen

12 1. Wie ist die Sittenwidrigkeit der Einwilligung in Körperverletzungshandlungen im Rahmen verabredeter „Gruppenschlägereien" zu beurteilen?

Zunächst hatte der BGH die Sittenwidrigkeit der Einwilligung in eine Körperverletzung wie gesehen vorrangig anhand der Art und des Gewichts des eingetretenen Körperverletzungserfolges sowie des damit einhergehenden Gefahrengrades für Leib und Leben des Opfers beurteilt, so dass eine Sittenwidrigkeit jedenfalls bei einer konkreten Todesgefahr anzunehmen war.

13 Einige Jahre später hatte der 1. Strafsenat zu beurteilen, ob eine Einwilligung im Rahmen einer verabredeten und „einvernehmlichen" Gruppenschlägerei zweier rivalisierender Jugendgruppen gegen die „guten Sitten" verstößt (BGHSt 58, 140). Der BGH erläuterte, die Sittenwidrigkeit einer Einwilligung in eine Körperverletzung sei nicht auf Fälle beschränkt, in denen eine konkrete Lebensgefahr tatsächlich bestand. Bislang habe er sich nicht mit vergleichbaren Konstellationen beschäftigen müssen, so dass für die Beurteilung der mit der Tat verbundenen Gefährdung des Opfers bzw. der Opfer *„bislang die Auswirkungen von gruppendynamischen Prozessen, wie etwa die Unkontrollierbarkeit der Gesamtsituation aufgrund der Beeinflussung innerhalb einer Gruppe und zwischen konkurrierenden Gruppen"* keine Rolle spielten. Solche Interaktionen bedürften aber *„nach dem für die Anwendung des § 228 StGB einschlägigen Maßstabs des Gefährlichkeitsgrades der Körperverletzung der Berücksichtigung"*. Denn die für die Anwendung von § 228 StGB maßgebliche ex-ante-Perspektive der Bewertung des Gefährlichkeitsgrades der Körperverletzungshandlungen gebiete es, *„die Eskalationsgefahr jedenfalls für Körperverletzungen wie die vorliegenden, die im Rahmen von tätlichen Auseinandersetzungen zwischen rivalisierenden Gruppen begangen werden, mit zu berücksichtigen"*. Dafür spreche auch der § 231 StGB zu Grunde liegende Schutzzweck. Ein Aspekt der spezifischen Gefährlichkeit der Schläge-

V. Zusatzfragen

rei liege „*gerade in der Unkontrollierbarkeit gruppendynamischer Prozesse. Dieser Gefährlichkeitsaspekt ist auch bei der ex-ante-Beurteilung von wechselseitig konsentierten Körperverletzungen in Fällen der vorliegenden Art zu berücksichtigen*". Unter Anwendung dieser Grundsätze bejahte er im Fall die Sittenwidrigkeit, da die beiden Gruppen keine Absprachen und effektiven Sicherungsmaßnahmen getroffen hatten, um den Grad der Gefährdung der Rechtsgüter Leben und Gesundheit auf ein vor dem Hintergrund des Selbstbestimmungsrechts tolerierbares Maß zu beschränken. Er fügte sogar noch ein obiter dictum an: „*Ob bei wechselseitigen Körperverletzungen zwischen rivalisierenden Gruppen bei vorhandenen Absprachen und Sicherungen zur Beschränkung des Gefährlichkeits- bzw. Gefährdungsgrades ein Verstoß der Taten gegen die guten Sitten nicht vorliegt, braucht der Senat nicht zu entscheiden. Er neigt aber wegen der abstrakt-generellen Eskalationsgefahr in derartigen Situationen dazu, die Frage zu verneinen, wenn und soweit eine Einhaltung des Verabredeten nicht ausreichend sicher gewährleistet werden kann*".

Damit wird allerdings dem Anliegen, § 228 StGB schon aus Bestimmtheitsgründen restriktiv auszulegen, nicht unbedingt gedient, da der Hinweis auf Eskalationsgefahren, die unterhalb der Schwelle konkreter schwerer Gefahren bleiben können, einen weiten Spielraum für die Einzelfallauslegung des Gerichts eröffnet. Soweit der BGH bei seiner Argumentation auf § 231 StGB verweist, ließe sich auch der umgekehrte Schluss ziehen, dass die rein abstrakte Gefahr, die von Schlägereien ausgeht, bereits mit der Sondernorm des § 231 StGB abgedeckt ist, so dass es daneben keinen Bedarf für eine zusätzliche Strafbarkeit aus den §§ 223 ff. StGB gibt. 14

2. Welche Auswirkungen haben diese Grundsätze auf den Sportbereich, insbesondere den Kampfsport? 15

Betrachtet man alleine das Gefahrpotential, so könnten mit erheblichen Gesundheitsgefahren verbundene Sportwettkämpfe, insbesondere auch Extremsportarten, nicht ausgeführt werden, weil entsprechende Einwilligungen wegen Sittenwidrigkeit nicht rechtfertigend wirken würden. Dies nimmt aber auch die Rechtsprechung nicht an. Der BGH hat vielmehr schon in einer frühen Entscheidung aus den 1950er Jahren festgestellt, „*daß ein polizeilich genehmigter, also mit staatlicher Billigung durchgeführter sportlicher Boxkampf an sich nicht als sittenwidrig [...] bezeichnet werden kann*" (BGHSt 4, 88). Anders soll dies nur bei groben Verstößen gegen die anerkannten Regeln zu beurteilen sein. Das vorhandene Regelwerk der Sportarten, dessen Einhaltung regelmäßig durch einen oder mehrere Schiedsrichter, also eine neutrale Instanz, kontrolliert wird, begrenzt nämlich üblicherweise den für die Beteiligten vorhandenen Gefährdungsgrad. Zudem ist bei Sportwettkämpfen die Motivation eine andere als die bei Schlägereien. Während es bei Sportveranstaltungen um das in unserer Gesellschaft allseits akzeptierte Element des Wettbewerbs, des Kräftemessens zwischen unterschiedlichen Mannschaften und Einzelkontrahenten geht, tritt bei verabredeten Schlägereien der Beweggrund der Schädigung des Gegenübers in den Vordergrund. Die Verletzung des „Feindes" ist damit die eigentliche Antriebsfeder für die körperliche Betätigung, was sich auch in den vom BGH beschriebenen „gruppendynamischen Prozessen" manifestiert, die sich bei verabredeten Gruppenschlägereien ergeben können. Insofern bestehen bei Sportveranstaltungen dadurch, anders als bei den Gruppenschlägereien, gerade Absprachen und effektive Sicherungsmechanismen, die das Gefahrenpotenzial einschränken. Hinzu kommt die Tatsache, dass Sport eine hohe gesellschaftliche Beliebtheit und Akzeptanz genießt, so dass selbst aggressive Verhaltensweisen mit Verletzungsfolgen kein Strafbedürfnis nach sich ziehen, solange sie sich im Rahmen der „Sportadäquanz" halten, also dessen, was in einem sportlichen Wettkampf üblicherweise und von allen Beteiligten vorhersehbar geschehen kann. Strafbare Körperverletzungen sind hier erst dann gegeben, wenn diese aus grob regelwidrigem Verhalten hervorgehen bzw. der sportliche Wettkampf als bloßer Deckmantel für eine dem Gegner mit Absicht zugefügte Verletzung missbraucht wird. Einen schwierigen und umstrittenen Grenzfall bilden vor diesem Hintergrund besonders verletzungsträchtige Veranstaltungen mit wenig einschränkenden Regeln wie das sog. „Ultimate Fighting".

16 Zu beachten ist schließlich, dass Beeinträchtigungen, die über das im Rahmen des sportlichen Wettkampfs Übliche deutlich hinausgehen, in der Regel schon nicht von der Reichweite der generell erteilten Einwilligung des Wettkampfteilnehmers erfasst sind, so dass es in diesem Fall auf die Sittenwidrigkeit der Einwilligung gar nicht ankommt.

Zur Vertiefung
Gropp, ZJS 5/2012, 602
Heinrich, AT, Rn. 453 ff.
Hilgendorf/Valerius, AT, § 5 Rn. 126 ff.
Kaspar, AT, § 5 Rn. 275 ff.
Petersohn, JA 2005, 93
Rengier, AT, § 23 Rn. 7 ff.
Roxin/Greco, AT I, § 13 Rn. 12 ff.
Wessels/Beulke/Satzger, AT, Rn. 562 ff.
Zieschang, AT, Rn. 298

Fall 11: Behandlungsabbruch

BGH, 2 StR 454/09, BGHSt 55, 191
Rechtfertigung bei Behandlungsabbruch

I. Sachverhalt

A ist ein für das Fachgebiet des Medizinrechts, insbesondere auch der Palliativmedizin, spezialisierter Rechtsanwalt. Als solcher beriet er die beiden Kinder (Tochter G und den inzwischen verstorbenen Sohn PK) der Frau K, die seit Oktober 2002 mit einer Hirnblutung in einem Wachkoma lag und seitdem nicht ansprechbar war. Sie wurde in einem Pflegeheim über einen Zugang in der Bauchdecke, eine sog. PEG-Sonde, künstlich ernährt. Eine Besserung ihres Gesundheitszustandes war nicht mehr zu erwarten. Ende September 2002 hatte G ihre Mutter befragt, wie sie und ihr Bruder sich verhalten sollten, falls ihr etwas zustoßen sollte. Frau K hatte darauf ua erwidert, falls sie bewusstlos werde und sich nicht mehr äußern könne, wolle sie keine lebensverlängernden Maßnahmen in Form künstlicher Ernährung und Beatmung, sie wolle nicht an irgendwelche „Schläuche" angeschlossen werden.

Seit Ende 2005 nahm eine Berufsbetreuerin die Betreuung der K wahr. Frau G teilte dieser im März 2006 mit, dass sie und ihr Bruder den Wunsch hätten, dass die Magensonde entfernt würde, damit ihre Mutter in Würde sterben könne. Hierbei berichtete G auch von dem mit ihrer Mutter im September 2002 geführten Gespräch, dessen Inhalt diese trotz der Bitte der Tochter, die Angelegenheit mit ihrem Ehemann zu besprechen und sodann schriftlich zu fixieren, aber nicht schriftlich niedergelegt hatte. Die Berufsbetreuerin lehnte die Entfernung der Magensonde unter Hinweis auf den ihr nicht bekannten mutmaßlichen Willen der Betreuten ab und blieb auch auf mehrere Interventionen des inzwischen mandatierten A bei ihrer Ablehnung. A bemühte sich in der Folgezeit zusammen mit G und deren Bruder um die Einstellung der künstlichen Ernährung. Auf seinen Antrag hin wurden beide Kinder im August 2007 zu Betreuern ihrer Mutter bestellt. Der behandelnde Hausarzt unterstützte das Vorhaben der Betreuer, weil aus seiner Sicht eine medizinische Indikation zur Fortsetzung der künstlichen Ernährung nicht mehr gegeben war. Die Bemühungen stießen aber auf den Widerstand der Heimleitung und des Heimpersonals. Nachdem auch eine ausdrückliche Anordnung des Arztes zur Einstellung der künstlichen Ernährung vom Pflegepersonal nicht befolgt worden war, schlug die Heimleiterin schließlich einen Kompromiss vor. Um den moralischen Vorstellungen aller Beteiligten gerecht zu werden, sollte sich das Personal nur noch um die Pflegetätigkeiten im engeren Sinn kümmern, während G und PK selbst die Ernährung über die Sonde einstellen, die erforderliche Palliativversorgung durchführen und ihrer Mutter im Sterben beistehen sollten.

Nach Rücksprache mit A erklärten sich G und ihr Bruder hiermit einverstanden. Demgemäß beendete G am 20.12.2007 die Nahrungszufuhr über die Sonde und begann, auch die Flüssigkeitszufuhr zu reduzieren. Am nächsten Tag wies die Geschäftsleitung des Gesamtunternehmens jedoch die Heimleitung an, die künstliche Ernährung umgehend wieder aufzunehmen. G und ihrem Bruder wurde ein Hausverbot für den Fall angedroht, dass sie sich hiermit nicht einverstanden erklären sollten. Darauf erteilte A ihnen telefonisch den Rat, den Schlauch der Sonde unmittelbar über der Bauchdecke zu durchtrennen, weil gegen die rechtswidrige Fortsetzung der Ernährung durch das Heim ein effektiver Rechtsschutz kurzfristig nicht zu erlangen sei. Nach seiner Ein-

1

schätzung der Rechtslage werde keine Klinik eigenmächtig eine neue Sonde einsetzen, so dass Frau K sterben könne. G folgte seinem Rat und schnitt Minuten später mit Unterstützung ihres Bruders den Schlauch durch. Nachdem das Pflegepersonal dies bereits nach einigen weiteren Minuten entdeckt und die Heimleitung die Polizei eingeschaltet hatte, wurde Frau K auf Anordnung eines Staatsanwalts gegen den Willen ihrer Kinder in ein Krankenhaus gebracht, wo ihr eine neue PEG-Sonde gelegt und die künstliche Ernährung wieder aufgenommen wurde. Sie starb dort am 5.1.2008 eines natürlichen Todes aufgrund ihrer Erkrankungen.

II. Rechtliche Probleme des Falls

2   Der BGH hatte in diesem Fall nur noch über die Strafbarkeit des A zu entscheiden, da Frau G durch das LG freigesprochen worden war. A hingegen war wegen eines versuchten Totschlages an K in Mittäterschaft gem. den §§ 212, 25 Abs. 2, 22, 23 Abs. 1 StGB verurteilt worden. Das LG war hier insofern nur von einem Versuch ausgegangen, weil K im Krankenhaus weiter ernährt und später eines natürlichen Todes gestorben war. Nun war A selbst nicht der unmittelbar Ausführende, sondern hatte am Telefon nur den Rat erteilt, den Schlauch der Sonde durchzutrennen. Das LG hatte ihn aber als Mittäter eingestuft und ihm das Handeln der G über § 25 Abs. 2 StGB zugerechnet. Allerdings hat G nur deshalb gehandelt, weil sie dem Wunsch ihrer im Koma liegenden Mutter Folge leisten wollte. Diese hatte nämlich unmissverständlich klar gemacht, dass sie nicht „an irgendwelche Schläuche angeschlossen" werden wolle. Damit ist ein besonderes Konfliktfeld angesprochen. Denn hier stehen sich das Selbstbestimmungsrecht des Patienten und der Grundsatz des absoluten Lebensschutzes gegenüber. So folgt aus § 216 StGB, der die Tötung auf Verlangen unter Strafe stellt, dass man einen anderen Menschen auch dann nicht töten darf, wenn er dies ausdrücklich wünscht. Heißt das aber, dass ein Mensch auch gegen seinen Willen am Leben erhalten werden muss oder darf man zumindest nichts tun und dem Tod seinen Lauf lassen? Erfüllt ein Nichteingreifen bereits den Tatbestand eines Totschlages durch Unterlassen oder besteht möglicherweise auch für einen Garanten iSd § 13 StGB gar keine Pflicht, gegen den Willen des Betroffenen einzuschreiten? Anders formuliert: Darf ein Patient überhaupt gegen seinen Willen behandelt und ernährt werden? Insofern könnte es uU entscheidend sein, ob das Durchtrennen des Schlauches ein aktives Tun (Durchschneiden) oder ein Unterlassen (Nicht-Weiterbehandlung) darstellt.

3   Soll aber die Frage der Abgrenzung von strafbarem Tötungsdelikt und strafloser Ermöglichung eines selbstbestimmten Sterbens wirklich von der eher zufälligen Frage abhängen, ob eine Behandlung (wie hier) durch einen Knopfdruck oder einen Scherenschnitt (aktiv) abgebrochen oder (passiv) gar nicht erst begonnen wird? Lässt sich nicht vielleicht stärker der Patientenwille berücksichtigen, eventuell als Einwilligung in die Tötung? Kann eine solche aber rechtfertigend wirken, wenn § 216 StGB doch gerade die gegenteilige Aussage beinhaltet, indem er grds. die Disponibilität des Rechtsguts Leben ausschließt? Und welche Rolle spielen die betreuungsrechtlichen Bestimmungen der §§ 1901a ff. BGB, in denen der Gesetzgeber im Jahr 2009 im sog. „Patientenverfügungsgesetz" Regeln für die Behandlungsbegrenzung im Hinblick auf eine Patientenverfügung geschaffen hat?

III. Die Entscheidung des BGH

Der 2. Strafsenat des BGH sprach A im Rahmen einer Grundsatzentscheidung frei. Die Wiederaufnahme der Ernährung durch die Heimleitung gegen den Willen der Betreuer und behandelnden Ärzte habe einen rechtswidrigen Eingriff in das Selbstbestimmungsrecht der K dargestellt. Die vorangegangene Beendigung der künstlichen Ernährung durch Unterlassen bzw. Reduzierung der Zufuhr kalorienhaltiger Flüssigkeit durch G und ihren Bruder sei nämlich schon auf der Grundlage des zur Tatzeit geltenden Rechts zulässig gewesen. Die anerkannten Voraussetzungen für einen rechtmäßigen Behandlungsabbruch durch sog. passive Sterbehilfe hätten nämlich vorgelegen, wobei es nicht auf einen mutmaßlichen Willen der Betroffenen angekommen sei, da der wirkliche, vor Eintritt der Einwilligungsunfähigkeit ausdrücklich geäußerte Wille der K zweifelsfrei festgestellt gewesen sei.

Insofern habe das LG rechtsfehlerfrei angenommen, *„dass die von der Heimleitung angekündigte Wiederaufnahme der künstlichen Ernährung einen rechtswidrigen Angriff gegen die körperliche Integrität und das Selbstbestimmungsrecht der Patientin dargestellt hätte. Nach der schon zur Tatzeit ganz herrschenden Rechtsauffassung verliehen weder der Heimvertrag noch die Gewissensfreiheit (Art. 4 Abs. 1 GG) der Heimleitung oder dem Pflegepersonal das Recht, sich über das Selbstbestimmungsrecht von Patienten hinwegzusetzen und eigenmächtig in deren verfassungsrechtlich verbürgtes Recht auf körperliche Unversehrtheit einzugreifen […]."*

Die dagegen gerichteten Handlungen der Kinder sowie des Angeklagten seien indes weder wegen Nothilfe gem. § 32 StGB noch wegen eines rechtfertigenden Notstands gem. § 34 StGB gerechtfertigt gewesen. Zwar habe ein Angriff auf das Selbstbestimmungsrecht der K vorgelegen, jedoch habe sich die „Verteidigungshandlung" nicht allein gegen Rechtsgüter des Angreifers gerichtet, wie es die Nothilfe erfordert, sondern va gegen das Rechtsgut Leben der Angegriffenen selbst. Auch § 34 StGB scheitere daran, dass sich der Eingriff von G und A gegen das höchstrangige Rechtsgut Leben derjenigen Person gerichtet habe, der die Gefahr für die Rechtsgüter der körperlichen Unversehrtheit und des Selbstbestimmungsrechts drohte. Auch eine Entschuldigung wegen eines entschuldigenden Notstands gem. § 35 StGB oder gar eines übergesetzlichen Notstands scheide aus. Eine Rechtfertigung der Tötungshandlung könne sich daher *„allein aus dem von den Kindern der Frau K als deren Betreuern geltend gemachten Willen der Betroffenen, also ihrer Einwilligung ergeben, die künstliche Ernährung abzubrechen und ihre Fortsetzung oder Wiederaufnahme zu unterlassen."* Der BGH erläuterte, dass im vorliegenden Fall die auf die Lebensbeendigung abzielende Maßnahme des Durchtrennens des Schlauchs nicht als Unterlassen, sondern als aktives Tun zu werten sei und stellte fest, dass in einem solchen Fall „aktiver Sterbehilfe" seitens der Rechtsprechung eine Rechtfertigung bislang nicht anerkannt worden sei. An der unterschiedlichen Lösung für aktives Tun und Unterlassen hielt der BGH für den Fall des Behandlungsabbruchs explizit nicht mehr fest.

Zur Begründung verwies er auf die gesetzliche Neuregelung der Patientenverfügung in den §§ 1901 a ff. BGB aus dem Jahr 2009. Der Gesetzgeber habe hierbei als Maßstab zum einen das verfassungsrechtlich garantierte Selbstbestimmungsrecht der Person, welches das Recht zur Ablehnung medizinischer Behandlungen und gegebenenfalls auch lebensverlängernder Maßnahmen ohne Rücksicht auf ihre Erforderlichkeit einschließe, und zum anderen den ebenfalls von der Verfassung gebotenen Schutz des menschlichen Lebens berücksichtigt. Er habe in Abwägung dieser Grundsätze *„nach* umfassenden Beratungen und Anhörungen unter Einbeziehung einer Vielzahl von Erkenntnissen und Meinungen unterschiedlichster Art entschieden, dass der tatsächliche oder mutmaßliche, etwa in konkreten Behandlungswünschen zum Ausdruck gekommene Wille eines aktuell einwilligungsunfähigen Patienten unabhängig von Art und Stadium seiner Erkrankung verbindlich sein und den Betreuer sowie den behandelnden Arzt binden soll [...]."

8   Dies sei auch im Strafrecht zu berücksichtigen. Der BGH erläuterte: „*Diese Neuregelung entfaltet auch für das Strafrecht Wirkung. Allerdings bleiben die Regelungen der §§ 212, 216 StGB von den Vorschriften des Betreuungsrechts unberührt, welche schon nach ihrem Wortlaut eine Vielzahl weit darüber hinaus reichender Fallgestaltungen betreffen und auch nach dem Willen des Gesetzgebers nicht etwa strafrechtsspezifische Regeln für die Abgrenzung erlaubter Sterbehilfe von verbotener Tötung enthalten. [...] Im Übrigen ergibt sich schon aus dem grundsätzlich schrankenlosen und die unterschiedlichsten betreuungsrechtlichen Fallgestaltungen erfassenden Wortlaut des § 1901 a BGB selbst, dass die Frage einer strafrechtlichen Rechtfertigung von Tötungshandlungen nicht nur als zivilrechtsakzessorisches Problem behandelt werden kann. Wo die Grenze einer rechtfertigenden Einwilligung verläuft und der Bereich strafbarer Tötung auf Verlangen beginnt, ist, ebenso wie die Frage nach der Reichweite einer eine Körperverletzung rechtfertigenden Einwilligung (§ 228 StGB), eine strafrechtsspezifische Frage, über die im Lichte der Verfassungsordnung und mit Blick auf die Regelungen anderer Rechtsbereiche, jedoch im Grundsatz autonom nach materiell strafrechtlichen Kriterien zu entscheiden ist [...]. Nach dem Willen des Gesetzgebers sollte diese Grenze durch die Regelungen der §§ 1901 a ff. BGB nicht verschoben werden [...]. Die §§ 1901 a ff. BGB enthalten aber auch eine verfahrensrechtliche Absicherung für die Verwirklichung des Selbstbestimmungsrechts von Patienten, die selbst zu einer Willensäußerung nicht (mehr) in der Lage sind. Sie sollen gewährleisten, dass deren Wille über den Zeitpunkt des Eintritts von Einwilligungsunfähigkeit hinaus gilt und beachtet wird. Diese Neuregelung, die ausdrücklich mit dem Ziel der Orientierungssicherheit für alle Beteiligten geschaffen wurde, muss unter dem Gesichtspunkt der Einheitlichkeit der Rechtsordnung [...] bei der Bestimmung der Grenze einer möglichen Rechtfertigung von kausal lebensbeendenden Handlungen berücksichtigt werden.*"

9   Nach der bisherigen Rechtsprechung sei zwischen erlaubter „passiver" und unter bestimmten Bedingungen erlaubter „indirekter" sowie stets verbotener „aktiver" Sterbehilfe unterschieden worden. In Abkehr von der bisherigen Rechtsprechung entschied der BGH nun jedoch, dass die „*Grenze zwischen erlaubter Sterbehilfe und einer nach den §§ 212, 216 StGB strafbaren Tötung [...] nicht sinnvoll nach Maßgabe einer naturalistischen Unterscheidung von aktivem und passivem Handeln bestimmt werden*" könne. Auch dem teilweise vertretenen Ansatz, das aktive Tun normativ in ein Unterlassen umzudeuten, um es straflos zu lassen, erteilte er eine Absage, da dies zu Recht als unzulässiger „*Kunstgriff*" abgelehnt worden sei und den Problemen nicht gerecht werde.

10 Vielmehr sei es zielführender, alle Maßnahmen, die im Zusammenhang mit der Beendigung einer Behandlung stehen, unter dem Oberbegriff „*Behandlungsabbruch*" zusammenzufassen. Der BGH erläuterte: „*Ein ,Behandlungsabbruch' erschöpft sich nämlich nach seinem natürlichen und sozialen Sinngehalt nicht in bloßer Untätigkeit; er kann und wird vielmehr fast regelmäßig eine Vielzahl von aktiven und passiven Handlungen*

III. Die Entscheidung des BGH

umfassen, deren Einordnung nach Maßgabe der in der Dogmatik und von der Rechtsprechung zu den Unterlassungstaten des § 13 StGB entwickelten Kriterien problematisch ist und teilweise von bloßen Zufällen abhängen kann. Es ist deshalb sinnvoll und erforderlich, alle Handlungen, die mit einer solchen Beendigung einer ärztlichen Behandlung im Zusammenhang stehen, in einem normativ-wertenden Oberbegriff des Behandlungsabbruchs zusammenzufassen, der neben objektiven Handlungselementen auch die subjektive Zielsetzung des Handelnden umfasst, eine bereits begonnene medizinische Behandlungsmaßnahme gemäß dem Willen des Patienten insgesamt zu beenden oder ihren Umfang entsprechend dem Willen des Betroffenen oder seines Betreuers nach Maßgabe jeweils indizierter Pflege- und Versorgungserfordernisse zu reduzieren [...]. Denn wenn ein Patient das Unterlassen einer Behandlung verlangen kann, muss dies gleichermaßen auch für die Beendigung einer nicht (mehr) gewollten Behandlung gelten, gleich, ob dies durch Unterlassen weiterer Behandlungsmaßnahmen oder durch aktives Tun umzusetzen ist, wie es etwa das Abschalten eines Respirators oder die Entfernung einer Ernährungssonde darstellen. Dasselbe gilt, wenn die Wiederaufnahme einer dem Patientenwillen nicht (mehr) entsprechenden medizinischen Maßnahme in Rede steht [...], die verhindert werden soll."

Da eine Differenzierung nach aktivem und passivem Handeln nach äußerlichen Kriterien also nicht geeignet sei, sachgerecht und mit dem Anspruch auf Einzelfallgerechtigkeit die Grenzen zu bestimmen, innerhalb derer eine Rechtfertigung des Handelns durch den auf das Unterlassen oder den Abbruch der medizinischen Behandlung gerichteten Willen des Patienten anzuerkennen ist, müssten folglich andere Kriterien gefunden werden, anhand derer diese Unterscheidung vorgenommen werden könne. 11

Der BGH entwickelte diese Kriterien wie folgt: *„Diese ergeben sich aus den Begriffen der ‚Sterbehilfe' und des ‚Behandlungsabbruchs' selbst und aus der Abwägung der betroffenen Rechtsgüter vor dem Hintergrund der verfassungsrechtlichen Ordnung. Der Begriff der Sterbehilfe durch Behandlungsunterlassung, -begrenzung oder -abbruch setzt voraus, dass die betroffene Person lebensbedrohlich erkrankt ist und die betreffende Maßnahme medizinisch zur Erhaltung oder Verlängerung des Lebens geeignet ist. Nur in diesem engen Zusammenhang hat der Begriff der ‚Sterbehilfe' einen systematischen und strafrechtlich legitimierenden Sinn. Vorsätzliche lebensbeendende Handlungen, die außerhalb eines solchen Zusammenhangs mit einer medizinischen Behandlung einer Erkrankung vorgenommen werden, sind einer Rechtfertigung durch Einwilligung dagegen von vornherein nicht zugänglich; dies ergibt sich ohne Weiteres aus § 216 und § 228 StGB und den diesen Vorschriften zu Grunde liegenden Wertungen unserer Rechtsordnung. Eine durch Einwilligung gerechtfertigte Handlung der Sterbehilfe setzt überdies voraus, dass sie objektiv und subjektiv unmittelbar auf eine medizinische Behandlung im oben genannten Sinn bezogen ist. Erfasst werden hiervon nur das Unterlassen einer lebenserhaltenden Behandlung oder ihr Abbruch sowie Handlungen in der Form der sogenannten ‚indirekten Sterbehilfe', die unter Inkaufnahme eines möglichen vorzeitigen Todeseintritts als Nebenfolge einer medizinisch indizierten palliativen Maßnahme erfolgen. Das aus Art. 1 Abs. 1, 2 Abs. 1 GG abgeleitete Selbstbestimmungsrecht des Einzelnen legitimiert die Person zur Abwehr gegen nicht gewollte Eingriffe in ihre körperliche Unversehrtheit und in den unbeeinflussten Fortgang ihres Lebens und Sterbens; es gewährt ihr aber kein Recht oder gar einen Anspruch darauf, Dritte zu selbstständigen Eingriffen in das Leben ohne Zusammenhang mit einer medizinischen Behandlung zu veranlassen. Eine Rechtfertigung durch Einwilligung kommt daher nur in Betracht, wenn sich das Handeln darauf beschränkt,* 12 *einen Zustand (wieder-)herzustellen, der einem bereits begonnenen Krankheitsprozess seinen Lauf lässt, indem zwar Leiden gelindert, die Krankheit aber nicht (mehr) behandelt wird, so dass der Patient letztlich dem Sterben überlassen wird. Nicht erfasst sind dagegen Fälle eines gezielten Eingriffs, der die Beendigung des Lebens vom Krankheitsprozess abkoppelt."*

13   Bei Vorliegen dieser Voraussetzungen darf eine lebenserhaltende Maßnahme unabhängig von der äußeren Handlungsqualität – Tun oder Unterlassen – eingestellt werden. Neben Ärzten, Betreuern und Bevollmächtigten ist auch der von Dritten vollzogene Behandlungsabbruch erfasst, *„soweit sie als von dem Arzt, dem Betreuer oder dem Bevollmächtigten für die Behandlung und Betreuung hinzugezogene Hilfspersonen tätig werden."*

IV. Einordnung der Entscheidung

14   Der BGH hat in diesem richtungsweisenden Urteil im Hinblick auf die strafrechtliche Behandlung der Sterbehilfe für mehr Rechtsklarheit gesorgt. Nach der früheren Rechtsprechung war zumindest anerkannt, dass eine sog. indirekte Sterbehilfe aus dem Bereich der Tötungsdelikte herausfallen muss. Hierbei handelt es sich um Fallkonstellationen, in denen der Arzt dem Patienten mit dessen erklärtem oder mutmaßlichem Willen schmerzlindernde Mittel verabreicht, die als unbeabsichtigte, aber in Kauf genommene Nebenfolge den Todeseintritt beschleunigen. Dies hat der BGH in BGHSt 42, 301 entschieden, wobei er indes die dogmatische Begründung offen ließ. In der Literatur wird teilweise angenommen, dass schon der Tatbestand nicht erfüllt sei, weil die Tötungsdelikte ein solches Geschehen ihrem sozialen Sinngehalt nach nicht erfassten. Andere verweisen auf § 34 StGB, der in einem solchen Fall ausnahmsweise auch eine Tötung rechtfertigen könne, weil ein würdevoller und schmerzfreier Tod im Hinblick auf das kurzzeitige Weiterleben unter starken Schmerzen als höherrangiges Rechtsgut einzustufen sei.

15   Abgesehen von den Fällen der indirekten Sterbehilfe unterschied die Rechtsprechung zwischen erlaubter passiver Sterbehilfe und einer strafbaren Tötung durch aktive Sterbehilfe, also der gezielten Lebensverkürzung durch aktives Tun (zB durch Verabreichung einer Todesspritze). So führte der BGH in BGHSt 37, 376 etwa aus, dass *„[...] Sterbehilfe auch bei aussichtsloser (infauster) Prognose nicht durch gezieltes Töten geleistet werden darf."* Sterbehilfe sei nur *„entsprechend dem erklärten oder mutmaßlichen Patientenwillen durch die Nichteinleitung oder den Abbruch lebensverlängernder Maßnahmen zulässig, um dem Sterben – ggf. unter wirksamer Schmerzmedikation – seinen natürlichen, der Würde des Menschen gemäßen Verlauf zu lassen."* Die zulässige „passive Sterbehilfe" war zunächst indes auf Fälle der „Hilfe im Sterben" begrenzt, in denen der Sterbeprozess bereits eingesetzt hat. In diesem Fall sollte es dem Arzt erlaubt sein, auf lebensverlängernde Maßnahmen, Bluttransfusionen oder künstliche Ernährung zu verzichten. In BGHSt 40, 257 hielt der BGH es sodann aber darüber hinausgehend auch in Fällen, in denen der Sterbeprozess noch nicht eingesetzt hat, für zulässig, lebenserhaltende Maßnahmen abzubrechen, wenn dies dem (mutmaßlichen) Willen des Patienten entsprach. In der Literatur war hier teilweise von einer „Hilfe zum Sterben" die Rede. Der BGH entschied, ein solcher Patientenwille sei *„als Ausdruck seiner allgemeinen Entscheidungsfreiheit und des Rechts auf körperliche Unversehrtheit (Art. 2 Abs. 2 S. 1 GG) grundsätzlich anzuerkennen"*, stellte aber an die Annahme des mutmaßlichen Willens erhöhte Anforderungen.

IV. Einordnung der Entscheidung

Die Straflosigkeit einer solchen Sterbehilfe durch Unterlassen ließ sich dogmatisch damit begründen, dass gegen den Willen der Patienten gar nicht behandelt werden darf, so dass es keine Garantenpflicht iSd § 13 StGB gibt, den Todeserfolg zu verhindern. Anders lag der Fall bei der aktiven Lebensverkürzung, etwa bei aktiver Abschaltung eines Beatmungsgeräts. Selbst ein Tötungsverlangen des Patienten änderte an der Strafbarkeit der „aktiven Sterbehilfe" nichts, da § 216 StGB insoweit das Selbstbestimmungsrecht beschränkt, so dass auch die Rechtfertigung über die Grundsätze der Einwilligung abgeschnitten sein sollte. Dies führte dazu, dass in der Literatur teilweise der dogmatische Weg des „Unterlassens durch Tun" vorgeschlagen wurde. Im Bereich ärztlichen Handelns lasse sich bei normativer Betrachtung der Schwerpunkt der Vorwerfbarkeit beim Unterlassen der Weiterbehandlung verorten. Der Gedanke wurde zuweilen aber auch auf Nicht-Ärzte, wie Verwandte des Todkranken, mit dem Argument übertragen, dass das Selbstbestimmungsrecht des Patienten zu wahren sei. Die Annahme eines Unterlassens eröffnete wiederum die Möglichkeit, den Tatbestand zu verneinen, weil es keine Rechtspflicht gebe, eine Behandlung gegen den Willen des Patienten durchzuführen.

Einen anderen Weg beschritt der BGH jedoch im hier besprochenen Fall, in dem er die Rechtsfigur des rechtfertigenden Behandlungsabbruchs einführte. Dieser kann nicht nur aus einem Unterlassen, sondern auch aus einem aktiven Tun bestehen, das der Beendigung oder Verhinderung einer vom Patienten nicht (mehr) gewollten Behandlung dient und damit einem ohne Behandlung zum Tode führenden Krankheitsprozess seinen Lauf lässt. Dieser vom BGH entwickelte Begründungsweg wurde in der Literatur überwiegend begrüßt, da einige weiterführende rechtliche Klarstellungen erfolgten. Dennoch wirft die Entscheidung des BGH Fragen auf. Zum einen bleibt unklar, welchen Tatbestand der BGH hier überhaupt für einschlägig erachtet, denn es kommen sowohl § 212 StGB als auch § 216 StGB in Betracht.

Zudem wird eine „Rechtfertigungslösung", wie sie dem BGH vorschwebt, nur dann erforderlich, wenn überhaupt der Tatbestand bejaht wird. Deshalb stellt sich zweitens die Frage, ob die Ausführungen des BGH, mit denen er sich gegen eine Differenzierung zwischen Tun und Unterlassen wendet und sich für den normativ wertenden Oberbegriff des „Behandlungsabbruchs" ausspricht, nicht erst bei der Prüfung einer Rechtfertigung, sondern schon auf der Tatbestandsebene von Bedeutung sein könnten. Ausgangspunkt ist die Erkenntnis, dass invasive medizinische Eingriffe nur so lange vorgenommen werden dürfen, wie sie von der tatsächlichen oder mutmaßlichen Einwilligung des Patienten gedeckt sind. Schon die ursprüngliche Behandlung ist als Körperverletzung selbst rechtfertigungsbedürftig. Sofern eine solche fehlt oder widerrufen wird, hat eine Weiterbehandlung zu unterbleiben. Der dem Patientenwillen entsprechende Behandlungsabbruch bedarf dann keiner weitergehenden (mutmaßlichen) Einwilligung des Kranken, da sich dessen Statthaftigkeit schlicht aus dem Wegfall oder dem Widerruf der Einwilligung in die Durchführung der Behandlung ergibt.

In diese Richtung gehen auch andere Stimmen in der Literatur, die etwa dabei bleiben, dass bereits der Tatbestand im Wege einer Umdeutung des aktiven Tuns in ein „Tun durch Unterlassen" entfallen könne. Kurz gesagt stimmen die meisten Autorinnen und Autoren dem BGH im Ergebnis zu, kritisieren jedoch den dogmatischen Weg. Denn es bleibe unklar, ob der BGH hier wirklich eine Lösung über eine „Einwilligung" auf der Ebene der Rechtswidrigkeit favorisiert. Einer Einwilligungslösung lasse sich nämlich stets der Rechtsgedanke des § 216 StGB entgegenhalten, dass das Rechtsgut Leben für den Einzelnen eben nicht disponibel sei. Es wird auch erwogen, dass der BGH im Grunde einen Rechtfertigungsgrund sui generis eingeführt habe, dessen Voraussetzungen er im Urteil näher erläutert. Zuweilen wird aber auch kritisch angemerkt, dass sich Folgeprobleme ergeben könnten, soweit Betreuer und Hilfspersonen ohne Konsultation von Ärzten und Pflegern allein unter Berufung auf einen vorgeblichen Wunsch des Patienten lebenserhaltende Maßnahmen beenden. Durch eine solch liberale Sterbehilfepraxis entstehe ein Missbrauchsrisiko und die Gefahr unsachgemäßen Vorgehens durch medizinische Laien. In diesem Zusammenhang wird vorgeschlagen, Form- und Verfahrensvorschriften einzuführen, die vorschreiben, dass ein Behandlungsabbruch nur von ärztlichem Personal vorgenommen werden darf.

V. Zusatzfragen

20   1. Wie ist die Beihilfe zum freiverantwortlichen Suizid strafrechtlich zu bewerten und warum wurde darauf im vorliegenden Urteil nicht eingegangen?

Eine Beihilfe zum freiverantwortlichen Suizid ist straflos, denn der Suizid als solcher ist ein von den §§ 211 ff. StGB nicht erfasstes und damit tatbestandsloses Geschehen, so dass es an einer tatbestandsmäßigen und rechtswidrigen teilnahmefähigen Haupttat fehlt. Die zwischenzeitlich eingeführte Strafbarkeit der geschäftsmäßigen Suizidbeihilfe (§ 217 StGB) wurde vom BVerfG für verfassungswidrig erklärt (BVerfGE 153, 182). Dennoch ist in diesem Zusammenhang eine gewichtige Frage zu klären: Wie grenzt sich die straflose freiverantwortliche Selbsttötung von der Fremdtötung ab? Nach hM soll entscheidend sein, wer die Tatherrschaft beim unmittelbar lebensbeendenden Akt inne hat. Auch der BGH rekurriert hier zur Abgrenzung von Täterschaft und Teilnahme nicht auf subjektive Kriterien. In BGHSt 19, 135 (Gisela-Fall), in dem es um die Bewertung eines einseitig fehlgeschlagenen Doppelselbstmordes eines Liebespaares ging, erklärte er, § 216 StGB setze eine Unterordnung unter den fremden Willen gerade voraus, so dass es allein darauf ankomme, wer das zum Tode führende Geschehen tatsächlich beherrscht hat. Der BGH führte aus: *„Im Einzelfall ist dafür entscheidend die Art und Weise, wie der Tote über sein Schicksal verfügt hat. Gab er sich in die Hand des Anderen, weil er duldend von ihm den Tod entgegennehmen wollte, dann hatte dieser die Tatherrschaft. Behielt er dagegen bis zuletzt die freie Entscheidung über sein Schicksal, dann tötete er sich selbst, wenn auch mit fremder Hilfe."* Im Gisela-Fall war der überlebende Mann Täter, weil er das Gaspedal des Autos weiter durchgetreten hatte, so dass durch einen Schlauch Auspuffgase ins Wageninnere kamen, die seine Freundin Gisela letztlich töteten. Im Behandlungsabbruch-Fall wurde insofern zu Recht nicht von einer Form der straflosen Suizidbeihilfe, sondern einer (iErg gerechtfertigten) täterschaftlichen Tötung ausgegangen. Entscheidend für diese Abgrenzung ist nach hM wie gesagt, wer die Herrschaft über den entscheidenden Moment innehat. Das kann im Einzelfall zu schwierigen Abgrenzungsfragen führen, etwa, wenn der potenzielle Täter dem Sterbewilligen das tödliche Mittel einflößt, letzterer dieses aber noch selbstständig kraft eigenen Willensentschlusses schlucken muss. Hier liegt keine solche Konstellation vor. Man kann sich zwar fragen, ob der vor längerer Zeit von K geäußerte Wunsch, in einer bestimmten Situation nicht weiter behandelt zu werden, als Wille zum „Suizid" aufgefasst werden kann. Unabhängig davon bestand hier aber bei der im Wachkoma liegenden K keinerlei Möglichkeit der zumindest Mit-Beherrschung des tödlichen Geschehens, so dass jedenfalls aus diesem Grund keine bloße Suizidbeihilfe vorlag.

V. Zusatzfragen

Allerdings kann es Fälle geben, in denen die Freiverantwortlichkeit des sich Tötenden in Frage steht, so dass zwischen strafloser Suizidteilnahme und Tötung in mittelbarer Täterschaft abzugrenzen ist. Eine solche Konstellation findet sich auch im Fall 23: Sirius, S. 162 ff. Im Wesentlichen stehen sich eine „Einwilligungstheorie" und eine „Exkulpationstheorie" gegenüber. Die Erstere beurteilt die Freiverantwortlichkeit nach den Voraussetzungen des § 216 StGB bzw. der rechtfertigenden Einwilligung. Nach Letzterer bestimmt sich die Freiverantwortlichkeit hingegen nach den Vorsatz- und Schuldregeln wie bei einer Fremdschädigung, so dass eine freiverantwortliche Selbsttötung ausscheidet, wenn der Suizident sich in einem Irrtum iSd § 16 StGB befindet oder die Voraussetzungen der §§ 19, 20, 35 StGB vorlägen. Der BGH hat im Sirius-Fall Art und Tragweite des Irrtums für entscheidend gehalten.

2. Nach den Äußerungen des BGH ist für das Vorliegen einer Einwilligung in den Behandlungsabbruch die Feststellung des Patientenwillens maßgeblich. Wie lässt sich dieser Patientenwille in der Praxis konkret feststellen?

Solange der Patient einwilligungsfähig ist, wirft die Bestimmung seines Patientenwillens keine besonderen Probleme auf. Er kann seine Entscheidung selbstständig treffen, es kommt insoweit nur auf eine ordnungsgemäße Aufklärung durch einen Arzt an. Ist der Patient dagegen nicht mehr einwilligungsfähig, ist auf den mutmaßlichen Patientenwillen abzustellen. Diesen zu bestimmen, stellt in der Praxis jedoch regelmäßig ein schwieriges Problem dar. Als erstes Indiz ist dazu – wie der BGH klargestellt hat – auch für die strafrechtliche Bewertung eine etwaige Patientenverfügung (§ 1901a Abs. 1 BGB) heranzuziehen. Diese bindet grds. die Entscheidung über die Auslegung des Patientenwillens, so dass eine Weiterbehandlung entgegen den Ausführungen einer Patientenverfügung eine strafbare Körperverletzung darstellt.

Ist dagegen die Patientenverfügung nicht vorhanden oder unwirksam, so ist nach § 1901a Abs. 2, 5 BGB der mutmaßliche Patientenwille in einem Gespräch des Betreuers mit den Angehörigen und sonstigen Vertrauenspersonen zu ermitteln. Anhaltspunkte zur Ermittlung sind insbesondere frühere mündliche oder schriftliche Äußerungen des Patienten und seine ethische oder religiöse Überzeugung bzw. persönliche Wertvorstellung. Keine eigenständige Bedeutung zur Ermittlung des mutmaßlichen Patientenwillens soll dagegen den Interessen zukommen, die ein „vergleichbarer" Patient üblicherweise hat. Kann auch dadurch der mutmaßliche Patientenwille nicht eindeutig festgestellt werden, ist grds., sofern eine medizinische Indikation für eine Weiterbehandlung nicht vollkommen fehlt, davon auszugehen, dass er eine Weiterbehandlung wünscht. Hier überwiegt der Schutz des Lebens, da ansonsten die Möglichkeit besteht, dass der Patient aus dem Leben scheiden würde, obwohl er dies zu diesem Zeitpunkt noch gar nicht will.

Zur Vertiefung:
Heinrich, AT, Rn. 870 ff., 946
Hilgendorf/Valerius, AT, § 11 Rn. 16 ff.
Hufen, NJW 2018, 1524
Kaspar, AT, § 10 Rn. 16 ff.
Rengier, BT II, § 7 Rn. 7 ff.
Roxin, AT II, § 31 Rn. 115 ff.

Roxin, NStZ 1987, 345
Wessels/Beulke/Satzger, AT, Rn. 56472, 587
Zieschang, AT, Rn. 589 ff.

Fall 12: Zweitoperation

BGH, 1 StR 300/03, NStZ-RR 2004, 16
Hypothetische Einwilligung

I. Sachverhalt

Bei G waren in zwei übereinanderliegenden Bandscheibenfächern ein schwerer sowie ein leichter Bandscheibenvorfall festgestellt worden. Der obere schwere Bandscheibenvorfall sollte operativ behandelt werden. Die Ärztin Dr. K führte die Operation durch. Von ihr unbemerkt operierte sie aber in der falschen Etage und entfernte nur den kleineren Bandscheibenvorfall. Am nächsten Tag traten bei G Lähmungserscheinungen auf. Ursache konnte ein Frührezidiv sein – dabei handelt es sich um einen erneuten Vorfall im selben Fach – oder das Fortbestehen des ursprünglichen schwereren Vorfalls nach Verwechslung der Etage. Röntgendiagnostische Untersuchungen ergaben eindeutig die Verwechslung der Etage. Auf Anraten des Chefarztes verschwieg Dr. K der G den Fehler und erklärte ihr die Notwendigkeit einer nochmaligen Operation wahrheitswidrig mit einem Frührezidiv. Die G erteilte daraufhin ihre Einwilligung zur zweiten Operation. G hätte auch in Kenntnis des wahren Sachverhalts in die medizinisch zwingend indizierte zweite Operation eingewilligt. Sie hätte – wenn sie über den Sachverhalt zutreffend unterrichtet worden wäre – möglicherweise auch einer zweiten Operation gerade durch Dr. K zugestimmt. Möglicherweise hätte sie aber bei Kenntnis des von Dr. K am Vortag begangenen schweren Fehlers darauf bestanden, von einer anderen Person operiert zu werden. Von einer „mutmaßlichen Einwilligung" der Patientin gingen jedoch weder Dr. K noch der Chefarzt aus.

II. Rechtliche Probleme des Falls

Nach der Rechtsprechung sind mit dem Patienten zuvor besprochene ärztliche Heileingriffe eine tatbestandsmäßige Körperverletzung, die aber bei Vorliegen einer Einwilligung des (hinreichend aufgeklärten) Patienten gerechtfertigt ist. Hier hat G sowohl hinsichtlich der ersten als auch hinsichtlich der zweiten Operation eine Einwilligung erteilt. Im zweiten Fall tat sie dies aber ohne Kenntnis der wahren Umstände. Dies ist problematisch, denn für die Wirksamkeit der Einwilligung ist es erforderlich, dass diese nicht von relevanten Willensmängeln beeinflusst wurde. Insofern war die Entscheidung der G, sich noch einmal von Dr. K operieren zu lassen, hier jedoch gerade nicht frei von Willensmängeln, da sie über die Ursache für die erneute bzw. tatsächlich noch immer bestehende Behandlungsbedürftigkeit ihrer Bandscheiben getäuscht wurde und somit ohne Kenntnis über (für den Eingriff in das Rechtsgut unmittelbar relevante) tatsächliche Umstände in die Zweitoperation einwilligte. Scheitert aus diesem Grund die wirksame Einwilligung an der fehlenden Kenntnis der Tatsachenlage, so kann unter Umständen aber auf eine mutmaßliche Einwilligung zurückgegriffen werden – allerdings nur dann, wenn die tatsächliche Einwilligung des Rechtsgutsträgers nicht eingeholt werden kann, zB in Fällen von Bewusstlosigkeit. Im Fall der G bestand aber ohne Weiteres die Möglichkeit, ihre wirksame Einwilligung einzuholen, schließlich hätte man sie wahrheitsgemäß über die Ursache ihrer Behandlungsbedürftigkeit aufklären können.

Insofern wäre das herkömmliche Repertoire an Rechtfertigungsgründen erschöpft und Dr. K, vorausgesetzt, dass sie keinem unvermeidbaren Verbotsirrtum unterlag, wegen einer Körperverletzung zu bestrafen. Wird sie dagegen aber nicht einwenden, dass G doch ohnehin eingewilligt hätte? Soll sie also dafür bestraft werden, dass sie – pflichtwidrig – eine Einwilligung nicht eingeholt hat, obwohl sie diese – möglicherweise – bekommen hätte, wenn sie nur ordnungsgemäß gefragt hätte? Kann sie sich mit anderen Worten auf eine solche „hypothetische Einwilligung" berufen? Und falls dies so ist: Wie ist eine solche Konstruktion in den Straftataufbau zu integrieren? Wirkt sie ebenfalls als Rechtfertigungsgrund?

III. Die Entscheidung des BGH

4 Der BGH diskutiert die Rechtsfigur der hypothetischen Einwilligung auf der Ebene der Rechtswidrigkeit. Diese entfalle, *„wenn der Patient bei wahrheitsgemäßer Aufklärung in die tatsächlich durchgeführte Operation eingewilligt hätte. Der nachgewiesene Aufklärungsmangel kann nur dann zur Strafbarkeit wegen Körperverletzung [...] führen, wenn bei ordnungsgemäßer Aufklärung die Einwilligung unterblieben wäre [...]. Dies ist dem Arzt nachzuweisen. Verbleiben Zweifel, so ist nach dem Grundsatz ‚in dubio pro reo' zugunsten des Arztes davon auszugehen, dass die Einwilligung auch bei ordnungsgemäßer Aufklärung erfolgt wäre [...]."* Nach Ansicht des BGH waren hier allerdings noch weitere Feststellungen zur hypothetischen Einwilligungsentscheidung der G möglich, so dass er die Sache zur weiteren Tatsachenfeststellung an das LG zurückverwies. Er führte aus: *„Das LG hätte nicht offenlassen dürfen, ob die Nebenkl. in Kenntnis des wahren Sachverhalts möglicherweise auch in eine Operation durch Frau Dr. K eingewilligt, möglicherweise aber auch darauf bestanden hätte, von einem anderen Arzt operiert zu werden. [...] Eine ‚in dubio' Entscheidung durch das RevGer. kommt nicht in Betracht, weil weitere Feststellungen zur hypothetischen Einwilligung möglich erscheinen."*

IV. Einordnung der Entscheidung

5 Mit dieser Entscheidung erkannte der BGH die im Schrifttum umstrittene Rechtsfigur der hypothetischen Einwilligung grundsätzlich als möglichen Rechtfertigungsgrund bei ärztlichen Heileingriffen an. Dieses (in der Lehre umstrittene) Konstrukt wurde ursprünglich im Bereich der zivilrechtlichen Arzthaftung (Beweislastregel des § 630h Abs. 2 S. 2 BGB) entwickelt und dann auf das Strafrecht übertragen. Hierbei wird davon ausgegangen, dass der Eingriff auch dann gerechtfertigt sein kann, wenn ex post feststellbar ist, dass der Patient seine Zustimmung zu dem Eingriff (hypothetisch) gegeben hätte, wenn er vorher korrekt informiert worden wäre. Die Frage ist demnach, ob G auch bei ordnungsgemäßer Aufklärung dem Eingriff zugestimmt hätte. Maßgeblich ist dabei nicht das Entscheidungsverhalten eines vernünftigen Patienten, sondern die individuelle konkrete (hypothetische) Entscheidung der Betroffenen G, die nachträglich zu ermitteln ist. Die Entscheidung der G ist hier aber nicht vollumfänglich klar; zwar steht fest, dass G auch bei korrekt durchgeführter Aufklärung in die zweite Operation eingewilligt hätte, möglicherweise hätte sie angesichts der vorhergehenden fehlerhaften Operation durch Dr. K aber darauf bestanden, von einem anderen Arzt behandelt zu werden. Es besteht jedoch ebenso die Möglichkeit, dass G sich dennoch ein zweites Mal von K hätte operieren lassen. Ob der von Dr. K durchgeführte Eingriff durch eine hypothetische Einwilligung gerechtfertigt sein kann, lässt sich hier daher nicht abschließend feststellen. Daher verlangte der BGH eine weitere Aufklärung. Er verwies allerdings darauf, dass wegen des Grundsatzes „in dubio pro reo" im Zweifel

IV. Einordnung der Entscheidung

davon auszugehen sei, dass G auch bei ordnungsgemäßer Aufklärung in die Operation durch K eingewilligt hätte, so dass der Eingriff gerechtfertigt wäre. Diese Möglichkeit zur Anwendung des Zweifelssatzes, die eine erhebliche Entlastung der betroffenen Ärzte bedeutet, ist allerdings auch einer der Gründe, der die Figur der hypothetischen Einwilligung so umstritten macht.

So wird die Figur in Literatur teilweise auch völlig abgelehnt. Gegen sie wird einerseits vorgebracht, dass die Frage, ob der konkret betroffene Patient auch bei ordnungsgemäßer Aufklärung dem vorgenommenen Eingriff zugestimmt hätte, sich im Nachhinein nie klar beantworten lasse, was die Anwendung des Zweifelssatzes sinnlos mache. Zumindest faktisch werde die nachträgliche Einlassung des Patienten eine große Rolle bei der Beurteilung dieser Frage spielen, was die Möglichkeit einer (dem Strafrecht fremden) nachträglichen strafbefreienden „Genehmigung" der Tat durch das Opfer mit sich bringe. Zudem wird eingewendet, dass die Behandelnden dadurch leichter versucht sein könnten, auf eine Aufklärung zu verzichten, während doch vom Prinzip her nur dann keine rechtswidrige Körperverletzung vorliege, wenn die Patientin oder der Patient in voller Kenntnis des Sachverhalts und der Risiken eingewilligt hätten. Darin wird auch eine Verletzung des Selbstbestimmungsrechts gesehen. Andere Stimmen in der Literatur akzeptieren die Figur grundsätzlich und richten sich nur gegen die Anwendung des „in dubio pro reo"-Grundsatzes in solchen Fällen und die damit verbundene größere Reichweite der hypothetischen Einwilligung. Dies laufe dem Selbstbestimmungsrecht des Patienten zuwider, der tatsächlich vielleicht anders entschieden hätte, wenn er von vornherein korrekt aufgeklärt worden wäre.

Diejenigen Stimmen, die eine hypothetische Einwilligung anerkennen, müssen zudem die Frage nach der dogmatischen Einordnung im Deliktsaufbau beantworten: Ist sie auf der Tatbestandsebene zu prüfen oder – wie der BGH annahm – erst auf der Ebene der Rechtswidrigkeit? Und soll es sich bei ihr dann um einen eigenständigen Rechtfertigungsgrund handeln oder vielmehr um eine Übertragung der Grundsätze der objektiven Zurechnung auf die Einwilligung? In der Literatur sprechen sich die meisten Stimmen für die zuletzt genannte Lösung aus: Hierbei wird die objektive Zurechnung überwiegend auf die Rechtswidrigkeitsebene verlagert und bei Vorliegen einer hypothetischen Einwilligung wegen des dann fehlenden Pflichtwidrigkeitszusammenhangs verneint. Denn, wenn die Patientin auch bei ordnungsgemäßer Aufklärung (rechtmäßiges Alternativverhalten) in die Operation eingewilligt hätte, so fehlt es an einem inneren Zusammenhang zwischen dem Aufklärungsmangel und dem Verletzungserfolg, dh die Pflichtwidrigkeit der mangelhaften Aufklärung wirkt sich im Ergebnis nicht aus. Manche kritisieren zudem die Verortung der hypothetischen Einwilligung auf Rechtfertigungsebene, was indes den Grund darin hat, dass sie im Falle des Vorliegens einer (tatsächlichen) Einwilligung stets bereits den Tatbestand ablehnen. Die Stimmen in der Literatur, die eine Zurechnung des Erfolges ablehnen, entweder im Tatbestand oder auf der Ebene der Rechtswidrigkeit, verweisen auf die Möglichkeit des Versuchs, welcher jedenfalls dann in Betracht komme, wenn die Aufklärung absichtlich unterlassen wurde. Der BGH hat allerdings auch in weiteren Entscheidungen daran festgehalten, dass die hypothetische Einwilligung einen Rechtfertigungsgrund darstellt (BGH NStZ-RR 2007, 340; BGH NStZ 2012, 205).

V. Zusatzfragen

8   1. Inwiefern hätte es sich auf die hypothetische Einwilligung ausgewirkt, wenn der entsprechende Heileingriff nicht de lege artis durchgeführt worden wäre?

Im Jahr 2007 hat der BGH in einem späteren Fall (NStZ-RR 2007, 340) entschieden, dass die hypothetische Einwilligung in Fällen, in denen der Heileingriff nicht kunstgerecht durchgeführt wurde, nicht greift, da nicht davon ausgegangen werden kann und darf, dass die Patientin in eine Behandlung eingewilligt hätte, die nicht nach den allgemein anerkannten Regeln der Kunst durchgeführt wird – auch und gerade, wenn sie zuvor korrekt über die Umstände und Risiken des Eingriffs aufgeklärt worden wäre. Dafür spricht auch, dass sich auch eine tatsächlich erteilte Einwilligung des Patienten stets nur auf kunstgerechtes ärztliches Handeln bezieht.

9   2. Wodurch unterscheidet sich die hypothetische Einwilligung von der mutmaßlichen Einwilligung? Macht sie die Letztere obsolet?

Man mag sich in der Tat fragen, ob bei Anerkennung der hypothetischen Einwilligung noch ein Anwendungsbereich für die mutmaßliche Einwilligung bleibt. Ihr wesentlicher Unterschied zur hypothetischen Einwilligung liegt zunächst darin, dass sie nur in Konstellationen angenommen werden kann, in denen es unmöglich ist, den Patienten oder die Patientin zu befragen, etwa weil diese im Koma liegen. Hier wird überwiegend eine Rechtfertigung insbesondere dann angenommen, wenn der Täter im überwiegenden Interesse des Betroffenen gehandelt hat. Wenn beispielsweise eine Notoperation durchgeführt werden muss und es nicht möglich ist, rechtzeitig eine Einwilligung einzuholen, so muss eine Rechtfertigung möglich sein. Anders als bei der hypothetischen Einwilligung besteht hier weitestgehend Einigkeit darüber, dass es sich um einen Rechtfertigungsgrund handelt. Damit ist auf einen wichtigen dogmatischen Unterschied hingewiesen. Aber es kann auch zu unterschiedlichen Ergebnissen kommen, da der mutmaßliche Wille normativ und ex ante zu bestimmen ist, so dass auch ein später ermittelter tatsächlich entgegenstehender Wille unbeachtlich ist. Schließlich nehmen viele Stimmen bei der hypothetischen Einwilligung an, dass ein strafbarer Versuch möglich bleibe, wenn vorsätzlich eine entsprechende Aufklärung unterblieben ist. Liegt hingegen eine mutmaßliche Einwilligung vor und handelt der Täter aus diesem Grund, so ist die Tat insgesamt, einschließlich eines möglichen Versuchs, gerechtfertigt.

Zur Vertiefung:

Heinrich, AT, Rn. 438 ff.
Hilgendorf/Valerius, AT, § 5 Rn. 138 ff.
Kaspar, AT, § 5 Rn. 321 ff.
Puppe, GA 2003, 764
Rengier, AT, § 23 Rn. 62
Rönnau, JuS 2014, 882
Roxin/Greco, AT I, § 13 Rn. 119 ff.
Wessels/Beulke/Satzger, AT, Rn. 592 ff.
Zieschang, AT, Rn. 311 f.

Fall 13: Trunkenheitsfahrt

BGH, 4 StR 217/96, BGHSt 42, 235

Schuldfähigkeit; actio libera in causa

I. Sachverhalt

Der bereits mehrfach wegen Trunkenheitsfahrten im In- und Ausland verurteilte A fuhr am Tattag ohne gültige Fahrerlaubnis mit seinem Lieferwagen von seinem Wohnort in Dänemark durch das Bundesgebiet in Richtung Niederlande, um dort Kunden aufzusuchen. In den Niederlanden, wo er sich eigentlich ein Hotel für die Nacht suchen wollte, kaufte sich der bis dahin nüchterne A kurz nach 18 Uhr diverse alkoholische Getränke. Er trank mindestens fünf Liter Bier sowie Schnaps in nicht mehr feststellbarer Menge. Daraufhin stieg A in seinen Lieferwagen und fuhr erheblich alkoholisiert in deutlichen Schlangenlinien auf der niederländischen Autobahn in Richtung deutscher Grenze. Als er den deutschen Grenzübergang gegen 21:30 Uhr erreichte, fuhr er mit einer Geschwindigkeit von mindestens 70 km/h auf den Grenzposten zu. Nachdem er mehrere Leitkegel überfahren hatte, mit denen die rechte Fahrspur abgesperrt war, stieß er ungebremst mit gleicher Geschwindigkeit mit der rechten vorderen Seite seines Lieferwagens gegen die hintere linke Seite eines auf der rechten Spur stehenden PKW. Hierdurch wurden zwei Grenzschutzbeamte erfasst, die den PKW gerade kontrollierten. Sie erlitten tödliche Verletzungen und verstarben noch an der Unfallstelle. Eine entnommene Blutprobe des A um 23:30 Uhr ergab eine Blutalkoholkonzentration von 1,95 Promille. Ein Sachverständiger stellte bei A aufgrund seiner Alkoholisierung fest, dass eine Schuldunfähigkeit im Sinne des § 20 StGB nicht auszuschließen war.

II. Rechtliche Probleme des Falls

Der Fall zeigt eindringlich die dramatischen Folgen, die Alkohol am Steuer haben kann. Zugleich steht er für eine besondere rechtliche Problematik, denn einerseits ist die Trunkenheit des A ja gerade auch Teil des strafrechtlichen Vorwurfs, den man ihm macht, auf der anderen Seite kann starke Alkoholisierung ein Umstand sein, der gem. § 20 StGB zur Schuldunfähigkeit und damit zur Straflosigkeit führt. Auch hier hatte der Sachverständige festgestellt, dass eine Schuldunfähigkeit nach § 20 StGB nicht auszuschließen, also in dubio pro reo zu unterstellen war. Dass der Alkoholrausch unter die in § 20 StGB genannten Fallgruppen zu subsumieren sein kann, ist im Grunde allgemein anerkannt. Man streitet allenfalls über die Frage, ob es sich dabei um eine (Intoxikations-)Psychose im Sinne einer krankhaften seelischen Störung oder um eine sonstige tiefgreifende Bewusstseinsstörung handelt. Jedenfalls handelt nach § 20 StGB ohne Schuld, wer bei Begehung der Tat wegen einer krankhaften seelischen Störung, wegen einer tiefgreifenden Bewusstseinsstörung oder wegen einer Intelligenzminderung oder einer schweren anderen seelischen Störung unfähig ist, das Unrecht der Tat einzusehen oder nach dieser Einsicht zu handeln.

Eine umfassende Straflosigkeit erscheint in Fällen wie dem Trunkenheitsfahrt-Fall aber als ein schwer vermittelbares und intuitiv ungerechtes Ergebnis, zumal A schon mehrfach wegen Trunkenheitsfahrten vorbestraft war, also zumindest hätte wissen müssen, dass er sich im Vollrausch wieder hinter das Steuer setzen würde. Auch sind die eingetretenen Folgen nicht überraschend. Allerdings ist es ja nicht so, dass A gar nicht bestraft werden könnte, denn immerhin existiert mit dem Vollrauschtatbestand gem. § 323 a StGB eine Art Auffangtatbestand, der in solchen Fällen greift. Nur muss man sehen, dass er angesichts des vergleichsweise geringen Strafrahmens gerade bei schweren Taten überwiegend nicht als adäquate Reaktion aufgefasst wird. Einmal angenommen, ein Täter würde einen Mord im Zustand des Rausches begehen, so stünden sich lebenslange Freiheitsstrafe auf der einen und ein Strafmaß von (nur) bis zu fünf Jahren oder Geldstrafe auf der anderen Seite gegenüber. Aus diesem Grund wurde schon seitens des RG die – allerdings sehr umstrittene – Figur der sog. actio libera in causa (a.l.i.c.) angewendet, um eine Strafbarkeit trotz der zum Tatzeitpunkt vorliegenden Schuldunfähigkeit zu begründen. Der Hintergrund ist darin zu sehen, dass der Täter zwar im Zeitpunkt der Vornahme der den Erfolg unmittelbar herbeiführenden Handlung schuldunfähig gewesen sein mag, gleichwohl aber diesen Zustand selbst herbeigeführt hat, so dass ihm insoweit ein strafrechtlicher Vorwurf gemacht wird. Im Trunkenheitsfahrt-Fall ging es zum einen um die Frage einer fahrlässigen Tötung gem. § 222 StGB und zum anderen um eine Strafbarkeit des A wegen vorsätzlicher Gefährdung des Straßenverkehrs gem. § 315 c Abs. 1 Nr. 1 lit. a StGB und vorsätzlichen Fahrens ohne Fahrerlaubnis gem. § 21 Abs. 1 Nr. 1 StVG. Konnte hier die Schuldunfähigkeit des A mithilfe der Figur der a.l.i.c. überwunden werden? Oder ließ sich die Strafbarkeit sogar auf eine andere Weise begründen?

III. Die Entscheidung des BGH

4 Das LG hatte A wegen fahrlässiger Tötung in Tateinheit mit vorsätzlicher Straßenverkehrsgefährdung und in Tateinheit mit vorsätzlichem Fahren ohne Fahrerlaubnis zu einer Freiheitsstrafe verurteilt und sich dabei jeweils auf die Grundsätze der a.l.i.c. gestützt. Der BGH hielt diese Verurteilung nur im Hinblick auf die fahrlässige Tötung aufrecht, wobei er klarstellte, dass es sich um zwei Fälle in Tateinheit gehandelt habe. A habe *„den Tod der beiden Grenzschutzbeamten [...] dadurch in vorhersehbarer und vermeidbarer Weise herbeigeführt, daß er Alkohol zu sich nahm und sich in einen Rausch versetzte, obwohl er noch keine Unterkunft gefunden hatte und deswegen damit rechnen mußte, anschließend noch ein Kraftfahrzeug im Straßenverkehr zu führen. Die Gefahr eines Unfalls – auch mit der Folge erheblicher Verletzungen oder der Tötung anderer Personen – war dabei gerade für den Angeklagten um so deutlicher voraussehbar, als er bereits bei zwei früheren Trunkenheitsfahrten von der Fahrbahn abgekommen war. Dafür, daß der Angeklagte bereits bei Vornahme dieser Handlung (dem Trinken) schuldunfähig gewesen sein könnte, sind keine Anhaltspunkte ersichtlich."*

5 Diesem Schuldspruch stehe auch die Schuldunfähigkeit des A gem. § 20 StGB zum Zeitpunkt des tödlichen Unfalls nicht entgegen. Dafür bedürfe es – entgegen der Ansicht des LG – aber keines Rückgriffs auf die Rechtsfigur der a.l.i.c. Der BGH erläuterte: *„Gegenstand des strafrechtlichen Vorwurfs ist bei § 222 StGB – wie auch bei anderen fahrlässigen Erfolgsdelikten – jedes in bezug auf den tatbestandsmäßigen ‚Erfolg' sorgfaltswidrige Verhalten des Täters, das diesen ursächlich herbeiführt. Aus diesem Grunde bestehen, wenn mehrere Handlungen als sorgfaltswidrige in Betracht kommen (wie hier das Sich-Betrinken trotz erkennbarer Gefahr einer anschließenden Trunkenheitsfahrt einerseits und diese Fahrt selbst andererseits), keine Bedenken, den Fahrlässigkeitsvorwurf an das zeitlich frühere Verhalten anzuknüpfen, das dem Täter – anders als das spätere – auch als schuldhaft vorgeworfen werden kann [...].*

III. Die Entscheidung des BGH

Der BGH lehnte jedoch – wiederum entgegen der Annahme der Strafkammer des LG – eine Strafbarkeit des A wegen Gefährdung des Straßenverkehrs gem. § 315c Abs. 1 Nr. 1 lit. a, Abs. 3 StGB und wegen vorsätzlichen Fahrens ohne Fahrerlaubnis gem. § 21 Abs. 1 Nr. 1 StVG ab. Zwar habe A jeweils den Tatbestand erfüllt, in dieser Hinsicht jedoch gem. § 20 StGB ohne Schuld gehandelt. Dies lasse sich auch nicht mittels der Figur der a.l.i.c. überwinden. Es bedürfe hier indes keiner umfassenden Auseinandersetzung mit dieser „*in Rechtsprechung und Literatur weithin anerkannten*" Rechtsfigur. Denn nach Auffassung des Senats ist die Anwendung der a.l.i.c. auf die hier in Rede stehenden Delikte ausgeschlossen, denn jedenfalls bei den Delikten der Straßenverkehrsgefährdung und des Fahrens ohne Fahrerlaubnis sei „*die Vorverlagerung der Schuld unzulässig.*"

Der BGH gab insofern seine entgegenstehende Rechtsprechung ausdrücklich auf. Als Begründung führte er an: „*Die verschiedenen Ansätze, mit denen in Rechtsprechung und Literatur die actio libera in causa erklärt wird, bieten zum einen Teil keine tragfähige Grundlage für die Anwendung der Rechtsfigur auf die hier in Rede stehenden Verkehrsstraftaten; zum anderen Teil sind sie mit dem geltenden Recht nicht in Einklang zu bringen.*" Dies erläuterte er nun mit Blick auf die einzelnen Begründungsmodelle.

Zunächst ging er auf die Tatbestandslösung ein, deren grundsätzliche Tragfähigkeit er dabei offen ließ: „*Mit der Erwägung, daß, wenn der Alkoholkonsum zur Schuldunfähigkeit führt, bereits das Sichbetrinken die eigentliche Tatbestandshandlung darstellt [...], kann die Anwendung der actio libera in causa auf die Straßenverkehrsgefährdung und das Fahren ohne Fahrerlaubnis nicht begründet werden. Diese sogenannte ‚Tatbestandslösung' [...], der die Vorstellung zugrunde liegt, daß bereits das Trinken ein Anfang der Ausführung der geplanten Tat ist [...], mag, was hier keiner Entscheidung bedarf, trotz aller grundsätzlichen Bedenken gegen ihren Ansatz [...], bei anderen Delikten eine tragfähige Grundlage für die Rechtsfigur der actio libera in causa darstellen. Bei Tatbeständen aber, die wie die §§ 315c, 316 StGB und § 21 StVG ein Verhalten verbieten, das nicht auch als die Herbeiführung eines dadurch verursachten, von ihm trennbaren Erfolges begriffen werden kann, kann sie die Annahme schuldhafter Taten trotz schuldausschließenden Vollrausches bei der eigentlichen Tathandlung nicht rechtfertigen [...]. Das gilt nicht nur für den von der Strafkammer angenommenen Fall eines vorsätzlichen Verstoßes gegen diese Vorschriften, sondern auch für fahrlässige Zuwiderhandlungen [...]. Die Verkehrsstraftaten nach den §§ 315c StGB, 21 StVG setzen voraus, daß der Täter das Fahrzeug ‚führt'. Führen eines Fahrzeugs ist aber nicht gleichbedeutend mit Verursachen der Bewegung. Es beginnt erst mit dem Bewegungsvorgang des Anfahrens selbst [...]. Dazu genügt nicht einmal, daß der Täter in der Absicht, alsbald wegzufahren, den Motor seines Fahrzeugs anläßt und das Abblendlicht einschaltet [...]. Um so mehr muß eine Ausdehnung auf zeitlich vorgelagerte Handlungen nach der gesetzlichen Umschreibung der Tathandlung ausscheiden. Auch im Sichberauschen in Fahrbereitschaft liegt dementsprechend noch nicht der Beginn der Trunkenheitsfahrt.*"

Auch die in der Literatur vertretene Nuance der Tatbestandslösung, die eine Form der mittelbaren Täterschaft annimmt, weil der Täter sich selbst als sein eigenes schuldunfähiges Werkzeug benutze, liefere jedenfalls für die genannten Delikte keine tragfähige Begründung. Der BGH führte dazu aus: „*Im wesentlichen aus denselben Erwägungen kommt die Heranziehung der Grundsätze der actio libera in causa auf die Trunken-*

heitsfahrt und die Straßenverkehrsgefährdung auch dann nicht in Betracht, wenn man die Rechtsfigur als einen Sonderfall der mittelbaren Täterschaft begreift, bei dem der Täter sich zur Ausführung der Tat seiner eigenen Person als Werkzeug bedient [...]. Sieht man von den grundsätzlichen Bedenken gegen dieses Begründungsmodell ab [...], so ist auch nach ihm die tatbestandsmäßige Handlung letztlich das Sichberauschen. Indem der Täter sich berauscht, führt er aber – wie ausgeführt – kein Fahrzeug [...]."

10 Im Gegensatz dazu verwarf er die beiden anderen in der Literatur vorgebrachten Begründungsmodelle zur Gänze. So führte er zur Ausdehnungslösung, die den Begriff der „Tat" in § 20 StGB weiter verstehen will, aus: *„Eine Ausdehnung des Begriffs der ‚Begehung der Tat' im Sinne des § 20 StGB in der Weise, daß das ‚vortatbestandliche, auf die Tatbestandsverwirklichung bezogene Vorverhalten', auch soweit es sich nicht als Versuchshandlung, sondern als bloße Vorbereitung darstellt, im Schuldtatbestand erfaßt wird [...], ist nicht möglich [...]. Es spricht nichts dafür, daß das Strafgesetzbuch den in §§ 16 Abs. 1, 16 Abs. 2, 17 S. 1 und in § 20 unterschiedslos verwendeten Begriff in § 20 in einem weiteren Sinn verstanden wissen will als in jenen anderen Vorschriften. Im übrigen hätte dieses ‚Ausdehnungsmodell' über die Fallgestaltungen der actio libera in causa hinaus, um die es ihr geht, eine auch unter Präventions- und Gerechtigkeitsgedanken nicht zu rechtfertigende Einschränkung des § 20 StGB zur Folge [...]."*

11 Die Ausnahmelösung schließlich, die in der a.l.i.c. eine richter- bzw. gewohnheitsrechtliche Ausnahme sieht, sei schlechthin verfassungswidrig: *„Die Annahme schuldhaft begangener Vergehen nach § 315 c StGB und § 21 StVG kann schließlich auch nicht mit dem sogenannten Ausnahmemodell begründet werden, nach dem – im Präventionsinteresse und aus Gerechtigkeitserwägungen – in Ausnahme von dem § 20 StGB zugrundeliegenden Koinzidenzprinzip der Schuldvorwurf vorverlagert und dem Täter das schuldhafte Vorverhalten des Sichberauschens als schuldhafte Tatbegehung angelastet wird [...]. Das Ausnahmemodell ist mit dem eindeutigen Wortlaut des § 20 StGB, nach dem die Schuldfähigkeit ‚bei Begehung der Tat' vorliegen muß, nicht in Einklang zu bringen. Aus diesem Grunde kann die actio libera in causa auch nicht als richterrechtliche Ausnahme von dem Koinzidenzprinzip [...] oder als Gewohnheitsrecht [...] anerkannt werden. Beide Erklärungsversuche sind mit Art. 103 Abs. 2 GG, der strafbarkeitsbegründendes Gewohnheitsrecht verbietet [...], nicht vereinbar [...]. Ob der Gesetzgeber die Rechtsfigur der actio libera in causa als richterrechtliche Ausnahme von § 20 StGB akzeptiert hat, ist angesichts des eindeutigen Wortlautes des § 20 StGB ohne Bedeutung, solange er dies nicht im Gesetzestext zum Ausdruck bringt [...]."*

12 Übrig blieb daher neben § 222 StGB nur eine Bestrafung wegen eines Vollrausches gem. § 323 a StGB, da A sich vorsätzlich in einen Rausch versetzt und in diesem Zustand eine Rauschtat, nämlich die Straßenverkehrsgefährdung in Tateinheit mit Fahren ohne Fahrerlaubnis, begangen habe.

IV. Einordnung der Entscheidung

13 Schon das RG hatte im Jahr 1892 einen ähnlichen Fall entschieden (RGSt 22, 413). Hier war der Angeklagte mit einem einspännigen Milchwagen in schnellem Trab eine verkehrsreiche Straße entlanggefahren und hatte dabei einen Straßenarbeiter, der mit der Pflasterung der Straße beschäftigt war, überfahren und erheblich verletzt. Der Angeklagte hatte nun vorgebracht, er sei sinnlos betrunken und deshalb außerstande

IV. Einordnung der Entscheidung

gewesen, sein wildes Pferd mit dem Fuhrwerk anzuhalten. Das RG bestätigte die Verurteilung wegen fahrlässiger Körperverletzung, denn es komme darauf an, dass der Täter zurechnungsfähig war, *„als er die Handlung vornahm, welche den Erfolg gehabt hat."* Das, was der Angeklagte *„im Zustande der Trunkenheit vollführte"* sei aber nicht loszulösen von dem, *„was er bewußt und willensfrei gethan hatte, bevor er sich in diesen Zustand versetzte".* Er habe nun gerade dadurch, dass er sich in einen Zustand versetzte, in dem er das Fuhrwerk nicht mehr steuern konnte, fahrlässig und schuldhaft seine Berufspflicht verletzt.

Der BGH und weite Teile der Literatur haben die hier vom RG angewandte Figur der a.l.i.c. in der Folge weitgehend anerkannt, auch wenn kritische Stimmen von Anfang an laut wurden. Das RG hatte den Inhalt insofern erläutert, dass der Angeklagte eine freiverantwortliche Handlung vorgenommen hatte (actio libera), die sodann eine Ursache (causa) für den späteren Erfolg lieferte. Streitig war dabei seitdem nicht unbedingt das kriminalpolitische Bedürfnis nach einer adäquaten strafrechtlichen Ahndung entsprechender Verhaltensweisen, sondern insbesondere die tragfähige Begründung dieser Rechtsfigur. Dabei wurden unterschiedliche Begründungsmodelle entwickelt, die der BGH in der Entscheidung zutreffend wiedergibt. Entgegen manchen Gerüchten hat der BGH die a.l.i.c. auch nicht gänzlich verworfen, nur hat er sie für bestimmte Delikte ausgeschlossen. 14

Was erstens das herrschende Tatbestandsmodell anbetrifft, das – wie das RG – eine Vorverlagerung der Tathandlung vornimmt und das Sich-Betrinken (und nicht die Trunkenheitsfahrt) als Tathandlung einstuft, so meinte er, dass für dieses bei Fahrlässigkeitstaten grds. gar kein Bedürfnis bestehe, während es bei verhaltensgebundenen Delikten wie den hier in Rede stehenden Straßenverkehrsdelikten schlichtweg nicht angewendet werden könne. Bei den Fahrlässigkeitsdelikten brauche man die Figur nicht, weil man bei diesen den strafrechtlichen Vorwurf ohnehin ohne Weiteres vorverlagern könne, da der Vorwurf des Verstoßes gegen eine Sorgfaltspflicht *„jedes in bezug auf den tatbestandsmäßigen ‚Erfolg' sorgfaltswidrige Verhalten des Täters, das diesen ursächlich herbeiführt,"* einschließe. Der Vorwurf kann also ohne Weiteres lauten, A habe durch das Sich-Betrinken die Ursache dafür gesetzt, dass die beiden Grenzbeamten starben. Insofern kann man also durchaus auf das Sich-Betrinken als Verhalten abstellen. Ebendies sei bei verhaltensgebundenen Delikten aber nicht möglich. Denn diese beschrieben die Tathandlung selbst ganz genau und eng als Führen eines Fahrzeugs. Das Sich-Betrinken ist aber eben kein Führen eines Fahrzeugs, eine Vorverlagerung der relevanten Tätigkeit auf den Trinkvorgang bei dieser Deliktsart also nicht möglich. 15

Zweitens kann man laut BGH auch nicht die Konstruktion der mittelbaren Täterschaft heranziehen, da es sich um eigenhändige Delikte handelt, die nur vom jeweiligen Fahrzeugführer begangen werden können. Eine mittelbare Täterschaft scheidet in der Tat bei eigenhändigen Delikten stets aus. Denn (auch mittelbarer) Täter kann nur sein, wer die taugliche Tätereigenschaft aufweist. So kann bei den Straßenverkehrsdelikten auch derjenige, der den Fahrer zur Fahrt überredet und auf dem Rücksitz mitfährt, immer nur Teilnehmer, niemals aber Täter sein. Unter den Befürwortern des Tatbestandsmodells, zu welchem wohl auch der BGH tendiert, hat sich die Entscheidung im Trunkenheitsfahrt-Fall weitgehend durchgesetzt. Demnach ist die a.l.i.c. (nur) auf verhaltensgebundene bzw. eigenhändige Delikte wie die §§ 315 c, 316 StGB, § 21 StVG nicht anwendbar. Dies muss dann zB auch für die §§ 153, 154 StGB gelten. Nur in dieser Hinsicht ist die a.l.i.c. nun also abgeschafft, während sie etwa bei einer 16 vorsätzlichen Körperverletzung oder einem vorsätzlichen Totschlag noch möglich sein soll. Anders sehen dies die Vertreter der beiden vom BGH gänzlich verworfenen Begründungsmodelle. Wer etwa den Begriff „bei Begehung der Tat" in § 20 StGB so weit versteht, dass auch das *„vortatbestandliche, auf die Tatbestandsverwirklichung bezogene Vorverhalten"* einbezogen ist, der kann auch bei verhaltensgebundenen Delikten weiterhin eine a.l.i.c. annehmen, da dann ja die Tathandlung zB weiterhin im Führen des Fahrzeugs besteht und nur die „Schuld" ausgedehnt wird. Auch wer die a.l.i.c. als gewohnheitsmäßige Ausnahme vom Koinzidenzprinzip ansieht, hat kein Problem mit der genauen Festlegung des tatbestandsmäßigen Verhaltens.

17 Es soll indes nicht verschwiegen werden, dass es auch zuvor schon einige Stimmen in der Literatur gab, welche die a.l.i.c. gänzlich ablehnen. Sie teilen die Bedenken des BGH im Hinblick auf das Ausdehnungs- und Ausnahmemodell, lehnen aber auch ein Tatbestandsmodell ab. Gegen die Tatbestandslösung spreche nämlich, dass die Herbeiführung des später zum Schuldausschluss führenden Defekts noch keinen Versuchsbeginn gem. § 22 StGB darstelle. Insofern werde die Tathandlung also in das straflose Vorbereitungsstadium verschoben. Zudem könne man auch bei den nicht verhaltensgebundenen Delikten schwerlich sagen, dass etwa derjenige, der im Zustand der Volltrunkenheit einen anderen Menschen schlage, diesen gerade durch das Sich-Betrinken verletzt habe. Auch die Konstruktion der mittelbaren Täterschaft könne nicht bemüht werden, da eben kein „anderer" iSd § 25 Abs. 1 Alt. 2 StGB die Tat begeht. Letztlich bestehe auch kriminalpolitisch kein Bedürfnis, da die Fälle kaum praktische Relevanz aufweisen und immerhin eine Strafbarkeit nach § 323 a StGB möglich bleibe.

18 Zusammengefasst bedeutete die Entscheidung des BGH zwar eine gewisse Einschränkung der Rechtsfigur der a.l.i.c., da sie nur noch bei den nicht verhaltensgebundenen vorsätzlichen Erfolgsdelikten in Betracht kommt. Ein Ende der a.l.i.c. hat die Entscheidung jedoch noch nicht eingeläutet. Vielmehr hat der BGH in späteren Entscheidungen ausdrücklich am Institut der a.l.i.c. festgehalten. So hat er etwa in NStZ 2002, 28 die Voraussetzungen der vorsätzlichen a.l.i.c. noch einmal näher dahin gehend präzisiert, dass es *„für die actio libera in causa nicht begriffswesentlich ist, dass sich der Täter ‚Mut antrinkt', um die beabsichtigte Tat nach Entfallen der Hemmungen im Rauschzustand zu vollführen; es genügt vielmehr, dass er, zur Tat entschlossen, Alkohol zu sich nimmt, obwohl er unter Billigung des Erfolges damit rechnet, dass er im Zustand alkoholbedingter Schuldunfähigkeit die geplante Tat begehen werde"*. Diese schon früher für den Alkoholrausch aufgestellten Grundsätze gelten auch für die Einnahme von Tabletten.

V. Zusatzfragen

19 1. Wie wirkt sich in der Konstellation der a.l.i.c. ein error in persona vel obiecto aus, der dem Täter im Rahmen der Tatausführung im schuldunfähigen Zustand unterläuft?

Hierbei geht es zB um die Situation, dass sich der Täter zur Begehung einer Körperverletzung an einem bestimmten Opfer entschließt und sich daraufhin berauscht, weil er sich Mut antrinken will, um die Tat tatsächlich begehen zu können. Verwechselt er sodann im Vollrausch das Opfer und verletzt deshalb den Falschen, so ist fraglich, wie sich dieser Irrtum auswirkt. Für eine vorsätzliche a.l.i.c. muss der Täter nach hM einen doppelten Vorsatz besitzen, einmal auf die Herbeiführung des den Schuldausschluss begründenden Defektes gerichtet und zum anderen auf die Begehung eines, allerdings im Vorfeld nicht notwendigerweise näher konkretisierten, Deliktes. Im Grunde handelt es sich sogar um einen dreifachen Vorsatz, weil er auch in dem Zeitpunkt, in dem er die Tat (im Zustand der Volltrunkenheit) tatsächlich begeht, vorsätzlich handeln muss. Der BGH hat in BGHSt 21, 381 auch in diesem Fall einen Irrtum des Täters über das Tatobjekt für unbeachtlich gehalten. Hat der Täter sich im schuldfähigen Zustand vorgenommen, eine bestimmte Frau zu vergewaltigen, bei der Tatausführung im volltrunkenen Zustand diese sodann aber mit einer anderen Frau verwechselt, so sei er gem. § 177 StGB zu bestrafen. Der BGH begründete dies so: „*Dieser Irrtum über die Person läßt die Vorsätzlichkeit der Tathandlung unberührt und schließt die Bestrafung wegen vorsätzlicher Tatbegehung allgemein und erst recht im Falle des verantwortlichen In-Gang-Setzens der Ursachenreihe nicht aus, weil er keine Abweichung der Ausführung von der Planung in einem strafrechtlichen Merkmal zur Folge hat.*"

Weite Teile der Literatur nehmen hingegen eine aberratio ictus an, da die den Schuldvorwurf tragende Verbindung zwischen Tatplan und Tatgestaltung hier beseitigt sei. Wer die a.l.i.c. als Fall der mittelbaren Täterschaft begreift, kann hier auch eine Parallele zu der Frage sehen, wie sich der error in persona des Tatmittlers auf den Hintermann auswirkt. Auch hier wird vielfach im Hinblick auf den mittelbaren Täter eine aberratio ictus angenommen, da es keinen Unterschied machen dürfe, ob ein mechanisches oder ein menschliches Werkzeug daneben schlägt.

2. Was versteht man unter den Begriffen „actio illicita in causa" (a.i.i.c.) sowie „omissio libera in causa" (o.l.i.c.)?

Die Figur der actio illicita in causa wird im Rahmen der provozierten Notwehrlage von Teilen des Schrifttums verwendet. Ähnlich wie bei der a.l.i.c. soll es dann nicht auf die eigentlich wegen des Angriffs des anderen gerechtfertigte Handlung ankommen, sondern auf das Vorverhalten, das diesen Angriff erst provoziert hat. Diese Figur hat sich anders als die a.l.i.c. aber in der wissenschaftlichen Diskussion bislang nicht durchsetzen können (s. dazu auch Fall 8: Streit im Zugabteil, S. 60 ff.).

Die omissio libera in causa wird bei den Unterlassungsdelikten diskutiert. Dort wird dieses Problem allerdings nicht, wie bei den Begehungsdelikten, erst im Rahmen der Schuld relevant, sondern schon im Tatbestand bei der Frage, ob dem Täter die unterlassene Handlung physisch-real möglich war. Diese Möglichkeit zur Handlung kann nämlich ausgeschlossen sein, weil der Garant sich durch sein eigenes früheres aktives Verhalten (zB durch erheblichen Alkoholkonsum) in eine Lage versetzt hat, in welcher er eine spätere Hilfeleistung nicht mehr erbringen kann. Ähnlich wie früher bei der a.l.i.c. soll dann eine vorsätzliche oder fahrlässige o.l.i.c. in Betracht kommen, je nachdem ob der Täter vorsätzlich oder fahrlässig gehandelt hat. Nach ganz überwiegender Ansicht in der Literatur wird auch in solchen Fällen eine Strafbarkeit wegen eines Unterlassens angenommen, obgleich der eigentliche Akt des Sich-Betrinkens ein aktives Tun ist. Normativ sei dies aber als Unterlassen zu werten. Denn schließlich treffe den Täter auch im Vorfeld schon das Verbot, sich zur Erfüllung seiner späteren Garantenpflicht nicht handlungsunfähig zu machen (*Roxin*, AT II, § 31 Rn. 106).

Zur Vertiefung:
Ambos, NJW 1997, 391
Baumann/Weber/Mitsch/Eisele, AT, § 17 Rn. 32 ff.
Hardtung, NZV 1997, 97
Heinrich, AT, Rn. 597 ff.

Hirsch, JR 1997, 391
Hilgendorf/Valerius, AT, § 6 Rn. 11 ff.
Kaspar, AT, § 5 Rn. 358 ff.
Rengier, AT, § 25 Rn. 4 ff.
Roxin/Greco, AT I, § 20 Rn. 56 ff.
Wessels/Beulke/Satzger, AT, Rn. 653 ff.
Zieschang, AT, Rn. 333 ff.

Fall 14: Nachbarn

BGH, 2 StR 473/14, NStZ 2016, 84
Notwehr; Gebotenheit; Notwehrexzess

I. Sachverhalt

Die Nachbarschaftsbeziehung zwischen A und N, deren Grundstücke unmittelbar angrenzend verlaufen, war von Streit und gegenseitigen Beleidigungen geprägt. Dabei kam es nicht nur zu verbalen Streitigkeiten, auch brach A infolge einer körperlichen Auseinandersetzung den Arm des N. Am Tattag arbeiteten beide zur gleichen Zeit in ihren Gärten. Es entwickelte sich alsbald eine verbale Auseinandersetzung, die mit gegenseitigen Beleidigungen einherging. Auch der Sohn S des N mischte sich im weiteren Verlauf dieser Streitigkeit ein, woraufhin A erklärte, er werde S und N „platt machen". Dabei forderte A den N mit einem erhobenen Spaten in der Hand auf, er solle in seinen Garten kommen, er werde ihn totschlagen. Auch S sah sich weiteren Drohungen ausgesetzt, wobei A gegenüber diesem erklärte, er solle sich zurückhalten, da er später drankomme. N bewaffnete sich nun mit einem knapp einen Meter langen Axtstiel, ging um den im hinteren Bereich des Gartens endenden Zaun herum und betrat das Grundstück des A. S, der eine ernsthafte Auseinandersetzung befürchtete, folgte ihm kurz darauf mit einem Rechteckspaten in der Hand. A wich daraufhin zurück, stachelte N mit den Worten „Komm, komm, komm!" jedoch weiter an. Als N sodann mit seinem Axtstiel ausholte und in Richtung des A schlug, holte dieser mit dem Spaten, den er in beiden Händen hielt, über seinen Kopf hinweg aus und schlug ihn mit voller Wucht mit dem nach unten geneigten Spatenblatt senkrecht auf den Kopf des N. Die Spatenkante durchschlug die Schädeldecke, drang weitere 5 cm tief in den Schädel ein und durchschnitt über eine Länge von 15 cm das Hirngewebe. N erlitt ein offenes Schädel-Hirn-Trauma 3. Grades mit Impressionsfraktur und sackte sofort in sich zusammen. A trug durch den Schlag mit dem Axtstiel eine leichte Rötung und eine Beule davon. N wurde von S vom Grundstück gebracht und im Krankenhaus notoperiert. Er konnte sich rund ein Jahr lang nur noch im Rollstuhl fortbewegen und war danach in der Lage, kurze Strecken mit einem Gehstock zurückzulegen. Als Folge der Hirnverletzung verlor er sein Sprach-, Schreib- und Lesevermögen irreversibel. Es verblieben ferner spastische Lähmungen in der rechten Körperhälfte, was ihm die Verrichtung von Alltagstätigkeiten erheblich erschwerte. Er wurde dauerhaft arbeitsunfähig.

II. Rechtliche Probleme des Falls

Streitigkeiten zwischen Nachbarn kommen häufig vor. Man kann sich ohne Weiteres vorstellen, wie dieser Fall abgelaufen ist. Gleichwohl ist es auch hier zu gravierenden Verletzungen des N gekommen. Die Parallele zu dem in diesem Buch ebenso behandelten etwas älteren Fall 8: Streit im Zugabteil, S. 60 ff., liegt auf der Hand. Gegenseitige Provokationen führen zu einer Eskalation des Streits, die in einer schweren Folge für das Opfer münden. A hat durch den Spatenhieb fraglos sowohl den Tatbestand einer gefährlichen Körperverletzung gem. § 224 Abs. 1 Nr. 2 Alt. 2, Nr. 5 StGB als auch einer schweren Körperverletzung gem. § 226 Abs. 1 Nr. 1, Nr. 3 StGB erfüllt. Rechtlich problematisch ist hingegen die Frage, ob A nicht wegen Notwehr gem. § 32 StGB gerechtfertigt oder zumindest wegen eines Notwehrexzesses gem. § 33 StGB entschuldigt war. Das Vorliegen einer objektiven Notwehrlage, also eines gegenwärtigen rechtswidrigen Angriffs, kann angesichts des Schlages des N in Richtung des A, durch den er sogar eine leichte Rötung und eine Beule davongetragen hat, noch bejaht werden, zumal weitere Schläge zu erwarten waren und N seinerseits kein Recht hatte, die Provokationen durch A auf diese Weise abzuwehren. Im Rahmen der Notwehrhandlung bedürfen jedoch die Erforderlichkeit und Gebotenheit einer genaueren Betrachtung. Eine Notwehrhandlung ist nur dann erforderlich, wenn der Handelnde bei mehreren ihm zur Verfügung stehenden und zur wirksamen sowie endgültigen Abwehr des Angriffs gleich geeigneten Mitteln dasjenige wählt, das für den Angreifer am mildesten ist. Der in Notwehr Handelnde darf sich dabei der Mittel bedienen, die eine optimale Wirkung versprechen, das Risiko einer unzureichenden Abwehrhandlung muss er mithin nicht eingehen. Nach diesem Maßstab wird zu untersuchen sein, ob der Schlag des A insofern erforderlich war, wobei Aspekte der Verhältnismäßigkeit oder eine Güter- oder Interessenabwägung im Rahmen von § 32 StGB grundsätzlich keine Berücksichtigung finden.

3 Sodann ist jedoch zu bedenken, dass im Rahmen der Gebotenheit normative Einschränkungen vorgenommen werden, um unerträgliche Ergebnisse zu vermeiden. Als Ansatzpunkt hierfür könnten wie im Fall 8: Streit im Zugabteil die vorangehenden Streitigkeiten und Anstachelungen in Betracht kommen, wobei zu fragen bleibt, ob und unter welchen Voraussetzungen ein vorwerfbar provozierter Angriff zu einer Einschränkung des Notwehrrechts führen kann. Der Angriffssituation und der damit einhergehenden besonderen Gefühlslage des A geschuldet, bietet auch dieser Fall Anlass, den möglichen Ausschluss der Schuld des A wegen eines Notwehrexzesses nach § 33 StGB zu erörtern. Dieser Entschuldigungsgrund kommt zum Tragen, wenn der Handelnde zwar die Grenzen der Notwehr überschreitet, dies jedoch auf asthenische Affekte, also „Verwirrung, Furcht, Schrecken", zurückzuführen ist. In diesem Kontext stellt sich indes die rechtlich problematische Frage, ob ein solcher Entschuldigungsgrund auch dann noch greift, wenn die Notwehrhandlung des Täters sozial-ethisch einzuschränken ist. Mit anderen Worten: Darf auch derjenige sich auf eine affekthafte Überschreitung der Notwehrgrenzen berufen, der die Notwehrlage selbst durch seine Provokationen des Angreifers herbeigeführt hat?

III. Die Entscheidung des BGH

4 Nachdem das LG sowohl eine Rechtfertigung des A wegen Notwehr als auch eine Entschuldigung wegen eines Notwehrexzesses abgelehnt hatte, weil A die Auseinandersetzung provoziert hatte, musste sich auch der BGH diesen Fragen zuwenden. Er stimmte dem LG in der Einschätzung im Hinblick auf die Notwehr zu, hielt aber eine Entschuldigung nach § 33 StGB für möglich. Zunächst führte das Gericht in Übereinstimmung mit dem LG aus, dass der von A geführte Angriff nicht durch das Vorliegen eines Rechtfertigungsgrundes gerechtfertigt sei. Zwar sei eine Notwehrlage in der konkreten Fallkonstellation gegeben, jedoch *„erfährt das Notwehrrecht [...] dann eine Einschränkung, wenn der Verteidiger gegenüber dem Angreifer ein pflichtwidriges Vorverhalten an den Tag gelegt hat, das bei vernünftiger Würdigung aller Umstände des Einzelfalles den folgenden Angriff als eine adäquate und voraussehbare Folge der Pflichtverletzung des Angegriffenen erscheinen lässt [...], wenn mithin zwischen dem sozial-ethisch zu missbilligenden Vorverhalten und dem rechtswidrigen Angriff ein enger zeitlicher und räumlicher Ursachenzusammenhang besteht und es*

nach Kenntnis des Täters auch geeignet ist, einen Angriff zu provozieren [...]. Wer durch ein solchermaßen sozial-ethisch zu beanstandendes Vorverhalten einen Angriff auf sich schuldhaft provoziert hat, darf nicht bedenkenlos von seinem Notwehrrecht Gebrauch machen und sofort ein lebensgefährliches Mittel einsetzen, auch wenn er den Angriff nicht in Rechnung gestellt haben sollte oder gar beabsichtigt hat. Er muss vielmehr dem Angriff nach Möglichkeit ausweichen und darf zur Trutzwehr mit einer lebensgefährdenden Waffe erst übergehen, nachdem er alle Möglichkeiten der Schutzwehr ausgenutzt hat; nur wenn sich ihm diese Möglichkeit verschließt, ist er zu entsprechend weitreichender Verteidigung befugt [...]."

Durch die mit Beleidigungen verbundenen wiederholten Aufforderungen an N, auf das Grundstück zu kommen, habe A den Angriff durch N *„in sozialethisch zu missbilligender Weise vorwerfbar provoziert"*, A habe die körperliche Auseinandersetzung als solche sogar *„gezielt herausgefordert"*. Denn angesichts dessen, dass N in der Vergangenheit schon einmal das Grundstück des A betreten hatte und es auch bereits zu einer körperlichen Auseinandersetzung zwischen beiden gekommen war, habe A auch erkannt, dass seine Beleidigungen und Aufforderungen N veranlassen konnten, ihn anzugreifen. Dieses sozialethisch zu missbilligende Vorverhalten führe zu einer Einschränkung des Notwehrrechts, was einen Rückgriff auf lebensgefährdende Mittel nur ausnahmsweise erlaube. Der BGH bestätigte insofern: *„Richtig ist deshalb auch die Erwägung der Kammer in diesem Zusammenhang, der Angekl. habe vor Ausführung des lebensgefährlichen Schlages zunächst ausweichen müssen oder jedenfalls von allen Möglichkeiten der Schutzwehr und einer weniger gefährlichen Trutzwehr Gebrauch machen können und müssen."*

Die Annahme, A habe auch schuldhaft gehandelt, teilte der BGH unter Hinweis auf die fehlerhafte Begründung des LG hinsichtlich des Notwehrexzesses gem. § 33 StGB indes nicht. Während das Tatgericht einen Notwehrexzess mit der Begründung abgelehnt hatte, dass A die Notwehrlage selbst provoziert hatte, weshalb eine Überschreitung der gebotenen Notwehrhandlung aus Verwirrung, Furcht oder Schrecken nicht in Betracht komme, sprach sich der BGH gegen einen pauschalen Ausschluss aus: *„§ 33 StGB entfällt nicht schon, wenn der Täter den Angriff aus rechtlichen Gründen provoziert hat oder wenn er sich dem Angriff hätte entziehen können. Für seine Anwendung ist vielmehr grundsätzlich auch dann Raum, wenn infolge der von dem Angegriffenen schuldhaft mitverursachten Notwehrlage ein nur eingeschränktes Notwehrrecht nach § 32 StGB besteht, sofern der Täter die Grenzen der (eingeschränkten) Notwehr aus Verwirrung, Furcht oder Schrecken überschreitet [...]."*

IV. Einordnung der Entscheidung

Was die auf der Rechtswidrigkeitsebene zu thematisierende Frage der Einschränkung des Notwehrrechts aufgrund eines provozierenden Vorverhaltens anbelangt, differenzieren Rechtsprechung und die hL zwischen der Absichtsprovokation und einer sonst vorwerfbaren Provokation (vgl. auch schon Fall 8: Streit im Zugabteil, S. 60 ff.). Dabei ist nach überwiegender Ansicht lediglich im Falle einer Absichtsprovokation, bei der der Provokateur mit dolus directus 1. Grades einen Angriff herausfordert, um den Gegner „unter dem Deckmantel der Notwehr" gem. § 32 StGB wie gewünscht verletzen zu können, eine vollständige Versagung des Notwehrrechts anzunehmen. Im Gegensatz dazu bleibt nach der hM in der Konstellation der sonst vorwerfbaren Notwehrprovokation das Notwehrrecht grundsätzlich bestehen, wird jedoch infolge sozialethischer Erwägungen nach der Drei-Stufen-Theorie insoweit eingeschränkt, als der Angegriffene dem von ihm mitverursachten Angriff zuvörderst ausweichen muss. Nur wenn dieses Ausweichen keinen Erfolg verspricht, darf der Provozierende zur Schutzwehr und dann erst nachrangig zur aktiven Trutzwehr übergehen (siehe auch dazu Fall 8: Streit im Zugabteil, S. 60 ff.).

8 Losgelöst von der Frage, welche Rechtsfolgen sich bei einem provozierenden Verhalten ergeben, herrscht in der Literatur darüber hinaus Uneinigkeit darüber, welche Anforderungen an einen sonst vorwerfbar provozierenden Angriff zu stellen sind. Dabei steht der Ansicht der Rechtsprechung und Teilen der Literatur, wonach für die Annahme einer notwehreinschränkenden Provokation bereits ein sozial-ethisch zu missbilligendes Vorverhalten als ausreichend erachtet wird, eine beachtliche Literaturansicht gegenüber, die ein rechtswidriges Provokationsverhalten fordert (s. wiederum Fall 8: Streit im Zugabteil, S. 60 ff.). Entscheidend war im vorliegenden Fall jedoch die Feststellung, dass das bloße Vorliegen einer Notwehrprovokation eine Prüfung des § 33 StGB nicht von vornherein entbehrlich macht. Vielmehr ist gesondert zu prüfen, ob der Betroffene aufgrund eines asthenischen Affektes die Grenzen des bestehenden, aber eben eingeschränkten Notwehrrechts überschreite. Nach einer abweichenden Meinung im Schrifttum soll in diesen Fällen eine Entschuldigung wegen eines Notwehrexzesses ausgeschlossen sein, da ansonsten jede Überschreitung eines verengten Notwehrrechtes straffrei bliebe. Zudem hafte dem Angreifer nicht allein die Schuld des Angriffs an, weshalb eine Privilegierung des Verteidigenden über § 33 StGB nicht als angemessen erscheine.

9 Die herrschende Auffassung in der Literatur zieht hingegen den Umstand des grundsätzlich bestehenden Notwehrrechts heran, um die Anwendbarkeit des § 33 StGB im Zusammenhang mit einer schuldhaften Herbeiführung der Notwehrlage zu begründen. Demnach gelte es zu differenzieren, ob dem Angegriffenen durch das Vorliegen einer Absichtsprovokation das Recht auf Notwehr generell zu versagen sei oder diesem vielmehr ein eingeschränktes Abwehrrecht erhalten bleibe. Während im zuerst genannten Fall ein Notwehrrecht, dessen Grenzen iSd § 33 StGB überschritten werden können, überhaupt nicht bestehe, sei im letztgenannten Fall in der affektbedingten Überschreitung der Gebotenheitsgrenze ein intensiver Notwehrexzess zu sehen, der zu einer Anwendung des § 33 StGB führen könne. In der hier vorliegenden Konstellation der sonst vorwerfbaren Notwehrprovokation bleibe das Notwehrrecht grundsätzlich bestehen, werde jedoch infolge sozial-ethischer Erwägungen insoweit eingeschränkt, als der Verteidiger zunächst ausweichen bzw. Schutz- oder mildere Trutzwehr üben müsse, bevor er zu Maßnahmen greife, die das Leben des Angreifenden gefährden. Denn weder der Wortlaut noch der Sinn und Zweck des § 33 StGB sprächen dafür, dass vorwerfbares Vorverhalten des Verteidigers dessen Anwendbarkeit generell ausschließt. Es überzeuge nicht, dass ein provozierendes Vorverhalten sowohl auf Ebene der Rechtswidrigkeit zu einer Einschränkung des Notwehrrechts führe als auch einer Anwendung des § 33 StGB entgegenstehe. Unter systematischen Gesichtspunkten weist diese Ansicht auch auf § 35 Abs. 1 S. 2 StGB hin, der im Falle einer selbst verursachten Gefahr eine Berufung auf den entschuldigenden Notstand grundsätzlich versagt, während § 33 StGB eine derartige Einschränkung gerade nicht enthält. Lese man eine solche Begrenzung in den § 33 StGB ohne klare gesetzliche Verankerung hinein, verstoße dies gegen das Gesetzlichkeitsprinzip (nulla poena sine lege).

Die Entscheidung in diesem Fall macht nunmehr deutlich, dass auch der BGH diese Prinzipien im Grundsatz anerkennt. Während er in BGH NJW 1962, 308 die Anwendbarkeit des § 33 StGB noch unter Hinweis auf ein zu missbilligendes Vorverhalten des Angegriffenen verneinte, gab er diese Ansicht später auf, machte in BGHSt 39, 133 indes eine Ausnahme für den Fall, dass der Täter sich *„planmäßig in eine tätliche Auseinandersetzung mit seinem Gegner eingelassen hat, um unter Ausschaltung der für die Konfliktlösung zuständigen und erreichbaren Polizei den ihm angekündigten Angriff mit eigenen Mitteln abzuwehren und die Oberhand über seinen Gegner zu gewinnen."* Später stellte er jedoch in BGH NJW 1995, 973 klar, dass die Anwendbarkeit des § 33 StGB nicht schon dadurch ausgeschlossen wird, dass sich der Angegriffene durch Flucht oder vorsorgliche Einschaltung der Polizei hätte entziehen können.

V. Zusatzfragen

1. Worin liegt der Unterschied zwischen einem intensiven und einem extensiven Notwehrexzess? Fallen beide Exzessarten in den Anwendungsbereich des § 33 StGB?

Als unstreitiger Anwendungsfall des § 33 StGB wird der soeben behandelte sog. intensive Notwehrexzess angesehen. Hierunter versteht man eine Verteidigung, die zwar im Rahmen einer tatsächlich bestehenden Notwehrlage vorgenommen wird, jedoch aufgrund asthenischen Affekts intensiver ausfällt, als es erforderlich oder geboten wäre. Überschreitet der Verteidiger hingegen aus Verwirrung, Furcht oder Schrecken die zeitlichen Grenzen der Notwehr, so spricht man von einem extensiven Notwehrexzess. Es ist umstritten, ob der Entschuldigungsgrund des § 33 StGB auch den extensiven Notwehrexzess erfasst. Insoweit lassen sich zwei Fälle unterscheiden. Zunächst ist ein sog. vorzeitiger extensiver Notwehrexzess denkbar, der dadurch gekennzeichnet ist, dass sich der Täter gegen einen Angriff verteidigt, der (noch) nicht unmittelbar bevorsteht. Darüber hinaus kommt eine Anwendung des § 33 StGB auch dann in Frage, wenn sich der Handelnde gegen einen Angriff wehrt, der bereits beendet ist, sog. nachzeitiger extensiver Notwehrexzess.

Nach der Meinung der Rechtsprechung und Teilen der Literatur ist weder der vorzeitige noch der nachzeitige extensive Notwehrexzess von § 33 StGB erfasst. Dafür wird insbesondere der Hintergrund des Entschuldigungsgrundes angeführt, der darin gesehen wird, dass dem Angegriffenen die Überschreitung eben wegen des Angriffs nur teilweise zuzurechnen sei und er zudem aufgrund des asthenischen Affekts die Grenzen des Erforderlichen überschreite, was in der Zusammenschau zu einem Entschuldigungsgrund führe. Beides gelte aber nur, wenn sich der Täter aktuell tatsächlich in einer Notwehrlage befand. Dagegen unterscheidet eine in der Literatur verbreitete Gegenauffassung zwischen den beiden Varianten des extensiven Notwehrexzesses und plädiert zumindest für den Fall des nachzeitigen extensiven Notwehrexzesses für eine Anwendung des § 33 StGB. Von einer „Überschreitung der Grenzen der Notwehr" könne nur dann gesprochen werden, wenn überhaupt eine Notwehrlage vorlag, jedoch verdiene der Täter, der in engem zeitlichen Zusammenhang kurz nach Beendigung der Notwehrlage handle, die gleiche Behandlung wie beim intensiven Notwehrexzess, zumal angesichts der besonderen Gefühlslage in Form von Furcht, Schrecken oder Verwirrung eine zu lang andauernde bzw. zu spät einsetzende Verteidigung nachvollziehbar erscheine und daher eine Strafe unter präventiven Gesichtspunkten nicht erforderlich sei. Es macht hiernach also keinen Unterschied, ob der sich Verteidigende den Angreifer niederschlägt, der ihn gerade attackiert, oder einen Angreifer, der sich Sekunden zuvor schon zum Gehen gewendet hat, sofern er jeweils aus Furcht, Schrecken oder Verwirrung handelt. Teilweise werden ebendiese Argumente aber auch für den vorzeitigen extensiven Notwehrexzess vorgetragen und auch dieser unter § 33 StGB gefasst.

12 2. Ergeben sich in Bezug auf die Strafbarkeit des A Unterschiede, wenn man anders als der BGH für die Einschränkung des Notwehrrechts ein rechtswidriges Vorverhalten fordert?

Die weite Auffassung der Rechtsprechung und Literatur lässt, wie oben dargestellt, für eine Einschränkung bereits ein sozial-ethisch zu missbilligendes Verhalten genügen, worunter sozial unübliche, störende Verhaltensweisen wie Taktlosigkeit, Belästigungen, Anspielungen oder Hänseleien subsumiert werden können. Demgegenüber sieht die insoweit strengere Gegenansicht ein rechtswidriges Vorverhalten für erforderlich an, das insbesondere in gegen den späteren Angreifer gerichteten Straftaten oder in sonstigen Verhaltensweisen gesehen werden kann, die zumindest objektiv sorgfaltspflichtwidrig sind. Angesichts der zahlreichen, gegen N als späteren Angreifer gerichteten Beleidigungen des A ist hier sogar von einem rechtswidrigen Vorverhalten (§ 185 StGB) iSd engeren Ansicht auszugehen, so dass nach beiden Ansichten eine unter sozial-ethischen Gesichtspunkten gebotene Einschränkung des Notwehrrechts begründet ist und sich insoweit keine Unterschiede zur Lösung nach der Rechtsprechung im oben ausgeführten Fall ergeben.

Zur Vertiefung:
Baumann/Weber/Mitsch/Eisele, AT, § 18 Rn. 51 ff.
Hecker, JuS 2016, 177
Heinrich, AT, Rn. 371 ff., 591
Hilgendorf/Valerius, AT, § 5 Rn. 44 ff., § 6 Rn. 36 ff.
Kaspar, AT, § 5 Rn. 206 ff., 401 ff.
Mitsch, JuS 2017, 19
Rengier, AT, § 18 Rn. 72 ff., § 27 Rn. 13 ff.
Roxin/Greco, AT I, § 15 Rn. 65 ff., § 22 Rn. 93
Wessels/Beulke/Satzger, AT, Rn. 532 ff., 700
Zieschang, AT, Rn. 220 ff., 362 ff.

Fall 15: Haustyrann

BGH, 1 StR 483/02, BGHSt 48, 255

Entschuldigender Notstand; Entschuldigungstatbestandsirrtum

I. Sachverhalt

Im Jahr 1983 lernte die A den F kennen, der Mitglied einer Rockergruppe war. Obwohl F bald darauf anfing, A gegenüber gewalttätig zu werden, heirateten beide drei Jahre später. Nach der Geburt der ersten Tochter verschlimmerten sich die Tätlichkeiten des F weiter. Er versetzte A trotz ihrer Schwangerschaft mit der zweiten Tochter Schläge und Tritte in den Bauch, wenn irgendetwas im täglichen Ablauf nicht seinen Vorstellungen entsprach oder A seinen Befehlen nicht schnell genug nachkam. Die Gewalttätigkeiten nahmen schließlich solche Ausmaße an, dass A den Entschluss fasste, sich von ihrem Mann zu trennen. Sie begab sich daraufhin in ein Frauenhaus, kehrte allerdings nach vier Wochen zu F zurück, da dieser Besserung gelobte. Bald darauf kam es jedoch zu weiteren Übergriffen, bei denen F mit seinen Stiefeln mehrfach auf die am Boden liegende A eintrat und sie sogar mit einem Baseballschläger schlug. Seit Mitte der 1990er Jahre schlug er sie regelmäßig, wann immer er meinte, sie habe etwas falsch gemacht. Einmal schlug er die schlafende A sogar des Nachts nach dem Aufwachen ins Gesicht, so dass ihre Lippe genäht werden musste. A nahm die ständigen Beleidigungen und Körperverletzungen ohne Widerworte hin, da sie meinte, dass F sich sonst noch mehr aufregen und noch kräftiger zuschlagen würde.

Nachdem F sich im Jahr 2001 als Gastwirt selbstständig gemacht hatte, steigerten sich seine Wutanfälle und Gewalttätigkeiten noch weiter. Als nun auch die gemeinsamen Töchter Schläge bekamen, geriet A an die Grenzen ihrer Belastbarkeit. Als F eines Nachts gegen 3.30 Uhr nach Hause zurückkehrte, kam es erneut zu einem Streit, bei dem er A beschimpfte, bespuckte und ins Gesicht schlug. Gegen 9 Uhr stieß A beim Aufräumen in der Wohnung auf den von F illegal erworbenen Revolver, den er normalerweise in seiner Gaststätte aufbewahrte, um sich gegen Racheakte verfeindeter Rockergruppen und Überfälle zu schützen. Nachdem A längere Zeit mit sich gerungen hatte, entschloss sie sich, F zu töten. Sie betrat das Schlafzimmer und feuerte aus einer Entfernung von rund 60 cm den Inhalt der gesamten Trommel des Revolvers auf den schlafenden F ab. Zwei der Geschosse trafen ihn und führten umgehend zu seinem Tod. Zum Zeitpunkt der Tat sah A keinen anderen Ausweg mehr, als F zu töten, da eine Trennung auch mithilfe staatlicher oder karitativer Einrichtungen aus ihrer Sicht nicht zu bewerkstelligen war. Für diesen Fall hatte F ihr nämlich bereits wiederholt angedroht, dass er den Töchtern etwas antun würde und auch sie jederzeit ausfindig machen könne.

II. Rechtliche Probleme des Falls

Bei der Lektüre dieses Falls erstaunen die Brutalität des F, aber auch das lange Ausharren der A in dieser Situation. Man kann die schlimme Lage und die Auswegslosigkeit, die sie fühlte, nur erahnen. Signifikant ist dabei, dass A sich erst dann, als auch ihre Töchter der Brutalität ihres Ehemannes ausgesetzt waren, zum entscheidenden Schritt entschloss. Möglicherweise hat sie gerade auch aus Angst vor weiteren Konsequenzen für die Töchter dem Leben des F ein Ende gesetzt. Bemerkenswert ist auch das geringe Vertrauen, das sie für die staatlichen Institutionen aufbrachte. Damit befand sich der

BGH in dem Dilemma, einerseits die verzweifelte Lage der A anzuerkennen, andererseits aber nicht der Selbstjustiz das Wort zu reden. Zwar waren A und später auch ihre Töchter den brutalen Übergriffen des F ausgesetzt. Solche Eingriffe zu verhindern, obliegt jedoch grundsätzlich dem Staat, der über das Gewaltmonopol verfügt. Vor diesem Hintergrund war der BGH vor eine schwierige Frage gestellt: Durfte A den F unter den besonderen Umständen dieses Falles straflos töten oder war sie wegen eines heimtückischen Mordes zu bestrafen?

3   Zunächst lässt sich zugunsten der A an eine Rechtfertigung wegen Notwehr gem. § 32 StGB denken. Hierbei ist jedoch schon zweifelhaft, ob sie sich überhaupt in einer Notwehrlage befand, dh ob von einem gegenwärtigen Angriff die Rede sein kann, da F zum Tatzeitpunkt schlief. Ist dies nicht der Fall, so könnte jedoch ein Fall des rechtfertigenden Notstands nach § 34 StGB gegeben sein. Eine Notstandslage reicht zeitlich nämlich weiter als die Notwehrlage, da hier tatbestandlich kein gegenwärtiger Angriff, sondern eine gegenwärtige „Gefahr" für ein Rechtsgut bestehen muss. Die Gegenwärtigkeit der Gefahr kann dabei – wie gesehen (vgl. hierzu ausführlich Fall 9: Spanner, S. 67 ff.) – auch im Falle einer sog. „Dauergefahr" bestehen, welche hier angesichts des dauerhaften Martyriums der A angenommen werden könnte. Diese tatbestandliche Weite wird jedoch an anderer Stelle wieder ausgeglichen. Das Notwehrrecht als besonders „schneidiges" Abwehrrecht eröffnet dem Angegriffenen sehr weitreichende Verteidigungsbefugnisse bis hin zur Tötung des Angreifers. Dagegen fordert § 34 StGB eine Güterabwägung, bei der das von der Gefahr bedrohte Interesse das durch den Handelnden verletzte „wesentlich überwiegen" muss. Das ist in unserem Fall, in dem das Leben des F beendet wurde, offensichtlich problematisch. Zudem würde sich sowohl bei der Notwehr als auch beim Notstand bei der Prüfung der Erforderlichkeit die Frage stellen, ob nicht mildere Mittel als die Tötung zur Verfügung standen. Als Entschuldigungsgrund könnte schließlich der entschuldigende Notstand nach § 35 Abs. 1 StGB greifen, bei dem – wie bei § 34 StGB – allerdings noch zu klären ist, ob es sich um eine „nicht anders abwendbare Gefahr" handelte.

III. Die Entscheidung des BGH

4   Sowohl eine Rechtfertigung der Tat wegen Notwehr (§ 32 StGB) als auch wegen eines rechtfertigenden Notstandes (§ 34 StGB) lehnte der BGH ab. Die Notwehr scheide bereits mangels Gegenwärtigkeit des Angriffs aus, da A ihren Mann im Schlaf und nicht in einer akuten Angriffssituation erschossen hat. Die Annahme eines rechtfertigenden Notstandes wiederum scheitere an der Interessenabwägung. Es liege auf der Hand, dass die in Rede stehenden durch die Tat geschützten Rechtsgüter, dh die körperliche Unversehrtheit der A und der gemeinsamen Töchter, das Rechtsgut Leben des F nicht „wesentlich" überwiegen können.

5   Deutlich ausführlicher ging der BGH jedoch auf das mögliche Vorliegen eines entschuldigenden Notstandes nach § 35 Abs. 1 S. 1 StGB ein, den die Tatsacheninstanz vernachlässigt hatte. Hiernach ist eine rechtswidrige Tat entschuldigt, wenn eine gegenwärtige Gefahr für Leib oder Leben des Täters, eines Angehörigen oder einer anderen ihm nahestehenden Person vorliegt und diese nicht anders als durch die Tat abgewendet werden kann. Nach Ansicht des BGH drängte sich die Annahme auf, dass A und ihre Töchter sich in einer von F ausgehenden Dauergefahr für ihre körperliche Unversehrtheit und möglicherweise auch für ihr Leben befanden, da die Gewalttätigkeiten des F seit Jahren andauerten und sich in den Monaten und Tagen

III. Die Entscheidung des BGH

vor der Tat ständig gesteigert hatten. Mit anderen Worten ist auch im Falle des § 35 StGB wie bei § 34 StGB eine Dauergefahr ausreichend. Der BGH führte aus: *„Bei einer Dauergefahr ist eine solche Verdichtung der Gefahr anzunehmen, wenn der Schaden jederzeit eintreten kann, auch wenn die Möglichkeit offen bleibt, daß der Schadenseintritt noch einige Zeit auf sich warten läßt [...]. Auf der Grundlage dieses Maßstabes war die Annahme einer ‚gegenwärtigen Gefahr' im Sinne des § 35 Abs. 1 StGB hier naheliegend. Diese konnte sich jederzeit realisieren, auch wenn F im Tatzeitpunkt schlief; er hatte die Angeklagte bereits in der Vergangenheit aus dem Schlaf heraus und ohne konkreten Anlaß mißhandelt. Zudem war mit seinem Erwachen und der sofortigen Aufnahme weiteren Streits mit den allfälligen körperlichen Mißhandlungen zu rechnen. Zur Vermeidung weiteren Schadenseintritts war deshalb im Grundsatz sofortiges Handeln geboten."* Der BGH stellte ferner klar, dass die Annahme eines entschuldigenden Notstandes auch nicht deshalb ausgeschlossen war, weil A etwa aufgrund der ehelichen Bande zu ihrem Mann die Hinnahme der Gefahr zumutbar gewesen wäre: *„Die Ehe mit ihm als solche war angesichts des Gewichts der langdauernden, wiederkehrenden Mißhandlungen hier kein Rechtsverhältnis, aufgrund dessen der Angeklagten die Hinnahme der Gefahr weiterer, auch heftiger körperlicher Attacken zuzumuten gewesen wäre".*

Entscheidend war nach der Einschätzung des Gerichts daher, ob die Gefahr für A „anders abwendbar" war. Dies hatte die Vorinstanz gar nicht untersucht, so dass der BGH letztlich zur neuen Verhandlung zurückverwies. Dennoch machte er einige wichtige Aussagen zu dieser Frage: *„Als anderweitige Abwendungsmöglichkeiten kamen hier ersichtlich die Inanspruchnahme behördlicher Hilfe oder der Hilfe karitativer Einrichtungen in Betracht, namentlich der Auszug der Angeklagten mit den Töchtern aus dem gemeinsamen Haus und die Übersiedlung etwa in ein Frauenhaus, aber auch das Suchen von Zuflucht bei der Polizei mit der Bitte um Hilfe im Rahmen der Gefahrenabwehr; letzteres wäre naheliegenderweise mit einer Strafanzeige verbunden gewesen. Die Angeklagte hat indessen nicht versucht, sich auf diese Weise aus ihrer bedrängten Lage zu befreien. Unter diesen Umständen könnte die Gefahr nur dann als nicht anders abwendbar bewertet werden, wenn aufgrund konkreter Anhaltspunkte des Einzelfalles die hinreichende Wirksamkeit der Handlungsalternativen von vornherein zweifelhaft gewesen wäre. Denn auch bei Bestehen einer Dauergefahr muß die Abwehr nicht darauf beschränkt werden, die Gefahr nur hinauszuschieben [...]. Nach den bisherigen Feststellungen läßt sich nicht verläßlich beurteilen, ob die Angeklagte zur Abwendung der ihr und den Kindern drohenden Gefahr ohne aussichtsreiche, wirksame Handlungsalternative war, wiewohl dies eher fernliegen wird. Auch wenn im Falle des Auszugs und der Inanspruchnahme von Hilfe Nachstellungen Fs zu besorgen gewesen wären, so bleibt zu bewerten, wie ernst die von diesem ausgesprochenen Drohungen tatsächlich zu nehmen waren. Schließlich ist im Grundsatz bei vollständiger Kenntnis des objektiven Sachverhalts davon auszugehen, daß solcherart in Bedrängnis geratenen Familienangehörigen von staatlichen Stellen und karitativen Einrichtungen auch wirksame Hilfe zuteil wird. Das wird auch dann gelten, wenn – wie hier – die rechtlichen Möglichkeiten des mittlerweile in Kraft getretenen Gewaltschutzgesetzes noch nicht bestanden haben, unter dessen Geltung aber zukünftig um so mehr [...]. An die Annahme anderweitiger Abwendbarkeit der Dauergefahr sind nicht zuletzt aus normativen Gründen und zumal dann, wenn die Vernichtung des Rechtsguts Leben in Rede steht, keine allzu hohen Anforderungen zu stellen. Dem entspricht die Verpflichtung staatlicher Stellen (der Polizei, aber zum Beispiel auch der Jugendämter) zum*

6

wirksamen Einschreiten. Danach gilt: Die von einem ‚Familientyrann' aufgrund seiner immer wiederkehrenden erheblichen Gewalttätigkeiten ausgehende Dauergefahr für die übrigen Familienmitglieder ist regelmäßig im Sinne des § 35 Abs. 1 StGB anders abwendbar als durch die Tötung des ‚Tyrannen', indem Hilfe Dritter, namentlich staatlicher Stellen in Anspruch genommen wird."

7 Aber auch wenn das Tatgericht in der neuen Verhandlung unter diesen Prämissen zu dem Ergebnis käme, dass A nicht gem. § 35 Abs. 1 StGB entschuldigt ist, bliebe die Frage zu klären, ob sie nicht bei der Begehung der Tat irrig Umstände angenommen hat, die sie entschuldigen würden, was bei Unvermeidbarkeit dieses Irrtums zur Straflosigkeit gem. § 35 Abs. 2 StGB führen würde. Nach den Feststellungen des Instanzgerichts war A von der Vorstellung, ihre Situation sei ausweglos, völlig eingenommen. Sie ging davon aus, dass sie sich und ihre Kinder vor weiteren Übergriffen nur durch die Tötung des F schützen könne und sah darin die „einzige Lösungsmöglichkeit". Daher hätte sich das Tatgericht insbesondere auch mit der Frage eines solchen Entschuldigungstatbestandsirrtums und dessen Vermeidbarkeit beschäftigen müssen. Auch diesbezüglich gab der BGH dem Gericht für die neue Verhandlung einige Grundsätze mit auf den Weg: *„Sollte die neue Verhandlung ergeben, daß die von [...] F ausgehende Gefahr anders abwendbar war, die Angeklagte dies aber nicht erkannte, kommt es für die Frage der Vermeidbarkeit eines solchen Irrtums (§ 35 Abs. 2 StGB) darauf an, ob die Angeklagte mögliche Auswege gewissenhaft geprüft hat. Dabei sind die Anforderungen an diese Prüfungspflicht nach den konkreten Tatumständen zu bestimmen [...]. Von Bedeutung sind dafür insbesondere die Schwere der Tat und die Umstände, unter denen die Prüfung stattgefunden hat, insbesondere die Zeitspanne, die für sie zur Verfügung stand und ob dem Täter eine ruhige Überlegung möglich war; gegebenenfalls kommt es auch darauf an, wodurch ihm die Einsicht in die tatsächliche Sachlage verschlossen war."* Da hier mit der Tötung des F eine der am schwersten wiegenden Straftaten im Raum stand, stellte der BGH an die Prüfungspflicht strenge Anforderungen. Für die Vermeidbarkeit eines entsprechenden Irrtums könne zudem sprechen, dass A vor der Tat eine längere Überlegungsfrist zur Verfügung stand, in der sie Erkundigungen über Möglichkeiten zur anderweitigen Abwendbarkeit der Gefahr und Rat hätte einholen können. Sollte das Gericht danach zu dem Ergebnis kommen, dass der Irrtum der A vermeidbar war, ist die Strafe gem. § 35 Abs. 2 S. 2 iVm § 49 Abs. 1 Nr. 1 StGB obligatorisch zu mildern.

IV. Einordnung der Entscheidung

8 Die Ablehnung der Notwehr ist überwiegend auf Zustimmung gestoßen. Die Gegenansicht, die in entsprechender Anwendung des § 32 StGB bereits einen zukünftigen Angriff genügen lässt, falls durch das Abwarten des Opfers dessen Verteidigungschancen erheblich verschlechtert würden (sog. Präventivnotwehr), wird weitgehend mit dem Argument abgelehnt, dass sie dem Wortlaut des § 32 StGB widerspricht, der das weitreichende Notwehrrecht auf zugespitzte Angriffssituationen beschränkt. Zudem würden ansonsten der Vorrang staatlicher Hilfe missachtet und die in § 34 StGB für die Gefahrenabwehr festgelegten Voraussetzungen der Güterabwägung umgangen. Da auch die Interessenabwägung des BGH im Rahmen des § 34 StGB insgesamt nicht zu beanstanden ist, da der Notstand jedenfalls keine Tötung zu rechtfertigen vermag, liegt der Schwerpunkt dieses Falles in der Tat bei der Frage, ob die Gefahr „anders abwendbar" war. Diese erörtert das Gericht im Rahmen des § 35 StGB, aber selbstverständlich

hätte sich diese Frage gleichermaßen bei § 34 StGB gestellt. Die Zurückhaltung des Senats, dies anzunehmen, kann möglicherweise damit begründet werden, dass eine Art „Dammbruch-Effekt" vermieden werden sollte, indem die Werthaltigkeit des Rechtsguts Leben betont und eine so folgenreiche straflose Gefahrenabwehr nicht ermöglicht wurde. Die Klärung entsprechender familiärer Konfliktlagen bleibt auf diese Weise in der Hand des Staates und wird nicht dem „Faustrecht der Geschädigten" überlassen. Es wäre auch ein überraschendes Signal, wenn das höchste deutsche Strafgericht den staatlichen Institutionen eine so weitgehende Unfähigkeit zum Schutz der A attestiert hätte. Interessanterweise hatte der BGH jedoch im Jahr 1966 im sog. „Bratpfannenfall" ebendies noch mit der Begründung angenommen, es sei rechtsfehlerhaft, die Angeklagte auf den Weg der Ehescheidung oder der Unterbringung des Ehemannes wegen dessen Trunksucht zu verweisen, denn damit habe das Schwurgericht der Ehefrau zugemutet, *„bis zum etwaigen Erfolg dieser Maßnahmen die unmenschliche Behandlung durch den Mann weiter zu erdulden."* Ein unverschuldeter Notstand entschuldige *„jede – auch die äußerste – Handlung des Täters zur Rettung aus gegenwärtiger Gefahr für sein oder eines Angehörigen Leib oder Leben, wenn der Notstand auf keine andere Weise – sofort und endgültig – zu beseitigen ist"* (BGH NJW 1966, 1823 (1825); siehe Fall 2: Bratpfanne, S. 23 ff.).

Ob die Schlussfolgerung des BGH, dass die von einem Familientyrannen ausgehende Dauergefahr für die üblichen Familienangehörigen „regelmäßig" anders als durch die Tötung abwendbar ist, überzeugend ist, kann man vor diesem Hintergrund bezweifeln. Immerhin hat der BGH einen Lösungsweg aufgezeigt: Es mag Fälle geben, in denen eine verzweifelte Ehefrau, die sich in der besonderen Lebenssituation eines jahrelangen Martyriums befindet, nicht in der Lage ist, zu erkennen, dass ihr effektive staatliche Hilfe zur Verfügung steht. In einer späteren Entscheidung aus dem Jahr 2005 hat der BGH indes bei der Tötung eines Haustyrannen durch seine jahrelang malträtierte Ehefrau, die ihn während einer Autofahrt erschoss, schon das Vorliegen einer Dauergefahr angezweifelt (BGH NStZ-RR 2006, 200). Anders als in unserem Fall, bei dem damit zu rechnen war, dass F aus dem Schlaf aufwachen und sogleich zu körperlichen Misshandlungen schreiten könnte, war das Tatgeschehen dort dadurch gekennzeichnet, dass zwischen dem Entschluss zur Tötung des Ehemannes und seiner Umsetzung ein Zeitraum von etwa drei Monaten lag und selbst der Erschießung des Ehemannes im Auto ein Vorbereitungszeitraum von über einer Woche vorausging.

V. Zusatzfragen

1. Wie wäre der Fall zu entscheiden gewesen, wenn sich A im Zeitpunkt eines konkreten Angriffs seitens des F mit einem tödlichen Schuss gegen die von ihrem Ehemann ausgehenden Gewalttätigkeiten verteidigt hätte?

Das „schneidige" Notwehrrecht gewährt dem Angegriffenen äußerst weitreichende Verteidigungsrechte und erlaubt – anders als der rechtfertigende Notstand – sogar die Tötung des Angreifers, sofern die Verteidigungshandlung erforderlich und geboten ist, um eine drohende Rechtsgutsverletzung wirksam abzuwehren. Im Gegensatz zu einer Rechtfertigung gem. § 34 StGB setzt die Notwehr nach § 32 StGB außerdem prinzipiell keine Interessenabwägung voraus. In einer akuten Angriffssituation kann der Gebrauch der Schusswaffe durch die körperlich unterlegene A auch durchaus erforderlich sein. Ein Ausweichen gegenüber dem Angreifer, um staatliche oder sonstige Hilfe zu rufen, wird von der hM aufgrund des Rechtsbewährungsgedankens nicht als gleich geeignetes milderes Mittel eingeordnet („Recht braucht dem Unrecht nicht zu weichen"). Diese Möglichkeit stünde der Erforderlichkeit also nicht entgegen. Bei einem tödlichen Einsatz einer Schusswaffe ist allerdings zuerst zu untersuchen, ob sich der Verteidiger auf die Androhung des Schusswaffengebrauchs und danach auf einen Warnschuss hätte beschränken müssen. Doch wird auch dies aufgrund der Tatsituation, insbesondere in Fällen, in denen sich der Angreifer bereits mehr oder weniger „in Rage geprügelt" hat, nur ausnahmsweise als erfolgversprechende Handlungsalternative in Betracht kommen. Ein Verletzungsrisiko muss grundsätzlich vom Angegriffenen nicht hingenommen werden, er darf zu dem Verteidigungsmittel greifen, das eine verlässliche Abwehr des Angriffs verspricht. Sodann muss erwogen werden, ob ein nicht tödlicher Schuss zB in die Beine des Angreifers ausgereicht hätte, um diesen kampfunfähig zu machen und dadurch den Angriff zu beenden. Dies kann nur anhand des konkreten Einzelfalles beantwortet werden. Denn zum einen hängen die Erfolgsaussichten eines solchen Schusses von den Fähigkeiten des Verteidigers im Umgang mit Schusswaffen ab. Und zum anderen ist ein Schuss in Arme oder Beine nicht generell dazu geeignet einen Angriff abzuwehren. Vielmehr kann hierdurch die Gewaltbereitschaft des Angreifers im Einzelfall sogar noch verstärkt werden. Erst nachdem positiv festgestellt wurde, dass sowohl ein Warn- als auch ein nicht tödlicher Schuss den Angriff nicht beendet hätte, ist ein tödlicher Schuss in Betracht zu ziehen. Diese sog. „Drei-Stufen-Theorie" ist jedoch keine Besonderheit eines Schusswaffeneinsatzes, sondern nur eine logische Konsequenz daraus, dass der Verteidiger das mildeste gleich wirksame Mittel wählen muss und sich bereits das Androhen eines Schusses im Einzelfall als ausreichend erweisen kann, einen Angriff abzuwehren.

Schließlich muss die Verteidigungshandlung auch der Gebotenheitsprüfung standhalten, mit der das weitreichende Notwehrrecht normativen Beschränkungen unterzogen wird. Im Falle enger persönlicher, insbesondere ehelicher Bindungen wird überwiegend eine Einschränkung des Notwehrrechts aufgrund der ehelichen Solidargemeinschaft oder Garantenstellung befürwortet. Dabei wird dem angegriffenen Ehegatten auferlegt, sich auf ein Ausweichen oder auf bloße Schutzwehr zu beschränken, bevor er zur Trutzwehr übergeht. Mitunter wird sogar vertreten, dass Ehegatten die Hinnahme leichter Verletzungen zugemutet werden kann. Diese Ansicht ist jedoch sehr problematisch, da es mehr als fraglich ist, ob sich ein Ehegatte, der den anderen (tätlich) angreift, noch auf die Privilegien der ehelichen Solidargemeinschaft berufen können soll, stellt er diese doch durch sein eigenes Verhalten selbst in Frage. Es sei hier auch noch einmal auf die obige Argumentation des BGH hingewiesen, der im Fall die Ehe auch nicht als Grund für die Einschränkung des Notstandsrechts gelten ließ. Die Ablehnung einer Einschränkung des Notwehrrechts ist auch nicht unbillig, denn sie eröffnet dem angegriffenen Ehegatten keinesfalls ein ungezügeltes Notwehrrecht. Insbesondere ist auch bei Angriffen im Rahmen enger persönlicher Beziehungen ein etwaiges krasses Missverhältnis zwischen Angriff und Verteidigungsmaßnahme stets zu prüfen, so dass rein verbale Angriffe oder nur sehr leichte körperliche Übergriffe jedenfalls regelmäßig noch keine Tötung des Angreifenden erlauben.

11 2. Hätte der BGH nicht den Umstand der vorwerfbaren Gefahrverursachung durch F bei seiner Entscheidung stärker berücksichtigen müssen?

Es ist nicht ganz klar, warum der BGH dem Umstand, dass F selbst durch die jahrelangen Misshandlungen vorwerfbar die Gefahrenlage heraufbeschworen, ja geradezu provoziert hatte, keine normative Relevanz beigemessen hat. Denkbar wäre es zunächst

V. Zusatzfragen

gewesen, diesen Aspekt innerhalb der Abwägung des § 34 StGB zu berücksichtigen. Die eigene Verantwortung für die Gefahr ist dort zwar nicht ausdrücklich enthalten, lässt sich aber § 228 BGB als Rechtsgedanke entnehmen. A befand sich im Defensivnotstand, da die Gefahr letztlich von F ausging. § 228 BGB sieht einen deutlich weniger strengen Abwägungsmaßstab vor, wenn die Gefahrenquelle aus der Sphäre des letztlich Geschädigten kommt. Es handelt sich dabei ganz allgemein um einen rechtlich anerkannten Faktor bei einer Güter- und Interessenabwägung (vgl. auch die umgekehrte Relevanz der eigenen Gefahrverursachung des Handelnden in § 35 Abs. 1 S. 2 StGB). Vermutlich spielte dies hier deshalb keine Rolle, weil mit dem Rechtsgut Leben ein hochrangiges Gut betroffen war, das als absolut geschützt und damit als grundsätzlich unabwägbar gilt.

Denkbar wäre es auch gewesen, den Umstand im Rahmen von § 35 StGB zu berücksichtigen. Problematisch ist allerdings, dass es sich bei der entscheidenden Frage der „anderen Abwendbarkeit" der Gefahr um eine im Kern empirische Frage handelt, bei der normative Aspekte prima facie keine Rolle spielen. Dass dies einer Relevanz des Vorverhaltens des F nicht zwingend entgegensteht, zeigt aber der etwa zeitgleich mit unserem Fall entschiedene Erpresser-Fall (BGHSt 48, 207). Hier stand ein Heimtückemord des Erpressten gegen dessen Erpresser im Raum. Der BGH hatte dabei zu erörtern, ob der Erpresser, also das spätere Tatopfer, aufgrund seines vorangegangenen Verhaltens tatsächlich als arglos eingestuft und somit heimtückisch getötet werden kann. Der BGH verneinte dies mit Hinweis darauf, dass es letztlich der Angreifer sei, der mit seinem Verhalten den (wenn auch im konkreten Fall rechtswidrigen) Gegenschlag provoziert habe. Er führt dazu aus: *„Die Frage, ob ein Mensch arglos ist, beurteilt sich grundsätzlich nach seiner tatsächlich vorhandenen Einsicht in das Vorhandensein einer Gefahr. Daß er einen tätlichen Angriff (hier: Gegenangriff) in Rechnung gestellt hat, kann sich allein schon aus seinem eigenen vorausgegangenen Verhalten ergeben. [...] Mit seinem konkreten Angriff hat das spätere Opfer des Gegenangriffs in aller Regel seine Arglosigkeit bereits zuvor verloren. Er ist der wirkliche Angreifer. Dem Angegriffenen gesteht die Rechtsordnung das Notwehrrecht zu. Mit dessen Ausübung muß jeder Angreifer in solcher Lage grundsätzlich rechnen."* Der letzte Satz dürfte so zu verstehen sein, dass der ursprüngliche Angreifer sich auf eine (tatsächlich möglicherweise bestehende) Arglosigkeit nicht berufen kann. Bedenkt man, dass die „Arglosigkeit" als Voraussetzung der Heimtücke im Kern ebenfalls ein empirisches Merkmal darstellt, das hier vom BGH normativ korrigiert wird, wäre eine Berücksichtigung im Rahmen von § 35 Abs. 1 StGB also durchaus möglich gewesen. Erst recht gilt dies für die Prüfung der „Vermeidbarkeit" des Irrtums in § 35 Abs. 2 StGB, die noch deutlicher eine rechtliche Wertung erforderlich macht.

Allein die Tatsache, dass es im Erpresser-Fall um eine Notwehr-, hier aber um eine Notstandslage ging, erklärt die fehlende Auseinandersetzung mit dem Vorverhalten des F nicht; der Grundgedanke einer Verantwortlichkeit des späteren Opfers für die Gefahren- bzw. Angriffssituation ist derselbe. Möglicherweise war es die Tragweite der jeweiligen Entscheidung, die den BGH hier zu unterschiedlichen Prüfungsmaßstäben geführt hat: Beim Erpresser-Fall ging es nicht um die Strafbarkeit als solche, sondern „nur" um die Frage der Erfüllung eines Mordmerkmals, die zu einer massiven und im konkreten Fall möglicherweise als unbillig empfundenen Strafschärfung geführt hätte. In unserem Fall stand dagegen eine vollständige Straflosigkeit trotz Verwirklichung von Tötungsunrecht zur Diskussion, was (auch aus generalpräventiver Sicht) andere Folgewirkungen nach sich gezogen hätte.

Zur Vertiefung:
Baumann/Weber/Mitsch/Eisele, AT, § 18 Rn. 10 ff.
Haverkamp/Kaspar, JuS 2006, 895
Heinrich, AT, Rn. 346, 412 f., 421, 568
Hilgendorf/Valerius, AT, § 5 Rn. 76
Hillenkamp, JZ 2004, 48
Kaspar, AT, § 5 Rn. 383 ff.
Rengier, AT, § 32 Rn. 1 ff. sowie § 19 Rn. 18, 25, 41; § 26 Rn. 2
Rengier, NStZ 2004, 233
Roxin/Greco, AT I, § 22 Rn. 18 f.
Wessels/Beulke/Satzger, AT, Rn. 689
Zieschang, AT, Rn. 371 ff.

Fall 16: Pfeffertüte

BGH, 4 StR 839/51, NJW 1952, 514
Versuch; unmittelbares Ansetzen

I. Sachverhalt

A und B wollten den Geldboten O, der für einen Betrieb bei der Bank Geld für die Lohnzahlung abzuholen pflegte, auf dem Rückweg zum Betrieb überfallen. Sie verabredeten alle Einzelheiten der Durchführung des Plans und bereiteten den Raubüberfall auf das Sorgfältigste vor. Ihr Plan sah es vor, O nach dem Aussteigen aus der Straßenbahn abzupassen, ihm sofort nach seinem Eintreffen Pfeffer in die Augen zu streuen, ihm die Tasche mit den Lohngeldern zu entreißen und in zwei zu diesem Zweck bereitgehaltenen Kraftwagen zu fliehen. Am Tattag fuhren sie mit den Kraftwagen gegen Mittag zu dem vereinbarten Tatort, der unweit der Straßenbahnhaltestelle lag, an der der O auszusteigen pflegte. Dort warteten sie im Auto auf seine Ankunft. Er musste nach ihrer Berechnung alsbald mit der Straßenbahn eintreffen. Sie hielten den Pfeffer, der ihm in die Augen gestreut werden sollte, bereit und ließen bei Ankunft einer jeden Straßenbahn die Motoren der Wagen anlaufen, um sofort nach Ausführung der Tat das Weite suchen zu können. Nachdem sie vier Straßenbahnen abgewartet hatten, erkannten sie, dass O an diesem Tag nicht erscheinen werde und entfernten sich vom geplanten Tatort.

II. Rechtliche Probleme des Falls

Dieser Fall ist nicht nur eine etwas komisch anmutende Anekdote, sondern in rechtlicher Hinsicht sehr interessant. Denn hier lässt sich instruktiv das Problem der Abgrenzung zwischen Versuch und bloßer Vorbereitung einer Tat veranschaulichen. A und B haben in rechtlicher Hinsicht unproblematisch einen (besonders) schweren Raub in Mittäterschaft gem. den §§ 249 Abs. 1, 250 Abs. 2 Nr. 1, 25 Abs. 2 StGB geplant. Vollendet wurde dieser zweifelsohne nicht. Haben sie aber durch das Warten an der Straßenbahnhaltestelle mit der Pfeffertüte in der Hand und startbereiten Fluchtfahrzeugen bereits unmittelbar iSd § 22 StGB zu diesem (besonders) schweren Raub angesetzt? Oder befanden sie sich noch im Vorbereitungsstadium, so dass nur eine nach § 30 Abs. 2 StGB strafbare Verabredung in Betracht käme? Man muss hierbei beachten, dass der Versuchsbeginn zur Zeit der Entscheidung im Jahr 1951 noch in § 43 Abs. 1 StGB aF geregelt war, welcher lautete: „Wer den Entschluß, ein Verbrechen oder Vergehen zu verüben, durch Handlungen, welche einen Anfang der Ausführung dieses Verbrechens oder Vergehens enthalten, bethätigt hat, ist, wenn das beabsichtigte Verbrechen oder Vergehen nicht zur Vollendung gekommen ist, wegen Versuches zu bestrafen". Damals war also ein „Anfang der Ausführung" erforderlich, heute verlangt § 22 StGB, dass der Täter „nach seiner Vorstellung von der Tat zur Verwirklichung des Tatbestandes unmittelbar ansetzt". Dennoch stellte sich damals wie heute die Frage, ob einen Raub versucht, wer sich auf die Lauer legt, um nach Eintreffen des anvisierten Opfers den Tatplan auszuführen. Beinhaltet das Auf-der-Lauer-Liegen bereits den „Anfang der Ausführung" des Raubes bzw. ein unmittelbares Ansetzen zum Raub? Welche Bedeutung kommt dabei dem Umstand zu, dass das Opfer zu keinem Zeitpunkt tatsächlich am Tatort anwesend war, auch wenn die Täter mit seinem Eintreffen rechneten?

III. Die Entscheidung des BGH

3   Das LG Bielefeld hatte die Angeklagten wegen gemeinschaftlichen versuchten (besonders) schweren Raubes verurteilt. Der BGH bestätigte diese Verurteilung und bejahte einen Versuchsbeginn mit den folgenden Argumenten: *„Zum Beginn der Ausführung einer strafbaren Handlung ist die Verwirklichung eines dem gesetzlichen Tatbestand angehörenden Verhaltens nicht notwendig. Der Versuch setzt nur voraus, daß – zunächst abgesehen von der inneren Tatseite und von der Frage des Tatirrtums – die Angriffsmittel in tätige Beziehung zum Angriffsgegenstand gesetzt worden sind [...], und zwar dergestalt, daß die Herbeiführung des vom Gesetz mißbilligten Erfolges im unmittelbaren Anschluß an die entfaltete Tätigkeit nahegerückt ist, daß also das planmäßige Handeln des Täters im ungestörten Fortgang unmittelbar zur Erfüllung des gesetzlichen Tatbestands geführt hätte. [...] Es muß hiernach eine unmittelbare Gefährdung des angegriffenen Rechtsguts eingetreten sein."*

4   Unter Anwendung dieser Kriterien kam der BGH zu dem Ergebnis, dass die Schwelle zum Versuchsbeginn überschritten war, da A und B das ihrerseits Erforderliche getan hätten und der Plan unverzüglich nach Eintreffen des O durchgeführt werden sollte. Dass das Opfer gar nicht erschien, könne die Angeklagten nicht entlasten, denn für die erforderliche unmittelbare Gefährdung des Rechtsgutes komme es nicht auf die tatsächliche Gefährdungslage, sondern auf die Sicht der Täter an. Der Versuch sei nämlich auch dann strafbar, wenn ein Merkmal des gesetzlichen Tatbestands zwar fehle, aber vom Täter irrtümlich angenommen werde. Der BGH stellte insofern auf den Fall bezogen fest: *„Dieser Rechtsgrundsatz hat auch für die Fälle zu gelten, in denen der auf der Lauer liegende Täter irrtümlich von der Erwartung ausging, das Opfer werde sich sogleich dem verbrecherischen Angriff aussetzen. [...] Für die Anwendung des § 43 StGB genügt daher ein Verhalten, das nach dem Gesamtplan des Täters dazu geeignet war, in seinem weiteren Verlauf die Tat unmittelbar zur Vollendung zu bringen. Maßgebend ist hierbei die Vorstellung und der Wille des handelnden Täters. Entscheidend ist hiernach, daß die Angekl. die Tatbestandshandlung – den Straßenraub – im unmittelbaren räumlichen und zeitlichen Zusammenhang mit dem, was sie bis dahin getan hatten, durchführen wollten; dieses hängt mit der gewaltsamen Wegnahme der Geldtasche aufs engste zusammen."* Auch eine *„natürliche Betrachtung"* und das *„allgemeine Rechtsempfinden"* rechtfertigten hier keine andere Beurteilung.

IV. Einordnung der Entscheidung

5   Die Entscheidung des BGH ist in der Literatur auf viel Kritik gestoßen. Schon damals hat man sich an der Annahme der „Unmittelbarkeit" gestört, die später sogar in den Gesetzestext aufgenommen wurde. Der BGH verwendete diesen Begriff an verschiedenen Stellen der Entscheidung und verlangte für den Versuchsbeginn insbesondere eine *„unmittelbare Gefährdung des angegriffenen Rechtsguts"*. Vielfach wird eingewendet, davon könne angesichts der Tatsache, dass O nicht erschienen ist, also niemals aus der Straßenbahn gestiegen und in den Wirkungskreis der Täter geraten ist, keine Rede sein. Da das Gesetz selbst heute wie auch damals nicht definiert, was unter einem „unmittelbaren Ansetzen" zu verstehen ist, existiert eine Vielzahl an Vorschlägen, um den Versuchsbeginn zu bestimmen. Dies ist schon deshalb entscheidend, weil in vielen Fällen die bloße Vorbereitung einer Straftat gar nicht unter Strafe steht. Wenn das bloße Sich-Besorgen eines Messers, um damit einen Mord zu begehen, noch kein unmittelbares Ansetzen zum Versuch des Mordes darstellt, so ist dieses Verhalten

IV. Einordnung der Entscheidung

straflos (zur Strafbarkeit von Vorbereitungshandlungen gem. § 30 StGB s. Fall 25: Zauberwald, S. 176 ff.). Auch wenn das „unmittelbare Ansetzen" häufig als „objektiver Tatbestand" des Versuchs bezeichnet wird, ist festzuhalten, dass das Gesetz sich in § 22 StGB einer gemischt subjektiv-objektiven Methode bedient. Denn der Täter muss „nach seiner Vorstellung von der Tat" (subjektives Element) zur Verwirklichung des Tatbestandes „unmittelbar ansetzen" (objektives Element). Man geht also von der Vorstellung des Täters aus und bestimmt sodann, ob auf dieser Beurteilungsgrundlage nach objektivem Maßstab ein unmittelbares Ansetzen anzunehmen ist. Ebendieser objektive Maßstab ist aber unklar.

Der BGH hat § 43 StGB aF entsprechend interpretiert und jedenfalls die „formal-objektive Theorie" verabschiedet, die zuvor vom RG und Teilen der Literatur noch zu Grunde gelegt worden war und nach der stets zumindest eine Teilverwirklichung des Tatbestandes erforderlich war. Der BGH sagte dazu: *„Zum Beginn der Ausführung einer strafbaren Handlung ist die Verwirklichung eines dem gesetzlichen Tatbestand angehörenden Verhaltens nicht notwendig."* Natürlich ist es auch heute noch ausreichend für einen Versuchsbeginn, wenn tatsächlich eine Teilverwirklichung vorliegt, notwendig ist dies aber nicht, da § 22 StGB eben nur ein „unmittelbares Ansetzen" zur Verwirklichung des Tatbestandes verlangt. Daher lässt sich eine formal-objektive Theorie schwerlich vertreten.

6

Als Kriterien für die Bestimmung des Versuchsbeginns werden heute stattdessen zB die räumlich-zeitliche Nähe von Täter- und Opfersphäre oder die unmittelbare Gefährdung des Rechtsguts angeboten. In der Literatur findet sich häufig eine sog. „Zwischenaktstheorie", nach der ein unmittelbares Ansetzen dann vorliegt, wenn der Täter eine Handlung vornimmt, die in ungestörtem Fortgang ohne wesentliche Zwischenakte zur Tatbestandsverwirklichung führen soll. Der BGH kombiniert inzwischen diese Kriterien. Er hat im Tankstellen-Fall (BGHSt 26, 201), in dem die Täter mit einer Strumpfmaske maskiert und mit einer Pistole in der Hand an der Haustür des Wohnhauses des Tankstellenbetreibers geklingelt hatten, um die öffnende Person zu bedrohen und zu fesseln, um sie zur Duldung der Wegnahme von Geld zu nötigen, sodann aber niemand die Tür geöffnet hatte, ein unmittelbares Ansetzen der Täter so begründet: *„Sie hatten subjektiv die Schwelle zum ‚jetzt geht es los' […] überschritten und objektiv zur tatbestandsmäßigen Angriffshandlung angesetzt, weil ihr Tun ohne Zwischenakte in die Tatbestandsverwirklichung (der Bedrohung des Erscheinenden mit der Pistole) einmünden sollte."* Mit dieser etwas saloppen Formulierung (*„jetzt geht es los"*) hat der BGH eine eingängige Formel geprägt. In NStZ 2014, 447 erläuterte er näher, dass er in Anwendung der genannten Kriterien ein Verhalten für ausreichend hält, das *„nach der Vorstellung des Täters der Verwirklichung eines Tatbestandsmerkmals räumlich und zeitlich unmittelbar vorgelagert ist oder nach dem Tatplan im ungestörten Fortgang ohne Zwischenakte in die Tatbestandsverwirklichung einmünden soll."* Dabei sei die Frage des unmittelbaren Ansetzens nicht abstrakt, sondern immer nur im Einzelfall zu beantworten, wobei er als wesentliche Abgrenzungskriterien *„das aus der Sicht des Täters erreichte Maß konkreter Gefährdung des geschützten Rechtsguts"* und *„die Dichte des Tatplans"* nannte. So seien Handlungen, *„die keinen tatbestandsfremden Zwecken dienen, sondern wegen ihrer notwendigen Zusammengehörigkeit mit der Tathandlung nach dem Plan des Täters als deren Bestandteil erscheinen, weil sie an diese zeitlich und räumlich angrenzen und mit ihr im Falle der Ausführung eine natürliche Einheit bilden, nicht als der Annahme unmittelbaren Ansetzens entgegenstehende Zwischenakte anzusehen."*

7

8   Nach diesen Kriterien wird heute im Pfeffertüten-Fall ganz überwiegend ein unmittelbares Ansetzen zum Versuch abgelehnt, da O erst noch hätte erscheinen und von A und B identifiziert werden müssen. Insofern habe zwar möglicherweise aus der Sicht der Täter ein enger zeitlicher Zusammenhang bestanden, der Überfall habe letztlich aber erst mit dem Erscheinen des O und dem Losfahren des Autos beginnen sollen, so dass es insoweit auch an einem wesentlichen Zwischenakt gefehlt habe (vgl. *Roxin*, AT II, § 29 Rn. 155).

V. Zusatzfragen

9   1. Steht bei Bejahung des unmittelbaren Ansetzens die Strafbarkeit von A und B hier fest?

Folgt man dem BGH und bejaht einen Versuchsbeginn, so muss die Frage eines eventuellen strafbefreienden Rücktritts geklärt werden, der sich wegen der Beteiligung mehrerer Personen hier nach § 24 Abs. 2 S. 1 StGB richtete. Hierzu müssten A und B freiwillig die Vollendung der Tat verhindert haben. Zwar könnte man sagen, dass sie ja keine weiteren Anstalten mehr gemacht haben, O zu überfallen. Weil A und B aber erkannt hatten, dass der Geldbote nicht mehr erscheinen werde, so dass sie ihr Vorhaben jedenfalls an diesem Tag, dh ohne zeitliche Zäsur, nicht mehr ausführen konnten, lag insofern ein fehlgeschlagener Versuch vor, der nach hM die Anwendung des § 24 StGB ausschließt.

10 2. Oben wurde bereits der ebenfalls viel beachtete Tankstellen-Fall (BGHSt 26, 201) angesprochen. Hierbei handelt es sich um eine Konstellation, die als „Haustür-Fall" immer wieder einmal zu entscheiden ist. Was unterschiedet diese Fallkonstellation von den „Auflauer-Fällen"?

Der wesentliche Unterschied zwischen den Auflauer-Konstellationen, zu denen auch unser Fall mit der Pfeffertüte gehört, und dem Tankstellen-Fall liegt darin, dass die Täter im letzten Fall sicher damit rechneten, dass das Opfer zu Hause sei und nicht erst erscheinen müsse. Insofern wird in diesem Fall vielfach ein Versuchsbeginn bejaht, da aus der Sicht der Täter eine unmittelbare Gefährdung für das Opfer bestand. So hat auch der BGH im Tankstellen-Fall ein unmittelbares Ansetzen angenommen. Anders hat er in StV 1984, 420 aber etwa einen Fall entschieden, in dem der Täter seine Ehefrau, die sich bei ihrer Mutter in einem Mehrfamilienhaus aufhielt, erschießen wollte und diese Absicht zuvor per Telefon angekündigt hatte. Zwar klingelte auch dieser Täter wie im Tankstellen-Fall erfolglos dreimal an der Haustür seiner Schwiegermutter sowie danach auch bei anderen Hausbewohnern, nur berücksichtigte der BGH hier erstens, dass es sich nur um die Haustür eines Mehrfamilienhauses gehandelt hatte, so dass selbst das Öffnen dieser Tür noch nicht gereicht hätte, weil der Täter auch noch das Öffnen der Wohnungstür erreichen musste, sowie zweitens die Tatsache, dass er sein Vorhaben angekündigt hatte, so dass zumindest das Öffnen der Haustür höchst unwahrscheinlich war.

Zur Vertiefung:
Baumann/Weber/Mitsch/Eisele, AT, § 22 Rn. 68 f.
Bosch, JURA 2011, 909
Heinrich, AT, Rn. 706
Hilgendorf/Valerius, AT, § 10 Rn. 30 ff.
Kaspar, AT, § 8 Rn. 31 ff.

V. Zusatzfragen

Rengier, AT, § 34 Rn. 37
Roxin, AT II, § 29 Rn. 155 ff.
Rönnau, JuS 2014, 109
Wessels/Beulke/Satzger, AT, Rn. 952
Zieschang, AT, Rn. 481 ff.

Fall 17: Bärwurz

BGH, 1 StR 234/97, BGHSt 43, 177
Versuch; unmittelbares Ansetzen

I. Sachverhalt

1   Anfang März 1994 waren Unbekannte in das Einfamilienhaus des Apothekers A eingedrungen, hatten sich in der im Erdgeschoss gelegenen Küche warme Speisen zubereitet und auch dort vorhandene Flaschen mit verschiedenen Getränken ausgetrunken. Weiter waren elektronische Geräte in das Dachgeschoss des Hauses verbracht worden. Die von A am 6.3.1994 verständigte Polizei ging deshalb davon aus, die Täter könnten an den folgenden Tagen noch einmal zurückkehren, um die zum Abtransport bereitgestellte Diebesbeute abzuholen. In der Nacht vom 8. auf den 9.3.1994 hielten sich deshalb vier Polizeibeamte im Haus auf, um mögliche Einbrecher ergreifen zu können. Zugleich hatte sich A aber schon am Nachmittag des 8.3.1994 aus Verärgerung über den vorangegangenen Einbruch dazu entschlossen, im Flur des Erdgeschosses eine handelsübliche Steingutflasche mit der Aufschrift „Echter Hiekes Bayerwaldbärwurz" aufzustellen, die er mit einem hochgiftigen Stoff gefüllt und sodann wieder verschlossen hatte. Im Wissen darum, dass bereits der Konsum geringster Mengen der Gift-Mischung rasch zum Tode führen kann, nahm A es beim Aufstellen der Flasche jedenfalls in Kauf, dass möglicherweise erneut Einbrecher im Haus erscheinen, aus der Flasche trinken und tödliche Vergiftungen erleiden könnten. Später kamen A indes Bedenken, da er die observierenden Polizeibeamten nicht eingeweiht hatte und er nunmehr erkannte, dass auch ihnen von der Giftflasche Gefahr drohte. Er wies die Beamten, die die Flasche nicht angerührt hatten, auf deren giftigen Inhalt hin. Am nächsten Morgen wurde er telefonisch von einem Kriminalbeamten aufgefordert, die Giftflasche zu beseitigen. Nach einigem Zureden des Beamten erklärte A sich schließlich damit einverstanden, dass jener die Flasche sicherstellte.

II. Rechtliche Probleme des Falls

2   Man kann verstehen, dass A über die Tat aufgebracht und verärgert war, kein Verständnis verdient jedoch die Form von potenziell tödlicher Selbstjustiz, zu der A hier griff. Zwar ist letztlich alles gut gegangen, aber dennoch steht die Frage im Raum, ob sich A bereits mit dem Aufstellen der Flasche wegen der versuchten Begehung eines Tötungsdelikts strafbar gemacht hat. Der erforderliche Tatentschluss liegt jedenfalls vor, da A den Tod eines Einbrechers billigend in Kauf genommen und daher mit Eventualvorsatz gehandelt hat. Aber hat A im Sinne von § 22 StGB auch unmittelbar zur Tatbestandsverwirklichung angesetzt? Der Fall weist in diesem Zusammenhang eine Besonderheit auf. A hat aus seiner Sicht zunächst alles Erforderliche zur Tatbestandsverwirklichung getan, weswegen ein beendeter Versuch iSd § 24 Abs. 1 S. 1 Alt. 2 StGB vorliegen könnte. Allerdings ist sowohl objektiv als auch aus Sicht des A eine unmittelbare Gefährdung des anvisierten Opfers beim Aufstellen der Flasche noch nicht eingetreten. A musste auf eine (unbewusst) selbstschädigende Mitwirkungshandlung des Opfers in Form des Trinkens des Gifts warten. Das erinnert an die Konstellation einer mittelbaren Täterschaft (§ 25 Abs. 1 Alt. 2 StGB), da das vorsatz- und tatbestandslos handelnde Opfer das Gift selbsttätig zu sich nehmen und dadurch den Erfolgseintritt erst herbeiführen sollte.

III. Die Entscheidung des BGH

Zudem ist der Fall dadurch gekennzeichnet, dass das Opfer sich zur Zeit des Handelns des A noch nicht am Tatort befand. Bei den sog. Distanzfällen, in denen der Täter dem Opfer eine Falle – beispielsweise eine Sprengfalle (siehe dazu Fall 27: Sprengfalle, S. 189 ff.) oder wie hier eine Giftfalle – stellt, handelt es sich neben den Klingel- bzw. Auflauer-Fällen (vgl. dazu Fall 16: Pfeffertüte, S. 117 ff.) um eine weitere problematische Fallgruppe im Rahmen des § 22 StGB. Im vorliegenden Fall steht die Frage im Mittelpunkt, welcher Zeitpunkt für den Versuchsbeginn maßgeblich ist: das Aufstellen der Giftfalle durch A, das Ansetzen zum Trinken aus der Flasche durch das Tatopfer oder – zwischen den beiden vorgenannten liegend – der Zeitpunkt, in dem sich das Tatopfer der Flasche zumindest nähert. Setzt der Handelnde immer schon dann unmittelbar zur Tatbestandsverwirklichung an, wenn er seine Falle gestellt hat, auch wenn sich das Opfer noch in weiter Ferne befindet und damit noch keine konkrete Gefährdung eingetreten ist? Oder kommt es auf eine Gefährdung des Opfers an? Und wenn ja: Ist letzteres objektiv oder aus der subjektiven Sicht des Täters zu bestimmen?

III. Die Entscheidung des BGH

Nach Auffassung des LG Passau hatte A die Schwelle zum Versuch eines Tötungsdelikts noch nicht überschritten. A habe, *„obwohl er nach seiner Vorstellung alles zur Herbeiführung des angestrebten Tatererfolgs getan habe, noch nicht unmittelbar zur Tötung eines Menschen angesetzt, da der Erfolgseintritt auch nach seinen Erwartungen noch zu unwahrscheinlich gewesen sei."* Hiergegen hatte die Staatsanwaltschaft Revision zulasten des A eingelegt. Der BGH bestätigte jedoch die Entscheidung des LG Passau, verwarf also eine Strafbarkeit des A wegen eines versuchten Tötungsdelikts.

Nach § 22 StGB versucht eine Straftat, wer nach seiner Vorstellung von der Tat zur Verwirklichung des Tatbestandes unmittelbar ansetzt. Der BGH erläuterte die Anforderungen an ein unmittelbares Ansetzen zunächst ganz allgemein wie folgt näher: *„Dazu muß der Täter Handlungen vornehmen, die nach seiner Vorstellung im Falle ungestörten Fortgangs ohne Zwischenakte unmittelbar in die Tatbestandserfüllung münden können. [...] Es genügt, wenn die Handlung des Täters der Verwirklichung eines Tatbestandsmerkmals unmittelbar vorgelagert ist oder in unmittelbarem räumlichen und zeitlichen Zusammenhang mit der Tatbestandserfüllung steht [...]."* Diese Grundsätze habe die Rechtsprechung zunächst nur für die Fälle entwickelt, *„in denen der Täter – wie beim unbeendeten Versuch – nach seiner Vorstellung noch nicht alles zur Tatbestandsverwirklichung Erforderliche getan hat; sie gelten aber auch, wenn der Täter – wie beim beendeten Versuch – die nach seinem Tatplan erforderlichen eigenen Handlungen bereits vollständig erbracht hat."* So müsse *„selbst abgeschlossenes Täterhandeln [...] nicht stets unmittelbar in die Erfüllung eines Straftatbestandes einmünden"* und damit zu einem unmittelbaren Ansetzen iSd § 22 StGB führen. Der BGH nahm nun auch zum unmittelbaren Ansetzen unter Einschaltung eines Tatmittlers, also bei mittelbarer Täterschaft, Stellung: *„Hier liegt zwar ein Ansetzen des Täters zur Tat schon vor, wenn er seine Einwirkung auf den Tatmittler abgeschlossen hat, es ist also nicht erforderlich, daß der Tatmittler seinerseits durch eigene Handlungen zur Tat ansetzt. Ein unmittelbares Ansetzen ist jedenfalls dann gegeben, wenn der Tatmittler in der Vorstellung entlassen wird, er werde die tatbestandsmäßige Handlung nunmehr in engem Zusammenhang mit dem Abschluß der Einwirkung vornehmen [...]. Demgegenüber fehlt es hieran, wenn die Einwirkung auf den Tatmittler erst nach längerer Zeit wirken soll oder wenn ungewiß bleibt, ob und wann sie einmal Wirkung* *entfalten. In diesen Fällen beginnt der Versuch erst dann, wenn der Tatmittler, dessen Verhalten dem Täter über § 25 Abs. 1 StGB zugerechnet wird, seinerseits unmittelbar zur Tat ansetzt. Entscheidend für die Abgrenzung ist daher, ob nach dem Tatplan die Einzelhandlungen des Täters in ihrer Gesamtheit schon einen derartigen Angriff auf das geschützte Rechtsgut enthalten, daß es bereits gefährdet ist und der Schaden sich unmittelbar anschließen kann [...]."*

6 Diese Grundsätze seien auch dann anzuwenden, wenn dem Opfer eine Falle gestellt wird, in die es erst durch eigenes Zutun geraten soll, da diese Fälle eine der mittelbaren Täterschaft verwandte Struktur aufwiesen, weil das Opfer zum *„Tatmittler gegen sich selbst"* werde. Auch hier liege deshalb ein Versuch erst dann vor, wenn nach dem Tatplan eine konkrete, unmittelbare Gefährdung des geschützten Rechtsguts eintrete. Insofern sei folgendermaßen zu differenzieren: *„Zwar setzt der Täter bereits zur Tat an, wenn er seine Falle aufstellt, doch wirkt dieser Angriff auf das geschützte Rechtsgut erst dann unmittelbar, wenn sich das Opfer in den Wirkungskreis des vorbereiteten Tatmittels begibt. Ob das der Fall ist, richtet sich nach dem Tatplan. Steht für den Täter fest, das Opfer werde erscheinen und sein für den Taterfolg eingeplantes Verhalten bewirken, so liegt eine unmittelbare Gefährdung (nach dem Tatplan) bereits mit Abschluß der Tathandlung vor (etwa wenn der Täter eine Zeitbombe an einem belebten Platz deponiert [...]). Hält der Täter – wie hier – ein Erscheinen des Opfers im Wirkungskreis des Tatmittels hingegen für lediglich möglich, aber noch ungewiß oder gar für wenig wahrscheinlich (etwa beim Wegwerfen einer mit Gift gefüllten Schnapsflasche im Wald), so tritt eine unmittelbare Rechtsgutgefährdung nach dem Tatplan erst dann ein, wenn das Opfer tatsächlich erscheint, dabei Anstalten trifft, die erwartete selbstschädigende Handlung vorzunehmen und sich deshalb die Gefahr für das Opfer verdichtet [...]."*

7 Dem möglichen Einwand, auf diese Weise werde ein unmittelbares Ansetzen des Opfers verlangt, begegnete der BGH mit dem Argument, es gehe gar nicht um die Frage des Ansetzens des Täters oder des Opfers als Tatmittler, sondern um die Unmittelbarkeit. Mit der Aufnahme dieses Merkmals in die gesetzlichen Voraussetzungen des § 22 StGB habe der Gesetzgeber sich nämlich dazu bekannt, *„daß die Strafbarkeit des Versuchs nicht völlig losgelöst von einer Gefährdung des geschützten Rechtsguts einsetzt [...]."* Zwar sei eine objektive Gefährdung nicht erforderlich, es müsse jedoch *„danach gefragt werden, wann sich die Tathandlung nach dem Tatplan dem gefährdeten Rechtsgut ausreichend nähert, um die Strafbarkeit des Täters zu begründen. Bezieht der Täter ein selbstschädigendes Opferverhalten in seinen Tatplan ein und gibt er damit das Gelingen seines Plans teilweise aus der Hand, so spricht rechtlich nichts dagegen, auf dieses Opferverhalten für die Frage der Unmittelbarkeit des Angriffs abzustellen. Diese Zurechnung des Opferverhaltens hat ihren rechtlichen Grund vielmehr in der bereits dargelegten Nähe solcher Selbstschädigungsfälle zu Fällen mittelbarer Täterschaft und der dabei gebotenen Zurechnung des Tatmittlerverhaltens über § 25 Abs. 1 StGB."* Bei Anwendung dieser Grundsätze sei ein unmittelbares Ansetzen des A hier abzulehnen, da die Einbrecher noch nicht im Haus erschienen waren. *„Zwar hatte der Angeklagte aus seiner Sicht alles getan, was er selbst zur Vergiftung eines möglichen Einbrechers tun mußte"*, nach seiner Vorstellung sei aber noch keine unmittelbare Gefährdung eingetreten, da sich das Opfer nicht in den *„Wirkungskreis"* der Flasche begeben habe und sich A über das erneute Erscheinen der Einbrecher unsicher gewesen sei. Auch auf eine unmittelbare Gefährdung der vier im Haus befindlichen

Polizeibeamten könne nicht abgestellt werden, da A diese zunächst gar nicht bedacht und daher auch nicht in seinen Tatentschluss aufgenommen habe.

IV. Einordnung der Entscheidung

Die Problematik beim Stellen von Fallen im Hinblick auf das unmittelbare Ansetzen zum Versuch liegt darin, dass der Täter aus seiner Sicht eigentlich alles Erforderliche getan hat, so dass der Erfolg eintreten könnte. In einem solchen Fall wäre nach allgemeinen Grundsätzen unproblematisch von einem unmittelbaren Ansetzen zum Versuch auszugehen, weil der Täter seinen Tatbeitrag, seine Ausführungshandlung, bereits vorgenommen hat. Man spricht hier auch von einer abgeschlossenen Täterhandlung. Was soll er für ein Ansetzen zur Tat sonst noch tun? Die Besonderheit der Konstellation liegt aber erstens darin, dass A zwar sein eigenes Handeln abgeschlossen, jedoch das Verhalten der Einbrecher als wesentlichen Teilakt in seinen Tatplan aufgenommen hatte, und zweitens, dass das Opfer hier noch nicht in die Nähe des Gefahrenherds geraten war und es auch noch eine Weile dauern konnte, bis dies geschehen wäre. Der BGH meinte, dass es dann an der „Unmittelbarkeit" des Ansetzens fehle, wenn eine solche Gefährdung des Opfers aus der Sicht des Täters nicht sicher ist und er sie nur für möglich hält.

Auch wenn der Gesetzgeber durch die Formulierung des § 22 StGB eine gemischt subjektiv-objektive Beurteilung des unmittelbaren Ansetzens (vgl. dazu auch Fall 16: Pfeffertüte, S. 117 ff.) festgeschrieben hat („wer nach seiner Vorstellung von der Tat ... unmittelbar ansetzt"), ist gerade das subjektive Kriterium des BGH, wonach sich die Bejahung des unmittelbaren Ansetzens nach dem Tatplan richten und davon abhängen soll, ob der Täter sich über das Erscheinen des Opfers sicher war oder ob er dies bloß für möglich gehalten hat, auf viel Kritik in der Literatur gestoßen (vgl. zu den folgenden Kritikpunkten insbes. *Roxin*, AT II, § 29 Rn. 219 ff.). So wird angeführt, dass der Ansatz des BGH dem Grundsatz widerspreche, dass alle Vorsatzformen gleich zu behandeln seien. Durch diese „Tatplantheorie" des BGH werde der Versuchsbeginn bei dolus directus und bei dolus eventualis ohne sachlichen Grund zu ganz verschiedenen Zeitpunkten angesetzt. Zudem wird kritisiert, dass das unmittelbare Ansetzen als quasi objektiver Tatbestand des Versuchs – auf der Grundlage der Vorstellungen des Täters – objektiv bestimmt werden müsse. Schließlich seien die Einbrecher dann objektiv gefährdet gewesen, wenn sie selbst zur Rückkehr entschlossen gewesen seien, einerlei ob der Täter dies für sicher hielt oder nicht. Darüber hinaus träten Folgeprobleme auf, da sich die Vorstellung des Täters im Laufe der Zeit ändern könne.

In der Literatur werden in diesem Zusammenhang andere Lösungsvorschläge gemacht, um das „unmittelbare Ansetzen" bei geplanter Selbstverletzung eines Opfers mittels einer Falle zu bestimmen. Hier lassen sich zunächst zwei extreme Gegenpositionen anführen: Eine Ansicht stellt pauschal auf den Abschluss der Täterhandlung ab, hier also auf den Zeitpunkt, in dem A die vergiftete Flasche auf dem Tisch zurückließ. Dagegen spricht jedoch, dass nach diesem Lösungsansatz auch solche Konstellationen erfasst wären, in denen der Täter das Tatgeschehen wie bei einem unbeendeten Versuch noch in der Hand hält und es noch nicht zu einer Gefährdung des Opfers gekommen ist, etwa dann, wenn der Täter mit einem Erscheinen des Opfers erst zu einem sehr viel späteren Zeitpunkt rechnet. Die Gegenmeinung nimmt ein unmittelbares Ansetzen immer erst dann an, wenn das Opfer in den Wirkungskreis des Tatmittels gerät, also wenn es zu einer unmittelbaren Gefährdung gekommen ist. Diese Ansicht setzt ihr generell für entscheidend erachtetes Kriterium der unmittelbaren Gefährdung des Opfers auch hier konsequent ein. Allerdings berücksichtigt sie nicht, dass der Täter sein eigenes Handeln bereits abgeschlossen und das Geschehen vollständig aus seinem Wirkungskreis entlassen haben kann, so dass er gar keine Einwirkungsmöglichkeiten mehr hat, was gerade bei einem losgeschickten Tatmittler, auf den er keinen Einfluss mehr hat, nicht ohne Bedeutung sein kann.

11 Viele Stimmen vertreten daher eine sog. Alternativformel und stellen dabei auf zwei mögliche Ansatzpunkte ab: Ein unmittelbares Ansetzen liegt danach entweder vor, wenn es zu einer unmittelbaren Gefährdung des Opfers kommt oder wenn der Täter die potenziell schädigende Kausalkette in Gang gesetzt und nach Bereitstellen der Falle den weiteren Geschehensablauf aus der Hand gegeben, sich also seiner Einflussmöglichkeit auf den Tatablauf beraubt hat. Im vorliegenden Fall hätte A hiernach wohl ebenfalls noch nicht unmittelbar zur Tat angesetzt, da er jederzeit den Geschehensablauf stoppen konnte und es tatsächlich auch getan hat, weshalb er ihn noch nicht aus der Hand gegeben hatte und es auch zu einer konkreten Gefährdung der Einbrecher noch nicht gekommen ist. Teilweise wird dieser Fall aber vom Sachverhalt her auch anders interpretiert und ein unmittelbares Ansetzen auf der Grundlage der hM bejaht, da diese Autoren davon ausgehen, dass A das Haus verlasse habe.

12 Einen Punkt, der einer näheren Betrachtung durchaus wert gewesen wäre, hat der BGH jedoch nur ganz kurz angesprochen: Lag nicht bereits eine unmittelbare Gefährdung der vier Polizisten vor? Der BGH meint, darauf könne man nicht abstellen, da A diese Gefährdung nicht in seinen Tatentschluss aufgenommen habe. Aus seiner Sicht ist dies indes konsequent, weil es ihm auf den Tatplan des A ankam, der an die Polizisten als mögliche Opfer ursprünglich überhaupt nicht dachte. Wir werden darauf bei der 2. Zusatzfrage noch näher eingehen.

V. Zusatzfragen

13 1. Wie wäre die Strafbarkeit des A zu beurteilen, wenn man im vorliegenden Fall das unmittelbare Ansetzen bejahen würde?

In diesem Fall wäre zu prüfen, ob A durch das Informieren der Polizisten und das Entfernen der Flasche, noch bevor jemand zu Schaden gekommen ist, vom Versuch strafbefreiend zurückgetreten ist gem. § 24 Abs. 1 StGB. Dabei wäre zunächst zu prüfen, ob der Versuch fehlgeschlagen ist, also aus Sicht des A mit den ihm zur Verfügung stehenden Mitteln nicht mehr erfolgreich zu Ende gebracht werden konnte. Man könnte hier argumentieren, dass A durch das Informieren der Polizei eine Vollendung der Tat nicht mehr möglich war, da jedenfalls die Polizisten die Flasche entfernt hätten, wenn er es nicht selbst getan hätte. Allerdings erscheint es hier zutreffend, auf den Zeitpunkt vor Einschalten der Polizei abzustellen, da A diese aus freien Stücken informiert hat, also jedenfalls bis zu diesem Zeitpunkt die Tat ohne Weiteres hätte zu Ende bringen können.

Die Anforderungen an die Rücktrittshandlung bestimmen sich danach, ob ein beendeter oder unbeendeter Versuch vorliegt. Wie gesehen ist die Abgrenzung hier nicht ganz klar. Man könnte argumentieren, dass A das Geschehen durch das nächtliche Aufstellen der Flasche aus der Hand gegeben hat und der Erfolg somit nur noch vom Opferverhalten abhing. Dann läge die Konstellation des beendeten Versuchs vor. Aber auch wenn man diese ungünstigere Variante annimmt, ist A strafbefreiend zurückgetreten, denn durch das Entfernen der Flasche hat er aktiv den Erfolgseintritt verhindert und damit auch die erhöhten Rücktrittsanforderungen des § 24 Abs. 1 S. 1 Alt. 2 StGB erfüllt. Dies geschah dann auch freiwillig, wenn man das Gesamtgeschehen einschließlich des Einweihens der Polizeibeamten als Rücktrittshandlung in den Blick nimmt. Insofern ändert auch der Druck der Polizeibeamten im Hinblick auf das Entfernen der Flasche nichts daran, dass der gesamte Rücktritt von A selbst aus freien Stücken initiiert wurde. Somit wäre ein strafbefreiender Rücktritt des A zu bejahen.

2. Wie wäre dieser Fall zu lösen, wenn A die Polizisten nicht über die „Giftfalle" informiert und einer der Polizisten (P) tatsächlich aus der vergifteten Flasche getrunken hätte und infolgedessen zu Tode gekommen wäre?

In dieser Abwandlung des Falls steht aufgrund des eingetretenen Tatererfolgs, den A mit dem Aufstellen der Flasche kausal und in objektiv zurechenbarer Weise – atypisch wäre diese Konstellation jedenfalls nicht – herbeigeführt hat, ein vollendetes Tötungsdelikt im Raum. Fraglich ist jedoch, ob A mit dem erforderlichen Vorsatz gehandelt hätte. Dagegen spricht nämlich, dass A gar nicht an die Polizisten gedacht hat. Insofern liegt der Fall hier anders als in Fall 27: Sprengfalle, S. 189 ff., in dem der BGH einen unbeachtlichen error in persona annahm. Der BGH betonte im Bärwurz-Fall, dass zwar eine objektive Gefährdung der Polizisten bestanden habe, dies aber von A (zunächst) überhaupt nicht bedacht und damit auch nicht in seinen Vorsatz aufgenommen worden sei. Auch wenn sich diese Ausführungen auf die Frage des unmittelbaren Ansetzens bezogen, könnte man insofern durchaus argumentieren, dass sich der Vorsatz des A von vornherein nur auf den Tod des Einbrechers konzentrierte, also anders als in Fall 27: Sprengfalle, S. 189 ff., nicht mittelbar auf diejenige Person konkretisiert war, die zuerst aus der Flasche trinken würde. Auf dieser Grundlage lässt sich eine aberratio ictus annehmen, die den Vorsatz ausschließt. Auch musste er nach der Lebenserfahrung nicht damit rechnen, dass ein Polizeibeamter im Dienst aus einer Schnapsflasche am Einsatzort trinken würde. Es bliebe dann eine Strafbarkeit des A wegen fahrlässiger Tötung gem. § 222 StGB, deren Voraussetzungen hier vorliegen dürften und die zur adäquaten Ahndung auch sachgerecht erscheinen.

Manche Autoren in der Literatur würden diese Konstellation allerdings anders lösen, indem sie von einem unbeachtlichen error in persona ausgehen mit der Folge, dass A wegen eines vollendeten vorsätzlichen Tötungsdelikts an dem Polizisten zu bestrafen wäre. So gab es zum Bärwurz-Fall einige Stimmen, die auf dieser Grundlage auch eine konkrete Gefährdung der Polizisten bis zur Warnung durch A für möglich hielten (vgl. dazu *Böse*, JA 1999, 346). Im Originalfall wäre A aber von einem diesbezüglichen Tötungsversuch ebenfalls strafbefreiend zurückgetreten.

Zur Vertiefung:
Baumann/Weber/Mitsch/Eisele, AT, § 22 Rn. 68 ff.
Dornis, JURA 2001, 664
Heinrich, AT, Rn. 734 ff.
Hilgendorf/Valerius, AT, § 10 Rn. 40
Hoffmann, JA 2016, 194
Kaspar, AT, § 8 Rn. 37 ff.
Rengier, AT, § 34 Rn. 58
Roxin, AT II, § 29 Rn. 192 ff.
Wessels/Beulke/Satzger, AT, Rn. 954 ff.
Zieschang, AT, Rn. 489 ff.

Fall 18: Insektengift

BGH, 1 StR 846/94, BGHSt 41, 94

Grob unverständiger Versuch

I. Sachverhalt

1   Um ihren Ehemann M zu töten, sprühte A zwei Mal für etwa eine Sekunde das Insektengift „Detmol" aus einer Sprühdose auf dessen Vesperbrot. M nahm einen Bissen vom Brot, spuckte diesen jedoch aufgrund des bitteren Geschmacks wieder aus und aß nicht weiter. Ein Sachverständiger stellte fest, dass das Insektengift 0,17 % des Giftes Fenitrothion enthält, die 500 ml-Sprühflasche somit 0,85 ml dieses Wirkstoffes. Um einen Erwachsenen mit 70 kg Körpergewicht zu töten, hätte man bei oraler Verabreichung eine Dosis von 40 g des Giftes benötigt.

II. Rechtliche Probleme des Falls

2   Die Geschichte der Ermordung des Ehepartners ist reich an kreativen Methoden. Hier hat A zwar ebenfalls einen heimtückischen Mord an ihrem Ehemann durchführen wollen, dafür aber eine vergleichsweise harmlose und letztlich auch erfolglose Vorgehensweise gewählt. Mit zwei Sprühstößen des Insektengifts hätte sie das Ziel, ihren Mann umzubringen, laut Sachverständigengutachten niemals erreichen können. Deswegen handelt es sich dabei um einen sogenannten untauglichen Versuch. Dieser ist dadurch gekennzeichnet, dass die Tatbegehung schon bei einer objektiven ex-ante-Betrachtung unter keinen Umständen zur Vollendung führen kann, sei es aufgrund eines untauglichen Mittels, eines untauglichen Objekts oder eines untauglichen Subjekts. Der Täter handelt dabei aber dennoch mit Tatentschluss, da er seine Handlung für dazu geeignet hält, den von ihm angestrebten Erfolg herbeizuführen. Ein untauglicher Versuch ist nach ganz hM strafbar. Denn die Versuchsstrafbarkeit beruht nach der Eindruckstheorie darauf, dass der Täter einen rechtsfeindlichen Willen betätigt, der geeignet ist, das Vertrauen der Allgemeinheit in die Rechtsordnung zu erschüttern, was auch bei einem untauglichen Versuch durch das verwirklichte Handlungsunrecht der Fall ist.

3   Nicht jeder untaugliche Versuch zieht aber ein Bedürfnis nach Strafe nach sich. Vielmehr gibt es Fälle, in denen der Täter in einer derart ungeeigneten, offensichtlich harmlosen Art und Weise vorgeht, dass er eher belächelt wird. Solche Fälle eines „besonders gravierenden" untauglichen Versuches beschreibt der in § 23 Abs. 3 StGB geregelte sogenannte „grob unverständige Versuch". In dieser Konstellation besteht gem. § 23 Abs. 3 StGB für das Gericht die Möglichkeit, von Strafe abzusehen oder die Strafe gem. § 49 Abs. 2 StGB nach seinem Ermessen zu mildern, indem es bis zum gesetzlichen Mindestmaß der angedrohten Strafe herabgeht oder statt auf Freiheitsstrafe auf Geldstrafe erkennt. Voraussetzung ist, dass der Täter aus „grobem Unverstand" verkannt hat, dass der Versuch nach der Art des Gegenstandes, an dem, oder des Mittels, mit dem die Tat begangen werden sollte, überhaupt nicht zur Vollendung führen konnte. Der Norm lässt sich damit im Wege eines Erst-Recht-Schlusses ein weiteres Argument für die prinzipielle Strafbarkeit des untauglichen Versuchs entnehmen, denn wenn selbst dessen grob unverständige Variante materiell strafbar ist (und lediglich die eben erwähnten fakultativen Möglichkeiten nach sich zieht, von Strafe abzusehen

oder diese zu mildern), so kann für die weniger offensichtlichen Fälle erst recht nichts anderes gelten.

Problematisch ist nun aber, wie man den „Normalfall" eines untauglichen Versuchs vom Extremfall eines grob unverständigen Versuchs im eben beschriebenen Sinn abgrenzen kann. Daher musste sich der BGH hier mit der Frage auseinandersetzen, wann die vom Täter gewählte Art der Tatbegehung einen derartigen Grad von Untauglichkeit erreicht, dass von einem „groben Unverstand" zu sprechen ist. Bezogen auf den konkreten Fall ging es um die Frage, ob der Versuch der A, ihren Mann mit zwei Sprühern Insektengift zu vergiften, einen solchen „grob unverständigen Versuch" darstellt. Nur dann können nämlich die Milderungsvorschriften der §§ 23 Abs. 3, 49 Abs. 2 StGB angewendet werden, wie es das Gericht der Vorinstanz getan hat.

III. Die Entscheidung des BGH

Der BGH definierte zunächst, wann ein Täter aus grobem Unverstand verkannt hat, dass der Versuch im Sinne von § 23 Abs. 3 StGB nach der Art des Gegenstandes, an dem, oder des Mittels, mit dem die Tat begangen werden sollte, überhaupt nicht zur Vollendung führen konnte. Er bestimmte den grob unverständigen Versuch folgendermaßen: *„Mit dieser Gesetzesformulierung sollte zunächst einmal klargestellt werden, daß § 23 Abs. 3 StGB nur anwendbar ist, wenn durch die Tat weder eine konkrete noch eine abstrakte Gefährdung für das Opfer bestand […]. Des weiteren muß dann diese objektive Ungeeignetheit des Versuchs mit dem subjektiven Merkmal des ‚groben Unverstands' in einer Einheit gesehen werden. Aus grobem Unverstand handelt der Täter nur dann, wenn er trotz ungeeigneten Mittels den Taterfolg für möglich hält, weil er bei der Tatausführung von völlig abwegigen Vorstellungen über gemeinhin bekannte Ursachenzusammenhänge ausgeht. Dabei muß der Irrtum nicht nur für fachkundige Personen, sondern für jeden Menschen mit durchschnittlichem Erfahrungswissen offenkundig, ja geradezu handgreiflich sein [...]."*

Daraufhin wendete sich der BGH dem konkreten Sachverhalt zu und stellte fest, dass die Voraussetzungen für einen grob unverständigen Versuch hier nicht bestehen. Zwar stelle die Tat der A einen untauglichen Versuch dar, ein grober Unverstand habe aber aus folgendem Grund nicht bestanden: *„Nach durchschnittlichem Erfahrungswissen ist ein Insektenvernichtungsmittel giftig und grundsätzlich geeignet, den Tod eines Menschen herbeizuführen. Ob dieser Erfolg im Einzelfall eintritt, hängt von der Art und Menge des verwendeten Mittels ab."* In Bezug auf die Fehlvorstellung der A führte der BGH aus: *„Die Angeklagte irrte hier nicht über die grundsätzliche Eignung von Insektengift zur Tötung, ihre Fehlvorstellung bezog sich lediglich auf die tatsächliche Beschaffenheit des von ihr gewählten und in seiner giftigen Konzentration für ausreichend gehaltenen Mittels. Es handelt sich um einen Irrtum über die erforderliche Dosis."* Ein derartiger Irrtum erfülle jedoch nicht die Voraussetzungen des Vorliegens groben Unverstands im Sinne von § 23 Abs. 3 StGB, *„denn es handelte sich nicht um eine für jedermann ersichtliche abwegige Verkennung der Ursachenzusammenhänge. Auch das Landgericht hielt zur Feststellung der benutzten Giftmenge und der zur Tötung geeigneten Dosis die Zuziehung eines Sachverständigen für erforderlich."*

Abschließend hielt der BGH noch kurz fest, dass das Gesetz von der Strafwürdigkeit des untauglichen Versuchs ausgehe, und benannte als Grund für dessen Strafbarkeit die in den Vorstellungen des Täters liegende Gefährlichkeit der Tat. Nachfolgend begründete er die über die generelle Möglichkeit der Strafmilderung bei einem Versuch nach § 23 Abs. 2 StGB hinausgehende Strafmilderungsmöglichkeit bei einem grob unverständigen Versuch gem. § 23 Abs. 3 StGB mit der zusätzlich neben der Untauglichkeit des Versuchs verlangten verringerten Gefährlichkeit, *„die darin liegt, daß ein Erfolg nur subjektiv für möglich gehalten wurde, obwohl das nach allgemeiner Vorstellung als abwegig anzusehen war."* Fälle wie der vorliegende, bei denen die Ungeeignetheit allein auf einem Irrtum über die Dosis des verwendeten Gifts beruhe, seien nicht vom Grund der Strafmilderung nach § 23 Abs. 3 StGB erfasst.

IV. Einordnung der Entscheidung

8   Der BGH unterteilte die Voraussetzungen des grob unverständigen Versuchs hier in ein objektives und ein subjektives Element. Eine solche zweistufige Prüfung entspricht dem Gesetzeswortlaut und bietet eine sinnvolle Prüfungsreihenfolge. Da es sich bei einem Versuch, der unter § 23 Abs. 3 StGB fällt, immer um einen untauglichen Versuch handelt, muss die erste Voraussetzung konsequenterweise die objektive Ungeeignetheit des Versuchs sein, dh es darf weder eine konkrete noch eine abstrakte Gefahr für das Opfer bestanden haben. Zudem muss ein „grober Unverstand" als subjektives Element vorliegen. Der BGH spricht davon, dass die *„objektive Ungeeignetheit des Versuchs mit dem subjektiven Merkmal des ‚groben Unverstands' in einer Einheit gesehen werden"* müsse. Was er darunter genau versteht, bleibt indes unklar.

9   Des Weiteren stellte die Entscheidung – soweit ersichtlich – erstmalig Leitlinien dazu auf, wann das subjektive Merkmal des „groben Unverstandes" vorliegt. Hierzu griff der BGH auf bereits bestehende Überlegungen in der Literatur und aus dem Entwurf zum Strafgesetzbuch von 1962 zurück. Grober Unverstand liegt dann vor, wenn der Täter Ursachenzusammenhänge völlig verkennt, die für jeden Menschen mit durchschnittlichem Erfahrungswissen offenkundig sind. Der Maßstab, der bei der Frage relevant ist, ob der Täter grob unverständig gehandelt hat, ist also die Offenkundigkeit für einen Bürger mit durchschnittlichem Erfahrungswissen. Diese inhaltlichen Voraussetzungen sind grundsätzlich auf Zustimmung gestoßen, was nicht verwundert, wenn man bedenkt, dass sie ohnehin in der Literatur entwickelt wurden. Freilich ist der Maßstab wenig konkret, da unklar bleibt, was ein durchschnittlicher Mensch weiß und was nicht und wann ein Irrtum die Schwelle der Offensichtlichkeit überschreitet. Aus den Ausführungen des BGH lässt sich auch der Bezugspunkt des groben Unverstands entnehmen. Dieser muss sich auf die Nichtvollendbarkeit des Versuchs beziehen und durch eine Verkennung von gemeinhin bekannten Ursachenzusammenhängen zustande kommen. Nach einer Meinung in der Literatur sollen auch Irrtümer über den Sachverhalt von § 23 Abs. 3 StGB miterfasst sein, wie beispielsweise der Fall, dass der Täter eine Pistole mit einer Spielzeugwaffe verwechselt. Dies ist jedoch zweifelhaft, da sich der Täter hier von vornherein nicht über einen Wirkungszusammenhang irrt, sondern ein Wissensdefizit im faktischen Bereich aufweist. Bei Fällen des groben Unverstands geht es aber um Fälle des groben „Nicht-Verstehens", so dass es eher um solche Fälle geht, in denen der Täter alle faktischen Umstände kennt, aber die Wirkung seiner Handlung vollkommen falsch einschätzt.

10 Die Ausführungen des BGH, dass ein Irrtum über die erforderliche Dosis eines grundsätzlich bei ausreichender Menge tödlichen Giftes nicht grob unverständig ist, stießen ebenfalls weitgehend auf Zustimmung, wurden jedoch teilweise auch kritisiert. Dagegen wurde hauptsächlich vorgebracht, dass auf diese Weise nur eine scheinbare Abgrenzung möglich sei, da sich auch quantitative Fehleinschätzungen so weit von

V. Zusatzfragen

der Wirklichkeit entfernen können, dass sie in qualitative Fehleinschätzungen umschlagen könnten. Dies sei beispielsweise bei dem Schuss mit einem Luftgewehr auf ein Segelflugzeug der Fall. Ein weiterer Einwand ist der, dass durch eine pauschale Ausklammerung von unterdosierten Vergiftungsversuchen aus dem Anwendungsbereich des § 23 Abs. 3 StGB die nahezu einzigen Fälle ausgenommen werden, die überhaupt in der Praxis vorkommen. Ein weiterer Anwendungsbereich bleibe praktisch nicht mehr übrig, so dass § 23 Abs. 3 StGB letztlich gegenstandslos sei.

Dem ist entgegenzuhalten, dass allein das seltene Vorkommen von entsprechenden Fällen in der Praxis keine Anwendung des § 23 Abs. 3 StGB auf Fälle von zu gering dosiertem Gift rechtfertigt. Der geringe praktische Anwendungsbereich könnte nämlich auch darauf zurückgeführt werden, dass grob unverständige Versuche (mangels Anzeige durch das Opfer oder Dritte) den Behörden nicht bekannt werden. Dem erstgenannten Argument, dass die Anwendung von § 23 Abs. 3 StGB nicht auf der Abgrenzung von quantitativen und qualitativen Fehleinschätzungen beruhen darf, muss zugegeben werden, dass es einen denkbaren Randbereich gibt, in dem auch ein quantitativer Irrtum derart erheblich sein kann, dass er sich als ein qualitativer darstellt. Denn für fast alle Stoffe gilt: Die Menge macht das Gift! Auch an sich harmlose Stoffe können in hoher Dosierung tödlich wirken, wie der tragische Salzpudding-Fall (BGH NJW 2006, 1822) zeigt, in dem eine Mutter ihre vierjährige Tochter gezwungen hatte, den versehentlich versalzenen Pudding aufzuessen und diese daran verstarb. Der Versuch, einen anderen durch Einflößen eines Teelöffels mit leicht gesalzenem Wasser umzubringen, dürfte unter § 23 Abs. 3 StGB fallen, auch wenn 20 Liter der Substanz tatsächlich tödlich gewirkt hätten. Deswegen müssen die Grundsätze der vorstehenden Entscheidung so angewendet werden, dass sie keine feststehende Regel darstellen, von der nicht abgewichen werden kann. Hat man es mit einem Fall zu tun, in dem sich die vom Täter gewählte Dosierung so weit von der zur Erfolgsherbeiführung notwendigen entfernt, dass dies für jeden mit durchschnittlichem Wissen ausgestatteten Menschen offenkundig ist, muss im Einzelfall auch die Annahme von § 23 Abs. 3 StGB möglich sein. Dass ein solcher Ausnahmefall hier nicht vorlag, wie der BGH annimmt, ist angesichts der unzweifelhaften Eigenschaft des Stoffes als „Gift" sowie der nur für Fachleute sicher feststellbaren Schwelle zur tödlichen Dosis zumindest vertretbar.

V. Zusatzfragen

1. Wie wäre der vorliegende Fall zu entscheiden, wenn A, nachdem sie einen Fernsehbericht über die Risiken von Industriezucker gesehen hat, M einen Löffel Zucker als ihrer Meinung nach tödliches Gift untergemischt hätte, um ihn umzubringen?

Die Grundsätze der Insektengift-Entscheidung müssen auf die Abwandlung übertragen werden, so dass zweistufig die Voraussetzungen des § 23 Abs. 3 StGB zu prüfen sind. Zunächst muss der Versuch objektiv ungeeignet sein, um zur Vollendung zu gelangen, dh er darf weder eine konkrete noch eine abstrakte Gefährdung des Opfers zur Folge haben. Da ein Löffel Zucker nicht tödlich ist, handelt es sich um einen untauglichen Versuch. Zusätzlich muss A sodann subjektiv grob unverständig gehandelt haben. Grober Unverstand liegt nach den Grundsätzen der Entscheidung vor, wenn es der Täter trotz der Ungeeignetheit des Tatmittels für möglich hält, den Taterfolg herbeizuführen, da er von völlig abwegigen Fehlvorstellungen über Wirkungszusammenhänge ausgeht. Dieser Irrtum muss dabei für jeden Menschen mit durchschnittlichem Erfahrungswissen offenkundig und handgreiflich sein. Das ist hier entsprechend der obigen

Argumentation der Fall, nach der die pauschale Annahme des BGH, wonach Unterdosierungen potenziell tödlicher Stoffe nie unter § 23 Abs. 3 StGB fallen könnten, zu relativieren ist. A wollte M hier mit Zucker töten und dachte, dass Zucker gefährlich und tödlich sei. Sie hatte deswegen eine völlig falsche Vorstellung über die Wirkung von Zucker. Dieser Irrtum ist auch jedem mit durchschnittlichem Wissen ausgestattetem Menschen offenkundig, da solche Zuckermengen beispielsweise in handelsüblichen Süßigkeiten oder Softdrinks vorkommen und der Verzehr von solchen nicht unmittelbar den Tod nach sich zieht. Für diese Bewertung benötigt man auch keine besonderen chemischen Kenntnisse oder gar die Hinzuziehung eines Fachmanns, sondern lediglich Alltagswissen. A handelte hier also grob unverständig im Sinne von § 23 Abs. 3 StGB, so dass das Gericht von Strafe absehen oder die Strafe nach § 49 Abs. 2 StGB mildern kann.

13 2. Was ist ein abergläubischer Versuch, welche Konsequenzen für die Strafbarkeit hat er und wie ist er vom untauglichen Versuch abzugrenzen?

Auf den ersten Blick weist der sogenannte abergläubische oder auch irreale Versuch Ähnlichkeiten mit einem untauglichen Versuch, insbesondere in der Form des grob unverständigen Versuchs, auf. Bei einem abergläubischen Versuch handelt es sich um einen Versuch, bei dem der Täter sein deliktisches Ziel mit übernatürlichen Mitteln verwirklichen will. Dabei greift er auf Methoden zurück, deren Wirkung außerhalb der Naturgesetze stehen, wie beispielsweise das „Totbeten" (Voodoo), die Teufelsbeschwörung oder sog. „Sympathiemittel" (Zauber- oder Naturheilmittel).

Ein abergläubischer Versuch ist nach hM straflos. Die Begründungen dafür variieren. Teilweise wird der Vorsatz verneint, denn was sich der menschlichen Beherrschbarkeit prinzipiell entziehe, könne man sich nur herbeiwünschen, aber nicht ernstlich mit Vorsatz anstreben. Eine andere Ansicht verneint die Strafbarkeit mit dem Argument, dass ein abergläubischer Versuch als lächerlich empfunden wird und deswegen keine Störung des Rechtsfriedens eintritt. Andere begründen die Straflosigkeit damit, dass die Verwendung von abergläubischen Mitteln seit der Zeit der Aufklärung nicht mehr strafbar ist. Nach einer im Vordringen befindlichen Meinung soll hingegen auch der abergläubische Versuch unter § 23 Abs. 3 StGB fallen und grundsätzlich strafbar sein. Da der abergläubische und der grob unverständige Versuch zumindest nach hM verschiedene Rechtsfolgen nach sich ziehen, müssen sie voneinander abgegrenzt werden. Der Unterschied besteht darin, dass der Täter bei einem abergläubischen Versuch auf übersinnliche Kräfte setzt, die nicht mehr der realen Welt angehören, während er bei einem grob unverständigen Versuch zwar von völlig abwegigen, aber realen Ursachenzusammenhängen ausgeht. Wie eben gesehen stellt der Versuch, den Ehemann mit einem Löffel Zucker zu vergiften, einen grob unverständigen Versuch dar, da der wirklich bestehende Wirkungszusammenhang zwischen einem Löffel Zucker und dem erhofften Todeserfolg völlig verkannt wurde. Immerhin setzte A dabei aber einen Stoff ein, der auf chemisch-physikalische Weise nachweislich gewisse (auch potenziell schädliche) Wirkungen im Körper entfalten kann. Hätte A dagegen versucht, den Kaffee ihres Mannes mittels eines Zauberspruchs in ein tödliches Gift zu verwandeln, so hätte es sich um einen abergläubischen Versuch gehandelt, da sie sich auf Mittel verlassen hätte, die der menschlichen Beherrschbarkeit und realen Wirkungszusammenhängen entzogen sind.

V. Zusatzfragen

Zur Vertiefung:
Baumann/Weber/Mitsch/Eisele, AT, § 22 Rn. 36 ff.
Heinrich, JURA 1998, 393
Heinrich, AT, Rn. 668 ff.
Hilgendorf/Valerius, AT, § 10 Rn. 23 ff.
Kaspar, AT, § 8 Rn. 62 ff.
Rengier, AT, § 35 Rn. 1 ff.
Roxin, AT II, § 29 Rn. 363 ff.
Roxin, JuS 1973, 329
Wessels/Beulke/Satzger, AT, Rn. 979 ff.
Zieschang, AT, Rn. 464 ff.

Fall 19: Denkzettel

BGH, GSSt 1/93, BGHSt 39, 221

Rücktritt; außertatbestandliches Handlungsziel

I. Sachverhalt

1   A stieß dem ihm körperlich unterlegenen Mitbewohner eines Asylbewerberheims O ein 12 cm langes, spitz zulaufendes Messer kräftig in den Leib, um ihm einen „Denkzettel" zu verpassen und ihm unmissverständlich klarzumachen, dass er keine Gegenwehr dulde. Er führte den Stich frontal gegen den Oberbauch. Aufgrund einer Drehung des Opfers drang die Klinge seitlich rechts in den Körper ein. Durch den Stich wurde der Brustraum geöffnet, das Zwerchfell durchstoßen und der rechte Leberlappen verletzt. A nahm dabei den Tod des O billigend in Kauf. Er zog das Messer heraus und verließ den Raum. O verspürte zunächst keine Schmerzen und blieb stehen. Als er die Verletzung bemerkte, ließ er sich von einem Mitbewohner einen Notverband anlegen und fuhr dann mit dem Fahrrad zur Polizeistation. Ohne ärztliche Behandlung hätte die erlittene Verletzung spätestens nach 24 Stunden zum Tode geführt.

II. Rechtliche Probleme des Falls

2   Im Denkzettel-Fall hat sich der Große Senat für Strafsachen zu einer Rechtsfrage von grundlegender Bedeutung geäußert, die ihm gem. § 132 Abs. 4 GVG vom in der Revision zuständigen 1. Senat des BGH vorgelegt worden war. Die Vorlagefrage hatte der 1. Senat folgendermaßen formuliert: *„Ist ein mit bedingtem Tötungsvorsatz begangener Totschlagsversuch unbeendet und freiwilliger Rücktritt vom Totschlagsversuch noch möglich, wenn der Täter, der nach der letzten Tathandlung nicht mehr mit dem Tod des Opfers rechnet, von weiteren ihm möglichen Tötungshandlungen allein deshalb absieht, weil er sein Handlungsziel – Verabreichung eines ‚Denkzettels' – erreicht hat?"* Damit ist die rechtliche Problematik des „Denkzettel-Falls" bereits gut zum Ausdruck gebracht. Da O glücklicherweise gerettet wurde, kam nur ein versuchter Totschlag des A in Betracht. Ein Tatentschluss in Form eines zumindest bedingten Tötungsvorsatzes war nach den Feststellungen des LG anzunehmen. Zudem hat A den lebensgefährlichen Stich bereits ausgeführt und damit nach allen Ansichten zum Versuch auch unmittelbar angesetzt. Da auch kein Anlass bestand, an der Rechtswidrigkeit und Schuld zu zweifeln, hätte er sich also eines versuchten Totschlages schuldig gemacht. Allerdings wird gem. § 24 Abs. 1 S. 1 StGB wegen eines Versuchs nicht bestraft, wer freiwillig die weitere Ausführung der Tat aufgibt oder deren Vollendung verhindert. Der Rücktritt ist nach hM insofern ein persönlicher Strafaufhebungsgrund, andere sehen darin jedoch einen Entschuldigungsgrund. Dabei variiert bereits die Begründung für die durch den Rücktritt erlangte Straffreiheit. Teilweise wird angenommen, dass dem Täter durch die Möglichkeit der Straflosigkeit eine „goldene Brücke" zurück in die Legalität gebaut werden soll, was auch dem Opferschutz dient, weil das Opfer letztlich verschont wird. Andere sehen im Rücktritt eine „Belohnung" für den „Verdienst" des Täters, der sich nun doch gegen die Tatbegehung entscheidet. Überwiegend wird inzwischen aber auf die Strafzwecke rekurriert und die Straflosigkeit bei einem Rücktritt damit begründet, dass eine Bestrafung weder aus spezial- noch aus generalpräventiven Gründen geboten ist.

II. Rechtliche Probleme des Falls

Nach der Formulierung des Gesetzes ist zwischen dem unbeendeten und dem beendeten Versuch zu unterscheiden: Bei Ersterem kann der Täter „freiwillig die weitere Ausführung der Tat aufgeben", bei Letzterem muss er „freiwillig deren Vollendung verhindern". Hier kommt ein unbeendeter Versuch in Betracht, weil der vorlegende Senat ausgeführt hatte, dass nach den Darlegungen im angefochtenen Urteil nicht davon ausgegangen werden könne, dass der Versuch beendet gewesen sei. Den Feststellungen sei nämlich nicht mit hinreichender Sicherheit zu entnehmen, dass A nach dem Messerstich den Eintritt des Todes des Verletzten für möglich gehalten habe. Auch ein „Aufgeben" der Tat scheint dann naheliegend, weil A nicht weiter auf O eingestochen hat, obwohl er dies ohne Weiteres hätte tun können, da er sein Ziel, O einen „Denkzettel" zu verpassen, bereits erreicht hatte. Hier liegt aber gerade das Problem: Kann man etwas „aufgeben", wenn man doch genau das erreicht hat, das man erreichen wollte? Was gibt es noch aufzugeben, wenn A einen Denkzettel verpassen wollte und einen Denkzettel verpasst hat? Warum hätte er denn überhaupt weiterhandeln sollen? Andererseits ließe sich natürlich sagen, dass das Nicht-weiter-Einstechen auf O ein „Aufgeben der Ausführung der Tat" selbst, nämlich des Totschlages, ist. Dies ist eine der umstrittensten Fragen im Bereich des Rücktritts. Bis zur Entscheidung des Großen Senats im Denkzettel-Fall war diese Frage auch seitens der Strafsenate uneinheitlich beantwortet worden.

Unabhängig von dieser Kernfrage des Falles war im Übrigen noch das Folgende zu klären: Nach hM ist beim Versuch stets festzustellen, ob er nicht fehlgeschlagen ist, da im Falle eines Fehlschlages sowohl ein Rücktritt vom unbeendeten als auch vom beendeten Versuch nicht mehr möglich ist. Der vorlegende Senat des BGH hatte hierzu ausgeführt, den Feststellungen des LG sei nicht mit hinreichender Sicherheit zu entnehmen, dass A nach dem Messerstich den Tod des O für möglich gehalten habe. Allerdings dürfte A durchaus bewusst gewesen sein, dass er den Tötungserfolg durch weitere Stiche unschwer hätte herbeiführen können. Insoweit ist daher zu klären, ob für die Frage des Fehlschlags jede *einzelne* Ausführungshandlung getrennt zu betrachten oder ob eine Gesamtbetrachtung einschließlich *weiterer* möglicher Ausführungshandlungen vorzunehmen ist. Träfe es zu, dass eine Einzelbetrachtung anzustellen ist, und geht man davon aus, dass A annahm, sein Messerstich sei noch nicht lebensgefährlich gewesen, wäre dieser eine Stich aus seiner Sicht ein Fehlschlag gewesen, da er für sich genommen das Ziel nicht herbeiführen konnte. Kommt es hingegen auf eine Gesamtbetrachtung an, wie sie von der hM zu Grunde gelegt wird, so ist auf den Rücktrittshorizont des Täters nach der letzten Ausführungshandlung abzustellen. Ein Fehlschlag ist dann anzunehmen, wenn der Täter nach seiner Vorstellung die Tat mit den eingesetzten oder zur Verfügung stehenden Mitteln ohne zeitliche Zäsur nicht mehr verwirklichen kann. Unter Zugrundelegung dieser Kriterien wäre ein Fehlschlag abzulehnen und ein Rücktritt grds. möglich. Dann käme es also tatsächlich auf die Vorlagefrage an: Ist ein Rücktritt im Sinne eines Aufgebens der Ausführung der Tat möglich, wenn der Täter sein außertatbestandliches Ziel erreicht hat? Verdient auch ein solcher Täter die weitreichende Begünstigung der vollständigen Straflosigkeit in Bezug auf das versuchte Tötungsdelikt? Das LG hatte dies nicht so gesehen und A wegen eines versuchten Totschlages verurteilt. Wie entschied nun der BGH?

III. Die Entscheidung des BGH

5   Der BGH folgt dem LG nicht in dessen Einschätzung, sondern beantwortet die Vorlagefrage folgendermaßen: „*Ein strafbefreiender Rücktritt vom unbeendeten Versuch ist auch in den Fällen möglich, in denen der Täter von weiteren Handlungen absieht, weil er sein außertatbestandsmäßiges Handlungsziel erreicht hat.*" Im Rahmen der Begründung bezieht der Große Senat kurz auch Stellung zur Beurteilung des Fehlschlages. Er hält hierbei an der bisherigen Rechtsprechung und hM fest, die eine Gesamtbetrachtung nach dem Rücktrittshorizont des Täters vornimmt, und erklärt unmissverständlich: „*Ein Fall des fehlgeschlagenen Versuchs liegt [...] nicht vor, wenn der Täter nach anfänglichem Mißlingen des vorgestellten Tatablaufs sogleich zu der Annahme gelangt, er könne ohne zeitliche Zäsur mit den bereits eingesetzten oder anderen bereitstehenden Mitteln die Tat noch vollenden [...].*"

6   Was die Abgrenzung zwischen beendetem und unbeendetem Versuch anbelangt, knüpft der Große Senat nicht an einen fest umrissenen oder nur in groben Zügen gefassten Tatplan an, sondern hebt im Allgemeinen und wiederum unter Hinweis auf die inzwischen gefestigte Rechtsprechung den insoweit maßgeblichen sog. Rücktrittshorizont hervor. Demnach kommt es „*für die Abgrenzung des unbeendeten vom beendeten Versuch und damit für die Voraussetzungen strafbefreienden Rücktritts darauf an, ob der Täter nach der letzten von ihm konkret vorgenommenen Ausführungshandlung den Eintritt des tatbestandsmäßigen Erfolgs für möglich hält [...].*"

7   Sodann wendet er sich der entscheidenden Frage des Falles zu. Hierbei referierte er zunächst die – teilweise divergierenden – Ansichten der Strafsenate des BGH, um sich sodann der Meinung des vorlegenden 1. Senats anzuschließen, der – unter Aufgabe seiner eigenen früheren Auffassung – einen Rücktritt hier für möglich gehalten hatte. Diesbezüglich verwies der Große Senat zur Begründung zunächst auf den Wortlaut des § 24 Abs. 1 S. 1 StGB, der von einer Aufgabe der „Tat" spricht. Dies sei nur „*die Tat im sachlich-rechtlichen Sinn, also die in den gesetzlichen Straftatbeständen umschriebene tatbestandsmäßige Handlung und der tatbestandsmäßige Erfolg [...].*" Hierauf beziehe sich auch der Vorsatz des Täters. Daraus folgerte der Große Senat: „*Dementsprechend beschränkt sich beim unbeendeten Versuch der Entschluß, die weitere Tatausführung aufzugeben, auf die Verwirklichung der gesetzlichen Tatbestandsmerkmale. Auf weitergehende, außertatbestandsmäßige Beweggründe, Absichten oder Ziele stellen weder der die Strafbarkeit des Versuchs begründende § 22 StGB noch der spiegelbildlich dazu Strafbefreiung durch Rücktritt ermöglichende § 24 StGB ab. Kommt es schon bei der Frage der Freiwilligkeit des Rücktritts – um die es bei der vorgelegten Rechtsfrage nicht geht – nicht auf die sittliche und ethische Bewertung der Rücktrittsmotive an [...], so kann dies um so weniger beim äußerlichen Akt der Aufgabe weiterer Tatausführungen gelten. Daher kann auch derjenige vom unbeendeten Tötungsversuch – sei er mit direktem oder lediglich mit bedingtem Vorsatz ausgeführt – strafbefreiend zurücktreten, der von ihm möglichen weiteren Tötungshandlungen allein deshalb absieht, weil er sein außertatbestandsmäßiges Handlungsziel bereits erreicht hat oder erreicht zu haben glaubt (wenn im übrigen Freiwilligkeit im Sinne des Fehlens einer äußeren oder inneren Zwangslage vorliegt). Von einem solchen Täter über das bloße Abstandnehmen von weiterer Tatausführung hinaus einen ‚honorierbaren Verzicht' oder eine ‚Umkehr' zu fordern, findet in § 24 Abs. 1 S. 1 Alt. 1 StGB keine Stütze. Das Gesetz honoriert den Verzicht auf mögliches Weiterhandeln mit Straffreiheit und erschöpft sich dabei seinem Wortsinn nach in der Forderung, ein*

bestimmtes äußerliches Verhalten zu erbringen. Für zusätzliche wertende Elemente ist bei diesem objektiven Merkmal des Rücktrittstatbestands kein Raum."

Dies führe auch nicht zu *"unzuträglichen und kriminalpolitisch bedenklichen Ergebnissen."* Der Große Senat erläuterte: *"Zum einen wird in vielen der in Frage kommenden Fälle, in denen schon eine konkrete Gefährdung des Opfers eingetreten ist, das Vorliegen eines beendeten Versuchs anzunehmen sein. In diesem Sinne hält den Erfolgseintritt auch für möglich, wer die tatsächlichen Umstände erkennt, die diesen Erfolgseintritt nach der Lebenserfahrung nahelegen [...]. Für einen weiteren Bereich der Fälle vorzeitiger Erreichung eines außertatbestandlichen Handlungsziels wird hinsichtlich des – mit direktem oder auch mit bedingtem Vorsatz ausgeführten – Tötungsversuchs ein fehlgeschlagener Versuch in Betracht zu ziehen sein, etwa dann, wenn nach anfänglichem Mißlingen ein Weiterhandeln nicht mehr möglich ist, weil die eingesetzten Tatmittel erschöpft sind [...] oder andere Tatmittel zur unmittelbaren Fortführung des Versuchs entweder nicht zur Verfügung stehen oder vom Täter nicht erfolgversprechend eingesetzt werden können [...]. In den Fällen, in denen es bei Erreichung des außertatbestandsmäßigen Handlungsziels noch beim unbeendeten Versuch geblieben ist, wird bis zu diesem Stadium der Tatausführung in einem Teil der Fälle eine geringere Gefährdung eingetreten sein. Dem Täter die Möglichkeit zu eröffnen, Straflosigkeit durch bloßes Ablassen von seinem Opfer zu erlangen, kann insbesondere unter dem Gesichtspunkt des Opferschutzes sinnvoll sein."*

IV. Einordnung der Entscheidung

Die hier behandelte Entscheidung knüpft hinsichtlich der Beurteilung eines fehlgeschlagenen Versuchs an die mittlerweile gefestigte Rechtsprechung zur sog. Gesamtbetrachtungslehre an und wendet sich insofern von der in Teilen der Literatur und auch in der früheren strafrechtlichen Judikatur vertretenen Einzelaktstheorie ab. Nach der zuletzt genannten Auffassung sind alle einzelnen Ausführungshandlungen mit dem Ziel der Tatbestandsverwirklichung getrennt voneinander und als selbstständiger Versuch zu behandeln. Unternimmt demnach der Täter eine nach seinen Vorstellungen erfolgstaugliche Handlung, so ist ein fehlgeschlagener Versuch ungeachtet eines von vornherein auf etwaige Wiederholungsmöglichkeiten gerichteten Tatplans bereits dann zu bejahen, wenn die Ausführungshandlung misslingt und der Täter dies erkennt. Legte man diese Ansicht hier zu Grunde, so würde sich das Problem des Erreichens des außertatbestandlichen Ziels, das Gegenstand der Vorlagefrage war, gar nicht stellen, da A schon deshalb nicht mehr zurücktreten könnte, weil aus seiner Sicht der in dem einen Messerstich liegende Versuch fehlgeschlagen war. Es ist also quasi eine Prämisse, dass in der Entscheidung des Großen Senats im Denkzettel-Fall von der herrschenden Gesamtbetrachtungslehre auszugehen ist, wonach die Versuchssituation nicht als eine Abfolge von Einzelakten, sondern vielmehr als ein einheitlich zu betrachtendes Geschehen verstanden wird.

Vertreter der Einzelaktstheorie kritisieren die „Rücktrittsfreundlichkeit" der Gesamtbetrachtungslehre und knüpfen dabei an den mehr oder weniger vom Zufall abhängigen Umstand der Erfolgsherbeiführung an. Misslinge die für sich gesehen erfolgstaugliche Handlung, so beruhe diese oftmals bestehende Zufälligkeit weder auf dem Verdienst des Täters noch könne sie in der Folge bei etwaigen Fortsetzungsmöglichkeiten eine Privilegierung des handelnden Täters begründen. Für die Frage, ob eine Handlung fehlgegangen sei, könne es nicht darauf ankommen, ob noch weitere Handlungen möglich seien. Auch dies hänge schließlich vom Zufall ab. Für die Gesamtbetrachtungslehre wird hingegen die weiterhin bestehende Möglichkeit der Straffreiheit infolge des Rücktritts angebracht: Diese diene dem Opferschutz, der mit dem Anreiz des Täters auf Straffreiheit trotz bereits erfolgter Ausführungshandlung verwirklicht werde. Auch vor dem Hintergrund der Strafzwecke führe die Gesamtbetrachtungslehre zu sachgerechten Ergebnissen. Unter spezial- und generalpräventiven Gesichtspunkten sei ein Strafbedürfnis nämlich auch dann nicht gegeben, wenn der Täter nach Vornahme des Ausführungsaktes von weiteren Handlungen absehe, sich also für die bestehende Rechtsordnung entscheide und sich damit seine originär angenommene Gefährlichkeit nachträglich als nicht erheblich erweise. Auch resultiere aus der Einzelaktstheorie eine künstliche Aufspaltung eines zusammenhängenden Lebenssachverhaltes, was im Widerspruch zum Wortlaut des § 24 Abs. 1 S. 1 StGB stehe, der die Aufgabe der „Tat" als solche voraussetze und damit nicht einzelne Tathandlungen in Bezug nehme.

11   Neben diesen beiden Ansichten steht ferner die sog. Tatplantheorie, die früher häufig in der Rechtsprechung anzutreffen war. Hiernach ist die Vorstellung des Täters vor Versuchsbeginn entscheidend. Hatte er sich nach seinem Tatplan auf bestimmte Tätigkeitsakte beschränkt, so ist der Versuch fehlgeschlagen und der Rücktritt nicht mehr möglich, wenn er das Ziel durch ebendiese nicht erreicht hat. Hatte er hingegen keinen fest umrissenen Tatplan oder kam es ihm auf die Mittel nicht an, so bleibt ein Rücktritt möglich. Dafür wird angeführt, dass nur die Vorstellung des Täters die eigentlich getrennt zu betrachtenden Akte zusammenfasse. Dagegen wird indes vorgebracht, dass auf diese Weise der umsichtige und mehr planende Täter sachwidrig privilegiert werde, sofern er sich eben noch weitere Handlungsalternativen überlegt. Auch dieser Ansicht hat der Große Senat wie gesehen (zu Recht) eine Absage erteilt.

12   Höchst kontrovers wird allerdings die hier entscheidende Frage der Möglichkeit der Aufgabe der weiteren Ausführung der Tat iSd § 24 Abs. 1 S. 1 StGB trotz Erreichens eines außertatbestandlichen Ziels diskutiert. Auch zwischen den Strafsenaten des BGH wurde sie bis zur Entscheidung des Großen Senats im Denkzettel-Fall noch uneinheitlich beantwortet. So beschränkte der 1. Strafsenat in NJW 1990, 263 den Ausschluss eines Rücktritts bei Erreichen eines tatbestandlichen Ziels noch auf Fälle einer „optimalen Zielerreichung". Der 2. Strafsenat lehnte in NJW 1990, 522 die Möglichkeit eines Rücktritts bei einem mit bedingtem Tötungsvorsatz durchgeführten versuchten Tötungsdelikt bei Erreichen eines außertatbestandlichen Ziels hingegen kategorisch ab. Hier hatte der Angeklagte auf das Opfer P geschossen, um es nach einer von den Tätern verübten schweren räuberischen Erpressung in einem Supermarkt an der Verfolgung zu hindern. Der 2. Senat führte zur Begründung an: „*Der Angekl. S hörte deshalb zu schießen auf, weil deutlich geworden war, daß P nicht erneut auf die Angekl. zufahren würde. Die mit bedingtem Tötungsvorsatz abgegebenen Schüsse hatten nur dazu gedient, P zu vertreiben. Damit hatten die Angekl. mit ihren Schüssen ihr Ziel erreicht. Ein Rücktritt vom Mordversuch war nicht mehr möglich. [...] Hätte nämlich der Angekl. S sich in dieser Situation gleichwohl zu weiteren Schüssen entschlossen, wäre dazu ein neuer, anders motivierter Tatentschluß erforderlich gewesen. Es wäre ihm nicht mehr darum gegangen, P in die Flucht zu schlagen. Hätte er nun erneut geschossen, hätte er es entweder getan, um sein Opfer zu töten oder um mit bedingtem Tötungsvorsatz ein anderes als das bereits erreichte Ziel zu verfolgen. In jedem Fall aber müßte wegen des anderen Inhalts des neuen Entschlusses sein weiteres Handeln als neue Tat gewertet werden. [...] Ein – aus welchen Gründen auch immer – honorierbarer Verzicht auf eine Tatbestandsverwirklichung liegt bei dem Täter nicht vor, der*

IV. Einordnung der Entscheidung

nach Erreichung seines Handlungsziels nicht aufgrund eines neuen Entschlusses eine neue Gefährdung des Rechtsguts anstrebt. Dieser Täter stellt weder seine Rechtstreue unter Beweis, noch zeigt er, daß er nicht fähig ist, die geplante Tat zu vollenden [...]."

Der 5. Strafsenat begegnete dem in NJW 1991, 1189 sodann mit einer differenzierenden Ansicht. Auch hier hatte der Angeklagte mit bedingtem Tötungsvorsatz auf einen Polizisten geschossen, um im Besitz seiner Beute aus einem Banküberfall zu bleiben. Der 5. Senat erläuterte seine Sichtweise so: *„Der Senat ist der Ansicht, daß sich diese Auffassungen im Ergebnis wenig unterscheiden. Er stellt aber nicht auf das Merkmal der optimalen Zweckerreichung ab, da sinnvollerweise kein Unterschied zwischen optimaler und bloßer Zweckerreichung gemacht werden kann [...]. Er macht die Prüfung auch nicht von der Beantwortung der Frage abhängig, ob der Verzicht ‚honorierbar' ist, weil eine solche wertende Entscheidung durch die gesetzliche Regelung des § 24 StGB vorgegeben ist. Diese Regelung schließt die Möglichkeit des Rücktritts indes in Fällen aus, in denen der Täter sein mit dem tatbestandsmäßigen Handeln erstrebtes weiteres Ziel erreicht hat und tatbestandsmäßiges Handeln, falls er es fortsetzt, auf einem neuen, anders motivierten Tatentschluß beruht und sich damit als eine Tat darstellt, die mit dem vorangegangenen Handeln auch nicht im Sinne natürlicher Handlungseinheit verbunden ist. In dem Verzicht auf Begehung einer solchen neuen Tat läge nicht der Rücktritt von der davor begangenen (abgeschlossenen) versuchten Straftat."*

Der Große Senat wiederum bejahte im Denkzettel-Fall wie gesehen die Möglichkeit eines Rücktritts trotz Erreichens eines außertatbestandlichen Handlungsziels. Insbesondere ist dabei eine Abkehr von der Auffassung des 2. Strafsenats erkennbar, der für die Rücktrittsmöglichkeit noch die Anforderung eines „honorierbaren Verzichts" als maßgeblich erachtet, während nach den Ausführungen des Großen Senats für die Straffreiheit das bloße Nichtweiterhandeln ausreichen soll und damit etwaige Motivationen des Täters unberücksichtigt bleiben. Die rücktritts- und damit täterfreundliche Lösung des Großen Senats, die auch in einer aktuellen Entscheidung des BGH erneut bestätigt wurde (s. BGH, Beschl. v. 11.1.2022 – 6 StR 431/21) hat in der Literatur weitgehend Anklang gefunden, wenngleich die Möglichkeit eines Rücktritts in der hier behandelten Konstellation von manchen nach wie vor abgelehnt wird. Dabei weist diese Gegenansicht darauf hin, dass die „Tat" iSd § 24 StGB neben dem tatbestandsmäßigen Erfolg auch die tatbestandsmäßige Handlung erfasse, wozu auch im Rahmen des subjektiven Tatbestandes der Vorsatz gehöre. Habe der Täter sein vorgreifliches Handlungsziel erreicht und damit seinen Tatvorsatz verwirklicht, so entfalle der Vorsatz zur Tatbegehung. Damit scheide aber auch die Möglichkeit der Aufgabe der „Tat" aus. Auch könne man dem Täter hier nicht attestieren, dass er seine rechtsfeindliche Gesinnung aufgegeben habe. Nach der Zweckerreichung sei ein Weiterhandeln aus Sicht des Täters sinnlos, so dass ihm auch nicht die Privilegierung des Rücktritts und damit die Aussicht auf Straffreiheit zu gewähren sei. Schließlich sei auch an dem von der herrschenden Auffassung vorgebrachten Aspekt des Opferschutzes zu zweifeln, denn es sei nicht ausgemacht, dass der Täter überhaupt wisse, dass er in einem solchen Fall noch strafbefreiend zurücktreten könne. Häufig sei in entsprechenden Konstellationen auch bereits eine vollendete Tat verwirklicht (zB wie hier eine gefährliche Körperverletzung), welche den Täter ebenfalls zu einer Verdeckungstat verleiten könne. Eine Opfergefährdung sei demnach unabhängig von einer Rücktrittsmöglichkeit im Hinblick auf die lediglich versuchte Tat weiterhin zu befürchten.

V. Zusatzfragen

15 1. Nach welchen Gesichtspunkten erfolgt die Abgrenzung zwischen einem beendeten und einem unbeendeten Versuch? Welche Relevanz kommt der Abgrenzung in der hier behandelten Konstellation zu?

Ebenso wie die Feststellung eines fehlgeschlagenen Versuchs erfolgt die Abgrenzung zwischen beendetem und unbeendetem Versuch auf Basis der subjektiven Vorstellungen des Täters. Der Versuch ist dabei als unbeendet anzusehen, wenn der Täter aus seiner Sicht noch nicht alles für die Herbeiführung des tatbestandlichen Erfolges getan hat. Demgegenüber ist vom Vorliegen eines beendeten Versuchs auszugehen, wenn der Täter glaubt, alles Erforderliche für den Eintritt des tatbestandlichen Erfolges unternommen zu haben. Unabhängig davon, ob ein beendeter oder unbeendeter Versuch anzunehmen ist, muss der Täter die Verwirklichung des Erfolges noch für möglich halten, da andernfalls ein strafbefreiender Rücktritt bereits aufgrund des Vorliegens eines fehlgeschlagenen Versuchs ausscheidet. Dass der Abgrenzung beider Versuchsarten in diesem Kontext eine hohe Bedeutung zukommt, zeigt ein Blick auf das divergierende Rücktrittsverhalten: Während beim unbeendeten Versuch die bloße Aufgabe der weiteren Tatausführung (§ 24 Abs. 1 S. 1 Alt. 1 StGB) ausreichend ist, wird beim beendeten Versuch eine tatsächliche Vollendungsverhinderung (§ 24 Abs. 1 S. 1 Alt. 2 StGB) bzw. das freiwillige und ernsthafte Bemühen um die Vollendungsverhinderung gefordert (§ 24 Abs. 1 S. 2 StGB). Da in der hier behandelten Konstellation ein bloßes Nichtweiterhandeln des Täters gegeben ist, kommt in der Folge die grundsätzliche Rücktrittsmöglichkeit nur dann in Betracht, wenn man das Geschehen als einen unbeendeten Versuch einstuft und damit als taugliche Rücktrittshandlung das bloße Nichtweiterhandeln ausreichen lässt.

16 2. Kann man von einer „Aufgabe der Tat" iSd § 24 Abs. 1 S. 1 Alt. 1 StGB sprechen, wenn der Täter nur vorläufig von der Ausführung der Tat Abstand nimmt?

Nach einhelliger Auffassung ist eine Aufgabe der weiteren Tatausführung gegeben, wenn der Täter auf weitere ihm mögliche Handlungen, die auf die Verwirklichung des Tatbestandes gerichtet sind, verzichtet. Umstritten ist hingegen, ob diese Aufgabe endgültig zu erfolgen hat oder auch eine solche mit vorläufiger Dauer für die Anerkennung des Rücktritts ausreichend ist. Dabei versteht sich von selbst, dass ein kurzes Innehalten nicht genügen kann. Wie ist es aber, wenn der Täter die Tat an einem anderen Tag fortführen will, den er für günstiger hält?

Nach der früher in der Rechtsprechung vertretenen Ansicht kann von einer „Aufgabe" iSd § 24 Abs. 1 S. 1 Alt. 1 StGB nur dann gesprochen werden, wenn der Täter die Tatbestandsverwirklichung, also den Tatplan, endgültig und im Ganzen aufgibt, so dass auch bei unterschiedlichen Tatbeständen der gesamte Tatplan aufgegeben werden muss. Demnach ist ein Rücktritt nach § 24 Abs. 1 S. 1 Alt. 1 StGB in Fällen abzulehnen, in denen sich der Täter die Ausführung der Tat zu einem späteren Zeitpunkt vorbehält und deshalb auch nicht auf den Boden der Rechtsordnung zurückkehrt. Das Gesetz verlange schließlich ein „Aufgeben" und nicht bloß einen „Aufschub" der Tatausführung. Dagegen wird jedoch zu Recht vorgebracht, dass diese Theorie der Bestrafung der bösen Gesinnung nahe kommt, wenn sie die Strafbarkeit an den bloßen inneren Vorbehalt der späteren Straftatbegehung knüpft.

Nach der auch in der Rechtsprechung inzwischen herrschenden Auffassung wird der Begriff der „Tat" iSd § 24 Abs. 1 S. 1 Alt. 1 StGB hingegen iSd konkreten Straftatbestandes verstanden. Der Täter kann im Gegensatz zur erstgenannten Ansicht aber auch dann von der Begehung eines konkreten Straftatbestandes zurücktreten, wenn er seinen Plan im Übrigen weiterverfolgt und einen anderen Straftatbestand plangemäß verwirklicht. So kann etwa ein Täter, der zur Verwirklichung eines Raubmordes unmittelbar angesetzt hat, auch dann strafbefreiend vom Mord zurücktreten, wenn er auf die Tötung des Opfers verzichtet, den Raub im Übrigen aber durchführt. Zur Tat iSd § 24 Abs. 1 S. 1 StGB gehören dann auch Handlungen, die mit der gerade durchgeführten Versuchshandlung in natürlicher Handlungseinheit stünden, so dass kein Rücktritt anzunehmen ist, wenn der Täter sogleich andere Handlungsweisen vornehmen will, die zur Tatvollendung führen sollen. Insofern muss der Täter ggf. auch auf äquivalente Begehungsweisen verzichten. In BGHSt 33, 142 nahm der BGH etwa an, dass der Täter, der vom Nötigen des Opfers zum Oralverkehr Abstand nahm, dabei aber den Entschluss, das Opfer zu vergewaltigen, nicht aufgab, nicht strafbefreiend vom Versuch der sexuellen Nötigung zurückgetreten sei. Es schadet aber nicht, wenn sich der Täter vorbehält, zu einem späteren Zeitpunkt tätig werden zu wollen, sofern diese spätere Begehung einen neuen Tatentschluss voraussetzt und insofern eine neue Tat darstellt. Denn dann hat er jedenfalls die erste Tat aufgegeben und begeht stattdessen später möglicherweise eine andere Tat. Dies soll auch gelten, wenn der Täter den zunächst Geschädigten nicht weiterverfolgt, um sich einem anderen Opfer zuzuwenden (BGH NStZ 2020, 341).

Die Anhänger dieser Ansicht führen dabei zutreffend den Aspekt des Opferschutzes an und plädieren für eine rücktrittsfreundliche Lösung. Die Privilegierung des Rücktritts muss auch demjenigen zustehen, der nur vorläufig auf den Boden der Rechtsordnung zurückkehrt, zumal die Realisierung des Plans der zukünftigen (erneuten) Tatbegehung ja rein hypothetisch ist.

Nach einer weiteren (kriminalpolitisch orientierten) Auffassung soll im Einzelfall geprüft werden, ob sich der Täter durch sein Handeln in spezialpräventiver Hinsicht als gefährlich oder ungefährlich erwiesen hat. Dem wird indes entgegengehalten, dass dies sehr spekulativ und zugleich ein sehr vager Maßstab ist, von dem man die Entscheidung über Strafbarkeit oder Straflosigkeit nicht abhängig machen solle.

Zur Vertiefung:
Bott, JURA 2008, 753
Heinrich, AT, Rn. 835 ff.
Hilgendorf/Valerius, AT, § 10 Rn. 90 ff.
Kaspar, AT, § 8 Rn. 111 ff.
Rengier, AT, Rn. § 37 Rn. 58 ff.
Wessels/Beulke/Satzger, AT, Rn. 1044 ff.
Roxin, AT II, § 30 Rn. 47 ff.
Roxin, JZ 1993, 896
Zieschang, AT, Rn. 555 ff.

Fall 20: Gashahn

BGH, 2 StR 251/02, BGHSt 48, 147

Rücktritt; Unterlassungsdelikt

I. Sachverhalt

1   A öffnete in Selbsttötungsabsicht zwei Gashähne in seiner im Erdgeschoß eines Mehrfamilienhauses gelegenen Wohnung. Er dachte zunächst nicht daran, dass durch sein Handeln möglicherweise andere Hausbewohner zu Schaden kommen könnten. Erst nach dem Aufdrehen der Gashähne wurde A bewusst, dass das ausströmende Gas zu einer Explosion führen könnte und hierdurch andere Hausbewohner möglicherweise verletzt oder getötet werden könnten. Dies nahm er zunächst billigend in Kauf. Kurze Zeit später änderte er insoweit aber seine Meinung. Er rief daher über die Notrufnummer zunächst die Feuerwehr und, als er sich dort nicht ernst genommen fühlte, unmittelbar darauf die Polizei an, nannte seinen Namen und seine Anschrift und forderte diese auf, sogleich für eine Rettung der Hausbewohner zu sorgen, da er nicht wollte, dass diese durch eine – von A als möglich erkannte, aber nicht mehr gebilligte – Gasexplosion zu Schaden kommen. Seinen Entschluss, sich selbst durch eine Gasvergiftung zu töten, gab er jedoch nicht auf und kam daher auch der Aufforderung durch die Leitstelle, das Gas abzudrehen, nicht nach. Nach Beendigung des Telefongesprächs wurde A bewusstlos. Wenige Minuten später traf die Feuerwehr ein, evakuierte etwa 50 Personen und drehte den Gashahn zu. Ob das Gasgemisch in der Wohnung des A schon explosionsfähig war, konnte nicht festgestellt werden.

II. Rechtliche Probleme des Falls

2   Glücklicherweise ist bei dieser Handlung des A niemand zu Schaden gekommen. Natürlich ging es ihm in erster Linie darum, sich selbst zu töten. Da er aber gleichwohl zumindest zwischenzeitlich erkannt und gebilligt hat, dass es zu einer Explosion kommen könnte und dass dadurch andere Menschen verletzt oder gar getötet werden könnten, steht eine Strafbarkeit wegen eines versuchten Tötungsdelikts im Hinblick auf die anderen Hausbewohner sowie wegen des Versuchs der Herbeiführung einer Sprengstoffexplosion im Raum. Dabei könnte es sich sogar um einen versuchten Mord mit gemeingefährlichen Mitteln gehandelt haben, da A die Auswirkungen der Gasexplosion nicht kontrollieren konnte. Es stellen sich allerdings einige Fragen. Zunächst ist zu klären, ob und, wenn ja, wann A einen ausreichenden Tatvorsatz aufwies. Weiterhin ist zu prüfen, ob er zur Tat, dh zu den genannten Versuchsdelikten, im Sinne von § 22 StGB unmittelbar angesetzt hat. Dabei ist insbesondere zu überlegen, ob es sich bei dem A vorwerfbaren Verhalten um ein aktives Tun (= Aufdrehen der Gashähne) oder eher um ein Unterlassen (= Nicht-Zudrehen der Gashähne) handelte. Schließlich könnte er gem. § 24 StGB durch die Abgabe des Notrufs strafbefreiend von diesen Taten zurückgetreten sein. Genügte es hierfür aber, dass er durch seinen Anruf die Ursache für das rettende Einschreiten der Feuerwehr gesetzt hat? Oder hätte er selbst die sicherste Rettungsvariante wählen und die Gashähne zudrehen müssen, was ihm ohne Weiteres möglich gewesen wäre?

III. Die Entscheidung des BGH

Der BGH stellte zunächst fest, dass sich A wegen der genannten Delikte nur im Zeitpunkt nach dem Öffnen der Gashähne und vor dem Absetzen des Notrufs strafbar gemacht haben konnte. Diesbezüglich sei von einem Unterlassen des A auszugehen: *„Entgegen der Ansicht des Landgerichts lagen nicht durch aktives Tun, sondern durch Unterlassen begangene Versuche vor, denn der Angeklagte handelte, als er die Gashähne öffnete, nicht in dem Bewusstsein, dass dies zu einer Gasexplosion und diese zum Tod anderer Hausbewohner führen könnte; diese Möglichkeit wurde ihm nach den Feststellungen vielmehr erst nachträglich bewusst. Das weitere Ausströmen-Lassen des Gases konnte eine strafrechtliche Verantwortlichkeit des Angeklagten daher nur aufgrund seiner aus dem vorangegangenen Tun erwachsenen Garantenstellung gem. § 13 Abs. 1 StGB begründen."*

Von diesem Versuch sei A jedoch strafbefreiend zurückgetreten. Insofern konnte der BGH verschiedene Fragen offen lassen, die in der Literatur durchaus streitig sind. Dazu gehört ua die Überlegung, ob ein Mord mit gemeingefährlichen Mitteln durch Unterlassen überhaupt begangen werden kann. Der BGH wendete sich stattdessen sogleich dem Rücktritt vom Versuch gem. § 24 StGB zu. Hier ließ er eine weitere Frage offen: Ist auch beim Unterlassen zwischen einem unbeendetem und einem beendeten Versuch zu differenzieren? Dies könne hier dahinstehen, da der Versuch des Unterlassungsdelikts nach der Rechtsprechung des BGH dem beendeten Versuch des Begehungsdelikts insoweit gleichstehe. Der Rücktritt richte sich folglich nach § 24 Abs. 1 S. 1 Hs. 2 StGB, wonach der Täter die Vollendung der Tat verhindert haben muss. Damit musste er sich der Frage widmen, welche Anforderung an dieses „Verhindern" zu stellen sind, insbesondere ob es genügt, dass der Täter nur die Ursache für die Verhinderung der Tat setzt, oder ob er das Bestmögliche tun muss. Da der erkennende 2. Senat im zuerst genannten Sinne entscheiden wollte, sich aber nicht im Klaren darüber war, ob nicht einige Entscheidungen anderer Senate dieser Auffassung entgegenstünden, befragte er die anderen Senate dazu – im Hinblick auf eine mögliche Vorlage an den Großen Senat, § 132 Abs. 2, 3 S. 1 GVG. Die anderen Senate teilten daraufhin mit, dass ihre Rechtsprechung nicht entgegenstehe bzw. dass sie an einer etwaig entgegenstehenden Rechtsprechung nicht festhielten. Daher blieb auch der 2. Senat bei seiner Ansicht. Er sah zudem *„für die Fälle kausaler Erfolgsverhinderung [...] keine Notwendigkeit, im Grundsatz zwischen eigenhändiger Verhinderung und Zuziehung Dritter zu differenzieren [...]."*

Er erläuterte: *„Für den Fall des Versuchs eines unechten Unterlassungsdelikts ergibt sich auch aus der Ingerenzhaftung des Garanten insoweit keine Besonderheit [...]. Die im Ergebnis ungleiche Behandlung des Rücktritts vom beendeten untauglichen Versuch, bei welchem mangels Kausalität der Bemühungen stets der Maßstab des § 24 Abs. 1 S. 2 StGB anzuwenden ist, sieht der Senat; dies rechtfertigt es aber nicht, diesen Maßstab über den Wortlaut des § 24 Abs. 1 S. 2 Halbs. 2 StGB hinaus auf Fälle kausaler Verhinderung anzuwenden. Erforderlich ist danach allein, dass der Täter seinen Vollendungsvorsatz vollständig aufgibt, im Fall bedingten Vorsatzes also den als weiterhin möglich erkannten Tatererfolg nicht mehr billigt; und dass er – erfolgreich – eine solche Rettungsmöglichkeit wählt, die er für geeignet hält, die Vollendung zu verhindern. [...] Nach diesen Maßstäben ist der Angekl. hier strafbefreiend vom Versuch zurückgetreten. An der Freiwilligkeit seines Handelns bestehen keine Zweifel. Dass er die weiter bestehende und sich vergrößernde Gefahr eines Erfolgseintritts auch nach* *seinem Entschluss zur Verhinderung der Vollendung erkannte und unschwer durch eigenhändiges Schließen der Gashähne hätte abwenden können, steht der Strafbefreiung [...] nicht entgegen."*

IV. Einordnung der Entscheidung

6 Auch dieser Fall zeigt, dass Straftäter sich häufig in psychischen Ausnahmesituationen befinden. Hier haben wir es mit einem Täter zu tun, dessen erstes Ziel es war, selbst aus dem Leben zu scheiden. In solchen ohnehin tragischen Fällen kann es vorkommen, dass der Suizident (auch) auf das Leben Dritter keine Rücksicht mehr nimmt. Denken wir nur an den Täter, der sich vor einen Zug stürzt. A hätte hier sogar eine Explosion mit ggf. verheerenden Folgen in Kauf genommen. Allerdings muss ihm zugutegehalten werden, dass er irgendwann doch zumindest insofern „zur Besinnung kam", dass er ebendiese schlimme Folge verhinderte.

7 Dass der BGH hier ein Unterlassen annahm, ist wegen des Simultanitätsprinzips des Vorsatzes korrekt: Im Zeitpunkt des unmittelbaren Ansetzens zur Tat muss der Täter den entsprechenden Vorsatz gefasst haben. Dass dies bei A zumindest zwischenzeitlich der Fall war, hatte das LG festgestellt, an dessen tatsächliche Feststellungen der BGH gebunden ist. Nur zwischen den Zeilen erschließt sich, dass sich die gem. § 13 Abs. 1 StGB nötige Garantenpflicht des A aus Ingerenz ergab, also aus seinem vorangegangenen gefährlichen Handeln durch das Öffnen der Gashähne. Nicht weiter erörtert hat der BGH die Frage, wann bei einem Unterlassungsdelikt ein „unmittelbares Ansetzen" vorliegt. Dies ist sehr umstritten. Vertreten werden dabei als Extrempole, dass dies schon beim Verstreichenlassen der allerersten Eingriffsmöglichkeit der Fall ist, oder dass – genau entgegengesetzt – auf den Zeitpunkt der allerletzten Möglichkeit abzustellen ist. Andere Ansichten stellen darauf ab, ob es zu einer konkreten Gefährdung des Opfers gekommen ist oder der Täter den Geschehensverlauf jedenfalls aus der Hand gegeben hat. Dies hat den BGH nicht weiter interessiert, da er ja einen strafbefreienden Rücktritt des A annahm. Bei einer dogmatisch sauberen Vorgehensweise hätte indes zunächst untersucht werden müssen, ob der Tatbestand überhaupt erfüllt ist, bevor – bei entsprechender Bejahung von Rechtswidrigkeit und Schuld – der Strafbefreiungsgrund des Rücktritts relevant wird. Insofern könnte man auch sagen: Wenn A nicht einmal zum Versuch angesetzt hat, gab es auch keine Tat, von der er zurücktreten könnte.

8 Dies gilt im Grunde auch für die vom BGH explizit offengelassene Frage, ob ein Mord mit gemeingefährlichen Mitteln auch durch ein Unterlassen begangen werden kann. Denn auch dies ist ein vorab zu klärender Bestandteil des Tatbestandes. Auch diese Frage wird nicht einheitlich beantwortet. Da sie aber eine primär dem Besonderen Teil des StGB zuzuordnende Auslegung des Mordmerkmals des gemeingefährlichen Mittels betrifft, können wir sie hier ebenfalls vernachlässigen. Es mag genügen, festzuhalten, dass der BGH in BGHSt 34, 13 selbst ein solches Mordmerkmal abgelehnt hat, *„wenn der Täter eine bereits vorhandene gemeingefährliche Situation nur zur Tat ausnutzt."*

9 Die besondere Bedeutung des Falls liegt insgesamt tatsächlich eher bei der Frage, welche Anforderungen an einen Rücktritt vom Unterlassungsdelikt zu stellen sind. Dies betrifft zwei Fragenkomplexe: Erstens muss geklärt werden, ob auch beim Unterlassen zwischen dem unbeendeten und dem beendeten Versuch zu differenzieren ist. Dies ist in der Literatur durchaus streitig und bildet daher auch den Gegenstand unserer ersten Zusatzfrage. Da der BGH das Verhalten des A aber ohnehin an den (strengeren) Vor-

aussetzungen des § 24 Abs. 1 S. 1 Alt. 2 StGB maß und diese für einschlägig hielt, kam es darauf hier in der Tat nicht entscheidend an. Zweitens war dann aber der Maßstab festzulegen, anhand dessen die Rücktrittshandlung der Vollendungsverhinderung zu messen ist. Wie der BGH selbst feststellte, ist es in der Literatur äußerst umstritten, welche Anforderungen an die Verhinderung der Tatvollendung im Sinne des § 24 Abs. 1 S. 1 Alt. 2 StGB zu stellen sind. Die unterschiedlichen Meinungen hängen auch davon ab, wie die Straffreiheit des Zurücktretenden grundsätzlich begründet wird. Teilweise wird als Grund für die Straffreiheit die durch den Rücktritt verdiente Gnade betont und diese an die Vornahme der bestmöglichen Rettungshandlung geknüpft. Ein von Unsicherheiten und Zufälligkeiten mitgeprägtes sonstiges Ausbleiben des Erfolgs führe dagegen nicht zum Entfallen des Vergeltungsbedürfnisses und verdiene keine Gnade. Zudem sei es inkonsequent, wenn dem Täter eines untauglichen Versuchs, der das Rechtsgut tatsächlich nicht gefährdet und damit weniger strafwürdig sei, nach dem Wortlaut von § 24 Abs. 1 S. 2 StGB ein ernsthaftes Bemühen abverlangt werde, während der Täter eines tauglichen Versuchs, der größeres Unrecht verwirkliche, weniger für seinen Rücktritt leisten müsse. Die herrschende Gegenansicht lehnt diese Lösung in Übereinstimmung mit dem 2. Senat als zu restriktiv ab und beruft sich dabei auf den Opferschutz durch einen erleichterten Rücktritt, weil der Täter einen größeren Anreiz habe, den Erfolgseintritt zu verhindern. Zudem nehme der Täter auch durch die nicht optimale Rücktrittshandlung Abstand von seiner Tat und es entfalle ein Teil des rechtserschütternden Eindrucks auf die Allgemeinheit. Eine Bestrafung sei daher auch unter spezial- und generalpräventiven Gesichtspunkten nicht erforderlich. Durch die Lösung werden zwar der taugliche und der untaugliche Versuch ungleich behandelt. Dies sei aber gerade Folge des unterschiedlich ausgestalteten Wortlauts von S. 1 und S. 2 des § 24 Abs. 1 StGB und damit als bewusste gesetzgeberische Entscheidung zu akzeptieren.

Damit ist jedoch noch nicht geklärt, welche Anforderungen unterhalb der optimalen Rettungshandlung an die Vollendungsverhinderung zu stellen sind. Der BGH lässt der Entscheidung nach schon bloße Kausalität genügen. Das wird in der Literatur überwiegend abgelehnt, da sonst wegen der Weite der Äquivalenzformel der Bereich der Strafaufhebung unangemessen stark auf Fälle zufälliger Erfolgsverhinderungen ausgedehnt werde. Die herrschende Ansicht in der Literatur geht davon aus, dass der Zurücktretende den Erfolg kausal und nach den Regeln der objektiven Zurechnung zurechenbar verhindern muss: Seine Handlung muss danach nicht nur die Conditio sine qua non für das Ausbleiben des Erfolges sein, sondern sie muss auch eine durch den Täter geschaffene Rettungschance darstellen, die sich im konkreten Ausbleiben des tatbestandlichen Erfolges realisiert. Zudem wird mindestens bedingter Vorsatz des Täters hinsichtlich der Rettung verlangt, um das Handlungsunrecht der Tat zu kompensieren. Für diese Ansicht spricht, dass so an die Zurechnung des Taterfolges und an die Zurechnung des Rücktrittserfolges dieselben Voraussetzungen (Kausalität, objektive Zurechnung und Vorsatz) geknüpft werden: Da es in beiden Fällen um die strafrechtliche Würdigung eines Täterverhaltens geht, ist es nur konsequent, auch dieselben Zurechnungskriterien zu verwenden.

Übertragen auf den konkreten Fall stellt sich sodann aber die Frage, ob das Schließen der Gashähne durch die Feuerwehr A objektiv zuzurechnen war oder ob der Rettungszusammenhang durch das Dazwischentreten der Feuerwehr unterbrochen wurde. Für die Zurechenbarkeit spricht, dass A durch den Notruf bewusst die Chance für das rettende Eingreifen der Feuerwehr geschaffen hat. Indem die Feuerwehr angerückt ist und die Gashähne geschlossen hat, hat sich gerade der mit dieser Rettungschance typischerweise verbundene Rettungserfolg verwirklicht. Insofern hat sich die Feuerwehr der durch A objektiv geschaffenen Rettungschance untergeordnet, es besteht ein innerer Zusammenhang zwischen seinem Notruf und dem Einschreiten durch die Feuerwehr. Der Rücktrittserfolg erscheint nicht nur als Werk Dritter, sondern auch als Werk des A. Demnach würde also auch die in der Literatur herrschende Meinung in Übereinstimmung mit dem 2. Senat hier zu dem Ergebnis kommen, dass A durch die Betätigung des Notrufs strafbefreiend vom Versuch des Mordes zurückgetreten ist.

V. Zusatzfragen

12 1. Ist auch bei den Unterlassungsdelikten zwischen einem unbeendeten und einem beendeten Versuch zu unterscheiden?

Ob eine Unterscheidung zwischen unbeendetem und beendetem Versuch auch bei den Unterlassungsdelikten notwendig ist, ist eben deshalb unklar, weil der Täter beim Unterlassen ja gerade deshalb bestraft wird, weil er nichts tut, so dass ein weiteres Nichtstun wohl kaum zu einer Aufgabe ebendieser Tatbegehung durch Nichtstun führen kann. Insofern muss er also für einen Rücktritt vom Unterlassen schlichtweg immer aktiv werden, sonst gibt er sein Nichtstun nicht auf. Für die Tatbegehung durch aktives Tun unterscheidet der Wortlaut des § 24 Abs. 1 S. 1 StGB hingegen zwischen dem unbeendeten Versuch, bei dem der Täter freiwillig die weitere Ausführung der Tat aufgibt (Alt. 1), und dem beendeten Versuch, bei dem der Täter die Vollendung der Tat verhindert (Alt. 2). In ersterem Fall kann schlichtes Nichtstun genügen, da dann die Ausführung der Tat aufgegeben wird; in letzterem Fall muss der Täter aktiv werden. Heißt das, dass es beim Unterlassen quasi immer nur einen beendeten Versuch gibt, weil der Täter beim Unterlassen immer aktiv werden muss? In unserer Entscheidung hat der BGH die bisherige Rechtsprechung insofern zusammengefasst, dass der unbeendete und der beendete Versuch sich beim Unterlassungsdelikt gleichstehen und die Anforderungen an die Rücktrittshandlung sich einheitlich nach § 24 Abs. 1 S. 1 Alt. 2 StGB bestimmen. In der Literatur wird hingegen vielfach angenommen, dass auch beim Unterlassen eine solche Unterscheidung durchführbar sei. Ein unbeendeter Versuch liege vor, wenn der Eintritt des tatbestandlichen Erfolges nach der Vorstellung des Täters noch durch Nachholung der ursprünglich gebotenen Handlung abgewendet werden könne. Ein beendeter Versuch sei hingegen anzunehmen, wenn nach der Vorstellung des Täters die Nachholung der ursprünglich gebotenen Handlung für sich genommen nicht mehr ausreiche, den tatbestandlichen Erfolg abzuwenden, sondern weitergehende Maßnahmen erforderlich seien. Es ist allerdings zu konstatieren, dass in beiden Fällen ein aktives Tun des Täters erforderlich ist, es können jedoch die konkret vorzunehmenden Handlungen divergieren und der Täter insoweit mit einem unterschiedlichen Risiko belastet sein.

In einer jüngeren Entscheidung (NStZ 2010, 690 (691)) hat nun allerdings auch der 2. Strafsenat des BGH bei einem versuchten Totschlag durch Unterlassen die Ansicht vertreten, es komme „*für die Frage, ob von den Tätern ‚Rücktrittsbemühungen' zu erwarten waren, auf die Unterscheidung zwischen unbeendetem (§ 24 Abs. 1 S. 1 Alt. 1 StGB) und beendetem (§ 24 Abs. 1 S. 1 Alt. 2 StGB) Versuch an.*" Diese Unterscheidung hat der BGH aber nicht wie die Literatur vorgenommen, sondern nach den für die Begehungsdelikte entwickelten Kriterien gelöst. Im konkreten Fall hatten die beiden noch jugendlichen Täter dabei mitgeholfen, das Opfer, das die Angeklagten

V. Zusatzfragen

einschüchtern wollten, an einen einsamen Ort zu entführen, wo es sich entkleiden musste und sodann mit Benzin übergossen wurde. Die beiden in Frage stehenden Angeklagten hatten sodann zugesehen, wie zwei andere Mitangeklagte eine zum Opfer führende Benzinspur in Brand setzen, so dass auch das Opfer erwartungsgemäß von den Flammen erfasst wurde. Dabei handelten alle Beteiligten zunächst mit bedingtem Tötungsvorsatz. Das Opfer konnte einen Großteil der Flammen selbst ausschlagen und dadurch löschen, dass es sich auf dem Boden wälzte. Die Täter brachten es sodann in die Stadt, wobei einer der Mittäter für die Zukunft eine Schutzgeldzahlung vom Opfer forderte. Der BGH stellte auf die subjektive Vorstellung der Täter nach Abschluss der letzten auf den Erfolg abzielenden Handlung ab und schlussfolgerte, dass sie nicht davon ausgegangen seien, dass das Opfer alsbald sterben werde. Dafür sprach der Umstand, dass das Opfer nach dem Löschen der Flammen aufstand, sich anzog und in den Wagen stieg, sowie ferner die Tatsache, dass für die Zukunft Schutzgeld gefordert wurde. Insofern scheint er es in diesem Fall ausreichen zu lassen, dass die Täter nichts taten. Nimmt man dies an, so kann ein Täter auch durch Nichtstun von einem Unterlassen zurücktreten.

2. Wie wäre der Fall zu entscheiden, wenn A bei der Feuerwehr angerufen, dann aber sofort wieder aufgelegt hätte und die Feuerwehr nur durch einen absoluten Zufall den Anruf hätte zurückverfolgen und rettend eingreifen können? 13

Auch in der Abwandlung des Falls wäre der Tatererfolg, der Tod der Hausbewohner, nicht eingetreten. A hätte die Rettungshandlung durch die Feuerwehr auch in dieser Variante kausal verursacht. Verlangt man aber richtigerweise darüber hinaus eine Zurechenbarkeit der Rettungshandlung, wäre diese hier zu verneinen. Dass die Feuerwehr die Adresse des Hauses ausfindig machen konnte, war einem Zufall geschuldet und damit ein so nicht vorhersehbarer, atypischer Kausalverlauf. Die Rettung stellt sich nicht als Werk des A, sondern allein der Feuerwehr dar. Demnach wäre die Tat ohne Zutun des A nicht vollendet worden, so dass ein Fall des § 24 Abs. 1 S. 2 StGB vorläge. Um noch in den Genuss eines strafbefreienden Rücktritts zu kommen, müsste A sich freiwillig und ernsthaft bemüht haben, die Vollendung zu verhindern. Er müsste dazu alles unternommen haben, was aus seiner Sicht zur Erfolgsverhinderung geeignet und erforderlich ist. Das wäre hier offensichtlich nicht der Fall, denn zur Verhinderung der Explosion wäre das Schließen der Gashähne das sicherste, wirksamste Mittel gewesen. Demnach läge ein Rücktritt des A nicht vor und er wäre wegen versuchten Mordes zu bestrafen.

Zur Vertiefung:
Heinrich, AT, Rn. 756 ff.
Hilgendorf/Valerius, AT, § 10 Rn. 62 ff.
Kaspar, AT, § 8 Rn. 69 ff., 128 ff.
Rengier, AT, § 37 Rn. 1 ff.
Roxin, AT II, § 30 Rn. 211 ff.
Wessels/Beulke/Satzger, AT, Rn. 1054 ff.
Zieschang, AT, Rn. 528 ff.

Fall 21: Regenrohr

BGH, 4 StR 529/74, BGHSt 26, 35

Unterlassen; Garantenstellung

I. Sachverhalt

1   Wirt A hatte mit seiner Ehefrau eine kleine Gaststätte gepachtet. Als A wegen eines Krankenhausaufenthalts seiner Ehefrau die Gaststätte zeitweise alleine führte, betrat der Hilfsarbeiter H in den frühen Abendstunden die Gaststube. H war zu diesem Zeitpunkt zwar angetrunken, aber noch nicht erkennbar betrunken. A schenkte ihm auf sein Verlangen ein oder zwei Glas Bier und danach noch fünf Schnäpse aus. H trank diese schnell aus und war alsbald stark betrunken, was auch A erkannte. Sein mehrfach abgegebenes Angebot, ein Taxi zu bestellen, lehnte H ab. Als H die Gaststätte verlassen wollte, führte ihn A hinaus, damit er nicht über die zum Bürgersteig hinabführenden drei Stufen stürzte. Auf der Straße schwankte H so stark, dass A ihn festhalten musste. Erneut lehnte H das Angebot ab, ihm ein Taxi zu bestellen. Er verlor nun völlig die Kontrolle über seinen Körper und torkelte zweimal gegen ein in der Haueinfahrt parkendes Auto. Da A erkannte, dass sich H nicht mehr auf den Beinen halten konnte, fasste er ihn schließlich am Arm, lehnte ihn an die Hauswand und riet ihm, sich so lange an dem dort montierten Regenrohr festzuhalten. Dann ging A in seine Gaststätte zurück. Wenig später verlor H den Halt, torkelte einige Schritte und fiel dann mit dem Kopf voraus auf die Fahrbahn der vielbefahrenen Straße. Dort wurde er von einem Pkw erfasst, dessen Fahrer nichts mehr tun konnte, um den Unfall zu verhindern. Fünf Wochen später erlag H im Krankenhaus seinen schweren Schädelverletzungen.

II. Rechtliche Probleme des Falls

2   Man könnte sich auf den Standpunkt stellen, dass jeder erwachsene Mensch weiß oder wissen muss, dass er sich selbst gefährdet, wenn er sich dermaßen betrinkt, wie H es hier getan hat. Inwiefern besteht dann Raum für eine Strafbarkeit des A? Musste er H quasi „vor sich selbst" beschützen? Eine vorsätzliche Tötung des H durch Tun oder Unterlassen des A scheidet hier offensichtlich aus, da er nicht mit (auch nur bedingtem) Tötungsvorsatz handelte. Man könnte A aber möglicherweise einen Fahrlässigkeitsvorwurf in Bezug auf den Tod des H machen, und zwar nicht nur in Form einer fahrlässigen Tötung gem. § 222 StGB. Das LG hatte hier nämlich sogar eine Strafbarkeit wegen des erfolgsqualifizierten Delikts der Aussetzung mit Todesfolge gem. § 221 Abs. 1 Nr. 2 (= § 221 Abs. 1 Alt. 2 aF), Abs. 3 StGB (näher zu dieser Deliktsart s. Fall 4: Gubener Hetzjagd, S. 34 ff.) angenommen, hinter dem § 222 StGB zurücktritt. Die Strafbarkeit setzt voraus, dass der Täter einen anderen „in einer hilflosen Lage im Stich läßt, obwohl er ihn in seiner Obhut hat oder ihm sonst beizustehen verpflichtet ist" und dadurch wenigstens fahrlässig den Tod des Opfers verursacht.

3   Die Aussetzung gem. § 221 Abs. 1 Nr. 2 StGB ist wie die Nichtanzeige geplanter Straftaten (§ 138 StGB) und die unterlassene Hilfeleistung (§ 323 c StGB) ein sog. echtes Unterlassungsdelikt. Dieses zeichnet sich dadurch aus, dass schon das im Tatbestand umschriebene strafbare Verhalten kein aktives Tun, sondern ein passives Untätigbleiben darstellt. Im Falle des § 221 Abs. 1 Nr. 2 StGB wäre dies das „im-

Stich-Lassen" des Opfers, das keine Ortsveränderung des Täters voraussetzt, sondern auch bei untätigem Verweilen erfüllt sein kann. Davon zu unterscheiden sind die unechten Unterlassungsdelikte. Hier wird im Tatbestand ein aktives Tun umschrieben, bei § 212 StGB bspw. das „Töten" eines Menschen. Durch die Vorschrift des § 13 StGB wird aber klargestellt, dass man sich auch durch ein Unterlassen wegen eines solchen Delikts strafbar machen kann; man kann also nach der Vorstellung des Gesetzgebers auch durch Nichtstun „töten". Richtigerweise treffen solche strafbewehrten Handlungsgebote aber nur einen eingeschränkten Personenkreis. Nicht jedermann ist gegenüber anderen Personen in besonderer und herausgehobener Weise zum Einschreiten oder Retten verpflichtet; hier greift allenfalls die allgemeine Hilfspflicht gem. § 323c Abs. 1 StGB. Vielmehr trifft die Strafbarkeit aus dem unechten Unterlassungsdelikt gem. § 13 Abs. 1 StGB nur diejenige Person, die „rechtlich dafür einzustehen hat, dass der Erfolg nicht eintritt". Dem Gesetz lässt sich nur entnehmen, dass eine rechtliche Pflicht verlangt wird und eine rein moralische Verpflichtung somit nicht genügt. Darüber hinaus schweigt der Gesetzgeber aber über die Begründung und Reichweite dieser sog. Garantenstellung, so dass es nicht verwundert, dass hier vieles umstritten ist. Die Frage wird auch bei § 221 StGB relevant. Denn die in § 221 Abs. 1 Nr. 2 StGB vorausgesetzte Obhuts- bzw. Beistandspflicht wird, wie der BGH auch im vorliegenden Urteil klarstellt, anhand der Grundsätze der Garantenpflicht bei den unechten Unterlassungsdelikten geprüft. Diese mussten also auch im vorliegenden Fall untersucht werden, so dass er durchaus als AT-Fall zu den Garantenpflichten herangezogen werden kann. Es stellte sich also die Frage, ob A ein solcher Garant war, der anders als jeder normale Bürger hier so besonders gegenüber H verpflichtet war, dass für ihn nicht nur die unterlassene Hilfeleistung gem. § 323c StGB, sondern sogar eine Aussetzung mit Todesfolge gem. § 221 Abs. 1 Nr. 2, Abs. 3 StGB in Betracht kam. Woraus sollte sich diese Pflichtenstellung hier ergeben? Weil er H den Alkohol ausgeschenkt hatte? Weil er ihn hinausbegleitet hatte? Oder ganz einfach, weil ein Wirt für seine Gäste sorgen muss?

III. Die Entscheidung des BGH

Der BGH bestätigte die Verurteilung des A wegen Aussetzung mit Todesfolge. Zur hier interessierenden Frage der Garantenstellung des A stützte er seine Ausführungen in erster Linie auf dessen „vorangegangenes Tun", also die sog. Ingerenz. Dabei könne indes offenbleiben, ob sich eine solche Garantenpflicht des A bereits aus der Tatsache ergebe, dass er H große Mengen Alkohol ausgeschenkt habe. Auch die Streitfrage, ob nur pflichtwidriges oder auch rechtmäßiges Vorverhalten eine Garantenpflicht aus Ingerenz auslösen könne, ließ der BGH ausdrücklich offen; auf beide Gesichtspunkte komme es hier nicht an, da A die Grenze des Sozialüblichen überschritten habe.

4

Zwar sei das Ausschenken der Getränke durch W zunächst weder pflicht- noch rechtswidrig gewesen, da H nicht erkennbar betrunken war, so dass A auch nicht gegen das Ausschankverbot in § 20 Nr. 2 GaststättenG verstoßen habe. Gastwirte seien nicht per se Garanten gegenüber ihren Alkohol konsumierenden Gästen, was er folgendermaßen begründete: „*Sozial übliches und von der Allgemeinheit gebilligtes Verhalten, wie das Ausschenken alkoholischer Getränke in Gastwirtschaften löst im allgemeinen nicht die Verpflichtung des Wirtes aus, die dadurch mitgeschaffene Gefahr eines Schadens nach Kräften abzuwenden [...]*". Allerdings gelte dies nur solange wie der Betroffene freiverantwortlich handle. Der BGH führte dazu aus: „*Die Grenze liegt da, wo die Trunken-*

5

heit des Gastes offensichtlich, dh für den Gastwirt deutlich erkennbar, einen solchen Grad erreicht hat, daß er nicht mehr Herr seiner Entschlüsse ist und nicht mehr eigenverantwortlich handeln kann [...]. In einem solchen Fall ist von einer Garantenstellung des Gastwirts auszugehen. Dem liegt der Gedanke zugrunde, daß das Verabreichen berauschender Getränke von dem Punkt an nicht mehr sozial üblich ist und von der Allgemeinheit gebilligt wird, an dem es zu solcher Trunkenheit führt, daß der Trunkene sich selbst und andere [...] gefährdet [...]". In einem solchen Fall des nicht mehr sozialüblichen Ausschanks alkoholischer Getränke bestehe also eine Garantenstellung des Wirts und daraus folgend die rechtliche Pflicht, „die von dem Betrunkenen ausgehende Gefahr für diesen selbst und für Dritte nach Kräften abzuwenden [...]." Auf eine schuldhafte Verursachung des trunkenen Zustands seitens des Gastwirts komme es hingegen nicht an. Der BGH führte aber noch einen zweiten Aspekt zur Begründung der Garantenstellung des A an: „Der Angeklagte hat H, damit er nicht über die Stufen fiel, auf die, wie er wußte, stark befahrene Straße hinausgeführt. Dadurch hat er die dem Betrunkenen drohende Gefahr nicht unerheblich erhöht. Solches Vorgehen war nicht mehr ‚sozialadäquat', sondern gefährlich und damit objektiv pflichtwidrig. Es hätte unschwer vermieden werden können, etwa durch Festhalten des Betrunkenen in der Gaststube bis zum Eintreffen einer Taxe oder der Polizei. Die gute Absicht des Angeklagten, H vor einem Sturz zu bewahren, ändert daran nichts. Dadurch allein, daß jemand einem anderen zu helfen versucht, entsteht zwar noch keine Obhutspflicht [...] Anders ist es jedoch, wenn die Hilfeleistungen den anderen einer vorher nicht bestehenden oder jedenfalls nicht in diesem Maße bestehenden Gefahr aussetzt [...]."

6   Neben der Garantenstellung aus Ingerenz stellte der BGH ergänzend auf eine weitere Fallgruppe ab, nämlich eine „tatsächliche Übernahme", was er folgendermaßen begründete: „Mit dem Hinausbegleiten des H hat der Angeklagte überdies eine gesteigerte Obhutpflicht übernommen, so daß er auch kraft Gewährsübernahme zum Garanten für die Sicherheit H's. geworden ist [...]." Aus der solchermaßen begründeten Garantenstellung des A folgte nun auch die Pflicht zum Tätigwerden. Der BGH präzisierte die Handlungspflicht des A wie folgt: „Der Angeklagte durfte H in der festgestellten hilflosen Lage nicht verlassen. [...] Das Verbot, den Hilflosen zu verlassen, bedeutet nun zwar nicht, daß der Obhutspflichtige unbegrenzte Zeit bei ihm auszuharren hätte. Er darf den Schützling aber erst verlassen, wenn sich dieser nicht mehr in hilfloser Lage befindet. Der Obhutspflichtige kann sich seiner Verantwortung für den Hilflosen aber auch dadurch entledigen, daß er die drohende Gefahr durch tätiges Handeln abwendet, unabhängig davon, ob ihn § 221 StGB zu solch tätigem Handeln nicht sogar verpflichtet." Dazu habe A trotz der Weigerung des H, ihm ein Taxi zu rufen, diverse Möglichkeiten gehabt: „Wie das Schwurgericht ohne Rechtsirrtum darlegt, war es dem Angeklagten auch möglich und zumutbar, dem hilflosen H beizustehen. Er konnte ein Taxi herbeirufen. Auf den entgegenstehenden Willen des volltrunkenen und nicht mehr zurechnungsfähigen H brauchte er dabei keine Rücksicht zu nehmen. Daß ihn H nicht ernstlich bedroht hat, hat das Schwurgericht festgestellt. Waren keine Personen in der Nähe, die ein Taxi herbeirufen oder H solange festhalten konnten, bis der Angeklagte ein Taxi herbeigeholt hatte, so hätte er H wieder in die Gaststube zurückbringen und dort, notfalls durch Abschließen der Tür, festhalten können. Diese Beeinträchtigung der persönlichen Freiheit H's. wäre durch die Garantenpflicht des Angeklagten gerechtfertigt gewesen. Äußerstenfalls konnte er die Polizei herbeirufen [...]. Keinesfalls durfte er aber, wie er das getan hat, den hilflos Betrunkenen einfach auf der gefährlichen Straße seinem Schicksal überlassen."

IV. Einordnung der Entscheidung

Der BGH billigt schließlich auch die Annahme des LG, wonach die Vorstellung des A, nicht zum Schutz des H verpflichtet gewesen zu sein, lediglich ein (vermeidbarer) Verbotsirrtum war, der an der Strafbarkeit nichts änderte. A hatte H also iSd § 221 Abs. 1 Nr. 2 StGB vorsätzlich in einer hilflosen Lage im Stich gelassen (bzw. nach § 221 Abs. 1 Alt. 2 StGB aF „in hülfloser Lage vorsätzlich verlassen") und dadurch die schwere Folge des Todes fahrlässig herbeigeführt, so dass die Bestrafung aus § 221 Abs. 3 StGB bestehen bleiben konnte.

IV. Einordnung der Entscheidung

Der Fall zeigt, wie schwierig es im Einzelfall sein kann, die Frage der Garantenstellung und damit der Strafbarkeit aus einem unechten Unterlassungsdelikt – oder hier aus dem echten Unterlassungsdelikt des § 221 Abs. 1 Nr. 2 StGB – zu beantworten. Im Ergebnis ist die Entscheidung des BGH gut vertretbar, allerdings gibt der Fall Anlass, die Hintergründe der Garantenstellung zu beleuchten.

Nach der traditionellen Rechtsquellenlehre, die insbesondere die Rechtsprechung lange beherrscht hat, war stets eine gesetzliche oder vertragliche Regelung nötig, um eine Garantenstellung zu begründen. Hinzu kam im Laufe der Zeit als dritte Quelle eine Garantenstellung aus vorangegangenem Tun (sog. Ingerenz), später die Garantenstellung aus enger Lebensgemeinschaft. Dieser traditionelle Ansatz wurde aber in der Literatur lange Zeit sehr kritisch begleitet, insbesondere, weil sich nicht aus jedem Gesetz eine Garantenstellung begründen lasse; gerade bei § 323 c StGB sei dies etwa nicht der Fall. Ebenso könne allein aus dem Bestehen eines zivilrechtlichen Vertragsverhältnisses noch keine strafrechtlich relevante Handlungspflicht abgeleitet werden. Auch sei weniger die formaljuristische Frage eines wirksamen Vertragsverhältnisses als vielmehr das materielle Element der tatsächlichen Übernahme einer Obhutsstellung entscheidend.

Regelmäßig werden nach der heute herrschenden Funktionenlehre demgegenüber zwei Arten von Garanten unterschieden. Die Beschützergaranten sind zum Schutz der ihnen anvertrauten Rechtsgüter gegenüber Gefahren und Schäden von außen verpflichtet. Dazu gehören zB aus enger Verbundenheit die Eltern gegenüber ihren Kindern, Ehepartner untereinander oder aus tatsächlicher Übernahme einer solchen Schutzpflicht zB Babysitter. Dagegen sind Überwachungsgaranten für eine ihnen zugeordnete Gefahrenquelle verantwortlich, bspw. der Halter eines Kampfhundes oder der Betreiber eines Atomkraftwerks (vgl. zur strafrechtlichen Produkthaftung Fall 1: Lederspray, S. 13 ff.). An dieser Einteilung wird teilweise kritisiert, dass die Zweiteilung in Beschützer- und Überwachungsgaranten lediglich eine Kategorisierung von Garantenstellungen enthält, ihrerseits aber wiederum den eigentlichen (rechtlichen) Grund für das Einstehenmüssen nicht benennt. In der Literatur wird daher (mit vielen Abweichungen und Varianten im Detail) eine materielle Lehre vertreten, die nach dem eigentlichen inhaltlichen Grund für das rechtliche Einstehenmüssen sucht. Dabei wird vielfach auf das Vertrauensprinzip rekurriert, weil Dritte auf das Eintreten des Garanten vertrauen dürfen und deshalb selber nicht tätig werden. Zu nennen ist hier auch die Lehre *Schünemanns* (Grund und Grenzen der Unterlassungsdelikte, 1971), der an „die Herrschaft über den Grund des Erfolges" anknüpft.

Besonders umstritten ist jedoch, ob sich eine Garantenstellung auch aus einem vorangegangenen gefährdenden Verhalten ableiten lässt, wie dies der BGH auch hier annahm. Teilweise wird dies gänzlich abgelehnt (vgl. *Schünemann*, GA 1974, 231), was aus einer etwas anders gearteten materiellen Begründung der Garantenpflichten resultiert. Die Rechtsprechung und auch der überwiegende Teil der Literatur erkennen die Garantenstellung aus Ingerenz hingegen grundsätzlich an. Dieser Garantenstellung liegt dabei das Argument zugrunde, dass derjenige, der eine Gefahr geschaffen hat, für die Begrenzung von deren schädlichen Auswirkungen zuständig und deshalb insbesondere auch zur Rettung von (etwa durch einen Autounfall) bereits geschädigten Personen verpflichtet ist. Dabei ist aber vor allem umstritten, welche Anforderungen an das Vorverhalten zu stellen sind. Auch wenn der BGH dies hier offen ließ, fordert die Rechtsprechung schon seit längerem regelmäßig ein pflichtwidriges Vorverhalten (vgl. etwa BGHSt 25, 218 für den Straßenverkehr), worin ihr die Literatur überwiegend zustimmt (vgl. aber auch Fall 1: Lederspray, S. 13 ff., in dem der BGH nur auf *„die rechtliche Mißbilligung des Gefährdungserfolgs"* abstellte). Das ist eine bedeutsame Einschränkung im Vergleich zu früheren Entscheidungen, in denen die Rechtsprechung noch die rein kausale Verursachung einer Gefahr für ausreichend erachtet hatte.

12   Daneben werden indes weitere einschränkende Kriterien vorgeschlagen. Nicht jedes pflichtwidrige Verhalten könne sogleich eine Garantenstellung aus Ingerenz auslösen. So fordert etwa *Roxin* (AT II, § 32 Rn. 155 ff.), auch hier die Grundsätze der objektiven Zurechnung anzuwenden. In eine ähnliche Richtung zielt das Erfordernis, dass das Verhalten eine *„nahe Gefahr für den Schadenseintritt"* (vgl. BGH NJW 1992, 1246 (1247)) in sich bergen muss. Streitig ist ferner, ob es sich um ein schuldhaftes Vorverhalten handeln muss, was die Rechtsprechung verneint (vgl. auch Fall 1: Lederspray, S. 13 ff.) und auch der BGH im vorliegenden Fall ausdrücklich ablehnte.

13   Gerade die Frage einer Garantenstellung eines Wirts aus Ingerenz hat die Rechtsprechung mehrfach beschäftigt. In einer frühen Entscheidung (BGHSt 4, 20), die ebenfalls die Verantwortlichkeit eines Alkohol ausschenkenden Gastwirts für einen betrunkenen Gast betraf, hatte der BGH die Anforderungen an das Vorverhalten insgesamt noch sehr weit und ohne erkennbare Einschränkungen formuliert: *„Wer die Gefahr für die Begehung einer Straftat schafft, ist verpflichtet, den aus dieser Lage drohenden Erfolg abzuwenden, indem er den zu diesem hindrängenden Kräften entgegentritt [...]"*. Demgegenüber betonte er in der vorliegenden Entscheidung, dass nicht jeder Beitrag zur Entstehung einer Gefahr eine Garantenpflicht auslöse, *„denn dies würde zu einer uferlosen Ausweitung der Pflicht und damit der strafrechtlichen Vorschriften führen [...]. Es kommt vielmehr auf die Einzelfallgestaltung an"*. Diese Linie hatte er bereits in BGHSt 19, 152, eingeschlagen und dabei betont, dass andernfalls der Gastwirt in vielen Fällen zum *„Vormund oder Hüter seiner Gäste"* werde, was nicht sachgerecht sei. Der Sache nach hat der BGH schon in dieser Entscheidung eine Ingerenz-Garantenstellung bei sozial-üblichem Verhalten (hier: dem Ausschank alkoholischer Getränke durch einen Wirt) abgelehnt, freilich ohne dies explizit zu sagen. Im vorliegenden Fall kam der BGH dennoch zur Annahme einer Garantenstellung aus Ingerenz, weil einerseits *„das Verabreichen berauschender Getränke von dem Punkt an nicht mehr sozial üblich ist und von der Allgemeinheit gebilligt wird, an dem es zu solcher Trunkenheit führt, daß der Trunkene sich selbst und andere [...] gefährdet"* und andererseits, weil das Hinausgeleiten des H an den Rand der befahrenen Straße eine deutliche Erhöhung der Gefahr bedeutet habe.

14   Daneben bejahte der BGH aber auch eine Garantenstellung aus tatsächlicher Übernahme, was im Übrigen zeigt, dass die Garantenstellungen sich nicht selten überlagern. Es ist ein interessanter Nebenaspekt der Entscheidung, dass der BGH die soeben dargeleg-

IV. Einordnung der Entscheidung

ten Grundsätze auch auf Privatpersonen angewendet wissen will, die etwa zu Hause den Gästen Spirituosen auftischen, denn er hielt fest: *„Das würde bei sonst gleicher Fallgestaltung genauso gelten, wenn der Angeklagte nicht Gastwirt, sondern privater Gastgeber H's. gewesen wäre."* Dadurch wird zudem deutlich, dass er letztlich dem schuldrechtlichen Vertragsverhältnis zwischen Gastwirt und Gast keine entscheidende Relevanz für die Begründung der Garantenpflicht beimisst. Eine Einordnung in die Kategorien des Beschützer- oder Überwachungsgaranten nahm der BGH hier nicht vor, wobei man wohl beides annehmen müsste: Die Ingerenz wird in der Regel eher den Überwachungsgarantenstellungen zugeordnet, weil der Betroffene für die von ihm geschaffene Gefahr (hier: das Ausschenken von Alkohol, das H in seinen Zustand versetzt hat, und das Hinausbegleiten des Gasts) verantwortlich ist. Zudem lag gleichzeitig eine Beschützergarantenstellung vor, da A durch die Begleitung des H nach draußen dessen Schutz zumindest zeitweise tatsächlich übernommen hatte.

Da der BGH gerade die Gefahrsteigerung durch das Begleiten nach draußen betonte und insoweit eine zweite Begründung der Ingerenz heranzog, bleibt etwas unklar, ob er auch allein das (ab einem gewissen Zeitpunkt nicht mehr sozialübliche) Ausschenken des Alkohols zur Begründung der Ingerenz-Garantenstellung hätte ausreichen lassen. Damit läge er aber auf der Linie von BGHSt 19, 152, denn dort hatte das Gericht noch ausgeführt: *„Die Grenze liegt da, wo die Trunkenheit des Gastes offensichtlich einen solchen Grad erreicht hat, daß er nicht mehr verantwortlich handeln kann."* In diesem Fall treffe den Gastwirt die Rechtspflicht, alle möglichen und zumutbaren Maßnahmen zu ergreifen. Darin liegt eine wichtige Einschränkung. Der Oktoberfest-Wirt muss also nicht für Hunderte seiner Gäste im Bierzelt am Ende eines üblichen Abends ein Taxi bestellen oder sie auf andere Weise sicher nach Hause geleiten, da ihm das weder möglich noch zumutbar wäre. Ließe man den Ausschank des Alkohols alleine nicht genügen und stellte entscheidend auf den zweiten Akt des Hinausbegleitens ab, so wäre diskussionsbedürftig, ob es A tatsächlich zum Nachteil gereichen kann, dass er zunächst so fürsorglich war, H nach draußen zu begleiten, um ihn vor einem Sturz auf der Treppe zu bewahren. Zwar erwähnt der BGH, dass nicht jede Hilfeleistung eines Dritten dessen Garantenstellung begründen könne – anders sei es aber, *„wenn die Hilfeleistungen den anderen einer vorher nicht bestehenden oder jedenfalls nicht in diesem Maße bestehenden Gefahr aussetzt [...]".* War H aber ohnehin schon dabei, die Gaststätte zu verlassen und hätte er dies nach allgemeiner Lebenserfahrung trotz seines Zustands wohl auch irgendwann geschafft, so wäre er ohnehin in ebendiese Gefahr geraten. Dass A ihn dabei zunächst begleitete und vor dem Treppensturz bewahrte, hätte diese Gefahr dann weder verursacht oder gesteigert, sondern zunächst sogar verringert.

Ferner bleibt unklar, inwiefern die darauf gestützte Garantenstellung nun doch mit dem vorherigen Ausschenken des Alkohols durch A im Zusammenhang steht. Hätte die Schutzpflicht auch einen anderen Gast getroffen, der zufällig anwesend gewesen wäre und dem ihm völlig unbekannten H aus Mitleid die Treppe hinuntergeholfen, sich dann aber nicht mehr weiter für dessen Wohlergehen zuständig gefühlt hätte? Da all dies offen bleibt, stellt sich auch der Aspekt der tatsächlichen „Gewährsübernahme" aufgrund einer „gesteigerten Obhutpflicht", auf den der BGH ergänzend abstellt, als problematisch dar, da offen bleibt, unter welchen Voraussetzungen eine solche tatsächliche Übernahme eine Garantenstellung begründen kann. Hier bleibt die Entscheidung vage und enthält sich einer näheren Erklärung.

V. Zusatzfragen

17   1. Beruht die (hier aus Konkurrenzgründen verdrängte) Strafbarkeit wegen fahrlässiger Tötung gem. § 222 StGB auf einem aktiven Tun oder einem Unterlassen des A?

Die Abgrenzung von Tun und Unterlassen ist sehr umstritten und vor allem beim Fahrlässigkeitsdelikt besonders schwierig. Denn in jeder Fahrlässigkeit steckt ein gewichtiges „Unterlassungsmoment": Dem fahrlässig Handelnden wird gerade das Außerachtlassen der im Verkehr erforderlichen Sorgfalt vorgeworfen, das sich ggf. mit den aktiven Handlungselementen verbindet. Das ist auch hier der Fall: A hat durch das Ausschenken des Alkohols sowie das Hinausbegleiten des H dessen Tod durch ein aktives Tun (nach Ansicht des BGH: sorgfaltspflichtwidrig) verursacht. Man könnte aber auch argumentieren, dass die entscheidende Ursache für den Tod nicht in diesen zeitlich vorgelagerten Handlungen lag, sondern erst in dem Umstand, dass A dem H in der für ihn erkennbar gefährlichen Situation nicht geholfen hat, also einem Unterlassen.

Zur Lösung der Abgrenzungsfrage werden mehrere Theorien vertreten. Nach der Lehre vom Energieeinsatz ist ein Tun anzunehmen, wenn ein aktiver Energieeinsatz für den Erfolg kausal geworden ist. Kommt es zum „Nicht-Einsatz" von Energie im Zusammenhang mit einer bereits laufenden Kausalkette, ist ein bloßes Unterlassen anzunehmen. Danach läge hier nach dem oben Gesagten ein aktives Tun vor. Zum gleichen Ergebnis käme die Ansicht, die bei mehrdeutigen Verhaltensweisen von einem generellen Vorrang des aktiven Tuns ausgeht. Nach der Rechtsprechung und Teilen der Literatur kommt es bei der Entscheidung der Frage nach der Abgrenzung von Tun und Unterlassen nicht vorrangig auf naturalistische Kriterien, sondern auf den Schwerpunkt der Vorwerfbarkeit des Täterverhaltens an. Dieser wird normativ wertend unter Berücksichtigung des sozialen Handlungssinns im Einzelfall ermittelt. Wenn sich ein bestimmtes positives Tun als sozialadäquat erweist, so sei dies ein Indiz dafür, dass sich der Vorwurf schwerpunktmäßig nicht darauf beziehe. Bei dieser Theorie werden auch die Kriterien des Energieeinsatzes und der Kausalität als Ausgangspunkt herangezogen, die aber nur einzelne Aspekte innerhalb der wenig konturierten Gesamtwürdigung sind. Die Lösung unseres Falles anhand dieser recht unbestimmten Theorie ist dementsprechend auch nicht eindeutig. Man könnte sich auf den Standpunkt stellen, dass hier aufgrund des nicht mehr sozialadäquaten, sondern (laut BGH) pflichtwidrigen und für den Erfolg auch kausalen Vorverhaltens des A das Element des aktiven Tuns überwiegt. Insofern hätte man hier auch überlegen können, ob nicht sogar § 221 Abs. 1 Nr. 1 StGB, also ein aktives Versetzen des H in eine hilflose Lage durch A vorlag – wobei (auch) diese Alternative freilich einen entsprechenden Vorsatz erfordert. Gut vertretbar wäre aber auch, den Schwerpunkt der Vorwerfbarkeit entsprechend der obigen Argumentation erst beim späteren Unterlassen von Beistand zu sehen, als sich die Gefährdung des H noch deutlicher konkretisiert hatte. Die Abgrenzungsfrage ist zwar für die Begründung der Strafbarkeit irrelevant, wenn man hier (mit dem BGH) eine Garantenstellung gem. § 13 Abs. 1 StGB bejaht. Wichtig wird die Entscheidung aber für die Strafzumessung, da bei Annahme eines Unterlassens in § 13 Abs. 2 StGB eine fakultative Strafrahmenmilderung vorgesehen ist.

V. Zusatzfragen

2. Würde sich am Ergebnis etwas ändern, wenn sich der unmittelbar den Tod des H verursachende Autofahrer selbst wegen einer fahrlässigen Tötung strafbar gemacht hätte?   18

Weder die Strafbarkeit des W gem. § 221 Abs. 1 Nr. 2, Abs. 3 StGB noch die auf Konkurrenzebene verdrängte Strafbarkeit gem. § 222 StGB würde an einer zugleich verwirklichten Fahrlässigkeitsstrafbarkeit des Autofahrers scheitern. Denkbar wäre zwar ein Zurechnungsausschluss durch das Dazwischentreten eines Dritten. Dann müsste die Verantwortung des Autofahrers für den Erfolg aber dermaßen überwiegen, dass Letzterer insgesamt nicht mehr als „Werk" des A qualifiziert werden könnte. Ein solcher Zurechnungsausschluss kommt bei vorsätzlichem Dazwischentreten des Dritten durchaus in Betracht, liegt aber nicht nahe, wenn zwei Personen wie hier gleichrangig durch einfache Fahrlässigkeit jeweils unabhängig voneinander Bedingungen für den Tatererfolg setzen. Beide sind dann als Nebentäter zu bestrafen.

Zur Vertiefung:

Baumann/Weber/Mitsch/Eisele, AT, § 21 Rn. 50 ff.
Heinrich, AT, Rn. 940 ff., 953 ff.
Hilgendorf/Valerius, AT, § 11 Rn. 34 ff.
Kaspar, AT, § 10 Rn. 61 ff.
Kühl, JuS 2007, 497
Rengier, AT, § 50 Rn. 28 ff., 62 ff., 70 ff.
Rönnau, JuS 2018, 526
Roxin, AT II, § 32 Rn. 53 ff., 143 ff.
Sowada, JURA 2003, 236
Wessels/Beulke/Satzger, AT, Rn. 1182 f., 1196 ff.
Zieschang, AT, Rn. 600 ff.

Fall 22: Staschynskij

BGH, 9 StE 4/62, BGHSt 18, 87
Täterschaft und Teilnahme

I. Sachverhalt

1 Der aus der Ukraine stammende S wurde im Jahr 1950 vom sowjetischen Staatssicherheitsdienst (ab 1954: KGB) als verdeckter Mitarbeiter angeworben. Er wurde dabei mit dem Hinweis unter Druck gesetzt, dass seiner Familie wegen ihrer sowjetkritischen Haltung Konsequenzen drohten, wenn er nicht kooperiere. Es folgten einige Jahre der nachrichtendienstlichen Tätigkeit, zunächst in der Ukraine, dann in der DDR und der Bundesrepublik. Schließlich erhielt S den Auftrag, den in Westdeutschland lebenden, der Sowjetführung missliebigen Exilukrainer R zu töten. S hatte erhebliche Skrupel, in ihm rangen moralische Vorbehalte gegen die Tötung mit ideologisch geprägten Rechtfertigungsversuchen der Tat. Schließlich tötete er R aber weisungsgemäß mit Blausäure und entkam unerkannt. Nach weiterer Aufklärungstätigkeit erhielt er erneut den Auftrag für ein Attentat an dem Exilpolitiker B. S hielt Einwände für zwecklos, weil er es als KGB-Mann für ganz selbstverständlich ansah, dass die „höchste Stelle" ein Gremium zumindest auf Regierungsebene sein müsse, dessen Befehl auch bei schwersten Gewissensbedenken widerspruchslos auszuführen sei. Unmittelbar vor der Ausführung überkamen S jedoch solche Zweifel, dass er die Begehung abbrach und gegenüber seinem Führungsoffizier vortäuschte, er sei durch das überraschende Auftauchen einer dritten Person an der Tat gehindert worden. Entgegen seiner Hoffnung, keine weiteren Tötungsaufträge mehr zu erhalten, wurde S mitgeteilt, von „oberster Stelle aus Moskau" sei soeben die Anweisung gekommen, S habe nunmehr B zu beseitigen. An die Berechtigung des ihm erteilten Befehls glaubte S kaum noch. Er fürchtete jedoch, als Attentäter und Geheimnisträger wegen des neuen, von „höchster Stelle" befohlenen Attentats auf B sei er ausweglos schuldig und verstrickt. Auch vermutete er, seine Vorgesetzten könnten schon Zweifel an seiner Verlässlichkeit haben. Daher begab S sich innerlich in „eine Art von zielsicherer Automatik" und tötete sein Opfer wiederum mit Blausäure. In der Folge nahmen die Gewissensbisse des S jedoch überhand, zudem entfremdete er sich, insbesondere auch durch die Bekanntschaft und spätere Vermählung mit einer deutschen Frau, vollständig von seinen Führungsoffizieren. Schließlich gelang ihm die Flucht nach Westdeutschland, wo er sich den Behörden offenbarte.

II. Rechtliche Probleme des Falls

2 Der Staschynskij-Fall führt uns in die Zeit des kalten Krieges. Hier hat S im Auftrag des sowjetischen Geheimdienstes mehrere Morde in Deutschland begangen. Und auch wenn er dabei unter großem Druck und seelischem Leiden stand, scheint der Fall auf den ersten Blick keine juristischen Schwierigkeiten zu bergen. Mit R und B wurden zwei Menschen getötet, und wegen ihrer Arg- und Wehrlosigkeit im Tatzeitpunkt ist dies nicht nur als Totschlag, sondern auch als Heimtücke-Mord zu werten. Daher scheint der Fall klar zu sein: S ist als Mörder zu bestrafen – oder nicht? Muss man nicht berücksichtigen, dass S auf genaue Weisung des sowjetischen Geheimdienstes gehandelt hat, der durch seine machtvolle Stellung in der totalitären Staats- und Gesellschaftsordnung der Sowjetunion erhebliche Kontrolle über sein Leben ausüben

konnte? War S nicht nur ein Werkzeug der Geheimdienstoberen, so dass es sich vielmehr um deren Taten handelte, zu denen S lediglich Beihilfe leistete?

III. Die Entscheidung des BGH

Der 3. Strafsenat befand S der zweifachen Beihilfe zum Mord für schuldig und milderte seine Strafe nach § 49 Abs. 2 StGB aF *„R und B sind heimtückisch getötet, also ermordet worden (§ 211 StGB)."* Weil die Auftraggeber aus der Sowjetunion über alle wesentlichen Merkmale der Attentate bestimmten und vorsätzlich handelten, seien sie als Täter dieser Morde anzusehen. Das Gericht erläuterte: *„S' Auftraggeber haben bei der Anordnung beider Attentate deren wesentliche Merkmale (Opfer, Waffe, Gegenmittel, Art der Anwendung, Tatzeiten, Tatorte, Reisen) vorher festgelegt. Sie haben vorsätzlich gehandelt. Die auf ihr Geheiß angefertigte ‚schon mehrfach und stets mit Erfolg verwendete' Giftpistole, die Tataufträge und -anweisungen im einzelnen beweisen, daß sie sich dabei Tötungen unter bewußter Ausnutzung der Arg- oder Wehrlosigkeit der Opfer und die Ausführung dieser Taten in dieser Weise, also Morde, vorgestellt und daß sie diese Morde gewollt haben. Als Taturheber, Drahtzieher im eigentlichen Sinne, hatten sie Täterwillen, ohne daß dabei in rechtlicher Beziehung feststehen muß, welche Einzelpersonen diesen Täterwillen gehabt haben. Diese eigentlichen Taturheber sind daher Täter, und zwar mittelbare Täter."* Damit war aber noch nicht geklärt, ob S ebenfalls (Mit-)Täter oder Gehilfe war. Zur Abgrenzung von Täterschaft und Teilnahme traf das Gericht zunächst grundsätzliche Feststellungen: *„Gehilfe ist, [...] wer die Tat nicht als eigene begeht, sondern nur als Werkzeug oder Hilfsperson bei fremder Tat mitwirkt. Maßgebend dafür ist die innere Haltung zur Tat."*

Der BGH folgte also einer subjektiven Theorie, wobei er sich ua darauf berief, dass schon das RG nach der genannten Formel abgegrenzt hatte. Nach dessen Ansicht kam *„als Täter auch in Betracht, wer die Tat vollständig durch Andere ausführen läßt, andererseits als bloßer Gehilfe auch derjenige, der alle Tatbestandsmerkmale eigenhändig erfüllt."* Auch nach zuvor ergangenen Entscheidungen des BGH konnte *„insbesondere auch derjenige bloßer Gehilfe sein, der alle Tatbestandsmerkmale selber erfüllt [...]."* Die eigenhändige Tatbegehung sei insofern zwar Indiz für die Täterschaft, begründe sie aber nicht zwangsläufig. Hier referiert der BGH eine Entscheidung des 5. Senats aus dem Jahr 1956 (BGHSt 8, 393), dessen Ansicht er so widergibt: *„Was der Beteiligte wollte, sei ‚auf Grund aller Umstände, die von seiner Vorstellung umfaßt waren, vom Gericht wertend zu ermitteln'. Ein wesentlicher Anhaltspunkt sei es dabei, wie weit er den Geschehensablauf mitbeherrsche, so daß Durchführung und Ausgang der Tat maßgeblich auch von seinem Willen abhänge. Sei er ‚ohne eigenes Interesse an dem Erfolg der Tat', so könne ‚seine Einstellung zu ihr trotzdem aus anderen Gründen als Täterwillen zu beurteilen sein'. Umgekehrt begründe eigenes Interesse allein nicht den ‚Täterwillen', wenn der Beteiligte keinen genügenden Einfluß darauf habe, ob, wann und wie die Tat ausgeführt werde."* Auch der 5. Senat habe damit an der bisherigen Auffassung festgehalten und lediglich die *„Indizbedeutung eigenhändiger Tatbegehung"* unterstrichen. Dies sei eine *„subjektive Theorie mit Einbau objektiver Elemente"*, von der abzurücken kein Grund bestehe.

Namentlich die in der Literatur vertretene „materiell-objektive Lehre" wollte das Gericht hier nicht anwenden. Es könne zwar dahinstehen, *„ob das hiernach für maßgeblich erklärte Unterscheidungsmerkmal der Tatherrschaft von dieser Lehre nicht viel zu eng und gleichsam unter Ausschluß jeder psychologischen Gegebenheit und* *jedes seelischen Drucks oder Zwanges bei den Beteiligten lediglich als handgreifliche Mitwirkung verstanden wird."* Eine objektive Unterscheidung anhand der äußerlichen Verursachungsbeiträge führe aber jedenfalls bei der Beurteilung der Ausführung von staatlich geplanten und ideologisch begründeten Verbrechen zu unbilligen Ergebnissen: *„Solche bloßen Befehlsempfänger [...] befolgen solche Anweisungen unter dem Einfluß politischer Propaganda oder der Befehlsautorität oder ähnlicher Einflüsse ihres eigenen Staates, von welchem sie im Gegenteil die Wahrung von Recht und Ordnung zu erwarten berechtigt sind. Diese gefährlichen Verbrechensantriebe gehen statt von den Befehlsempfängern vom Träger der Staatsmacht aus, unter krassem Mißbrauch dieser Macht."* Zwar befreien *„diese besonderen Umstände staatlich befohlener Verbrechen [...] die Tatbeteiligten keineswegs von der strafrechtlichen Schuld. Jede staatliche Gemeinschaft darf und muss verlangen, daß sich jedermann von Verbrechen, auch von unter Missbrauch staatlicher Befugnisse geforderten, bedingungslos fernhält. Andernfalls wäre jede Ordnung aufgelöst und den politischen Verbrechen das Tor geöffnet."* Ein Täter, der *„einverständlichen Eifer zeigt oder solchen staatlichen Mordterror für eigene Zwecke ausnutzt, kann sich [...] nicht darauf berufen, nur Tätgehilfe (sic) seiner Auftraggeber zu sein."* Hiervon zu unterscheiden seien aber Täter, *„die solche Verbrechensbefehle mißbilligen und ihnen widerstreben, sie aber gleichwohl aus menschlicher Schwäche ausführen, weil sie der Übermacht der Staatsautorität nicht gewachsen sind und ihr nachgeben, weil sie den Mut zum Widerstand oder die Intelligenz zur wirksamen Ausflucht nicht aufbringen, sei es auch, daß sie ihr Gewissen vorübergehend durch politische Parolen zu beschwichtigen und sich vor sich selber zu rechtfertigen suchen. Es besteht kein hinreichender rechtlicher Grund, solche Menschen ausnahmslos und zwangsläufig von vornherein schon in der Beteiligungsform dem Taturheber, dem bedenkenlosen Überzeugungstäter und dem überzeugten, willigen Befehlsempfänger gleichzusetzen [...]."*

6 Angesichts dieser Wertung zeigten die erheblichen Skrupel und moralischen Vorbehalte, die S sowohl vor als auch nach seinen Taten plagten, dass *„er kein eigenes Interesse an ihnen und keinen eigenen Tatwillen gehabt, daß er sich fremdem Täterwillen nur widerstrebend gebeugt, daß er sich letztlich der Autorität seiner damaligen politischen Führung wider sein Gewissen unterworfen und daß er die Tatausführung in keinem wesentlichen Punkte selber bestimmt hat."* Hieraus folge, dass S gerade nicht den erforderlichen Täterwillen gehabt habe und daher nur als Gehilfe zu bestrafen sei.

IV. Einordnung der Entscheidung

7 Die Entscheidung des 3. Senats erstaunt zwar aus heutiger Sicht, weil er S als Gehilfen einstufte, obwohl dieser die Tathandlung eigenhändig vorgenommen hatte, entsprach jedoch, wie das Gericht selbst referiert, der ständigen Rechtsprechung zum damaligen Zeitpunkt. Verständlich wird dies aus heutiger Sicht erst vor dem Hintergrund, dass zum Entscheidungszeitpunkt § 25 StGB in der aktuellen Fassung noch nicht in Kraft getreten war, nach dessen Abs. 1 Alt. 1 derjenige Täter ist, der eine Tat „selbst begeht". Das StGB sah bis zum Jahr 1975 nur eine Regelung der Mittäterschaft (§ 47 StGB aF), der Anstiftung (§ 48 StGB aF) und der Beihilfe (§ 49 StGB aF) vor. § 47 StGB aF lautete: „Wenn Mehrere eine strafbare Handlung gemeinschaftlich ausführen, so wird Jeder als Thäter bestraft". In § 49 Abs. 1 StGB aF hieß es hingegen: „Als Gehülfe wird bestraft, wer dem Thäter zur Begehung einer als Verbrechen oder Vergehen mit Strafe bedrohten Handlung durch Rath oder That wissentlich Hülfe geleistet hat". Die

IV. Einordnung der Entscheidung

Strafe des Teilnehmers konnte sodann nach Abs. 2 gemildert werden. Eine der heutigen entsprechende Regelung, dass die eigenhändige Verwirklichung des Tatbestandes stets zur Täterschaft führt, gab es also noch gar nicht. Daher war es durchaus denkbar, die Abgrenzung von Täterschaft und Teilnahme nicht an objektive, sondern an subjektive Kriterien zu knüpfen. S konnte dann geltend machen, dass er an den Tötungen kein unmittelbares, eigenes Interesse hatte, sondern dass er sie angesichts seiner erheblichen Skrupel vielmehr nur für den Geheimdienst begehen wollte, dh diesem „durch That" Hilfe leisten wollte.

Hinsichtlich der Differenzierung anhand der durch die Rechtsprechung entwickelten idealtypischen Willensformen wies der 3. Senat auf die Entscheidung des RG von 1940 im sog. Badewannen-Fall hin, dessen Kenntnis in diesem Zusammenhang wichtig ist, zumal das RG hier noch eine extrem-subjektive Theorie vertrat. In diesem Fall hatte die Mutter eines Neugeborenen ihre Schwester veranlasst, das unerwünschte Kind in der Badewanne zu ertränken. Das Motiv war laut gerichtlicher Feststellung, dass die Mutter soziale Sanktionen aufgrund der unehelichen Zeugung des Kindes vermeiden wollte. Die Schwester, welche die gesellschaftliche Missbilligung nicht vorrangig getroffen hätte, habe sich diesem Willen lediglich untergeordnet. Sie habe die Tat daher nicht als eigene gewollt und weise insofern keinen Täterwillen (animus auctoris) auf. Vielmehr habe sie bei dem Ertränken nur eine fremde Tat fördern wollen und sei aufgrund dieses Teilnehmerwillens (animus socii) Gehilfin. Das Gericht hatte hierbei auch die drohende Rechtsfolge im Blick, denn durch die Ablehnung von täterschaftlichem Handeln musste gegen die Schwester nicht die damals zwingende Todesstrafe wegen Mordes verhängt werden; die damals noch vorgesehene mildere Bestrafung aus § 217 StGB aF bei Tötung eines neugeborenen Kindes unmittelbar nach der Geburt galt nur für die Mütter, aber nicht für dritte Personen.

Die Gegenansicht hierzu bildet zunächst eine formal-objektive Theorie, nach der allein die objektiv zu beantwortende Frage, wer den Tatbestand eigenhändig verwirklicht hat, über die Täterschaft entschied. Demzufolge wären im Badewannen-Fall die Schwester und im Staschynskij-Fall S als Täter anzusehen. Zu diesem Ergebnis wäre indes auch die gemäßigtere sogleich noch näher darzustellende Tatherrschaftslehre gelangt, die seit den 1930er Jahre immer mehr Anhänger in der Literatur gewann, vom BGH im Staschynskij-Fall jedoch ausdrücklich nicht angewendet wurde. Der Vorteil der subjektiven Auslegung lag für die Rechtsprechung darin, dass sie eine Berücksichtigung von Wertungsgesichtspunkten ermöglichte. Das Staschynskij-Urteil reflektierte insofern auch den Zeitgeist in der Bundesrepublik der frühen sechziger Jahre: einerseits die Systemkonkurrenz und die Bedrohung durch den Warschauer Pakt, andererseits die noch akute Frage nach dem Umgang mit den Verbrechern des nationalsozialistischen Deutschlands, die sich vielfach auf ihre vorgebliche Rolle als bloße Befehlsempfänger in einem totalitären Unrechtsregime berufen wollten – und entsprechend der Wertung des Staschynskij-Urteils damit oft Erfolg hatten.

Weder die extrem-subjektive noch die formal-objektive Theorie können heute aufrechterhalten werden, nachdem im Jahr 1975 die heutige Fassung des § 25 StGB in Kraft trat. Die eigenhändige Tatbestandsverwirklichung stellt nach dem nunmehr eindeutigen Wortlaut von Abs. 1 Alt. 1 der Norm immer eine eigene Tatbegehung dar und begründet damit stets auch die objektiv-tatbestandliche Täterschaft des Handelnden. Gleichzeitig zeigen Abs. 1 Alt. 2 und Abs. 2 der Vorschrift, dass auch mittelbare Verursachungshandlungen die Täterschaft begründen können, mithin die eigenhändige Tatbestandsverwirklichung kein abschließendes Kriterium für die Abgrenzung sein kann. Schon zuvor waren Rechtsprechung und Literatur aber von diesen Extremformen abgerückt und haben sich im Laufe der Zeit immer mehr aufeinander zubewegt.

11   In der Literatur wird heute ganz überwiegend die bereits erwähnte sog. „Tatherrschaftslehre" vertreten. Täter ist hiernach, wer die Tatherrschaft innehat – dh, wer das Tatgeschehen wissentlich und willentlich lenkt. Gemeint ist damit, dass der Täter als Zentralgestalt des Geschehens eine beherrschende Stellung über den Tatablauf innehat und diesen nach Belieben in Gang setzen, fördern oder aufhalten kann. Wenn in diesem Zusammenhang von dem „In-den-Händen-Halten des Geschehens" die Rede ist, so ist dies sinnbildlich zu verstehen: Anders als die frühere formal-objektive Theorie hat die Tatherrschaft nicht nur inne, wer die Tat eigenhändig begeht (Handlungsherrschaft), sondern auch der mittelbare Täter (Wissens- oder Willensherrschaft) und der Mittäter (funktionale Mittäterschaft). Die Theorie berücksichtigt sowohl das Ausmaß des Einflusses auf den Tatablauf als auch den Vorsatz hierzu und verbindet insofern objektive und subjektive Elemente.

12   Die Rechtsprechung hält dagegen zumindest vom Ausgangspunkt her an ihrer subjektiven Theorie fest. Allerdings hat der BGH bereits im Staschynskij-Fall von einer „*subjektive[n] Theorie mit Einbau objektiver Elemente*" gesprochen, da es ein wesentlicher Anhaltspunkt für die Täterschaft des Handelnden sei, wie weit er den Geschehensablauf mitbeherrsche. Insofern fragt die Rechtsprechung wie die extrem-subjektive Theorie zwar noch nach dem Täterwillen, zieht aber nunmehr neben subjektiven Kriterien (Grad des Tatinteresses, Wille zur Tatherrschaft) auch objektive Merkmale (Umfang der Tatbeteiligung, Tatherrschaft) zu dessen Ermittlung heran. Aus den verschiedenen Aspekten wird sodann in einer wertenden Gesamtbetrachtung abgegrenzt, ob Täter- oder Teilnehmerwille vorliege. Indem die Ansicht auch die Tatherrschaft und den Willen zur Tatherrschaft berücksichtigt, nähert sie sich ihrerseits der Tatherrschaftslehre an und integriert diese, ergänzt sie aber noch um weitere Abwägungsgesichtspunkte. Die Vielzahl von Kriterien bietet für die Rechtsprechung den Vorteil, dass sie ähnlich wie die alte extrem-subjektive Theorie einen weiten Wertungsspielraum eröffnet, innerhalb dessen das als sachgerecht empfundene Urteil begründet werden kann. Die Flexibilität der von der Rechtsprechung vertretenen Lösung ist jedoch zugleich der größte Kritikpunkt: Die Vielzahl von Kriterien unklarer Bedeutung und Rangfolge birgt die Gefahr der Willkür und lässt sich mit dem Bestimmtheitsgebot kaum vereinbaren. Demgegenüber hat der Tatherrschaftsbegriff trotz des auch hier nötigen Wertungsakts ein stärker ausgeprägtes faktisches (und damit empirisch überprüfbares) Element.

V. Zusatzfragen

13   1. Wie wäre die Beteiligung des S auf der Grundlage der heute herrschenden Theorien zu beurteilen?

Nach der Tatherrschaftslehre käme es auf den Umstand, dass S kein unmittelbares, eigenes Interesse am Tod von R und B hatte, nicht an. Denn seine Motivlage ändert nichts an dem Umstand, dass er im Moment der Tathandlung den Tatererfolg wissentlich und willentlich herbeiführte und damit die Handlungsherrschaft innehatte. Nach der Tatherrschaftslehre wäre S daher problemlos als Täter zu bestrafen. Auch für die Rechtsprechung dürfte nach der Änderung des Wortlauts des § 25 StGB kein Raum mehr bestehen, S trotz des geringen eigenen Interesses am Erfolg noch als Gehilfen anzusehen. Zwar verfolgt sie vom Ansatz her noch eine subjektive Theorie, nach der

V. Zusatzfragen

die Tatherrschaft nur ein Kriterium unter mehreren ist, am klaren Wortlaut des Gesetzes kommt aber auch sie nicht vorbei. In Übereinstimmung damit hat auch der BGH in BGHSt 40, 218 die Täterschaft des befehlsgemäß schießenden DDR-Grenzsoldaten angenommen, ohne auf den Theoriestreit einzugehen.

2. Kann die Zwangslage des S nach heute geltendem Recht zur Rechtfertigung, Entschuldigung oder zumindest zur Vermeidung der lebenslangen Freiheitsstrafe herangezogen werden? 14

Ein rechtfertigender Notstand für S kommt nicht in Betracht, selbst wenn man von einer gegenwärtigen Gefahr für Leib und Leben von S und seinen Angehörigen bei Verweigerung des Befehls ausgeht. Wegen des Grundsatzes der Unabwägbarkeit des menschlichen Lebens gelangt man bei einer Tötung niemals zum „wesentlichen Überwiegen" des durch die Notstandshandlung geschützten Rechtsguts. Auch eine Entschuldigung gem. § 35 StGB dürfte jedenfalls wegen einer anderen Abwendbarkeit der Gefahr ausscheiden, zumal die Maßstäbe für diese Frage bei der Tötung eines Menschen sehr streng sind (s. dazu Fall 15: Haustyrann, S. 109 ff.). Wegen der zwingenden lebenslangen Freiheitsstrafe von § 211 StGB bestünde grundsätzlich auch kein Raum für die Berücksichtigung der besonderen Zwangslage im Rahmen der Strafzumessung. infrage käme allenfalls eine analoge Anwendung des § 49 Abs. 1 Nr. 1 StGB, wie sie der BGH wegen der verfassungsrechtlichen Problematik der absoluten Strafandrohung (allerdings nur ganz ausnahmsweise) für bestimmte Konstellationen des Mordtatbestandes annimmt (vgl. grundlegend zu dieser sog. „Rechtsfolgenlösung" BGHSt 30, 105).

Zur Vertiefung:
Baumann/Weber/Mitsch/Eisele, AT, § 25 Rn. 16 ff.
Bode, JA 2018, 34
Heinrich, AT, Rn. 1203 ff.
Hilgendorf/Valerius, AT, § 9 Rn. 6 ff.
Kaspar, AT, § 6 Rn. 3 ff.
Kühl, JA 2014, 668
Rengier, AT, § 41 Rn. 3 ff.
Rönnau, JuS 2007, 514
Roxin, AT II, § 25 Rn. 10 ff.
Wessels/Beulke/Satzger, AT, Rn. 803 ff.
Zieschang, AT, Rn. 642 ff.

Fall 23: Sirius

BGH, 1 StR 168/83, BGHSt 32, 38
Mittelbare Täterschaft; Selbsttötung

I. Sachverhalt

1   H, eine unselbstständige und komplexbeladene junge Frau, lernte den einige Jahre älteren A kennen und entwickelte zu ihm bald eine intensive Freundschaft, wobei sexuelle Kontakte nur eine geringe Rolle spielten. A wurde zum psychologischen und philosophischen Lehrer und Berater der H in allen Lebensfragen. Sie vertraute und glaubte ihm blind. Im Verlaufe ihrer zahlreichen und langen Gespräche überzeugte A die H, er sei ein Außerirdischer vom Stern Sirius, der ihr zu einem anderen Leben auf einer höheren Bewusstseinsstufe verhelfen könne. Dazu stehe in einem roten Raum am Genfer See ein neuer Körper für sie bereit, in dem sie weiterleben werde, wenn sie sich von ihrem alten Körper trenne. Auch in ihrem neuen Leben benötige sie jedoch Geld. Daher solle sie eine Lebensversicherung zugunsten des A abschließen und durch einen vorgetäuschten Unfall aus ihrem „jetzigen Leben" scheiden. H schloss die Versicherung wie geheißen ab. Auf Verlangen und nach den Anweisungen des A versuchte sie sodann, den Plan umzusetzen, indem sie sich in die Badewanne setzte und einen eingeschalteten Föhn hineinfallen ließ. Der tödliche Stromstoß blieb allerdings aus, H verspürte nur ein Kribbeln am Körper. A war überrascht, als H kurz danach seinen Kontrollanruf entgegennahm, und gab ihr daraufhin in ca. zehn Telefongesprächen weitere Anweisungen, wie sie aus dem Leben scheiden sollte. H überlebte allerdings allen Bemühungen zum Trotz, woraufhin A von seinem Vorhaben Abstand nahm, da er es für aussichtslos hielt. H handelte stets im Vertrauen darauf, sofort in dem neuen Körper zu erwachen. Der Gedanke an einen Suizid im Sinne des endgültigen Lebensendes kam ihr dabei nicht, sie lehnte Selbsttötungen auch aus moralischen Gründen ab.

II. Rechtliche Probleme des Falls

2   Der Sachverhalt des Sirius-Falls ist so unglaublich, dass er schon allein deshalb große Berühmtheit erlangt hat. Er ist aber auch aus rechtlicher Sicht durchaus lesenswert. Konkret steht hier die Frage im Raum, ob A wegen seines perfiden Vorgehens und der Ausnutzung der H wegen eines versuchten Mordes bestraft werden konnte, weil er erreichen wollte, dass H aus dem Leben scheidet. Dabei kommt es entscheidend darauf an, ob A als Täter oder als Teilnehmer der in Frage stehenden Tat einzustufen ist.

3   Wäre er nämlich nur Anstifter zu einer (versuchten) Selbsttötung der H gewesen, so wäre er Teilnehmer an einer nach deutschem Recht straflosen Handlung. Da für eine Anstiftung das Hervorrufen des Tatentschlusses des Haupttäters zu einer tatbestandsmäßigen und rechtswidrigen Haupttat erforderlich ist, scheidet eine Strafbarkeit wegen einer Anstiftung zu einer Selbsttötung aus, da es keine tatbestandsmäßige und daher teilnahmefähige Haupttat eines anderen gibt. Es kommt aber auch in Betracht, A als Täter eines eigenen versuchten Tötungsdelikts anzusehen. Aus seiner Sicht wäre der Tod der H schließlich keine Selbsttötung, sondern die Tötung eines anderen Menschen gewesen. Zwar hat er die Tötungshandlung nicht selbst vorgenommen. Wer eine Tat „durch einen anderen" begeht, kann jedoch als mittelbarer Täter nach § 25 Abs. 1 Alt. 2 StGB bestraft werden. Dabei handelt es sich, wie es der Name schon sagt, um eine Form der Täterschaft. Auch der mittelbare Täter begeht insofern eine

III. Die Entscheidung des BGH

eigene Tat, nur nimmt er die zum Erfolg führende unmittelbare Ausführungshandlung nicht mit eigenen Händen vor, sondern benutzt eine andere Person, den sog. Tatmittler, als menschliches Werkzeug zur Ausführung der Tat, wobei ihm die Ausführungshandlung des Tatmittlers wie ein eigenes Verhalten zugerechnet wird. So ist unmittelbarer Täter einer Körperverletzung, wer einen anderen mit einem Küchenmesser sticht. Wer hingegen einen anderen mit einer vorgehaltenen Waffe dazu zwingt, einen Dritten zu schlagen, ist mittelbarer Täter einer Körperverletzung. Im ersten Fall benutzt der Täter ein sachliches, im zweiten Fall ein menschliches Werkzeug. In beiden Fällen ist aber er der eigentliche Täter. In diesem Sinne ist es auch möglich, das menschliche Werkzeug gegen sich selbst einzusetzen.

War A nun also Anstifter zur straflosen versuchten Selbsttötung oder war er mittelbarer Täter einer versuchten Fremdtötung, bei der er die H als Werkzeug gegen sich selbst einsetzte? Wonach richtet sich die Abgrenzung? Wurde H zum Werkzeug des A, weil er ihr den konkreten Sinn ihrer Handlung und dabei insbesondere die Tatsache verschleierte, dass sie bei erfolgreicher Durchführung des Plans nicht in einem neuen Körper erwachen, sondern tot sein würde? 4

III. Die Entscheidung des BGH

Der 1. Strafsenat bestätigte die Verurteilung des A wegen eines versuchten (Habgier-)Mordes. Er erläuterte: *„Die Frage der Abgrenzung ‚strafbarer Tötungstäterschaft von strafloser Selbsttötungsteilnahme' [...] kann in Fällen, in denen derjenige, der unter dem Einfluß oder unter der Mitwirkung eines anderen Hand an sich legt, weder einen der psychischen Zustände aufweist, die § 20 StGB nennt, noch sich in einer Notstandslage iS von § 35 StGB befindet, sondern durch Täuschung zur Vornahme der Tötungshandlung bewogen wird, nicht abstrakt beantwortet werden. Die Abgrenzung hängt im Einzelfall von Art und Tragweite des Irrtums ab. Verschleiert er dem sich selbst ans Leben Gehenden die Tatsache, daß er eine Ursache für den eigenen Tod setzt, ist derjenige, der den Irrtum hervorgerufen und mithilfe des Irrtums das Geschehen, das zum Tod des Getäuschten führt oder führen soll, bewußt und gewollt ausgelöst hat, Täter eines (versuchten oder vollendeten) Tötungsdelikts kraft überlegenen Wissens, durch das er den Irrenden lenkt, zum Werkzeug gegen sich selbst macht [...]."* Das Gericht bejahte eine solche Täuschung im konkreten Fall: *„Nach den Feststellungen des Tatgerichts spiegelte der Angekl. seinem Opfer nicht vor, es werde durch das Tor des Todes in eine transzendente Existenz eingehen, sondern versetzte es in den Irrtum, es werde – obgleich es scheinbar als Leichnam in der Wanne liege – zunächst als Mensch seinen irdischen Lebensweg fortsetzen, wenn auch körperlich und geistig so gewandelt, daß die Höherentwicklung zum astralen Wesen gewährleistet sei."* 5

Den entscheidenden Wissensvorsprung des A erblickte der BGH folglich darin, dass H fälschlicherweise davon ausging, ihre Selbsttötungshandlung werde zwar zum Verlassen ihres Körpers, nicht aber zum Ende ihrer irdischen Existenz führen: *„Was Frau H nicht ahnte und wollte, erstrebte der Angekl.: Der – von beiden als sicher erwartete – Stromstoß sollte dem Leben der Getäuschten ein Ende setzen und dem Angekl. die Versicherungssumme verschaffen, von der sein Opfer annahm, sie sei die wirtschaftliche Grundlage des neuen Lebensabschnitts. Der Angekl., der auch das eigentliche Tatgeschehen durch stundenlang erteilte Anweisungen maßgeblich steuerte, beging infolgedessen ein Verbrechen der versuchten mittelbaren Fremdtötung. Diese rechtliche* 6

Feststellung wird nicht dadurch in Frage gestellt, daß Frau H völlig unglaubhaften Suggestionen erlag, obwohl sie keine psychischen Störungen aufwies. Der Angekl. hatte sich die Psyche seines Opfers für diese Suggestionen erschlossen. Das Erstaunliche dieses Vorgangs entlastet ihn nicht."

7 Das Gericht stellte zudem – als obiter dictum – fest, dass selbst dann, wenn H erkannt hätte, dass sie sterben würde, dennoch ein Irrtum vorgelegen hätte, der für sich ausgereicht hätte, die Täterschaft des A zu begründen, weil sie auch dann geglaubt hätte, sie werde sogleich wieder zum Leben erwachen. Es führte aus: *„Auch wenn Frau H angenommen hätte, daß dem ‚Erwachen' in einem roten Raum am Genfer See ihr Tod vorausgehen müsse, daß sie in ein Leben nach dem Tode eintreten werde, das sie nicht in Fortsetzung ihrer (nur mehr oder weniger modifizierten) Individualität, sondern als ein anderes (höheres) Wesen zu führen habe, bestünde die Verurteilung des Angekl. zu Recht. Auch im Falle eines so beschaffenen Irrtums ginge es nicht darum, ob der Angekl. das Opfer nur über den ‚konkreten Handlungssinn' getäuscht oder einen ‚bloßen Motivirrtum' hervorgerufen habe und ob ein solcher Irrtum ausreicht, um seine Tatherrschaft zu begründen [...]. Der Täuschung über den ‚konkreten Handlungssinn' wäre die Vorspiegelung immanent, daß der Tod nichts anderes als der Beginn neuen Lebens sei. Der darauf beruhende Irrtum hätte das Gewicht des Irrtums über den Nichteintritt des Todes. Nicht weniger als dieser hätte jener das Opfer ausschlaggebend motiviert und dem Angekl. Tatherrschaft kraft überlegenen Wissens eingeräumt."*

IV. Einordnung der Entscheidung

8 Nachdem die Rechtsprechung zur Abgrenzung von Täterschaft und Teilnahme früher eine streng subjektive Theorie vertrat (vgl. dazu Fall 22: Staschynskij, S. 156 ff.), mit der eine mittelbare Täterschaft in unserem Fall möglicherweise schlicht mit dem gesteigerten Interesse des A am Taterfolg hätte begründet werden können, verlangt die Literatur ganz überwiegend, wie sonst auch, eine Tatherrschaft des mittelbaren Täters. Auch der BGH sieht in der Tatherrschaft nun ein ganz entscheidendes Kriterium zur Bestimmung des Täterwillens. In den soeben zitierten Passagen der Entscheidungsgründe verweist er darauf, dass A über eine *„Tatherrschaft kraft überlegenen Wissens"* verfügt habe. Die mittelbare Täterschaft setzt also voraus, dass der Hintermann die Tatbegehung durch den Vordermann beherrscht. Das ist in der Regel dann der Fall, wenn der Tatmittler selbst gar nicht volldeliktisch handelt. Man spricht dann von einem „Defizit" oder „Defekt" in der Strafbarkeit des Tatmittlers oder einem „deliktischen Minus". Ein solcher Defekt der H mochte hier zwar schon deshalb gegeben sein, weil die Selbsttötung objektiv nicht tatbestandsmäßig ist.

9 Das Problem lag aber darin, dass eine Abgrenzung von Täterschaft und (strafloser) Teilnahme an der Selbsttötung erfolgen muss. Wer einen anderen auf die Idee bringt, sich selbst zu töten, oder ihm das dazu erforderliche Gift besorgt, kann nicht bestraft werden, sofern es sich um eine freiverantwortliche Selbsttötung handelt. Alleine der „Defekt" der Tatbestandslosigkeit reicht also nicht, um einen beherrschenden Einfluss des Hintermannes zu begründen. In der Literatur wird überwiegend als entscheidendes Kriterium darauf abgestellt, ob die Selbsttötung (oder Selbstverletzung) als freiverantwortlich angesehen werden kann. Gerade bei durch den Hintermann hervorgerufenen Irrtümern kann fraglich sein, ob diese geeignet sind, die Freiverantwortlichkeit zu

beseitigen und eine Tatherrschaft kraft überlegenen Wissens des Hintermannes zu begründen.

Der Maßstab, nach dem zu beurteilen ist, ob eine mittelbare Täterschaft bei einer Selbstschädigung vorliegt, wird aber unterschiedlich bestimmt. Nach einer Ansicht sind vom Verantwortungsprinzip ausgehend die Schuldregeln des StGB entsprechend heranzuziehen, so als ob der sich selbst Schädigende eigentlich eine Fremdschädigung begehen würde. Insofern ist ein selbstschädigendes Verhalten dann nicht als freiverantwortlich anzusehen, wenn der handelnde Vordermann bei einer hypothetisch gedachten Schädigung eines Dritten nach den §§ 3 JGG, 19, 20, 35 StGB nicht schuldhaft handeln würde. In Fällen der durch einen Irrtum bedingten Selbstschädigung nehmen die Vertreter dieser Ansicht aber auch die Möglichkeit einer Wissensherrschaft des Hintermannes an. Denn insofern seien die Regeln der Irrtumsherrschaft entsprechend anzuwenden. Wer etwa einer völlig ahnungslosen Krankenschwester eine Giftspritze überreicht und erklärt, dies sei ein schmerzlinderndes Medikament, das sie dem Patienten geben möge, ist mittelbarer Täter, weil die Krankenschwester sich in einem Tatbestandsirrtum nach § 16 Abs. 1 StGB befindet. Entsprechend lassen im Fall einer Selbstschädigung „Quasi-Tatbestandsirrtümer", also solche bei denen der sich selbst Schädigende einen Umstand nicht kennt, der zum gesetzlichen Tatbestand gehört, wiederum seinen „Quasi-Vorsatz" entsprechend § 16 StGB entfallen. Würden diese Kriterien hier herangezogen, so befände H sich mangels Kenntnis der tatbestandlichen Folge ihrer Handlung in einem vorsatzausschließenden „Quasi-Tatbestandsirrtum", da sie gar nicht verstand, dass ihre irdische Existenz enden würde. Eine mittelbare Täterschaft des A wegen überlegenen Wissens wäre daher anzunehmen.

Nach einer anderen Literaturmeinung beurteilt sich die Freiverantwortlichkeit anhand des Maßstabs der Ernstlichkeit im Sinne des § 216 StGB bzw. nach den Grundsätzen der rechtfertigenden Einwilligung. Legt man dies zu Grunde, so können Willensmängel auch unterhalb der Schwelle des § 35 StGB zum Ausschluss der Freiverantwortlichkeit der Selbstschädigung führen. Auch Irrtümer können wie bei der Einwilligung Relevanz entfalten. Umstritten ist im Bereich der tatsächlichen Einwilligung freilich, ob jeder Irrtum eine wirksame Einwilligung ausschließt oder ob dies nur bei rechtsgutsbezogenen Irrtümern der Fall ist. Es ist namentlich streitig, ob ein bloßer Motivirrtum ausreicht. Für die Beachtlichkeit von Motivirrtümern werden insbesondere Wertungsgesichtspunkte angeführt. Ein Motivirrtum könne die Willensbildung des Opfers ebenso schwerwiegend beeinflussen wie ein rechtsgutbezogener Irrtum und führe dann zu einer genauso tatbeherrschenden Stellung des Hintermanns. Eine strafrechtliche Privilegierung von Motivirrtümern sei insofern ungerecht. Überträgt man dies auf die Konstellation der durch den Hintermann bewirkten Irrtümer eines sich selbst Schädigenden, so genügt auch das Bewirken eines Motivirrtums, um das Opfer als „unfreies" Werkzeug gegen sich selbst einzusetzen und es kraft überlegenen Wissens zu steuern. Dies vertrat auch der BGH drei Jahre später (GA 1986, 508): Demnach tötet in mittelbarer Täterschaft, wer einem anderen die Absicht zum gemeinsamen Suizid vortäuscht (Motivirrtum) und dadurch dessen Selbsttötungshandlung veranlasst. Dies gelte jedenfalls unter der Voraussetzung, dass der Hintermann über den Ablauf der Selbsttötung maßgeblich bestimmen kann.

Dieser Ansicht wird entgegengehalten, dass der bloße Irrtum über den sozialen Sinn einer bewussten und gewollten Rechtsgutsaufgabe nichts an der rechtlichen Verantwortung für das eigene Verhalten ändere. Schließlich seien auch auf Täterseite für den strafrechtlichen Tatbestand subjektiv nur das Wissen und Wollen der Tatbestandsverwirklichung an sich maßgeblich, nicht aber die hinter dem Wissen und Wollen stehenden Gründe. Nach dieser abweichenden Ansicht sind nur rechtsgutsbezogene Irrtümer relevant; wer einen Motivirrtum bei dem sich selbst Schädigenden bewirkt, ist hingegen immer nur Anstifter zur straflosen Selbstschädigung und daher selbst ebenfalls straflos. Auch wenn mit der zuerst genannten Ansicht auf einen „Quasi-Tatbestandsirrtum" des sich selbst Schädigenden abgestellt wird, wird überwiegend ein Motivirrtum nicht für ausreichend angesehen, um die Irrtumsherrschaft des Hintermannes zu begründen, zumal ja auch bei einer Fremdschädigung ein Motivirrtum den Tatbestandsvorsatz nach § 16 Abs. 1 StGB unberührt lässt.

13 Im Sirius-Fall wirkt sich dieser Streit allerdings nicht aus, da die Vorstellung der H über ihre Fortexistenz in dem neuen Körper nicht nur ein Motivirrtum über den Grund für den eigenen Tod, sondern ein rechtsgutsbezogener Irrtum über die Tatsache ist, dass sie überhaupt sterben würde. Da insofern auch die beiden genannten Ansichten zu einem Mord in mittelbarer Täterschaft gelangen würden, verwundert es nicht, dass die Entscheidung des BGH im Sirius-Fall auf weitgehende Zustimmung gestoßen ist. Jedoch wird in der Literatur an der zusätzlich angeführten Lösung des BGH Kritik geübt. Man könne jedenfalls nicht von einem die mittelbare Täterschaft begründenden Irrtum ausgehen, wenn der sich selbst Tötende zwar wisse, dass er seinem Leben ein Ende setzt, aber an ein Leben im Jenseits (oder auf dem Planeten Sirius) glaube. Denn dann wisse er ja, dass er sich töte, der Glaube an ein „Leben nach dem Tod" sei dann ein Motivirrtum. Folgt man dieser Einschätzung, so ist die Frage nach dem Umgang mit Motivirrtümern jedenfalls in dieser Konstellation Ausschlag gebend für die Bewertung der Strafbarkeit des Hintermannes.

V. Zusatzfragen

14 1. Wie wäre der Fall zu lösen, wenn H nicht sich selbst, sondern einer dritten Person (D) den neuen Körper hätte verschaffen wollen und daher auf Anweisungen des A diese zu töten versucht hätte?

Legt man diesen Sachverhalt zugrunde, so geht es nicht mehr nur um die Frage nach der Strafbarkeit des A, sondern zusätzlich um eine Strafbarkeit der H. Wenn man annimmt, dass sich H nicht darüber im Klaren darüber war, dass sie D durch ihr Handeln töten würde – so wie es ihr der BGH mit der Annahme eines rechtsgutsbezogenen Irrtums über die Tatsache, welche die Ursache für den eigenen Tod darstellt bzw. dass sie überhaupt sterben wird, im Sirius-Fall unterstellt –, so hätte sie sich in einem vorsatzausschließenden Tatbestandsirrtum im Sinne des § 16 Abs. 1 StGB befunden und wäre nicht wegen eines Vorsatzdelikts zu bestrafen. Hinsichtlich des A wäre der Fall dann ähnlich zu lösen, wie der Ausgangsfall. Wenn H von der Vorstellung geleitet wurde, dass D direkt in einem neuen Körper weiterleben würde, ohne zu sterben, würde sie wiederum ein Strafbarkeitsdefizit aufweisen, das eine Tatherrschaft und damit auch eine mittelbare Täterschaft des A begründen würde.

15 2. Hätte der BGH nicht auch einen Versuch des § 216 StGB (Tötung auf Verlangen) in mittelbarer Täterschaft prüfen müssen?

Der BGH hat den Sirius-Fall unter dem Aspekt eines versuchten Mordes in mittelbarer Täterschaft erörtert. Zu einer versuchten Tötung auf Verlangen in mittelbarer Täterschaft gem. §§ 216, 22, 25 Abs. 1 Alt. 2 StGB hat er sich jedoch nicht geäußert. Von der Konstruktion her ist ein Handeln in mittelbarer Täterschaft auch mit Blick auf § 216 StGB grundsätzlich möglich. Man denke nur an den besagten Arzt, der den ernsthaften Todeswunsch eines Patienten erfüllen möchte und einer völlig ahnungslosen Krankenschwester eine Giftspritze überreicht und erklärt, dies sei ein schmerzlinderndes Medikament, das sie dem Patienten geben möge. Im Sirius-Fall handelte es sich allerdings um die Konstruktion des Opfers als Werkzeug gegen sich selbst. Hier ist es fraglich, ob nach dem Telos der Norm eine mittelbare Täterschaft möglich ist. Abwegig ist dies nicht, denn wenn man den BGH in der Sirius-Entscheidung ernst nimmt und eine Taterrschaft des A über sein Opfer mit Blick auf § 212 Abs. 1 StGB bejaht, dann könnte man dies auch auf die Tötungshandlung im Rahmen des § 216 StGB übertragen. Wandelt man das oben genannte Beispiel mit dem Arzt ab, dann könnte man sich als weitere mögliche Tatkonstellation eine Tötung auf Verlangen in mittelbarer Täterschaft dahin gehend vorstellen, dass der Arzt dem Patienten dessen ausdrücklichen Todeswunsch erfüllen möchte, indem er ihm eine Spritze zur Selbstverabreichung überlässt und ihm vorspiegelt, es handle sich lediglich um ein schmerzlinderndes Medikament. Eine Strafbarkeit gem. § 216 StGB scheidet jedoch aus anderen Gründen aus. Aufgrund des Irrtums der H hinsichtlich ihrer eigenen Tötung kann man nicht von einem „ernstlichen" Tötungsverlangen ausgehen. Hinzu kommt, dass der Täter, um von der Privilegierung des § 216 StGB profitieren zu können, gerade durch das Verlangen des Opfers motiviert worden sein muss, woran es hier aufgrund der ganz eigenen, von Habgier bestimmten Motivation des A offensichtlich fehlt.

Zur Vertiefung:
Baumann/Weber/Mitsch/Eisele, AT, § 25 Rn. 104 ff.
Heinrich, AT, Rn. 1262 ff.
Hilgendorf/Valerius, AT, § 9 Rn. 27 ff.
Kaspar, AT, § 6 Rn. 41 ff.
Kubiciel, JA 2007, 729
Otto, JURA 1987, 246
Rengier, BT II, § 8 Rn. 2 ff.
Roxin, AT II, § 25 Rn. 70 ff.
Roxin, NStZ 1984, 71 ff.
Wessels/Beulke/Satzger, AT, Rn. 848
Zieschang, AT, Rn. 668 ff.

Fall 24: Katzenkönig

BGH, 4 StR 352/88, BGHSt 35, 347
Mittelbare Täterschaft; vermeidbarer Verbotsirrtum

I. Sachverhalt

1 H und P leben gemeinsam mit dem leicht beeinflussbaren Polizeibeamten R in einem stark religiösen und von „Mystizismus, Scheinerkenntnis und Irrglauben" geprägten „neurotischen Beziehungsgeflecht". H und P gelingt es, R zunächst mittels Vorspiegelung einer Bedrohung durch Kriminelle in eine Beschützerrolle zu drängen, um ihn in der Folge von der angeblichen Existenz eines „Katzenkönigs", der Verkörperung des Bösen, zu überzeugen. Dieser übe seit Jahrtausenden eine Gefahr für die Welt aus und sei nur durch die Erfüllung bestimmter Aufgaben zu bekämpfen. R, der diesen Erzählungen zunächst skeptisch gegenübersteht, jedoch aus Liebe zu H von deren Glaubwürdigkeit ausgeht, entscheidet sich, den Aufgaben der H und des P Folge zu leisten, um so den Kampf gegen den „Katzenkönig" aufzunehmen.

Als die H von der Heirat ihres ehemaligen Lebensgefährten N mit der A erfährt, beschließt sie, von Hass und Eifersucht geprägt, A zu töten. Hierfür möchte sie sich – im stillschweigenden Einverständnis mit P – des R bedienen. Sie spiegelt diesem die Notwendigkeit eines Menschenopfers in der Person der A vor, um die Vernichtung von Millionen Menschen durch den „Katzenkönig" zu verhindern. Des Weiteren sei das Tötungsverbot aufgrund des geschilderten „göttlichen Auftrages" und der Rettung einer Vielzahl von Menschen für R außer Kraft gesetzt. R, zunächst von einem religiösen Widerspruch und Gewissensbissen geplagt, wird in der Folge von H zu einem Schwur hinsichtlich der Tötung eines Menschen „unter Berufung auf Jesus" gedrängt. Bei dessen Nichtbefolgung sei seine „unsterbliche Seele auf Ewigkeit verflucht". Zwar verblieben Zweifel, R wog jedoch die „Gefahr für Millionen Menschen" ab, die er „durch das Opfern von Frau A" retten könne. An sein eigenes Leben denkt R dabei nicht, weil H und P ihm vorgaukeln, dass er schon mehrfach gelebt habe und seine Seele sicher wiederkehren werde. Entsprechend dem Rat der H, welcher erneut im gegenseitigen Einverständnis mit P erfolgt und die genaue Art und Weise der Tötung mittels eines extra von P überlassenen Fahrtenmessers vorsieht, sucht R die A in deren Blumenladen auf und sticht das Messer hinterrücks der „ahnungs- und wehrlosen Frau" in den Hals. Durch das Hinzutreten Dritter und das daraufhin erfolgende Ablassen von der weiteren Verwirklichung der Tat tritt jedoch kein Tötungserfolg ein, obwohl der entsprechend seinem Auftrag sofort fliehende R mit dem Tod der A rechnet.

II. Rechtliche Probleme des Falles

2 Die Realität schreibt manchmal unglaubliche Geschichten, die, hätte man sie sich ausgedacht, schnell mit dem Vorwurf der absoluten Unglaubwürdigkeit bedacht würden. Der Fall ist aber so geschehen, und der BGH musste sich folglich mit der rechtlichen Bewertung auseinandersetzen. Dabei stand natürlich insbesondere die Frage im Raum, wie die „Steuerung" des R durch H und P einzuordnen war. Auch wenn sich sogleich die Idee einer mittelbaren Täterschaft aufdrängt, ist diese hier keinesfalls unproblematisch. Denn liegt hier ein klassischer Fall mittelbarer Täterschaft vor, bei dem sich

II. Rechtliche Probleme des Falles

die Herrschaft des Hintermannes mit einem Defekt in der Strafbarkeit des die Tat ausführenden Vordermannes begründen lässt?

Das Problem liegt hier doch darin, dass der Haupttäter R sich im Ergebnis selbst wegen eines versuchten Heimtückemordes strafbar gemacht haben kann. Dessen Tatbestand erfüllte er allemal, da er A töten und dabei auch deren Arg- und Wehrlosigkeit ausnutzen wollte. Er irrte ja auch gar nicht darüber, dass A sterben werde, sondern glaubte nur, dadurch Schlimmeres, nämlich den Tod einer Vielzahl an Menschen, verhindern zu können. Da eine solche Gefahr objektiv jedoch selbstverständlich nicht vorlag, kam auch eine Rechtfertigung nicht in Betracht. Höchstens musste man untersuchen, ob ihn sein Irrtum über die Bedrohung durch den „Katzenkönig" entlasten konnte. Insofern lässt sich nämlich sagen, dass R irrig eine (Dauer-)Gefahr für „Millionen von Menschen" angenommen hat, die er sodann abwenden wollte. Ein Erlaubnistatbestandsirrtum im Hinblick auf § 34 StGB lässt sich mit dieser Fehlvorstellung des R aber nicht begründen. Denn dies würde voraussetzen, dass R sich eine Notstandslage vorgestellt hat, bei deren tatsächlichem Vorliegen sein Vorgehen gerechtfertigt gewesen wäre. Zumindest Letzteres ist aber nicht der Fall, da über § 34 StGB, der ein wesentliches Überwiegen des Erhaltungsguts verlangt, eine Tötung niemals gerechtfertigt sein kann. Unterlag R insofern also lediglich einem Verbotsirrtum gem. § 17 StGB, so wäre zu prüfen, ob dieser für ihn unvermeidbar war, was angesichts der Tatsachen, dass R Polizist war und der BGH hier sehr strenge Anforderungen an die Unvermeidbarkeit stellt, zweifelhaft ist. Unterlag R hingegen einem vermeidbaren Verbotsirrtum, so führt dieser nur zu einer möglichen Strafmilderung, nicht aber zu einem Schuldausschluss. Auch wenn von einer irrigen Annahme der Voraussetzungen eines übergesetzlichen Notstandes ausgegangen wird, weil ja auf Kosten eines Menschenlebens eine Vielzahl anderer Leben hätte gerettet werden sollen, so führt dies zu keinem anderen Ergebnis, da die Strafbarkeit in derartigen Konstellationen analog § 35 Abs. 2 StGB ebenfalls nur bei Unvermeidbarkeit des Irrtums entfällt. Mit anderen Worten hat R sehr wahrscheinlich selbst volldeliktisch gehandelt.

Handelte R aber selbst volldeliktisch und war er deshalb wegen der Tat zu bestrafen, so stellt sich die Frage, ob H und P trotz der vollen strafrechtlichen Verantwortlichkeit des R als mittelbare Täter behandelt werden konnten oder ob sie lediglich als Teilnehmer zu qualifizieren waren. Insofern war eine Abgrenzung der mittelbaren Täterschaft von der Anstiftung im Falle eines vollverantwortlich handelnden Werkzeuges vorzunehmen. Gegen die Annahme von mittelbarer Täterschaft spricht dabei vor allem das sogenannte „Verantwortungsprinzip". Dieses besagt, dass die Strafbarkeit des Vordermanns eine gleichzeitige Verantwortung der Hintermänner als Täter an sich ausschließt. Andererseits werden Ausnahmen von diesem Grundsatz diskutiert, die unter dem Schlagwort „Täter hinter dem Täter" zusammengefasst werden. Kann eine Täterschaft des im Hintergrund Agierenden also auch dann bejaht werden, wenn der Tatausführende keinen durchgreifenden Strafbarkeitsmangel auf Tatbestands-, Rechtswidrigkeits- oder Schuldebene in seiner Person verwirklicht? Dafür könnte man hier zwei Gesichtspunkte ins Feld führen: zum einen das irrtumsbedingte (wenn auch vermeidbare) Fehlen des Unrechtsbewusstseins des R und andererseits der gezielte steuernde Einfluss von H und P, die den Irrtum des R auslösten und für ihre Zwecke missbrauchten.

III. Die Entscheidung des BGH

5   Der BGH wendete sich zunächst der Strafbarkeit des R zu und nahm hier wie erwartet an, dass dieser sich wegen eines versuchten heimtückischen Mordes strafbar gemacht hat. Eine Rechtfertigung nach den §§ 32, 34 StGB kam aus den bereits erläuterten Gründen mangels eines tatsächlichen gegenwärtigen Angriffs bzw. einer tatsächlichen gegenwärtigen Gefahr nicht in Betracht. Der BGH betrachtete sodann den Umstand, dass R irrtümlich von einer solchen Gefahr ausgegangen war und lehnte zutreffend einen Erlaubnistatbestandsirrtum ab, da dieser vorausgesetzt hätte, dass R die A bei Vorliegen einer solchen Gefahr tatsächlich hätte töten dürfen. Da dies nicht der Fall ist, weil eine Abwägung „Leben gegen Leben" im Rahmen des § 34 StGB nicht möglich ist, kam nur ein Verbotsirrtum in Betracht. Der BGH bemerkte dazu lapidar: „*Daß der Angeklagte diesen Interessenkonflikt fehlerhaft abgewogen hat, führt als Bewertungsirrtum auch nicht zum Vorsatzausschluß, sondern zu einem – nach den Feststellungen vermeidbaren – Verbotsirrtum gem. § 17 StGB. […] Danach hätte er als Polizeibeamter unter Berücksichtigung seiner individuellen Fähigkeiten und auch seiner Wahnideen bei gebührender Gewissensanspannung und der ihm zumutbaren Befragung einer Vertrauensperson, zum Beispiel eines Geistlichen, die rechtliche Unzulässigkeit einer quantitativen Abschätzung menschlichen Lebens als des absoluten Höchstwertes erkennen können.*" Entsprechendes galt für § 35 StGB bzw. einen diesbezüglichen Irrtum. Hier kam nämlich noch hinzu, dass R gar nicht den Willen aufwies, die Gefahr von sich oder einem Angehörigen abzuwenden. Der BGH interpretierte den Sachverhalt nämlich so: „*Er selbst fürchtete seinen Tod nicht, weil ihm von H und P vorgegaukelt worden war, daß er schon mehrfach gelebt habe und seine Seele sicher wiederkehren werde; an Angehörige und nahestehende Personen dachte er nicht.*"

6   Anders als die Vorinstanz ging der BGH zudem kurz darauf ein, dass R sich im Grunde genommen ja weder einen rechtfertigenden Notstand nach § 34 StGB noch einen entschuldigenden Notstand nach § 35 StGB vorgestellt hatte, sondern einen übergesetzlichen Notstand: „*Nicht geprüft hat das Landgericht, ob dem Angeklagten ein übergesetzlicher, den Anwendungsbereich des § 35 StGB überschreitender entschuldigender Notstand zugute kommt […]. Das führt aber nicht zur Aufhebung des Schuldspruchs. Ein solcher Entschuldigungs- oder Strafausschließungsgrund […] kann, wenn er überhaupt besteht, dem Täter allenfalls unter der Voraussetzung zugebilligt werden, daß eine gewissenhafte Prüfung des Vorliegens einer Notstandssituation stattgefunden hat […]. Schon daran hat es der Angeklagte, wie die Ausführungen des Landgerichts zur Vermeidbarkeit des Verbotsirrtums bei § 34 StGB belegen, fehlen lassen.*" Auch ein strafbefreiender Rücktritt sei nicht anzunehmen, weil R keinerlei Bemühungen zur Verhinderung des Todeserfolgs vorgenommen habe.

7   Im Hinblick auf H und P erkannte der BGH hingegen ausdrücklich die Möglichkeit des „Täters hinter dem Täter" im Bereich der mittelbaren Täterschaft an. Hierzu setzte er sich ausführlich mit den in der Literatur zu dieser Frage vertretenen Ansichten auseinander und stellte fest: „*Die unterschiedliche Gewichtung in den Lösungsansätzen, die auf der einen Seite ausschließlich auf die Handlungsherrschaft des Abhängigen abstellen und auf der anderen Seite den bestimmenden Einfluß des Hintermannes betonen, macht deutlich, daß es sich um ein offenes Wertungsproblem handelt*". Dabei galt es insbesondere, sich mit dem Verantwortungsprinzip auseinanderzusetzen. Der BGH führte hierzu aus: „*§ 25 Abs. 1 StGB erfordert jedenfalls nicht ein derart*

III. Die Entscheidung des BGH

enges Verständnis des Begriffs der mittelbaren Täterschaft, wie es aus dem Verantwortungsprinzip hergeleitet wird. Angesichts der Vielgestaltigkeit der Täterschaftsformen hat der Gesetzgeber bewußt auf die Festlegung ihrer Voraussetzungen im einzelnen verzichtet [...]. Daß mithilfe des Verantwortungsprinzips allein nicht stets eine scharfe Grenzziehung möglich ist, wird von Vertretern dieser Lehre selbst eingeräumt, indem sie für die Fälle des durch einen Machtapparat organisierten Verbrechens ohne Rücksicht auf die volle rechtliche Verantwortlichkeit des Handelnden eine ‚Täterschaft hinter dem Täter' anerkennen."

Das Gericht erkannte, dass der Unterschied zwischen den Fällen, in denen der Vordermann einem unvermeidbaren Verbotsirrtum unterlag und deshalb ein Strafbarkeitsdefizit aufweist, so dass mittelbare Täterschaft unproblematisch möglich ist, und den Fällen, in denen der Irrtum, wie hier, vermeidbar war, nicht so groß ist, dass er für sich eine unterschiedliche Behandlung im Hinblick auf die Täterschaft des Hintermannes zu begründen vermag: *„Ein wertender Vergleich der Fälle des unvermeidbaren Verbotsirrtums – hier ist unbestritten mittelbare Täterschaft möglich – mit denen des vermeidbaren Verbotsirrtums zeigt, daß allein die Vermeidbarkeit des Irrtums kein taugliches Abgrenzungskriterium ist. Auch dem in einem solchen Irrtum handelnden Täter fehlt zur Tatzeit die Unrechtseinsicht. Daß er Kenntnisse hätte haben können, die er im konkreten Fall nicht hatte, braucht an der Tatherrschaft des die Erlaubtheit vorspiegelnden Hintermannes nichts zu ändern; ebensowenig wird dadurch notwendigerweise dem Vordermann die Eigenschaft eines Werkzeuges genommen. In Fällen des vermeidbaren Verbotsirrtums des Vordermannes als dem unmittelbar Handelnden ist deshalb bei der Prüfung, ob der Hintermann mittelbarer Täter ist, auf das Kriterium der vom Täterwillen getragenen objektiven Tatherrschaft abzustellen. Ob sie vorliegt, richtet sich nicht nach starren Regeln, sondern kann nur je nach der konkreten Fallgestaltung im Einzelfall wertend ermittelt werden. Eine solche Abgrenzung entspricht den Grundsätzen, die auch für die Beurteilung zwischen unmittelbarer Täterschaft und Teilnahme maßgeblich sind."*

Der BGH, der wie zitiert ein „offenes Wertungsproblem" sieht, machte diese Unterscheidung *„im Einzelfall von Art und Tragweite des Irrtums und der Intensität der Einwirkung des Hintermannes"* abhängig. Mittelbarer Täter eines Tötungsdelikt sei jedenfalls derjenige, *„der mithilfe des von ihm bewusst hervorgerufenen Irrtums das Geschehen gewollt auslöst und steuert, so daß der Irrende bei wertender Betrachtung als ein – wenn auch (noch) schuldhaft handelndes – Werkzeug anzusehen ist"*. Ebendies war nach der Ansicht des Gerichts hier der Fall: *„Einerseits haben die Angeklagten H und P beim Angeklagten R die Wahnideen hervorgerufen und diese später bewußt ausgenutzt, um seine rechtlichen Bedenken wie seine Gewissensbisse auszuschalten und ihn zu veranlassen, die von ihnen beabsichtigte Tat ihren Plänen und Vorstellungen entsprechend auszuführen. Auf diese psychologische Weise steuerten sie die Tatplanung. Darüber hinaus bestimmten sie wesentliche Teile der Tatausführung. P übergab dem Angeklagten R die Tatwaffe und erklärte auf dessen Frage, wie er die Tat ausführen solle. [...] Andererseits irrte R bei der Tat nicht nur über das Verbotensein seines Tuns, er war vielmehr darüber hinaus in seiner Steuerungsfähigkeit erheblich eingeengt. Er befand sich in einem engen Beziehungs- und Einwirkungsgeflecht, das die Angeklagten H und P zum Zwecke seiner Steuerung ausgenutzt und so eingesetzt haben, daß er sich ihrem bestimmenden Einfluß nur schwer entziehen konnte. Damit haben die Angeklagten H und P ihn zur Tat bestimmt und die Tatausführung kraft ihrer Einwirkung und ihres überlegenen Wissens beherrscht. Sie hatten damit die*

8

9

Tatherrschaft, ohne Mittäter zu sein, weil sie entsprechend ihrem Plan wissentlich und willentlich die objektive Tatbestandsverwirklichung R allein überlassen haben und dieser seine Tathandlung auch keinem von ihnen zurechnen lassen wollte." Im Ergebnis nimmt der BGH somit seitens H und P einen versuchten Mord in mittelbarer Täterschaft im Sinne des § 25 Abs. 1 Alt. 2 StGB an.

IV. Einordnung der Entscheidung

10 Der BGH stellte im Katzenkönig-Fall klar, dass eine strafrechtliche Verantwortung des Vordermanns die Strafbarkeit der Hintermänner als mittelbare Täter nicht zwingend ausschließt. Diese Frage war zuvor noch nicht höchstrichterlich entschieden. Zwar hatte der BGH in früheren Entscheidungen – wie etwa in BGHSt 30, 363 – noch angenommen, dass mittelbarer Täter derjenige ist, der *„eine Straftat ‚durch einen anderen begeht' (§ 25 Abs. 1 StGB), der selbst nicht Täter dieser Straftat ist"*. Diese Definition war jedoch in den betreffenden Fällen nicht entscheidungstragend. Der BGH gab das Verantwortungsprinzip jedoch nicht vollständig auf, sondern stellte lediglich fest, dass dieser Grundsatz für sich genommen nicht immer ausreiche, um eine sichere Abgrenzung der Teilnahme von der mittelbaren Täterschaft zu ermöglichen. Damit öffnete er zugleich die Möglichkeit, weitere Fallgruppen in den Bereich der mittelbaren Täterschaft zu integrieren. Gerade in einer Konstellation, wie sie dem Katzenkönig-Fall zugrunde lag, bot sich eine Ausnahme vom Verantwortungsprinzip an: R handelte hier in einem vermeidbaren Verbotsirrtum; hätte sich bei ihm der Irrtum hingegen als unvermeidbar entpuppt, so hätte einer Verurteilung von H und P wegen mittelbarer Täterschaft auch auf Grundlage des Verantwortungsprinzips nichts im Wege gestanden, weil die Unvermeidbarkeit des Irrtums die strafrechtliche Verantwortlichkeit des Vordermanns gem. § 17 S. 1 StGB beseitigt hätte. Dem BGH erschien diese harte Grenze zwischen vermeidbarem und unvermeidbarem Verbotsirrtum bei der Bestimmung der Beteiligungsform nicht sinnvoll. Mittels der vom BGH entwickelten Differenzierungskriterien soll stattdessen eine Grenzziehung zwischen der mittelbaren Täterschaft und Anstiftung anhand der Umstände des Einzelfalles erfolgen, wobei vor allem die Art und Intensität der Einwirkung auf den Vordermann heranzuziehen sind.

11 In der Literatur herrscht zwar Einigkeit darüber, dass im Sinne des Verantwortungsprinzips eine Strafbarkeit des mittelbaren Täters regelmäßig voraussetzt, dass der Vordermann aufgrund eines irgendwie gearteten Strafbarkeitsdefizits auf Tatbestands-, Rechtswidrigkeits- oder Schuldebene straflos bleibt. Im Hinblick auf die Frage, ob man die Möglichkeit einer Ausnahme von diesem Prinzip anerkennt, lassen sich hingegen zwei Hauptströmungen der Literatur unterscheiden. Gemäß der strengen Verantwortungstheorie ist die Figur des „Täters hinter dem Täter" abzulehnen. Eine mittelbare Täterschaft lasse sich im Falle eines strafrechtlich voll verantwortlichen Vordermanns nicht begründen. Bezogen auf den erörterten Sachverhalt bedeutet dies, dass H und P wegen der Strafbarkeit des einem vermeidbaren Verbotsirrtum unterliegenden und deshalb die Tat voll verantwortlich ausführenden R keine Täterschaft zukommen kann. Verfechter dieser Auffassung kritisieren die von der Rechtsprechung bevorzugte einzelfallabhängige und individualisierende Wertung als zu unbestimmt. Vielmehr sei eine normative, von der Verantwortungstheorie abgeleitete Einordnung vorzunehmen, die nicht zuletzt eine klare Grenzziehung zwischen Täterschaft und Teilnahme ermögliche und zugleich mit der rechtlichen Wertung des § 17 S. 2 StGB harmoniere. Des Weiteren werden der Wortlaut und die Systematik des Gesetzes für

die strenge Verantwortungstheorie ins Feld geführt: Die Gegenauffassung klassifiziere sowohl den Tatmittler als auch den Hintermann als Täter und konstruiere mithin eine gemeinsame Täterschaft, was im Hinblick auf § 25 Abs. 2 StGB gesetzlich lediglich im Rahmen der Mittäterschaft und gerade nicht in Fällen der mittelbaren Täterschaft im Sinne des § 25 Abs. 1 Alt. 2 StGB vorgesehen sei. Handelt der die Tat unmittelbar Ausführende demnach strafrechtlich voll verantwortlich und somit als Täter, erscheine es bezüglich des Wortlautes des § 25 Abs. 1 Alt. 2 StGB nicht nachvollziehbar, wie der Hintermann die Tat „durch einen anderen" verwirklichen könne. Die Bestrafung des Anstifters „gleich dem Täter" gem. § 26 StGB ermögliche eine sachgerechte und angemessene Bestrafung von Anstiftern, deren steuernder Einfluss wie im vorliegenden Fall besonders stark sei.

Dem steht die nicht nur vom BGH, sondern auch von Teilen der Literatur vertretene eingeschränkte Verantwortungstheorie gegenüber, die nicht notwendigerweise ein Ausschlussverhältnis zwischen der Strafbarkeit des „Werkzeugs" und der Tatherrschaft des Hintermannes sieht. Vielmehr sei eine Einzelfallentscheidung und eine Einordnung anhand der geläufigen Abgrenzungskriterien vorzunehmen. Leitend für diese Auffassung ist insbesondere der Umstand, dass eine Strafbarkeit des Tatmittlers nicht zwangsläufig die faktische Steuerung des Tatgeschehens und der Tatplanung durch einen anderen ausschließt. Vielmehr können selbst bei einem voll verantwortlich Handelnden Hintermänner hinzutreten, die im Vergleich zum Tatmittler eine exponierte Stellung einnehmen und deshalb als Zentralgestalt des Geschehens zu klassifizieren sind. Dieser besondere Rang wird dadurch verstärkt, dass es dem Werkzeug unabhängig von der Vermeidbarkeit oder Unvermeidbarkeit des Irrtums zum Zeitpunkt der Tat an der Unrechtseinsicht mangelt und es dieser Umstand dem Hintermann ermöglicht, Tatherrschaft über das Geschehen auszuüben. Das gemischt empirisch-normative Kriterium der Tatherrschaft setzt somit nach dieser Ansicht nicht notwendigerweise die Straflosigkeit des „Beherrschten" voraus.

V. Zusatzfragen

1. Im Katzenkönig-Fall befand sich R in einem vermeidbaren Verbotsirrtum. Wie wäre der Fall zu beurteilen, wenn R keinem Irrtum unterlegen wäre und auch sonst volldeliktisch gehandelt hätte? Käme dann noch eine Strafbarkeit vom H und P als Täter in Betracht?

Der Grundsatz, dass ein Hintermann nicht mittelbarer Täter ist, wenn der unmittelbar Handelnde volldeliktisch handelt, gilt nach der von *Roxin* entwickelten Figur der mittelbaren Täterschaft kraft Organisationsherrschaft auch dann nicht, wenn der Hintermann eine *faktische* Tatherrschaft ausübt, weil er durch das Befehligen eines Machtapparats, bei dem der Vordermann austauschbar und die Tatbegehung deshalb gewährleistet ist und die Ausführenden den Charakter von Werkzeugen haben, die Tat beherrscht (vgl. dazu auch schon Fall 22: Staschynskij, S. 156 ff.). Ein Diktator wie Hitler sitzt an den Schalthebeln der Macht. Er muss nur einen Befehl erteilen und ein Apparat läuft an, der aus willfährigen Helfern besteht, die nur Rädchen im Getriebe sind. Führt einer die Tat nicht aus, so rückt der nächste an seine Stelle, so dass die Tatausführung gewährleistet ist. Dieser Tatbeitrag des den Apparat Steuernden hat auch normativ eine ganz andere Qualität als eine Anstiftung. Der Befehlshaber steuert und beherrscht die Tat damit in einer Weise, die im Hinblick auf ihren Unrechts- und Schuldgehalt nur durch die Annahme von Täterschaft angemessen berücksichtigt wird.

Anders gesagt: Der Tatbeitrag, den der Schreibtischtäter leistet, ist so wichtig, dass er nur als Täterschaft ausreichend rechtlich gewürdigt erscheint. Es ist eine besonders herausgehobene Verantwortlichkeit.

Eine solche mittelbare Täterschaft hat nach *Roxin* (AT II, § 25 Rn. 105 ff.) allerdings folgende Voraussetzungen: (1) Befehlsgewalt in organisatorischem Machtapparat; (2) Rechtsgelöstheit des Machtapparats, so dass die Ausführenden nicht mit strafrechtlichen Konsequenzen rechnen; (3) Fungibilität der unmittelbar Ausführenden, dh ihre Ersetzbarkeit, denn gerade dadurch erhält der Ausführende den Charakter eines unbedeutenden „Rädchens im Getriebe", also eines Werkzeugs. Durch das Zusammenspiel dieser Voraussetzungen entsteht eine erhöhte Tatgeneigtheit der Ausführenden, die den Erfolg sichert, was teilweise auch als vierte Voraussetzung genannt wird. Diese Form der mittelbaren Täterschaft soll dazu dienen, zu verhindern, dass „Schreibtischtäter" nicht adäquat für ihre Handlungen herangezogen werden können. Der BGH hat das Konzept der Organisationsherrschaft im Zuge der Mauerschützenprozesse für die Mitglieder des Politbüros und des Nationalen Verteidigungsrats der DDR übernommen (BGHSt 40, 218). Im Völkerstrafrecht hat sich die Idee inzwischen durchgesetzt und wurde ausdrücklich in Art. 25 des Rom-Statuts des IStGH aufgenommen. Sie galt zunächst nur innerhalb staatlicher Machtapparate, lässt sich aber übertragen auf terroristische oder mafiaähnliche kriminelle Vereinigungen. Die Rechtsprechung überträgt die Grundsätze aber auch auf andere Bereiche. So heißt es etwa in BGHSt 40, 218: *„Derartige Rahmenbedingungen mit regelhaften Abläufen kommen insbesondere bei staatlichen, unternehmerischen oder geschäftsähnlichen Organisationsstrukturen und bei Befehlshierarchien in Betracht."* In BGHSt 40, 257 wendet er die Konstruktion etwa auf die Mitarbeiter eines Krankenhauses an. Das wird von vielen Stimmen in der Literatur kritisch gesehen, weil sie eine Vergleichbarkeit der Befehlsstrukturen bei Wirtschaftsunternehmen, die im Großen und Ganzen legal und daher nicht im Sinne von *Roxin* „rechtsgelöst" agieren, ablehnen. Die Rechtsprechung bleibt bislang aber bei ihrer Linie und lehnt dabei insbesondere das Kriterium der „Rechtsgelöstheit" als Voraussetzung von Organisationsherrschaft ab. Anwendung findet diese Praxis auch häufig in Fällen organisierter Kriminalität. Der Gruppe um H und P ist eine solche Organisationsstruktur jedoch trotz ihres dem Anschein nach religiös-sektenähnlichen Charakters nicht zuzusprechen. Eine Tatherrschaft von H und P käme in dieser Fallkonstellation daher nicht in Betracht.

14 2. Was versteht man unter einer „Nebentäterschaft" und wie ist diese von der „Täter hinter dem Täter"-Konstellation abzugrenzen?

In der vorliegenden Konstellation kann trotz des volldeliktischen Handelns der Hauptperson dennoch von einem Vorder- und Hintermann gesprochen werden und es gibt insofern zwei hintereinandergestellte Täter. Hierbei muss der Hintermann nicht alle Strafbarkeitsmerkmale erfüllen, sondern es erfolgt eine Zurechnung über § 25 Abs. 1 Alt. 2 StGB. Im Gegensatz dazu verwirklichen bei der Nebentäterschaft beide Täter sämtliche Strafbarkeitsmerkmale eigenständig, so dass eine Zurechnung nicht nötig ist (und auch nicht erfolgt). Kritik an dieser Figur wird entsprechend den oben genannten Argumenten im Hinblick auf die abschließende Aufzählung der Täterschafts- und Teilnahmeformen in den §§ 25 ff. StGB geäußert. Letztlich handelt es sich dabei aber gar nicht um eine Sonderkonstellation, sondern schlicht und ergreifend um zwei voneinander unabhängige (Haupt-)Täter iSd § 25 Abs. 1 Alt. 1 StGB. Man findet die Nebentäterschaft insbesondere im Bereich der Fahrlässigkeitsdelikte, bei welchen jeder

Beteiligte einen eigenen Sorgfaltspflichtverstoß begeht und ohnehin keine Teilnahme existiert, sondern das Prinzip der Einheitstäterschaft gilt.

Zur Vertiefung:

Heinrich, AT, Rn. 1203 ff., 1258 ff.
Hilgendorf/Valerius, AT, § 9 Rn. 18 ff., 107 ff.
Kaspar, AT, § 6 Rn. 3 ff., 49 ff.
Küper, JZ 1989, 935
Rengier, AT, § 41 Rn. 3 ff., § 43 Rn. 40 ff.
Roxin, AT II, § 25 Rn. 76 ff.
Schaffstein, NStZ 1989, 153
Sonnen, JA 1989, 212
Wessels/Beulke/Satzger, AT, Rn. 803 ff, 851 ff.
Zieschang, AT, Rn. 636 ff.

Fall 25: Zauberwald

BGH, 5 StR 581/10, NStZ 2011, 570
Vorstufen der Beteiligung; Verbrechensverabredung

I. Sachverhalt

1   A besuchte im Jahr 2009 mehrfach eine Internetplattform für „pädophil orientierte Menschen" namens „Zauberwald". Dort konnten Nutzer unter Verwendung anonymer Namen (Pseudonyme) Chatgespräche führen. An einem der beiden Tattage chattete A im Sommer 2009 mit einer unbekannten und für ihn nicht identifizierbaren Person, die sich „kees" nannte und die A aus einem früheren Chatkontakt kannte. In dem Gespräch tauschten A und „kees" Gedanken über Pläne zu Kindesmissbrauch mit extremen sexuellen und sadistischen Begleitumständen aus: Beide erwogen dabei, ein Kind von der Straße mitzunehmen, das allein an einsamer Stelle auf dem Schulweg sei. Mit Blick auf ihren jeweiligen Resturlaub konstatierten der A und „kees", dass die Pläne Ende September in die Tat umgesetzt werden könnten. Nach dem Austausch dreier kinderpornografischer Abbildungen konkretisierten sie ihr Vorhaben. „Kees" favorisierte, den zu entführenden Jungen an den Hoden aufzuhängen, so dass dieser sich in seiner Qual seine Hoden selbst abschneiden würde. A wollte den Jungen würgen, während er Geschlechtsverkehr mit ihm ausübe. Beide vergewisserten sich gegenseitig, dass sie es ernst meinten und dass „idealerweise" ein acht Jahre alter Junge aus einer ländlichen Gegend des nördlichen Mecklenburg-Vorpommern entführt und über einige Stunden gequält werden sollte. Der Tod des Jungen sollte durch „kees" herbeigeführt werden, indem er seinen Penis dem Kind so tief in den Mund stecken würde, dass es – während der A Analverkehr ausübe – daran ersticken würde. Der Leichnam sollte dann im Meer versenkt werden. Zur Ausführung der Tat erwogen sie, in den Niederlanden ein Fahrzeug zu mieten, dieses in Deutschland mit gestohlenen Kennzeichen zu versehen und ein Ferienhaus an der Nordsee zu mieten. A übermittelte „kees" sogar das Internetangebot eines Ferienhauses. Als konkrete Tatzeit wurde – im Hinblick auf die in Mecklenburg-Vorpommern am 30.10.2009 endenden Schulferien – der November 2009 in Aussicht genommen. Ein verabredetes weiteres Chatgespräch fand indes nicht mehr statt.

A chattete zudem in einer nicht näher bestimmbaren Nacht des Jahres 2009 mit einem weiteren Mann, der die anonyme Bezeichnung „Big Buddy" führte. Sie sprachen darüber, an einem Wochenende während der Herbstferien in einer „Seedatsche" den fünf Jahre alten Sohn des „Big Buddy" gemeinsam und gleichzeitig oral und anal zu missbrauchen und ihm sexuell motivierte Schmerzen zuzufügen. A äußerte den Wunsch, das Tatopfer beim Sex in den Magen zu boxen und ihm Stecknadeln unter die Fußnägel zu stecken. Auf die Ermahnung des „Big Buddy", dass A die Grenzen kenne, konzedierte dieser, dass der Junge schon überleben, aber Spuren des Missbrauchs aufweisen werde. A erklärte, dass „Big Buddy" ihm im Fall der Verwirklichung des Vorhabens einen Lebenstraum erfüllen würde.

II. Rechtliche Probleme des Falls

2   A war noch wegen anderer Taten angeklagt, insbesondere wegen des Umgangs mit Kinderpornografie gem. § 184 b StGB. Hier interessieren im Hinblick auf Probleme des Allgemeinen Teils aber nur die in den beiden Chats anvisierten gravierenden

II. Rechtliche Probleme des Falls

Straftaten. Betrachtet man die in Rede stehenden Vorgänge näher, so wären die mit „kees" besprochenen Misshandlungen mit anschließender Tötung des Jungen nicht nur ganz schwerwiegende Sexualdelikte, sondern auch ein Mord. Allerdings wurde dieser weder vollendet noch versucht. Denn Letzteres würde voraussetzen, dass A und „kees" zur Verwirklichung des Tatbestandes unmittelbar angesetzt hätten, § 22 StGB. Die mögliche Tat sollte allerdings erst zu einem viel späteren Zeitpunkt im November stattfinden und an einem noch zu konkretisierenden Opfer sowie nach Vornahme zahlreicher weiterer Vorbereitungshandlungen begangen werden. Es hätte also aus Sicht des A noch wesentlicher weiterer Zwischenakte zur Erfolgsverwirklichung bedurft und es war weder ein Rechtsgut unmittelbar gefährdet noch die Sphäre eines hinreichend konkretisierten Opfers räumlich und zeitlich berührt. Ein versuchter Mord in Mittäterschaft gem. den §§ 211, 22, 25 Abs. 2 StGB scheidet daher aus.

Das Gleiche gilt auch für den zweiten Chat, den A mit „Big Buddy" führte, wobei hier kein versuchter Mord, wohl aber gravierende Körperverletzungen und Sexualdelikte, insbesondere eine besonders schwere Vergewaltigung, im Raume standen. Auch hier lassen sich den Feststellungen keine solchen Handlungen entnehmen, die ein unmittelbares Ansetzen zu diesen Taten beinhalten würden. A und seine jeweiligen Chat-Partner befanden sich hier vielmehr noch im Vorbereitungsstadium. Grundsätzlich steht die reine Vorbereitung einer Straftat nicht unter Strafe. Wer sich das Werkzeug für einen späteren Mord besorgt, ist nicht strafbar, weil er das Versuchsstadium noch nicht erreicht hat. Dies gilt auch für eine genaue Planung der Tat und weitere Vorbereitungshandlungen. Hier hat A die Taten allerdings nicht alleine geplant und vorbereitet, sondern er hat dies in einem Chat mit einer anderen Person zusammengetan. Für solche Fälle, in denen mehrere Personen beteiligt sind, normiert § 30 StGB bestimmte Formen einer strafbaren Vorbereitung einer Straftat als „Versuch der Beteiligung". Hier kommt insbesondere § 30 Abs. 2 StGB in Betracht. Hiernach wird gemäß den Vorschriften über den Versuch eines Verbrechens bestraft, wer sich bereit erklärt, wer das Erbieten eines anderen annimmt oder wer mit einem anderen verabredet, ein Verbrechen zu begehen oder zu ihm anzustiften. Hier kommt nämlich im Hinblick auf den Chat mit „kees" eine Verabredung zu einem Verbrechen (Mord) in Betracht. Unter einer „Verabredung" iSd § 30 Abs. 2 Var. 3 StGB ist die Willenseinigung von mindestens zwei Personen zur gemeinsamen mittäterschaftlichen Ausführung eines Verbrechens oder einer gemeinsamen Anstiftung dazu zu verstehen.

Dies könnte man hier durchaus annehmen, denn wollten A und „kees" die Tat nicht später gemeinsam ausführen und haben sie sich nicht gegenseitig der Ernsthaftigkeit ihres Vorhabens versichert? Oder war das Gespräch eine bloße sexuelle Fantasie der Chatpartner, die trotz ihres hohen Detailgrades von vornherein nicht verwirklicht werden sollte und daher auch in Zukunft zu keinerlei Rechtsgutgefährdung führen konnte? Wie lassen sich also strafbare Verbrechensverabredung und straflose Verbrechensfantasie abgrenzen? Und wie wirkt es sich aus, dass A den „kees" gar nicht persönlich kannte? Ähnliche Erwägungen sind hinsichtlich des Chats mit „Big Buddy" anzustellen. Waren beide Chatpartner zur Begehung der schweren Sexualdelikte entschlossen, die sogar am Sohn des „Big Buddy" begangen werden sollten? Schließlich muss berücksichtigt werden, dass die Taten ja tatsächlich nicht ins Versuchsstadium gelangt sind, was einen Rücktritt von der versuchten Beteiligung nach § 31 StGB darstellen könnte.

III. Die Entscheidung des BGH

5   Das LG hatte A hinsichtlich des Chats mit „kees" der Verabredung eines Mordes und hinsichtlich des Chats mit „Big Buddy" wegen eines Sichbereiterklärens zu einer besonders schweren Vergewaltigung für schuldig befunden. Die Einlassung des A, es habe sich um bloße Fiktionen gehandelt, ließ es nicht gelten, ua im Hinblick auf die große Anzahl der Realitätskennzeichen, darunter den Umstand, dass A diverse Grundschulen in Mecklenburg-Vorpommern im Internet daraufhin untersucht habe, wie weit sie von örtlichen Polizeirevieren entfernt seien. Auch im zweiten Fall überzeugte es sich davon, dass die Vergewaltigung des Jungen einem in der Realität zu verwirklichenden Wunsch des A entsprochen habe. Der BGH hob diese Schuldsprüche auf. Im Hinblick auf den Fall des „kees" sah er es schon nicht als erwiesen an, dass tatsächlich eine Verbrechensverabredung vorlag. Jedenfalls sei A aber nach § 31 StGB zurückgetreten. Hierzu gab er zunächst noch einmal die gängige Definition der Verbrechensverabredung wieder: *„Eine Strafbarkeit setzt die vom ernstlichen Willen getragene Einigung von mindestens zwei Personen voraus, an der Verwirklichung eines bestimmten Verbrechens mittäterschaftlich mitzuwirken."* Problematisch war aber, dass A seine Chatpartner gar nicht persönlich kannte. Der BGH musste daher analysieren, inwieweit dieser Umstand einer Verabredung entgegenstehen konnte. Hierzu stellte er zunächst fest: *„Der Gesetzeswortlaut lässt offen, in welchem Umfang ein Verabredender die Identität seines präsumtiven Mittäters kennen muss. Dies schließt die Annahme einer Verabredung zwischen Personen, die sich lediglich über einen Tarnnamen in einem Internetchatforum kennen, nicht aus."*

6   Das könne aber nicht für alle Fälle gelten. Entscheidend für die Beurteilung sei die ratio der Vorschrift, welche der BGH folgendermaßen wiedergab: *„Die Strafwürdigkeit der Verbrechensverabredung erklärt sich aus der Willensbindung der Beteiligten [...], durch die bereits vor Eintritt in das Versuchsstadium eine Gefahr für das durch die vorgestellte Tat bedrohte Rechtsgut entsteht [...]. Der von einer solchen quasi-vertraglichen Verpflichtung ausgehende Motivationsdruck sorgt oft dafür, dass es von einer bindenden Verabredung für einen Beteiligten kaum noch ein Zurück gibt, so dass bei Angriffen auf die wertvollsten und schutzbedürftigsten Rechtsgüter schon der Abschluss der Deliktsvereinbarung durch eine Strafdrohung verhindert werden muss [...]."*

7   Lässt sich eine solche Bindung auch gegenüber einer anonym bleibenden Person annehmen? Der BGH bejahte dies vom Grundsatz her: *„Eine solche auf die Begehung des intendierten Verbrechens bezogene bindende Verabredung erfordert, dass jeder an ihr Beteiligte in der Lage sein muss, bei dem jeweils anderen präsumtiven Mittäter die von jenem zugesagten verbrecherischen Handlungen [...] auch einfordern zu können. Dies kann auch zwischen Personen geschehen, die lediglich unter Verwendung eines Tarnnamens kommunizieren."* So sei es etwa bei verbrecherischen Organisationen keineswegs so, dass alleine die Tatsache, dass man die wahre Identität des anderen nicht kenne, eine ernst gemeinte Bindung ausschließe. Allerdings bestand hier nach Ansicht des BGH eine andere Besonderheit: *„In Fällen, in denen die verabredete Tat – wie vorliegend – die gleichzeitige Präsenz der Mittäter bei Tatbegehung voraussetzt, ist eine verbleibende völlige Anonymität freilich ausgeschlossen. Deren spätere Auflösung muss Teil des konkreten Tatplans sein."* Ebendies habe das Tatgericht aber nicht ausreichend festgestellt. Insofern sei es gerade darum gegangen, eine bloße Fantasie vom wirklichen verbrecherischen Willen abzugrenzen.

Vor diesem Hintergrund kritisierte der BGH die Beweiswürdigung des Tatgerichts, da es zahlreiche Umstände nicht ausreichend berücksichtigt habe, die gegen eine Ernstlichkeit der Verbrechensverabredung sprächen. So sei der Chat zwischen zwei Partnern geführt worden, die sich nicht persönlich kannten und deren Identität nicht ohne Mitwirkung des anderen zu ermitteln war. Ferner sei diese Kommunikation später nicht fortgesetzt und auch das Ferienhaus nicht gebucht worden. Mit der Tatsache, dass A sich seinen Chatpartnern immer wieder durch das Wechseln seines Nicknamens entzogen habe, „bevor es richtig konkret hätte werden können", sei ferner ein zentraler Einwand nicht beachtet worden. Auch hätte bedacht werden müssen, dass A gegenüber Kindern bislang gar nicht sexuell übergriffig geworden sei. Und schließlich habe das LG den Chat an einer Stelle des Urteils sogar selbst als „eskalierende Fantasie" bezeichnet. Alleine der Detailreichtum der Schilderungen belege noch nicht die Ernstlichkeit. Der BGH sah indes davon ab, den Fall zu einer erneuten Beweiswürdigung zurückzuverweisen, da zusätzliche selbstbelastende Bekundungen des A nicht zu erwarten seien. Zudem lege die Beweiswürdigung es nahe, dass sich auch eine Strafbarkeit nach anderen Varianten des § 30 StGB nicht werde begründen lassen.

Letztlich sei A jedenfalls strafbefreiend nach § 31 Abs. 1 Nr. 2 StGB zurückgetreten. Dazu ist nur das schlichte Aufgeben des Vorhabens erforderlich. Der BGH erläuterte: *„Insoweit verlangt das Gesetz weniger als die [...] Vorgängerregelung des § 49 a Abs. 3 Nr. 3 StGB, wonach ein Widerruf der Erklärung geboten war, durch die der Täter sich zu einem Verbrechen bereit erklärt hatte. Die Aufgabe des Vorhabens ist vom Tatgericht – wie andere innere Tatsachen – beweiswürdigend aus den gesamten Umständen festzustellen. Das Erfordernis einer Erkennbarkeit nach außen ist [...] dem Gesetzeswortlaut nicht zu entnehmen [...]. Die Aufgabe eines Entschlusses und deren äußere Erkennbarkeit sind ebenso zweierlei wie das Fassen eines Tatentschlusses und dessen Hervortreten nach außen [...]. Es spricht gegen eine freiwillige Aufgabe des Vorhabens, wenn ein Beschuldigter bei Tatvorbereitungen entdeckt wird oder scheitert, während der Abbruch Erfolg versprechender Vorbereitungen oder ein Untätigbleiben, wo nach der Bereiterklärung wenigstens vorbereitende Aktivitäten zu erwarten gewesen wären, auf einen freiwilligen Rücktritt deuten [...]. Nur Letzteres ist nach den getroffenen Feststellungen anzunehmen."* Denn A hatte nichts weiter unternommen. Auch hinsichtlich des Chats mit „Big Buddy" habe das Tatgericht letztlich keine tragfähige Begründung für den Ausschluss eines Rücktritts nach § 31 Abs. 1 Nr. 2 StGB gefunden. Daher habe die Frage auch keiner vertieften Erörterung bedurft, ob A angesichts der vollständigen Anonymität zwischen den Chatpersonen im Rahmen des Chatkontaktes die Annahme des Anerbietens tatsächlich schon ernstlich erstrebt hat.

IV. Einordnung der Entscheidung

Der Fall ist insofern interessant, als er die Frage der Verabredung eines Verbrechens im Internet zum Gegenstand hat und diesbezüglich erste Hinweise auf die Anforderungen an eine solche liefert. Die Spezifika des Internets zeigen sich hier auf eindrucksvolle Weise: Der Chat auf der Plattform „Zauberwald" gewährleistete die volle Anonymität der Chatpartner, die sich wohl gerade auch deshalb trauten, ihren Fantasien freien Lauf zu lassen und unter dem Deckmantel ihres Pseudonyms haarsträubende Dinge zu schreiben. Waren es aber bloße Fantasien, wurde also einmal mehr leichthin etwas in einem sozialen Medium im Internet geäußert, das so gar nicht ernst gemeint war, oder ist die Polizei hier tatsächlich auf eine echte Verabredung und Planung eines Kapitalverbrechens gestoßen?

11   Im Grunde ist es schade, dass es nach der Lösung des BGH gar nicht so sehr darauf ankam, ob A sich mit „kees" tatsächlich zum Mord verabredet oder sich gegenüber „Big Buddy" tatsächlich zur Begehung eines Verbrechens bereit erklärt hat, weil A ja jedenfalls nach § 31 StGB zurückgetreten war. Das Ergebnis – Freispruch des A im Hinblick auf den Versuch der Beteiligung nach § 30 StGB – ist zu Recht auch auf breite Zustimmung gestoßen. Nur an der Begründung wird teilweise Kritik geäußert. So dürfte der Rücktritt des A in der Tat kaum zu bestreiten sein. Dogmatisch gesehen wäre der Weg freilich andersherum zu beschreiten und es müsste genau umgekehrt ggf. festgestellt werden, dass es auf den Rücktritt des A gar nicht ankam, weil schon die Voraussetzungen des § 30 StGB nicht vorlagen. Dessen eingedenk lohnt es sich nämlich durchaus, die Ausführungen des Senats zur Verbrechensverabredung gem. § 30 Abs. 2 StGB etwas näher zu betrachten.

12   Schwer verständlich ist zunächst die Feststellung des BGH, eine Willensbindung erfordere bei Verabredungen zu solchen Verbrechen, die die gleichzeitige Präsenz der Mittäter voraussetzen, dass der Tatplan die spätere Offenlegung der Täteridentitäten beinhaltet. So generell formuliert ist die Aussage fast schon tautologisch: Schließlich kann eine derart verabredete Tatbegehung gar nicht realisiert werden, ohne dass sich die Mittäter bei der Ausführung am Tatort antreffen und insoweit die „völlige Anonymität" verlieren. Unklar ist ohnehin, worin diese bestehen soll. Oder meint der BGH damit die persönlichen Daten, so dass es nicht ausreicht, dass die Mittäter sich gegenüberstehen? Bei der Feststellung einer strafbegründenden Willensbindung hilft das Kriterium also kaum weiter. So wird vom Schutzzweck des § 30 Abs. 2 StGB ausgehend darauf hingewiesen, dass es darauf ankomme, dass für den präsumtiven Mittäter ein „Rechtfertigungsdruck" entsteht, wenn er sich von der Verabredung lösen will. Eine strafwürdige Willensbindung liegt jedenfalls dann vor, wenn zu einem Zeitpunkt schon *vor Beginn der Tatausführung* den Verabredenden die Identität des jeweils anderen so weit feststellbar ist, dass sie einander kommunikativ erreichen und die Erbringung der Tatbeiträge gegenseitig so nachdrücklich einfordern können, dass ein sozialer Druck zur Tatbegehung besteht. Darüber hinaus sind auch Konstellationen denkbar, in denen ein solcher Rechtfertigungsdruck gänzlich ohne gegenseitige Kenntnis der Identitäten wirkt: Zu denken ist an die Verpflichtung der Verabredenden gegenüber Dritten, etwa durch die Einbindung in Gruppenstrukturen der organisierten Kriminalität. Entscheidend ist also letztlich, ob sich der Täter im Vorfeld der eigentlichen Tatbegehung durch die Umstände der Verabredung zur Tatbegehung sozial verpflichtet fühlen konnte, sei es durch eine Offenlegung seiner Identität für die Mittäter, sei es aufgrund des Motivationsdrucks durch einen Dritten bzw. eines übergeordneten Organisationsapparates.

13   Etwas verwirrend ist schließlich die hilfsweise Annahme eines Rücktritts des A: Der BGH prüft in seiner Entscheidung konsequenterweise die Verbrechensverabredung, für den Rücktritt stellt der 5. Senat dann aber auf die (ebenfalls denkbare) Variante des Sichbereiterklärens gem. § 31 Abs. 1 Nr. 2 StGB ab. Die für die Verbrechensverabredung richtige Rücktrittsvariante des § 31 Abs. 1 Nr. 3 StGB verlangt ihrem Wortlaut nach, dass der Täter freiwillig die Tat verhindert. Es ist jedoch anerkannt, dass auch in dieser Konstellation Untätigkeit genügen kann, wenn nach der Vorstellung des Täters eine weitere Verwirklichung der Tat ohne seine Mitwirkung ausgeschlossen ist. Nachdem die hier besprochene Tat maßgeblich auf die Begehung zu zweit zugeschnitten

war, genügt demnach auch nach § 31 Abs. 1 Nr. 3 StGB die einseitige Aufgabe der Tat durch A, so dass der Rücktritt im Ergebnis zu Recht angenommen wurde.

Im Fall des „Big Buddy" gilt hinsichtlich des Rücktritts nach § 31 Abs. 1 Nr. 2 StGB im Ergebnis nichts anderes. Zwar referiert der BGH hier zu Recht, dass in der Literatur teilweise vertreten wird, dass das innere Abrücken von der Tat nach außen erkennbar sein muss (vgl. etwa SK-*Hoyer*, 9. Aufl. 2017, § 31 Rn. 15), weil sonst jeder behaupten könne, er habe innerlich Abstand genommen. Wenn man allerdings als objektive Erkennbarkeit ausreichen lässt, dass der Täter „sich nicht mehr im Sinne seiner Erklärung verhält", kommt man hier zum gleichen Ergebnis.

V. Zusatzfragen

1. Wie müsste im vorliegenden Fall die Kommunikation der Beteiligten stattgefunden haben, damit ein hinreichender Motivationsdruck zur Tat angenommen werden kann?

Im Ausgangsfall kommt ein Motivationsdruck durch die Verpflichtung gegenüber Dritten bzw. die Einbindung in einen organisatorischen Machtapparat nicht in Betracht. Notwendig wäre also, dass A seine Anonymität gegenüber „kees" aufgegeben hätte. Es bleibt die Frage, in welchem Ausmaß er seine Identität hätte aufdecken müssen, damit ein hinreichend gefährlicher Motivationsdruck zur Tatbegehung besteht. Sobald „kees" die Identität des A so bekannt ist, dass er diesen selbstständig aufsuchen kann, ohne dass A den Kontakt seinerseits abbrechen kann – beispielsweise durch Kenntnis von Aussehen und Wohnsitz oder Arbeitsstelle des A – müsste A mit dem Einfordern seines Tatbeitrages rechnen und sich an die Verabredung gebunden fühlen. Für einen solchen „Gruppenzwang" kann aber die bloße Kommunikation unter festen, dauerhaften Chatnamen noch nicht genügen. Reicht dafür aber schon der Austausch von Informationskanälen, etwa E-Mail-Adressen oder Telefonnummern? Auch dann könnte A sich „kees" noch durch Wechsel dieser Daten entziehen (vgl. zu diesen und weiteren Beispielen *Reinbacher*, NStZ-RR 2012, 40).

2. Warum genügt in Fällen des Sich-Bereit-Erklärens zu einem Verbrechen für den Rücktritt die bloße Aufgabe der Tat gem. § 31 Abs. 1 Nr. 2 StGB, während der Rücktritt von der Verbrechensverabredung gem. § 31 Abs. 1 Nr. 3 StGB die aktive Verhinderung der Haupttat erfordert?

Die gesetzliche Unterscheidung der Anforderung an die Rücktrittshandlung ergibt sich aus dem Schutzzweck des § 30 StGB. Wie der BGH dargelegt hat, soll die Norm die Gefahr für Rechtsgüter sanktionieren, die sich aus dem sozialen Kontakt der Täter und dem damit einhergehenden wechselseitigen Motivationsdruck zur Tatbegehung ergibt. Wenn im Fall der Verbrechensverabredung ein Sich-Verabredender den Plan zur Begehung der Tat lediglich einseitig aufgibt, kann die rechtsgutgefährdende Willensbindung auf Seiten des oder der übrigen Mittäter dennoch fortbestehen, so dass der Strafgrund nicht entfällt. In der Konstellation des Sich-Bereit-Erklärens geht die unmittelbare Gefahr für das anvisierte Rechtsgut dagegen von Beginn an nur von dem Beteiligten aus, der sich zur Begehung der Haupttat bereit erklärt hat. Gibt er die Tat auf, so entfällt die Gefahr für das Rechtsgut und damit der Grund für die Bestrafung. Diese Wertung liegt auch § 24 StGB zugrunde, der an den Rücktritt bei mehreren Beteiligten in Abs. 2 höhere Anforderungen als an den Rücktritt des allein Handelnden stellt.

Zur Vertiefung:
Baumann/Weber/Mitsch/Eisele, AT, § 26 Rn. 173 ff.
Heinrich, AT, Rn. 1368 ff.
Hilgendorf/Valerius, AT, § 10 Rn. 136 ff.
Kaspar, AT, § 6 Rn. 123 ff.
Reinbacher, NStZ-RR 2012, 40
Rengier, AT, § 47 Rn. 24 ff.
Rotsch, ZJS 2012, 680
Roxin, AT II, § 28 Rn. 43 ff.
Weigend, NStZ 2011, 572
Wessels/Beulke/Satzger, AT, Rn. 917 ff.
Zieschang, AT Rn. 707

Fall 26: Hoferbe

BGH, 4 StR 371/90, BGHSt 37, 214
Anstiftung; error in persona des Haupttäters

I. Sachverhalt

A hatte sich entschlossen, M – seinen Sohn aus erster Ehe und Hoferben – zu töten. Er hatte M seinen Hof gegen Einräumung eines Nießbrauchs übergeben; das Nießbrauchsrecht machte M ihm aber streitig und ließ sich auch – meist unter Alkoholeinfluss – eine Reihe tätlicher Übergriffe zuschulden kommen. A fürchtete daher neben der Existenzvernichtung den Verlust seines Heimes und sah den häuslichen Frieden nachhaltig gestört. Er glaubte, dass die Tötung des M zur eigenen Rettung und zur Rettung der Familie erforderlich sei. Es gelang ihm, den S gegen das Versprechen einer Geldsumme für die Tötung zu gewinnen. Er selbst fühlte sich als Vater außerstande, die Tat zu begehen. S sollte M im Pferdestall töten, den dieser bei seiner Heimkehr regelmäßig durchquerte; das nähere Vorgehen war ihm überlassen. Um sicherzugehen, dass andere Personen nicht zu Schaden kommen, unterrichtete A den S über die Gewohnheiten und das Aussehen des M, ferner legte er ihm ein Lichtbild vor. S begab sich darauf zum Hof des A und in den Pferdestall. Er traf dort zufällig mit A zusammen, der sein Vorhaben erkannte und sich durch eine Frage vergewisserte, dass er M werde identifizieren können. S wartete sodann im Stall auf das Erscheinen des Opfers. Es war dunkel, eine gewisse Helligkeit wurde lediglich dadurch erzeugt, dass Schnee lag. Gegen 19.00 Uhr betrat allerdings der Nachbar B den Hof und öffnete die Stalltür. Er ähnelte M in der Statur und führte in der Hand eine Tüte mit sich, wie dies auch M zu tun pflegte. S nahm deshalb an, M vor sich zu haben und erschoss den nichtsahnenden B aus kurzer Entfernung.

II. Rechtliche Probleme des Falls

Hier war sowohl über die Strafbarkeit des Vaters A als auch über diejenige des die Tat ausführenden S zu entscheiden. In beiden Fällen liegt die rechtliche Problematik im Bereich des Vorsatzes. Denn schon bei Haupttäter S stellt sich die Frage, ob das Erschießen des Nachbars B noch als vorsätzliches (vollendetes) Tötungsdelikt gewertet werden kann. Zwar hat er objektiv einen Menschen erschossen. Allerdings wollte er nicht B, sondern M töten und unterlag insofern einem Identitätsirrtum (error in persona). Für den Tatbestandsvorsatz des S ist dieser error in persona als bloßer Motivirrtum nach einhelliger Meinung aber unbeachtlich. Denn die Identität der anvisierten Person ist kein Umstand, der zum gesetzlichen Tatbestand gehört, so dass deren Unkenntnis den Vorsatz gem. § 16 Abs. 1 StGB nicht entfallen lässt. Da er im Übrigen heimtückisch und habgierig handelte, beging S also einen vorsätzlichen Mord an B.

Komplizierter liegt der Fall aber in Bezug auf A, für den eine Bestrafung wegen Anstiftung zum Mord in Betracht kommt. Objektiv hat A die Voraussetzungen einer Anstiftung gem. § 26 StGB tatsächlich erfüllt, denn er gewann S für die Tatausführung, bestimmte ihn also zu dessen vorsätzlicher und rechtswidriger Tat. Auf den objektiven Tatbestand der Anstiftung hat die Verwechslung der Person keine Auswirkung, weil diese akzessorisch zur Haupttat ist und letztere hier trotz des Irrtums im Ergebnis erfüllt war. Hinsichtlich der Strafbarkeit von A fragt sich aber, was es für seinen Anstiftervorsatz bedeutet, dass der Beauftragte S den Falschen erschoss, also einer (für ihn unbeachtlichen) Personenverwechslung unterlag. Denn der („doppelte") Vorsatz des Anstifters muss sich nicht nur auf seine Anstiftungshandlung, sondern auch auf die Haupttat beziehen. Der Anstifter muss mit anderen Worten mit Wissen und Wollen bezüglich der konkreten Haupttat gehandelt haben. Daran ließe sich hier zweifeln. Könnte A nicht einwenden, dass es ihm nur darum ging, seine Existenz zu sichern und deshalb seinen Sohn beseitigen zu lassen, während er S zur Tötung des B keinesfalls habe bestimmen wollen? Aus seiner Sicht nahm die Tat durch den Irrtum des S insofern einen ganz anderen Verlauf als er ihn sich vorgestellt hatte. War der für S unbeachtliche Irrtum auch für A unbeachtlich mit der Konsequenz, dass er tatsächlich wegen Anstiftung zum vollendeten Mord an B bestraft werden kann? Oder ging aus seiner Sicht nicht vielmehr die ganze Tat fehl, was der Konstellation der aberratio ictus entspräche und eine Anstiftung zum vollendeten Delikt ausschließen würde? Kurz gesagt: Welche Auswirkungen hat der error in persona des Haupttäters auf den Vorsatz des Anstifters?

III. Die Entscheidung des BGH

4   Das LG hatte A nur wegen einer versuchten Anstiftung zum Mord und des versuchten Mordes schuldig gesprochen. Der 4. Senat entschied hingegen, dass A der vollendeten Anstiftung zum Mord, §§ 211, 26 StGB, an B schuldig war. Der Ausgangspunkt war dabei zunächst das Verhältnis von Täterschaft und Teilnahme. Das Gericht führte dazu aus: *„Nach § 26 StGB wird der Anstifter gleich dem Täter bestraft. Hiernach verwirklicht der Anstifter grundsätzlich gleiches Unrecht wie der Täter und soll ebenso wie dieser haftbar sein. Nichts anderes ergibt sich aus dem Strafgrund der Anstiftung, daß nämlich der Anstifter als entfernter Urheber die Straftat herbeiführt und damit für die Rechtsgutverletzung der Haupttat ursächlich wird. Der Anstifter greift das geschützte Rechtsgut durch seine Einwirkung auf den Täter mittelbar an [...]. Geschütztes Rechtsgut der Tötungsdelikte ist das Leben; es wird auch dann verletzt – und nicht etwa im Sinne eines Versuchs bloß gefährdet – wenn sich der Täter über die Person des Opfers irrt."*

5   Davon ausgehend bedürfe es einer besonderen Rechtfertigung, warum ein Umstand, der für den Haupttäter unbeachtlich sei (hier: der error in persona), für den Anstifter beachtlich sein soll. Zwar erkannte das Gericht durchaus an, dass der Vorsatz sich auf die Haupttat beziehen müsse und der Anstifter daher strafrechtlich nicht hafte, wenn die Haupttat *„von seinem Vorstellungsbild abweicht"*. Insofern war also zu entscheiden, ob der Irrtum des S die Tat für A zu einer ganz anderen Tat machte – also zu einer Tat, hinsichtlich welcher ein Anstiftervorsatz zu verneinen wäre. Dies nahm das Gericht nicht an. Zwar lag eine Abweichung vom vorgestellten Tatgeschehen vor. Diese war nach der Ansicht des 4. Senats aber *„rechtlich unbeachtlich, weil sie sich in den Grenzen des nach allgemeiner Lebenserfahrung Vorhersehbaren hielt, so daß eine andere Bewertung der Tat nicht gerechtfertigt ist [...]."* Insofern legte der BGH seine allgemeine Formel der sog. *„subjektiven Zurechnung"* zu Grunde. Sie ermöglicht eine normative Bewertung, welche Vorgänge dem Vorsatz noch zuzurechnen sind. Hier sah der 4. Senat keinen Anlass, eine *„andere Bewertung"* vorzunehmen. Zwar wollte A nicht, dass B getötet werde. Jedoch musste er sich den vom Plan abweichenden Kausalverlauf subjektiv zurechnen lassen, *„da eine Verwechslung des Opfers durch den Täter nicht außerhalb jeder Lebenserfahrung lag."* Zur Begründung führte das Gericht aus: *„Der Angekl. hat nämlich, als er den Pferdestall verließ, das Geschehen*

bewußt aus der Hand gegeben. Angesichts der Lichtverhältnisse bestand durchaus die Gefahr, daß der Täter andere Personen, die sich zufällig dem Pferdestall näherten, mit dem ins Auge gefaßten Opfer verwechselte." Diese Möglichkeit sei A sogar bewusst gewesen, weil er sich vor dem Fortgehen durch die Frage vergewissert habe, ob S seinen Sohn auch wirklich identifizieren könne.

Schließlich erteilte der BGH der Ansicht, die Problematik sei nach den Grundsätzen der aberratio ictus zu behandeln, eine Absage. Diese Regeln über das Fehlgehen eines Angriffs seien nur für Fälle entwickelt worden, in denen der Täter das Opfer visuell wahrnehme. Er stellte fest: *„Die Übertragung dieser Regeln auf andere Sachverhalte bereitet Schwierigkeiten [...] und ist auch nicht erforderlich. Die Kategorie der Zurechnung der Abweichungen vom vorgestellten Verlauf des Geschehens innerhalb der Grenzen des nach allgemeiner Lebenserfahrung Voraussehbaren [...] reicht aus, um unangemessene Ergebnisse zu verhindern, die regelmäßig als Einwand gegen die Lösung des Senats angeführt werden."*

IV. Einordnung der Entscheidung

Die Problematik der Auswirkungen eines error in persona des Haupttäters auf den Anstifter war schon vor der Entscheidung des BGH kontrovers diskutiert worden. Bereits mehr als ein Jahrhundert zuvor hatte das Preußische Obertribunal mit dem sog. Rose-Rosahl-Fall (PrObTrE 42, 36) eine vergleichbare Fallkonstellation zu entscheiden. In seinem Urteil aus dem Jahr 1859 kam das Gericht dabei zu dem Ergebnis, aufgrund der strengen Akzessorietät von Täterschaft und Teilnahme müsse sich der Anstifter (Rosahl) jede Tathandlung seines Vordermanns (Rose) zurechnen lassen, für die seine Anstiftungshandlung kausal gewesen sei. Erst wenn ein *„wahrer Exzess"* des Vordermanns vorliege, sei der Zurechnungszusammenhang unterbrochen. Im fraglichen Sachverhalt war das jedoch nicht der Fall. Vielmehr habe Rosahl den Rose angestiftet, denjenigen, der er als das Opfer erkenne werde, zu töten, und dies habe Rose getan. Dass er irrtümlich das falsche Opfer getötet habe, sei *„Ungeschicktheit des Angestifteten in der Ausführung"* gewesen, welche den Anstifter von der vollen Verantwortlichkeit für den Erfolg nicht befreie, weil darin keine eigene Entschließung des Täters, also kein *„wahrer Exzess"* gelegen habe. Der Irrtum des Täters war nach Ansicht des Obertribunals für den Anstifter also irrelevant, wobei es, anders als der BGH 131 Jahre später, den Vorsatz des Anstifters hinsichtlich des Taterfolges nicht eigens problematisierte. Im vorliegenden Fall orientierte sich der BGH grds. am Rose-Rosahl-Fall. Wie auch das Preußische Obertribunal betonte er die enge Akzessorietät von Täterschaft und Teilnahme, welche grundsätzlich die gleichlaufende Strafbarkeit des Hintermanns wegen vollendeter Anstiftung nahelege. Allerdings erweitert der 4. Senat mit dem Aspekt des atypischen Kausalverlaufs diesen Lösungsansatz sodann um ein subjektives Kriterium aus der Perspektive des Anstifters. In der Literatur findet dieser Ansatz teilweise Zustimmung, teilweise werden aber auch andere Lösungen vorgeschlagen.

In Übereinstimmung mit der Rechtsprechung des Preußischen Obertribunals geht eine in der Literatur vertretene Theorie von der generellen Unbeachtlichkeit einer Personenverwechslung durch den Vordermann aus. Zugerechnet werden müsse dem Anstifter zunächst die Tathandlung des Täters, denn gerade zu dieser habe er angestiftet. Aus dem Grundsatz der Akzessorietät müsse dann aber folgen, dass auch der Erfolg der Haupttat zuzurechnen ist. Bezüglich des Vorsatzes hinsichtlich der Haupttat sei die

Konstellation wie ein eigener error in persona des Anstifters zu behandeln: Wenn dieser das Geschehen aus seinem Machtbereich entlasse, dann wolle und wisse er ja gerade, dass der Täter denjenigen angreifen wird, den er (richtiger- oder fälschlicherweise) als das geplante Ziel identifiziert. Dementsprechend konkretisiere sich sein Vorsatz auch nur auf das Treffen des vom Vordermann anvisierten Ziels und nicht etwa auf die tatsächliche Identität des Tatobjekts. Wenn der Vordermann den Taterfolg bei diesem Ziel sodann herbeiführe, sei dies folglich vom Vorsatz des Anstifters erfasst, unabhängig davon, ob es sich dabei um das vom Motiv des Anstifters erfasste Objekt oder um ein anderes handelt. Der Vorsatz des Anstifters umfasse dabei aber nur eine Tat, so dass alle quantitativ darüber hinausgehenden Handlungen des Täters aus der Sicht des Anstifters einen Exzess darstellten und ihm nicht zuzurechnen seien.

9   Demgegenüber nimmt eine andere Ansicht genau entgegengesetzt an, dass der Fall vielmehr Ähnlichkeiten mit der Konstellation der aberratio ictus aufweist. Denn der Haupttäter sei mit einem Werkzeug vergleichbar, das der Anstifter in Richtung des von ihm beabsichtigten Ziels in Bewegung setzt. Werde ein anderes Tatobjekt getroffen, sei die Tat fehlgegangen und es liege ein vorsatzausschließender Tatbestandsirrtum vor. Zudem mache es für die Diskrepanz zwischen Anstiftervorstellung und Haupttat keinen Unterschied, ob der Vordermann sich bewusst oder aufgrund eines error in persona über die Vorgaben des Anstifters hinwegsetze. Da der bewusste Exzess unstreitig zum Entfallen des Anstiftervorsatzes führt (vgl. auch schon die Ausführungen des Preußischen Obertribunals zum „wahren Exzess"), müsse konsequenterweise auch der Fall des error in persona als „unbewusster Exzess" des Täters zum Vorsatzausschluss des Anstifters im Hinblick auf das getroffene falsche Opfer führen. Gegen die Theorie der Unbeachtlichkeit wird zudem das sog. „Blutbadargument" angeführt: Wenn ein skrupelloser Täter, der zur Begehung eines Totschlags angestiftet wurde, so lange weitertöte, bis das richtige Ziel getroffen sei, müsse der Anstifter, obwohl er nur zu einem Totschlag anstiften wolle, für das gesamte Blutbad bestraft werden, was ein evident ungerechtes Ergebnis sei. Zwingend ist diese Konsequenz allerdings nicht: Wie oben bereits angedeutet lässt sich mit guten Gründen vertreten, dass nach der ersten Tötungshandlung der Vorsatz des Anstifters verbraucht ist und jede weitere Tötung einen Exzess darstellt, unabhängig davon, ob und wann dann schließlich das „richtige" Opfer getroffen wird. Zudem besteht Uneinigkeit darüber, welche Rechtsfolge die Annahme einer aberratio ictus für den Anstifter haben soll. Diese führt beim (Haupt-)Täter nämlich nach hM zur Annahme eines Versuchsdelikts in Bezug auf das anvisierte Opfer und ggf. eines Fahrlässigkeitsdelikts hinsichtlich des tatsächlich getroffenen. In unserer Konstellation besteht Einigkeit über die Annahme einer fahrlässigen Tötung, § 222 StGB, des echten Opfers, nicht aber im Hinblick auf die Versuchsstrafbarkeit. Hier wird entweder eine Anstiftung zum versuchten Mord gem. den §§ 212, 211, 22, 26 StGB oder sogar nur eine versuchte Anstiftung zum Mord gem. den §§ 212, 211, 30 Abs. 1 StGB angenommen.

10 Die Lösung des BGH im vorliegenden Fall liegt letztlich zwischen den genannten Literaturansichten, indem das Gericht im Wege einer Bewertung im Einzelfall entscheidet. Maßgeblich ist dabei, ob die Verwechslung des Opfers außerhalb aller Lebenserfahrung lag. Differenzierende Ansichten werden auch in der Literatur vertreten, wobei hier bei der Abwägung ergänzend oder alternativ andere Abgrenzungskriterien herangezogen werden, etwa die Frage, inwieweit die Individualisierung des Opfers dem Vordermann überlassen wurde bzw. ob sich dieser an die der Individualisierung des Opfers dienenden Anweisungen des Anstifters gehalten hat.

V. Zusatzfragen

1. Wie würde die Lösung des Falles ausfallen, wenn A nicht als Anstifter, sondern als mittelbarer Täter zu qualifizieren wäre?

Die Lösung ist umstritten. Bei der mittelbaren Täterschaft wird vielfach eine aberratio ictus für den Hintermann angenommen, wenn der Vordermann einem error in persona unterliegt. Wie zum Teil auch für die Anstiftung vertreten, wird hier nämlich tatsächlich der Tatmittler als Werkzeug in Richtung des vom Haupttäter beabsichtigten Ziels in Bewegung gesetzt. So lässt sich hier argumentieren, dass es unbeachtlich sein muss, ob ein mechanisches oder ein menschliches Werkzeug eingesetzt wird. Andere differenzieren hingegen jedoch auch hier danach, ob die Verwechslung im Einzelfall des Opfers außerhalb aller Lebenserfahrung lag, dh im Tatplan des Hintermannes angelegt war.

2. Und wie läge der Fall, wenn A und T Mittäter gewesen wären?

Der Irrtum des die Tat Ausführenden stellt sich im Fall der Mittäterschaft etwas anders dar als bei der Anstiftung und der mittelbaren Täterschaft. Denn hier sind den Mittätern ihre jeweiligen Handlungen gem. § 25 Abs. 2 StGB wechselseitig wie eigene Handlungen zuzurechnen. Dennoch ist es auch hier umstritten, wie sich der Irrtum des handelnden Mittäters auf andere Mittäter auswirkt. In der Literatur wird teilweise wiederum angenommen, eine Verwechslung des Opfers sei für die anderen Mittäter eine beachtliche aberratio ictus. Dafür wird angeführt, dass der sich irrende Mittäter den gemeinsamen Tatplan nicht einhalte. Dabei sei unerheblich, ob dies absichtlich oder fahrlässig geschehe. Stimme der Tatplan aber nicht überein, so könne man auch nichts zurechnen. Zudem wird wiederum das sog. „Blutbadargument" angeführt, da die Gegenansicht konsequenterweise jede weitere Handlung in Ausführung des ursprünglichen Tatplans zurechnen müsse. Dagegen geht der BGH von der Unbeachtlichkeit des Irrtums für alle Mittäter aus, und zwar auch in der Sonderkonstellation, in der ein Mittäter selbst Opfer der Personenverwechslung wird (s. dazu Fall 28: Vermeintlicher Verfolger, S. 195 ff.). Diese Ansicht hat der BGH vor kurzem bestätigt (BGH HRRS 2019, Nr. 84). Nur die Unbeachtlichkeit des Irrtums auch für den anderen Mittäter werde dem Grundsatz gerecht, dass das Eintreten eines Mittäters ins Versuchsstadium für alle Mittäter den Versuchsbeginn darstelle. Dies gelte auch beim untauglichen Versuch (am falschen Opfer). Entscheidend sei nämlich die Vorstellung des Täters von der Tauglichkeit der Handlung, die als unmittelbares Ansetzen zur Tat anzusehen sei. Im konkreten Fall kam aber noch hinzu, dass die Mittäter, die auf das falsche Opfer, das sie für einen Drogenhändler hielten, mit einem Baseballschläger eingeschlagen hatten, um ihm Drogen abzunehmen, ihr Opfer nicht kannten. Daher sei das Risiko einer Personenverwechslung im Tatplan angelegt gewesen. Da Zurechnungsgrundlage der gemeinsame Tatplan sei, sei das „*Vorhersehbarkeitskriterium*" nicht heranzuziehen, das in Fällen eines Irrtums eines Angestifteten zu beachten sei. Auch in der Literatur wird dieses Ergebnis des BGH vielfach geteilt. Dafür wird ferner angeführt, der fahrlässige Exzess stelle nur einen Motivirrtum dar, der den Tatplan unbeeinflusst lasse. Entscheidend sei eben, dass der Ausführende den gemeinsamen Tatplan umsetzen wolle.

Zur Vertiefung:

Baumann/Weber/Mitsch/Eisele, AT, § 11 Rn. 85 ff., § 26 Rn. 69 ff.
Heinrich, AT, Rn. 1307 ff.
Hilgendorf/Valerius, AT, § 9 Rn. 140 ff.
Kaspar, AT, § 7 Rn. 20, 78 ff.
Kubiciel, JA 2005, 694
Otto, JuS 1982, 557
Rengier, AT, § 45 Rn. 57 ff.
Roxin, JZ 1991, 680
Roxin, AT II, § 26 Rn. 116 ff.
Wessels/Beulke/Satzger, AT, Rn. 895 ff.
Zieschang, AT, Rn. 740 ff.

Fall 27: Sprengfalle

BGH, 1 StR 635/96, NStZ 1998, 294

error in persona; aberratio ictus

I. Sachverhalt

H war wegen eines Kapitalanlagebetrugs verfolgt worden und hatte sich in die USA abgesetzt. Aus Rache beschloss er, unter anderem den Polizeibeamten R und den Mitwisser S töten zu lassen. Ende Februar 1993 betraute er seinen Mitarbeiter Ge als Mittelsmann damit, einen Attentäter zu beauftragen. Ge schaltete Hei als weiteren Mittelsmann ein. Dieser fand schließlich C, der sich zur Tatausführung bereit erklärte. C notierte sich die Namen und Adressen der Opfer und erhielt ein Entgelt. C zog seinen Bekannten M als Mittäter hinzu. Beide wollten zuerst S erschießen, sahen jedoch davon ab und beschossen nur dessen Haus. Ge und Hei bestanden auch nach diesem vorgetäuschten Attentat auf Tatausführung. Alle Beteiligten beschlossen, dass die Angriffe nun durch Sprengfallen an den Fahrzeugen der Opfer mit Handgranaten ausgeführt werden sollten. Am Tattag fuhren C und M zur Wohnung von S. Dort sicherte C den Tatort ab, während M eine Handgranate unter dem PKW des S befestigte und mit einer Zugleitung an einem Rad verband. Bei einer Radumdrehung sollte dadurch der Zündring der Granate gelöst werden. In der Erwartung, S werde bei nächster Benutzung seines Fahrzeugs durch diese Sprengfalle getötet, verließen sie den Tatort. Am Vormittag des Folgetages entdeckte S jedoch zufällig die Sprengfalle, die dann entschärft werden konnte.

Nachdem Hei erkannt hatte, dass das Attentat keinen Erfolg erzielt hatte, drängte er C und M zu weiteren Handlungen. Da ein erneutes Vorgehen gegen S zu riskant erschien, beschlossen C und M nun, R zu töten. Sie fuhren zu diesem Zweck des Nachts zu dessen Haus. C stand wiederum „Schmiere", während M eine Handgranate unter dem PKW anbrachte, der vor einer Garage neben dem Haus des R geparkt war. Beide nahmen an, dass die Garage zum Haus von R gehöre und es sich um dessen Fahrzeug handele. Tatsächlich gehörte die Garage zum Anwesen von St, dem Nachbarn des R, der sein Fahrzeug dort geparkt hatte. M klemmte die Handgranate nach Abschrauben einer Verkleidung im Radkasten des Autos ein, befestigte daran eine Zugleitung und verband diese mit einer Nadel, welche er in die Innenseite des Vorderreifens stach. Dadurch sollte bei einer Radumdrehung der Zündring der Handgranate gelöst werden. St benutzte sein Fahrzeug erst zehn Tage später, als er seine Kinder zum Bahnhof fahren wollte. Beim Verlassen der Garageneinfahrt riss die Zugleitung der Sprengfalle ab, ohne die Granate zu zünden. St hörte ein Geräusch, erkannte kurz darauf die Granate und konnte sie entfernen. H, Ge und Hei wünschten zwar auch nach diesem Misserfolg weiterhin die Ausführung der Taten, C und M waren aber aus Angst vor Entdeckung dazu nicht mehr bereit.

II. Rechtliche Probleme des Falls

Auch dieser Fall entbehrt trotz der Schwere des Tatvorwurfs (versuchter Mord) nicht einer gewissen Komik, weil C und M, die zuvor auch nur das Haus des S beschossen hatten, mit ihren beiden Sprengsätzen – glücklicherweise – mehrfach vollkommen erfolglos waren. Aus diesem Grund kommt auch nur eine Strafbarkeit wegen eines versuchten Mordes in Betracht. Rechtlich interessant ist von den beiden Einsätzen der

Sprengfalle insbesondere der zweite am Auto des St. Denn hier stellt sich die Frage, inwiefern es sich auf die Strafbarkeit von C und M auswirkt, dass sie sich beim Anbringen der Granate bezüglich der Person des Fahrzeughalters geirrt haben. Schließlich waren sie ja davon ausgegangen, dass der Wagen R gehörte, den sie mit ihrer Falle hatten treffen wollen, eine Gefährdung des St hatten sie hingegen nicht in Betracht gezogen. Bei Verwechslungsfällen wie diesem ist – jedenfalls bei Vollendung der Tat – zunächst einmal an die Abgrenzung des error in persona von der aberratio ictus zu denken (s. dazu auch Fall 26: Hoferbe, S. 183 ff. und Fall 28: Vermeintlicher Verfolger, S. 195 ff.). Im Grundfall dieser Abgrenzung sieht der Täter sein Opfer vor sich und visiert es an. Trifft er ebendieses anvisierte Opfer, so liegt ein – bei Gleichwertigkeit der Opfer – unbeachtlicher error in persona vor, während nach hM eine aberratio ictus vorliegt, wenn die Tat „fehlgegangen" ist, der Täter also nicht das eigentlich anvisierte, sondern stattdessen versehentlich ein anderes Opfer getroffen hat. Hier stellt sich insofern die Frage, welche dieser Konstellationen vorliegt und welche Konsequenzen sich daraus für den Tatentschluss beim Versuch ergeben.

3   Es handelt sich hier um einen sog. „Distanzfall", bei dem die Täter ihrem Opfer nicht unmittelbar gegenüberstehen. C und M verließen ja nach dem Anbringen der Sprengfalle den Tatort und es war klar, dass sie ihr tatsächliches Opfer, den Fahrer des von ihnen präparierten Autos, gar nicht vor Augen gehabt hätten, wenn die Granate planmäßig explodiert wäre. Sie konnten ihr Opfer daher nicht sinnlich wahrnehmen (also etwa sehen oder hören), sondern agierten stattdessen aus der Ferne. Der Fall ist damit auch im Zusammenhang mit Fall 17: Bärwurz, S. 122 ff., zu sehen, in welchem der BGH sich indes primär mit der Frage des unmittelbaren Ansetzens zum Versuch bei einem sinnlich nicht wahrgenommenen Opfer beschäftigte. Bleiben wir hier aber zunächst einmal bei der Frage des „subjektiven Tatbestands" des Versuchs, der auch unter Geltung des § 22 StGB überwiegend weiterhin als „Tatentschluss" bezeichnet wird. Insofern fragt sich, ob C und M ihr Opfer in irgendeiner Form individualisiert haben. Ist bei Einsteigen des falschen Opfers St ein Fehlgehen der Tat (also eine aberratio ictus) anzunehmen, weil sie doch nur R treffen wollten? Das wäre nur dann möglich, wenn man die bloße Vorstellung vom zu erwartenden Opfer als Ersatz für das tatsächliche optische Anvisieren genügen ließe. Man könnte aber auch argumentieren, dass sich der Vorsatz von C und M nach ihrer Vorstellung auf denjenigen konkretisiert hat, der als nächstes in den präparierten Wagen steigt und damit losfährt. In diesem Fall läge ein error in persona vor, da sich ihr Tatentschluss dann hier eben auf den nächsten Fahrer, also auch auf St, und nicht zwingend auf R konkretisiert hatte, obwohl sie Letzteren als Opfer auserkoren hatten. Dies gilt aber wiederum nur dann, wenn es für ein Anvisieren ausreicht, dass sie durch Auswahl des PKWs für ihre Sprengfalle ihr Opfer bestimmt haben. Jeweils wäre sodann zu klären, ob im Anbringen der Sprengfalle ein unmittelbares Ansetzen zur jeweiligen Tat lag. Denn unabhängig davon, ob man hier einen error in persona oder eine aberratio ictus annimmt, kam es ja nicht zu einem Erfolg, so dass es immer nur um einen Versuch gehen kann. Schließlich muss man sehen, dass daneben im Hinblick auf die ebenfalls angeklagten Ge und Hei auch die Konstellation von Fall 26: Hoferbe, S. 183 ff., vorliegt, weil entschieden werden muss, wie sich der Irrtum der Vorderleute hier auf die beiden Anstifter auswirkt.

III. Die Entscheidung des BGH

Das LG hat die Angeklagten wie folgt verurteilt: C und M je wegen versuchten Mordes in Tateinheit mit Ausüben der tatsächlichen Gewalt über Kriegswaffen in 2 Fällen, Ge wegen jeweils tateinheitlich begangener Anstiftung zum versuchten Mord in 2 Fällen und versuchter Anstiftung zum Mord und Hei wegen jeweils tateinheitlich begangener Anstiftung zum versuchten Mord in 2 Fällen und versuchter Anstiftung zum Mord. Der BGH beanstandete diese Wertung nicht. Wie das LG nahm er in der hier interessierenden Frage an, dass die Verwechslung des Tatopfers durch C und M ein unbeachtlicher error in persona gewesen sei. Er begründete dies so: *„Im vorliegenden Fall haben die Täter das Opfer zwar nicht selbst optisch wahrgenommen, aber durch das zur Sprengfalle umfunktionierte Fahrzeug mittelbar individualisiert. In einem solchen Fall gilt im Ergebnis nichts anderes als bei optischer Wahrnehmung des Opfers selbst. Die Angeklagten haben das als Tatmittel benutzte Fahrzeug der falschen Person zugeordnet. [...] Bei Herstellen einer Autobombe mag zudem eine Konkretisierung des Tötungsvorsatzes durch den Täter von vornherein nur auf diejenige Person erfolgen können, welche zuerst das Auto benutzt."*

Da insofern also ein entsprechender Tatentschluss bejaht werden konnte, wendet der BGH sich nun dem unmittelbaren Ansetzen zu. Dieses beurteilte er trotz gewisser Parallelen anders als im Fall 17: Bärwurz, S. 122 ff., von dem er den vorliegenden Fall abgrenzte, und nahm an, dass C und M nach ihrer Vorstellung von der Tat zu dieser unmittelbar angesetzt haben. Er führte dazu aus: *„Soweit der Täter alles nach seiner Vorstellung von der Begehung der Tat Erforderliche getan hat, der Versuch also gegebenenfalls bereits beendet ist, liegt grundsätzlich bereits ein Versuch der Tatbegehung vor [...]. Ausnahmsweise ist dies zwar dann nicht anzunehmen, wenn durch die Handlung des Täters das Rechtsgut noch nicht unmittelbar gefährdet wird. Dies ist etwa dann der Fall, wenn der Täter eine Falle stellt, aber unklar ist, ob und wann sich das Opfer ihr nähern wird [...]. So lag der Fall hier jedoch nicht. Bei beiden Attentaten waren sich die Täter bewußt, daß irgendwann ein Fahrzeugführer erscheinen würde. Tatsächlich haben sich auch in beiden Fällen die Fahrzeugführer den mit Sprengfallen versehenen Kraftwagen soweit genähert, daß sie in den unmittelbaren Wirkungsbereich dieser Fallen gelangt waren und das Auslösen der Sprengfallen unmittelbar bevorstand."*

Nun begründete er noch kurz, dass der error in persona der beiden Haupttäter auch für die Anstifter Ge und Hei unbeachtlich war und konnte sich dabei auf die im Fall 26: Hoferbe, S. 183 ff., entwickelten Grundsätze berufen. Er führte diese Entscheidung an und stellte fest: *„Daran hält der Senat auch unter Berücksichtigung der erhobenen Kritik fest. [...] Für die Anstifter lag hier jedenfalls die Verwechslung ebenso wie für die Täter ‚in der Streubreite des ... gesehenen Risikos' [...]. Dem früheren Mitangekl. L hatten sie die Wohnungen der vorgesehenen Tatopfer gezeigt, aber keine genauere Bestimmung des Tatopfers getroffen; den später angestifteten Tätern C und M haben sie keine Vorgaben für das Erkennen der ‚richtigen' Tatopfer gemacht, sondern nur Namen und Adressen mitgeteilt. Schließlich waren sie auch mit der Verwendung der in ihrer Wirkung auf beliebige Opfer unbeherrschbaren Handgranaten einverstanden. Auch ihr Vorsatz war demnach nur auf die nächsten Fahrzeugbenutzer konkretisiert."*

IV. Einordnung der Entscheidung

7   Richtige Brisanz würde diese Entscheidung entwickeln, wenn die Handgranate tatsächlich explodiert wäre und St getötet hätte. Wer hier wie der BGH einen unbeachtlichen error in persona bejaht, gelangt dann nämlich zu einem vollendeten Mord an St (!), während diejenigen Stimmen, die von einer aberratio ictus ausgehen, überwiegend nur einen versuchten Mord an R und eine fahrlässige Tötung des St annehmen würden. Im echten Fall sind die Unterschiede jedenfalls vom Ergebnis her aus der Sicht der Täter nicht so gravierend: Während die hM einen error in persona und deshalb einen versuchten Mord an St annimmt, würde die aberratio ictus-Lösung zu einem versuchten Mord an R gelangen.

8   Es soll allerdings nicht verschwiegen werden, dass manche Autoren bei Gleichwertigkeit der betroffenen Rechtsgüter auch eine aberratio ictus für unbeachtlich halten (vgl. etwa *Loewenheim*, JuS 1966, 310). Geht man hingegen nicht von einer solchen Gleichwertigkeitstheorie aus, nach der man im Übrigen auch beim error in persona die Unbeachtlichkeit schlicht mit dem Hinweis auf die Gleichwertigkeit des Rechtsgutes Leben von R und St begründen könnte, hier letztlich also gar nicht zwischen error in persona und aberratio ictus abgrenzen müsste, so liegt der entscheidende Punkt bei der Frage der Konkretisierung des Vorsatzes. Denn hiermit begründet die hM auch ganz allgemein die Beachtlichkeit der aberratio ictus: Weil der Täter seinen Vorsatz auf das anvisierte Opfer konkretisiert hat und nicht irgendeinen Menschen treffen will, ist es für seinen Vorsatz beachtlich, wenn er danebenschießt und ein anderes Opfer trifft. Hier scheiden sich im Hinblick auf den vorliegenden Fall denn auch die Geister. Der BGH meinte, dieser Fall sei ebenso wie der klassische Fall der optischen Wahrnehmung des Opfers zu entscheiden. Die entscheidende Passage sei hier noch einmal wiedergegeben: *„Im vorliegenden Fall haben die Täter das Opfer zwar nicht selbst optisch wahrgenommen, aber durch das zur Sprengfalle umfunktionierte Fahrzeug mittelbar individualisiert. In einem solchen Fall gilt im Ergebnis nichts anderes als bei optischer Wahrnehmung des Opfers selbst."* Das Gericht nimmt also eine *„mittelbare Individualisierung"* an, so dass sich der Vorsatz auf die Person konkretisiert hatte, die den Zündschlüssel umdrehen würde.

9   Dieses Ergebnis wird auch in der Literatur überwiegend geteilt. Dafür wird angeführt, es könne keinen Unterschied machen, ob der Täter eine Handgranate auf den Falschen werfe oder an dessen Auto anbringe (vgl. *Roxin/Greco*, AT I, § 12 Rn. 197). Zudem soll es darauf ankommen, inwieweit der Täter selbst für die Individualisierung gesorgt hat. So trage derjenige, der sich nicht vor Ort um die Individualisierung bemühe, das „Individualisierungsrisiko" (*Rengier*, AT, § 15 Rn. 47). Hier haben sich C und M beim Anbringen der Sprengfalle am PKW nicht näher darum bemüht, ihr Opfer zutreffend zu individualisieren. Es lag nicht außerhalb der Lebenserfahrung, dass die an das Haus angrenzende Garage und vor allem das davor abgestellte Fahrzeug einem Nachbarn gehörten. Auch haben sie keinerlei Anstrengungen unternommen, sich zu vergewissern, ob es sich tatsächlich um den PKW des R handelte. Demnach ist auch nach der Individualisierungslösung der Literatur davon auszugehen, dass es sich um einen unbeachtlichen error in persona handelt, der wegen der Gleichwertigkeit der betroffenen Rechtsgüter nicht zum Entfallen des Vorsatzes führt.

10 Daneben werden aber auch andere Lösungen vorgeschlagen. Zum gleichen Ergebnis wie der BGH gelangt eine Meinung, nach der für eine Konkretisierung des Vorsatzes die optische oder sonstige sinnliche Wahrnehmung maßgeblich ist. Fehlt eine sinnliche

Wahrnehmung, so scheide eine Vorsatzkonkretisierung aus. Distanzfälle sind nach dieser Ansicht daher immer als error in persona zu behandeln. Nach anderer Ansicht geht eine „mittelbare Individualisierung", wie der BGH sie hier vornahm, zu weit. Hiernach ersetzt allein die Vorstellung des Täters von der Identität des Opfers dessen visuelle Erfassung mit der Folge einer entsprechenden Vorsatzkonkretisierung allein auf das vom Täter tatsächlich „gemeinte" Opfer. Wird ein anderer getroffen, sei von einem Fehlgehen der Tat im Sinne einer aberratio ictus auszugehen. Dagegen spricht jedoch, dass die geistige Vorstellung des Täters keine ausreichende Individualisierung enthält und dass einem bloßen Motiv des Täters ein zu großer Stellenwert eingeräumt wird.

Schließlich gibt es Stimmen, die zwar zum gleichen Ergebnis wie der BGH kommen, aber seinen gesamten Weg für falsch halten, da der Tatentschluss beim Versuch und ein entsprechender „Irrtum" über das Tatobjekt nicht nach § 16 Abs. 1 S. 1 StGB zu behandeln seien, sondern nach § 22 StGB. Die Frage, ob ein error in persona vorliege stelle sich gar nicht, da es nicht auf die „Kenntnis eines zum Tatbestand gehörenden Umstands" ankomme, sondern ohnehin nur auf die Vorstellung des Täters von der Tat iSd § 22 StGB (vgl. *Herzberg*, JuS 1999, 224). Nach dieser Vorstellung liege aber sowohl bei Gleichwertigkeit als auch bei Ungleichwertigkeit des anvisierten und tatsächlich gemeinten Tatobjekts immer ein Tatentschluss und ein unmittelbares Ansetzen vor, da sich dieses ja schlicht nach der Vorstellung des Täters beurteile, so dass Abweichungen im Versuchsfall ohnehin belanglos seien. Nach hM entspricht der Vorsatz beim Versuch hingegen dem Vorsatz bei der vollendeten Tat und der Tatentschluss schließt den Vorsatz ein, verlangt daneben aber wie ein „echter" subjektiver Tatbestand auch das Vorliegen der weiteren subjektiven Unrechtsmerkmale.

Eine kurze Betrachtung verdient noch das unmittelbare Ansetzen zur Tat. In Fall 17: Bärwurz, S. 122 ff., hatte der BGH ein unmittelbares Ansetzen gegenüber dem sinnlich nicht wahrgenommenen Opfer abgelehnt. Das wesentliche Argument lag darin, dass es aus Sicht des Täters keineswegs sicher war, wann und ob das Opfer überhaupt erscheinen werde. Dies sah der BGH hier jedoch anders, weil C und M sicher davon ausgingen, ein Fahrzeugführer werde irgendwann erscheinen. Aber selbst, wenn man insofern auf den Mitwirkungsakt des Opfers abstellen wollte, also darauf, dass es tatsächlich erscheint und mit dem Wagen losfährt, so war auch dies hier der Fall.

V. Zusatzfragen

1. Wie wäre der Fall zu beurteilen, wenn C und M die Handgranate zwar am richtigen Fahrzeug befestigt hätten, sodann aber nicht R, sondern dessen Ehefrau F mit dem Wagen losgefahren wäre, so dass es zur Explosion und dem Tod der F gekommen wäre?

Anders als im Ausgangsfall würde sich hier die Frage nach einem vollendeten Mord an F stellen. Insofern ist es jedenfalls unstreitig, dass der Vorsatz von C und M an § 16 Abs. 1 S. 1 StGB zu messen wäre. Mit der Meinung in der Literatur, die bei nicht sinnlich wahrgenommenen Opfern eine Konkretisierung nicht für möglich hält bzw. davon ausgeht, es könne immer nur eine Konkretisierung auf denjenigen erfolgen, der mit dem PKW losfährt, wäre auch hier ein unbeachtlicher error in persona anzunehmen, so dass C und M wegen eines vollendeten Mordes an F strafbar wären. Die Gegenmeinung müsste hingegen auch hier eine aberratio ictus annehmen, wofür sie in dieser Abwandlung zusätzlich anführen könnte, dass das Eintreten der F in den

Kausalverlauf noch eher eine erhebliche Abweichung darstellen müsste, weil nun eine ganz andere Person auftritt und den Wagen fährt als von C und M bedacht. Stellt man hingegen auf die Konkretisierung des Vorsatzes ab, so müsste auch hier eine ähnliche Schlussfolgerung gezogen werden. Denn insoweit wäre wiederum eine mittelbare Individualisierung insofern anzunehmen, als C und M den Fahrer des Wagens treffen wollten. Sie haben auch hier das Geschehen aus der Hand gegeben und sich um die Individualisierung nicht weiter bemüht. Zudem lässt sich sagen, dass das anvisierte „Programm" so abgelaufen ist wie geplant. Auch hier scheint der Fall kaum anders zu liegen als im Ausgangsfall, da es mit *Roxin* keinen Unterschied machen kann, ob sie die Handgranate nun auf F werfen, weil sie diese als Fahrerin des Autos mit R verwechselt haben, oder sogar am richtigen Auto angebracht haben und dann die falsche Fahrerin treffen.

14 2. Der gesondert verfolgte H hatte im Ausgangsfall zuvor noch eine andere Person, seinen Sicherheitschef He, mit der Tötung von R beauftragt, He war jedoch nicht im Sinne des H tätig geworden. Wie ist diese Handlung des H strafrechtlich zu würdigen und in welchem Konkurrenzverhältnis steht sie zur Bestimmung von C und M zum versuchten Mord?

Bei diesem Auftrag handelte es sich um einen fehlgeschlagenen Versuch der Anstiftung, der gem. § 30 Abs. 1 StGB strafbar ist. Zum Konkurrenzverhältnis dieses Versuchs der Anstiftung des He zur Tötung eines Menschen gegenüber der späteren Anstiftung von C und M zur versuchten Tötung desselben Opfers führte der BGH in BGHSt 44, 91 aus: „*Der fehlgeschlagene Anstiftungsversuch stellt gegenüber der Beteiligung an der versuchten Tat eine rechtlich selbstständige Handlung im Sinne des § 53 Abs. 1 StGB dar. Zwar blieb das Ziel des Angeklagten, [...] R töten zu lassen, dasselbe. Die Anstiftung zum Versuch des Mordes beruhte jedoch nach dem Fehlschlag der versuchten Anstiftung zum Mord auf einem neuen Tatentschluß. Dies führt auf der Grundlage der neueren Rechtsprechung des Bundesgerichtshofs zur Tatmehrheit der beiden Anstiftungshandlungen des Angeklagten. Der Bundesgerichtshof sieht zwar in einem mehraktigen Geschehen mit gleicher Angriffsrichtung auch bei Wechsel des Angriffsmittels durch denselben Täter eine tatbestandliche Handlungseinheit, nimmt aber an, daß der Fehlschlag eines Versuchs eine Zäsur bildet [...]. Für das Verhältnis des Fehlschlags des Beteiligungsversuchs zur Beteiligung am Versuch einer Tat kann hinsichtlich der Frage, ob Handlungseinheit oder Handlungsmehrheit vorliegt (§§ 52, 53 StGB), nichts anderes gelten.*"

Zur Vertiefung:
Baumann/Weber/Mitsch/Eisele, AT, § 11 Rn. 94 f.
Heinrich, AT, Rn. 1112
Hilgendorf/Valerius, AT, § 8 Rn. 20 ff.
Kaspar, AT, § 7 Rn. 20 ff.
Krack, JuS 1999, 832
Rengier, AT, § 15 Rn. 21 ff.
Roxin/Greco, AT I, § 12 Rn. 193 ff.
Schliebitz, JA 1998, 833
Herzberg, JuS 1999, 224
Wessels/Beulke/Satzger, AT, Rn. 369 ff.
Zieschang, AT, Rn. 142 ff.

Fall 28: Vermeintlicher Verfolger

BGH, 4 StR 613/57, BGHSt 11, 268

Mittäterschaft; error in persona eines Mittäters

I. Sachverhalt

P wollte zusammen mit seinen Komplizen M und T nachts in das Lebensmittelgeschäft des A einbrechen, um dort zu stehlen. Dabei war jeder von ihnen mit einer geladenen Pistole bewaffnet. Als sie versuchten, durch das Fenster in das Schlafzimmer der Eheleute A einzudringen, welches sie irrtümlich für einen Büroraum hielten, sprang der durch die Geräusche geweckte A an das Fenster, wobei er die Einbrecher „wie ein Bär" anbrüllte und dabei wild gestikulierte. Darauf gaben M und T jeweils einen Schuss auf das Fenster ab, wobei die sich gerade aus ihrem Bett erhebende Ehefrau des A schwer verletzt wurde. Danach liefen T und M hintereinander auf die Straße zu. An der vorderen Hausecke bemerkte M rückwärts schauend, dass ihm in einer Entfernung von nicht mehr als 2 bis 3 m eine Person folgte. Dies war allerdings P. M erkannte dies nicht, sondern hielt P für einen Verfolger und fürchtete, von ihm ergriffen zu werden. Um der vermeintlich drohenden Festnahme und der Aufdeckung seiner Täterschaft zu entgehen, schoss er auf die hinter ihm laufende Person. Dabei rechnete er mit einer tödlichen Wirkung seines Schusses und billigte diese Möglichkeit. Das Geschoß traf P am rechten Oberarm, durchschlug aber nur den Ärmel seiner Jacke. Die Täter hatten auch bei früheren Taten stets geladene Schusswaffen bei sich, wobei besprochen worden war, dass auch auf Menschen gefeuert werden solle, wenn durch diese die Gefahr der Festnahme eines der Teilnehmer drohe.

1

II. Rechtliche Probleme des Falls

Bei aller Dramatik hat der Fall zugleich slapstickhafte Züge – der fliehende Täter schießt auf seinen eigenen Komplizen, zum Glück ohne tödliche Folgen. Dennoch steht hier ein gravierender strafrechtlicher Vorwurf im Raum, nämlich ein versuchter Mord wegen der Verdeckungsabsicht durch M. Die Strafbarkeit des M ist aus rechtlicher Sicht vergleichsweise unproblematisch. M hat nämlich unmittelbar dazu angesetzt, einen Menschen zu töten, um den versuchten Einbruchdiebstahl zu verdecken. Die Personenverwechslung (error in persona) ist dabei nach herrschender Ansicht bei Gleichwertigkeit der Tatobjekte unbeachtlich. Da der Tatentschluss des M darauf gerichtet war, einen Menschen zu töten, waren sämtliche Elemente des § 212 StGB von seinem Vorsatz umfasst. Zudem hatte sich sein Vorsatz auf ebendiese anvisierte Person konkretisiert (vgl. Fall 27: Sprengfalle, S. 189 ff.).

2

Es ist aber eine weitaus schwieriger zu beantwortende Frage, ob daneben auch P als Mittäter des M dessen Handlung (der Schuss auf einen vermeintlichen Verfolger) gem. § 25 Abs. 2 StGB zugerechnet werden kann. Bei der Prüfung der Strafbarkeit des P stößt man bezüglich des versuchten mittäterschaftlichen Mordes auf drei Probleme. Erstens ist zu klären, ob überhaupt eine Mittäterschaft des P am versuchten Mord des M begründet werden kann (was dann in gleicher Weise auch für T gelten würde). Denn P hat in der konkreten Situation überhaupt nicht gehandelt, sondern war lediglich anwesend. Ob das für die Annahme von Täterschaft genügt, ist begründungsbedürftig, insbesondere, wenn man mit der Tatherrschaftslehre eine Steuerung des Tatgeschehens verlangt. Zweitens stellt sich die Frage, wie sich die Personenverwechslung

3

des M auf die Strafbarkeit des potenziellen Mittäters auswirkt. Hauptsächlich ist dabei zu diskutieren, ob ein Schuss auf eine Person, welche in Wahrheit gar kein Verfolger ist, noch vom Tatplan gedeckt ist oder einen Exzess darstellt. Drittens ist als besonderes Problem der hier vorliegenden Konstellation noch zu diskutieren, inwiefern sich der Umstand auswirkt, dass P selbst von M anvisiert wurde. Die mögliche Strafbarkeit wegen eines versuchten Mordes in Mittäterschaft steht im Spannungsverhältnis zur Straflosigkeit einer (versuchten) Selbsttötung. § 212 Abs. 1 StGB umfasst zwar nicht nach seinem Wortlaut, aber doch nach seinem Sinn und Zweck anerkanntermaßen nur die Tötung eines anderen. Kann P trotzdem quasi wegen eines mittäterschaftlichen Tötungsversuchs „gegenüber sich selbst" bestraft werden?

III. Die Entscheidung des BGH

4   Die Strafkammer des LG hatte nicht nur M und T, sondern auch den P wegen versuchten Mordes in Mittäterschaft verurteilt. Der BGH bestätigte diese Entscheidung. Der Mittäterschaft des P stehe zunächst einmal nicht entgegen, dass das deutsche Strafrecht die Selbsttötung nicht unter Strafe stellt und der Schuss gegen das Leben des P selbst gerichtet war. Dies sei aus Sicht des P nämlich ein strafbarer untauglicher Versuch. Der BGH leitete dies wie folgt her: *„Der Umstand, daß schon M´s. Tat nicht den in Rechnung gestellten und gebilligten Tötungserfolg hatte und so im Versuch stecken blieb, verdeckt den rechtlichen Gesichtspunkt des untauglichen Versuchs, der zusätzlich nur für die Beteiligung P´s. wirksam wird."*

5   Die Lösung lag also in der Annahme eines untauglichen Versuchs seitens des P. Aus seiner Perspektive sei in zweifacher Hinsicht nur wegen eines Versuchs zu bestrafen, da erstens schon die Tat des M ja nicht vollendet war, zweitens aber, selbst wenn sie es gewesen wäre, bei P der zusätzliche Umstand hinzuträte, dass er selbst der Verletzte war. Der BGH bildete insofern den Beispielsfall, dass M statt eines versuchten Mordes eine vollendete Körperverletzung an P als vermeintlichem Verfolger begangen hätte. Insoweit wäre für M zwar ein unbeachtlicher error in persona anzunehmen und aus seiner Sicht die Körperverletzung vollendet gewesen. Für P wäre dies hingegen auch dann nur eine versuchte Körperverletzung im Sinne eines untauglichen Versuchs gewesen. Der BGH führte aus: *„Für P aber wäre die Tatsache, daß er selbst der Verletzte, also nicht ‚ein anderer' iS jener Vorschriften war, ein ‚Mangel am Tatbestand', der aber der Beurteilung der Tat als untauglicher Versuch nicht entgegenstehen würde, weil P durch seinen Tatbeitrag (die Verabredung der Tat und deren geistige Unterstützung durch seine Gegenwart) M.s. Entschluß [...] und die Verwirklichung dieses Entschlusses mitverursacht und als Ergänzung seines eigenen gleichwertigen Tatanteils von vornherein gewollt haben würde. Dem könnte auch nicht entgegengehalten werden, daß P´s. untauglicher Versuch kein strafrechtlich geschütztes Rechtsgut gefährdet habe, weil das Gesetz die eigene Gesundheit des Täters gegen ihn selbst nicht schütze. Denn beim untauglichen Versuch kommt es nicht auf die Gefährdung eines bestimmten gegenwärtigen Rechtsguts an, weil schon die allgemeine Auflehnung gegen die rechtlich geschützte Ordnung gefährlich ist."*

6   Sodann begründete der BGH, warum P als Mittäter anzusehen war, obwohl er den Schuss selbst nicht abgegeben hatte: *„Diesen gegen den vermeintlichen Verfolger gerichteten Mordversuch M´s. muß sich P als seine eigene Tat anrechnen und sich dafür als Mittäter bestrafen lassen. Eine solche Bestrafung setzt nicht voraus, daß er selbst ein gesetzliches Tatbestandsmerkmal des versuchten Mordes verwirklicht hat; es ge-*

nügt nach st. Rspr. eine geistige Mitwirkung, auch eine Vorbereitungshandlung in der Weise, daß der Mittäter dem ausführenden Tatgenossen durch einen vor der Ausführung gegebenen Rat zur Seite steht oder in irgendeinem Zeitpunkt in sonstiger Weise dessen Tötungswillen stärkt [...]; dabei muß er zur Zeit dieser geistigen Mitwirkung den ganzen Erfolg der Straftat als eigenen mitverursachen, dh im vorl. Falle die etwaige Erschießung eines Verfolgers durch seinen Tatbeitrag sich zu eigen machen wollen. Das hat das LG mit der Feststellung des ein für allemal verabredeten Waffengebrauchs zur Verhinderung drohender Festnahme und der auf dieser Abrede beruhenden Gefahrengemeinschaft aller drei Mittäter, die M gewissermaßen zum Schießen ‚verpflichtete', hinreichend begründet. P war auch im fraglichen Zeitraum an der Tatherrschaft beteiligt. Er hätte bei der räumlichen Nähe seiner beiden Tatgenossen deren Tun jederzeit steuern und sie auffordern können, dieses Mal entgegen der Abrede nicht auf Verfolger zu schießen. Daß er dies bis zur Abgabe des Schusses nicht getan hat, begründet seine Mitverantwortung auch für den auf ihn abgegebenen Schuß [...]. Dieser Schuß entsprach, da er einem vermeintlichen Verfolger galt, der Abrede aller Beteiligten, überschritt mithin auch nicht den Rahmen des vom Vorsatz des Angekl. umfaßten und muß ihm daher voll zugerechnet werden."

Daran ändere es auch nichts, dass P den Schuss auf sich selbst sicher nicht gewollt hat. Darauf komme es für die Strafbarkeit des P gar nicht an, denn „*[n]achdem er durch seinen früheren Tatbeitrag mit Tätervorsatz den Stein ins Rollen gebracht hatte, hätte eine Sinnesänderung ihn nur nach den Grundsätzen des Rücktritts vom Versuch [...]straflos machen können. Dazu aber wäre Voraussetzung, daß er entweder auch seine Mittäter zur Aufgabe ihres Tötungsvorsatzes bestimmt oder aber sonstwie seinem eigenen Tatbeitrag die ursächliche Wirkung für das weitere strafbare Tun der anderen entzogen hätte. [...] Daß dies hier nicht geschehen ist, der Angekl. vielmehr bis zum Schluß und zur Zeit der Abgabe des Schusses in ständigem Zusammenwirken mit den beiden anderen an ihrer ursprünglichen Abrede festgehalten hat, ergeben die klaren Feststellungen des LG.*

IV. Einordnung der Entscheidung

Im Ergebnis hat die Entscheidung des BGH viel Zustimmung erfahren. Allerdings gab es auch kritische Stimmen, die sich auf alle drei hier angesprochenen Problemkreise beziehen. So wird erstens Kritik an der Annahme des BGH geäußert, dass letztlich bereits eine „geistige Mitwirkung" in Form einer Vorbereitungshandlung, welche den Tötungswillen des Komplizen stärkt, für die Stellung als Mittäter ausreichen soll. Diese subjektive Theorie wird heute in der Literatur kaum noch vertreten und auch der BGH hat sich von ihr inzwischen immer weiter distanziert. Insbesondere könne auf dieser Basis eine klare Abgrenzung der Mittäterschaft von der bloßen Teilnahme nicht vorgenommen werden, wenn als Tatbeitrag bereits eine geistige Mitwirkung in der Vorbereitungsphase für die Annahme einer Mittäterschaft ausreiche. Zwar äußerte der BGH einige Erwägungen, die in Richtung Tatherrschaftslehre gehen. Die Argumentation des BGH, dass P Tatherrschaft gehabt habe, da er M durch Zwischenrufe oder tätiges Einschreiten jederzeit hätte daran hindern können, den Schuss abzugeben, wird aber teilweise ebenfalls abgelehnt (vgl. *Roxin*, AT II, § 25 Rn. 195). Denn P habe in dieser Situation gar keinen Grund gehabt, M an der Abgabe eines Schusses zu hindern, da keine andere Person als Verfolger anwesend war und P auch nicht ahnen konnte, dass M aufgrund einer Personenverwechslung auf ihn schießen würde. Zudem hätte selbst eine solche Aufforderung ihm keine Macht über den Entschluss des M verliehen, da es schon zweifelhaft sei, ob M dem gefolgt wäre und, wenn ja, dann wäre dies immer noch ein freier Entschluss des M gewesen. Auch könne Mittäterschaft nicht davon abhängen, ob noch Zeit für Zwischenrufe bleibe.

9 Manche lehnen aus diesem Grund eine Mittäterschaft tatsächlich ab, insbesondere, weil man nicht von einer „Mitbeherrschung" des Schusses sprechen könne (vgl. *Krey/ Esser*, AT, 7. Aufl. 2022, § 28 Rn. 953). Überwiegend kommen aber auch die soeben skizzierten kritischen Stimmen im Ergebnis zu einer Mittäterschaft des P. Denn diese lasse sich hier auch anders mit folgender Argumentation begründen: Da auf der Basis des gemeinsamen Tatplans die Sicherheit jedes Tatbeteiligten davon abhing, ob in einer kritischen Situation ein Komplize den anderen schützt, indem er die drohende Gefahr, ergriffen zu werden, abwendet, hätte aus einer ex-ante-Perspektive jeder Tatbeteiligte ggf. auf einen Verfolger schießen müssen, um eine erfolgreiche Flucht gewährleisten zu können. Dass hier nur M mit einem (vermeintlichen) Verfolger konfrontiert wurde und auf diesen schoss, entsprach lediglich dem Zufall und hätte ebenso P oder T passieren können. Durch die gemeinsame Abmachung im Tatplan, dass in einer kritischen Situation jeder Tatbeteiligte für sich genommen auf einen Verfolger schießen soll, haben beide Komplizen die Wahrscheinlichkeit für die Tötung deutlich erhöht. Die im Alternativverhältnis stehenden Handlungen lassen sich somit als gleichwertig ansehen, da der Erfolg von jedem Einzelnen abhängen kann. In diesen Fällen der sogenannten „alternativen Tatherrschaft" wird eine Mittäterschaft auch dann angenommen, wenn letztlich nur ein Tatbeteiligter allein die Tathandlung ausführt.

10 Damit konnte P zwar grds. Mittäter der Tat sein. Die zweite Frage betraf jedoch die Auswirkungen der Verwechslung des M auf P als Mittäter. Ist der für M unbeachtliche error in persona (vgl. aber zur abweichenden Ansicht, die im Falle des Versuchs nicht § 16 StGB, sondern § 22 StGB anwendet, den Fall 27: Sprengfalle, S. 189 ff.) auch für die anderen Mittäter unbeachtlich mit der Folge, dass der Schuss des M als unmittelbares Ansetzen zum versuchten Mord auch P zurechenbar war? Dies lehnen einige Stimmen in der Literatur ab, so dass insofern ebenso wie beim Anstifter (vgl. dazu Fall 26: Hoferbe, S. 183 ff.) oder beim mittelbaren Täter die Ansicht vertreten wird, dass der Irrtum für die anderen Beteiligten beachtlich ist. Speziell für den Verfolger-Fall wird vorgebracht, dass die Mittäter sich hier nur darüber einig waren, auf Verfolger zu schießen (vgl. insbesondere *Roxin*, Täterschaft und Tatherrschaft, 10. Aufl. 2019, S. 319 ff.). Der Vorsatz sei also nicht abstrakt auf die Tötung eines „Menschen" gerichtet, sondern auf das Tatobjekt „Verfolger" konkretisiert gewesen. Insofern liege ein Exzess vor, wenn ein Mittäter absichtlich auf andere Personen schießt, aber auch ein fahrlässig „falsch" abgegebener Schuss stelle eine objektive Abweichung vom Tatplan dar (sog. Fahrlässigkeitsexzess). Allein die irrtümliche Vorstellung eines Mittäters, sich im Rahmen des Tatplans zu halten, ersetze nicht das objektive Vorliegen einer mittäterschaftlichen Handlung. Folgt man dieser Ansicht, würde eine mittäterschaftliche Zurechnung des Schusses bei P daran scheitern, dass er selbst als Tatopfer gerade kein „Verfolger" war. Nach dieser Ansicht könnte P allenfalls wegen einer Verabredung zum Mord gem. den §§ 211, 30 Abs. 2 StGB bestraft werden.

11 Nach herrschender Ansicht, die im Ergebnis auch der BGH im vorliegenden Fall vertreten hat, ist der error in persona hingegen auch für die Mittäter unbeachtlich. Grund hierfür ist, dass jeder Tatbeteiligte nach Einschätzung der Situation zu entscheiden hatte, ob die besprochenen Handlungen des gemeinsamen Tatplans (auf Verfolger

wird geschossen) auf die konkrete Situation zutreffen. Insofern waren Fehlkonkretisierungen bzgl. der Person im gemeinsamen Tatplan immer mitenthalten. Insbesondere waren aufgrund der Fluchtsituation in der nächtlichen Dunkelheit Irrtümer vorprogrammiert. Folgt man dem, so ist der Schuss des M, ungeachtet der Personen- und Eigenschaftsverwechslung, auch P zurechenbar, da sich M nach seiner Vorstellung in der konkreten Situation an den gemeinsamen Tatplan gehalten hat. Kommt man also (mit dem BGH und der hL) zu dem Ergebnis, dass P und T Mittäter waren und der Irrtum des M für alle Beteiligten unbeachtlich war, so stellt sich drittens die Frage, wie sich der Umstand auswirkt, dass P dann sowohl Mittäter als auch Tatopfer des von M begangenen Mordversuchs ist. Für die Lösung des BGH ergaben sich daraus keine gravierenden Konsequenzen, da ohnehin schon aus der Sicht des M nur ein versuchter Mord vorlag, weil P ja nicht getötet wurde. Die wahren Konsequenzen einer Unbeachtlichkeit des error in persona des einen Mittäters auch für die anderen Mittäter zeigen sich daher erst in der vom BGH beispielhaft angeführten Konstellation einer vollendeten Tat. Wir wollen dieses Problem als Zusatzfrage 1 behandeln.

V. Zusatzfragen

1. Wie wäre die Strafbarkeit von M und P zu beurteilen, wenn vorher vereinbart worden wäre, dass Verfolger durch den Schusswaffengebrauch lediglich verletzt werden sollen und M dem P als vermeintlichem Verfolger in Erfüllung dieses Tatplans (ohne Tötungsvorsatz) ins Bein geschossen hätte?

In einem solchen Fall hätte sich M unproblematisch wegen vollendeter gefährlicher Körperverletzung gem. den §§ 223, 224 Abs. 1 Nr. 2, Nr. 4 StGB strafbar gemacht. Auch hier bliebe der error in persona für M nämlich unbeachtlich. Was würde aber für P gelten? Wäre dieser wie M wegen einer vollendeten gefährlichen Körperverletzung in Mittäterschaft zu bestrafen, obwohl doch (auch) die §§ 223 ff. StGB voraussetzen, dass eine „andere Person" körperlich misshandelt oder an der Gesundheit geschädigt wird? Die Antwort hängt davon ab, was dem Mittäter über § 25 Abs. 2 StGB überhaupt zugerechnet wird. Nach einer in der Literatur vertretenen Ansicht würde auch für P in diesem Fall eine vollendete gefährliche Körperverletzung in Mittäterschaft vorliegen. Er dürfe insofern nicht bessergestellt werden als M, zumal ihm das Verhalten des M zugerechnet werde, aus dessen Sicht aber doch die Verletzung „eines anderen" vorliege (*Heinrich*, AT, Rn. 1240). Nach der Gegenansicht des BGH, die auch in der Literatur vielfach Zustimmung gefunden hat, muss P in einem solchen Fall hingegen so behandelt werden, als hätte er in der irrigen Ansicht, auf einen Verfolger zu schießen, den Schuss auf sich selbst gerichtet. Mit anderen Worten wird ihm nur die Tathandlung des anderen Mittäters über § 25 Abs. 2 StGB zugerechnet, im Übrigen bleibt es aber „seine eigene" Tat. Da es dann aber bei einer Selbstverletzung am tauglichen Tatobjekt fehlen würde, bliebe es für ihn bei einer Bestrafung wegen einer versuchten gefährlichen Körperverletzung in Mittäterschaft. Das meinte der BGH auch, als er anführte, für P sei aus einem zweifachen Grund hier nur versuchter Mord anzunehmen, da es bei ihm jedenfalls auch am tauglichen Tatobjekt fehlte. Im Hinblick auf die Strafbarkeit wegen eines versuchten Mordes im Verfolger-Fall änderte dies im Ergebnis nichts, da ja auch für M nur ein versuchter Mord vorlag.

2. Wie wäre der Fall zu entscheiden gewesen, wenn M den P zutreffend erkannt hätte und dennoch mit Tötungsabsicht auf ihn geschossen, ihn dann aber verfehlt hätte,

zB um die in Abwandlung zum Ausgangsfall nun doch erlangte Beute nicht teilen zu müssen?

Natürlich würde sich M auch hier wegen eines versuchten Mordes strafbar machen. Es würde sich hier noch nicht einmal eine Irrtumsproblematik stellen, da er in dieser Variante ja erkannte, auf wen er schoss. Was die Mittäterschaft von P angeht, käme man hier indes fraglos zu einem anderen Ergebnis: Die bewusste Entscheidung von M, seinen Mittäter P zu töten, stellt sich nicht mehr als Verwirklichung des gemeinsam gefassten Plans dar, auf etwaige Verfolger zu schießen. Vielmehr ist die Handlung des M als ein P (und auch T) nicht zurechenbarer Exzess zu qualifizieren. Ein versuchter Mord in Mittäterschaft kommt für P daher nicht in Betracht. In Bezug auf die verabredete Tötung von Verfolgern kommt jedoch eine Strafbarkeit gem. § 30 Abs. 2 StGB in Betracht. Dass die Bejahung eines Mittäterexzesses trotz äußerlich gleichgelagerter Handlung (Schuss auf P) allein von der inneren Einstellung des Handelnden abhängt (Absicht oder Irrtum), ist keine Besonderheit. Dabei kann es mit Blick auf die subjektive Tatseite sogar zu einer Art „gespaltener Zurechnung" ein und derselben Handlung kommen, die dann als Körperverletzungs-, aber nicht als Tötungshandlung zugerechnet wird. Das sah der BGH etwa so in einem Fall, in dem sich eine Rockergruppe zu einer gemeinsamen gewaltsamen Aktion gegenüber dem Mitglied einer rivalisierenden Bande entschlossen hatte, wobei auch Waffen eingesetzt werden sollten, eine Tötung allerdings explizit ausgeschlossen war (BGH NStZ 2011, 699). Einer der Beteiligten entschloss sich nun im Verlaufe der Auseinandersetzung aber (für die anderen nicht erkennbar) zu einem mit Tötungsvorsatz geführten Messerstich. Der BGH entschied, dass sich die Handlung zwar äußerlich im Rahmen des Tatplans gehalten habe und insofern eine mittäterschaftliche Körperverletzung begründen könne, was im Ergebnis zu einer Strafbarkeit aus § 227 StGB führte. Als Tötungshandlung komme eine Zurechnung aber nicht in Betracht, weil insoweit ein Exzess vorgelegen habe.

Zur Vertiefung:

Baumann/Weber/Mitsch/Eisele, AT, § 25 Rn. 53 ff., 99 ff.
Heinrich, AT, Rn. 1240
Hilgendorf/Valerius, AT, § 9 Rn. 70 ff.
Kaspar, AT, § 6 Rn. 13 ff.
Rengier, AT, § 44 Rn. 32 ff.
Roxin, AT II, § 25 Rn. 195
Schreiber, JuS 1985, 873
Streng, JuS 1991, 916
Wessels/Beulke/Satzger, AT, Rn. 829
Zieschang, AT, Rn. 660 ff.

Fall 29: Hell's Angels

BGH, 2 StR 375/11, NStZ 2012, 272
Erlaubnistatbestandsirrtum

I. Sachverhalt

A war Mitglied des Motorrad- und Rockerclubs „Hell's Angels". Er erfuhr von Gerüchten, dass ein Mitglied des verfeindeten Motorradclubs „Bandidos" einen Angriff plane, um ein Mitglied der „Hell's Angels" zu töten oder schwer zu verletzen. Daher war er in erhöhter Alarmbereitschaft, als sich einige Tage später ein Spezialeinsatzkommando der Polizei zu A begab, weil die Strafverfolgungsbehörden wegen früherer Delikte gegen A ermittelten. Im Zuge dessen sollte das Wohnhaus des A durchsucht und A um 06:00 morgens im Schlaf überrascht werden. Die Beamten umstellten das Haus und der Polizist K begann, mit einem hydraulischen Gerät das Türschloss sowie zwei weitere Zusatzverriegelungen zu zerstören, um ein Eindringen in das Haus zu ermöglichen. Das Aufbrechen des Schlosses verursachte laute Geräusche, von denen der im Obergeschoss des Hauses schlafende A geweckt wurde. Er versuchte vergeblich, durch das Schlafzimmerfenster Personen zu erkennen und hörte Geräusche sowie Stimmen an der Haustür. Da die Aufbruchtätigkeiten auch fortgesetzt wurden, nachdem A das Licht in Flur und Treppe eingeschaltet hatte, ging er nicht von normalen Einbrechern aus. Er glaubte vielmehr, dass nun der angekündigte Überfall der „Bandidos" im Gange sei. Dass es sich um einen Polizeieinsatz handeln könnte, kam ihm nicht in den Sinn. Er ergriff eine Pistole, blieb am Treppenabsatz in Deckung stehen und rief den von ihm nur schemenhaft zu erkennenden Personen hinter der Tür zu: „Verpisst euch!" Die Polizisten hörten diese Rufe nicht und fuhren mit dem Aufbrechen der Tür fort. A wähnte sich wegen der unmittelbar bevorstehenden Öffnung der Tür in akuter Lebensgefahr und gab zwei Schüsse in Richtung des Eingangsbereichs ab. Dabei nahm er den Tod eines Menschen billigend in Kauf. K wurde tödlich getroffen. Nachdem die übrigen Beamten sich als Polizisten zu erkennen gaben, ließ sich A widerstandslos festnehmen.

II. Rechtliche Probleme des Falls

Die Schüsse des A waren eine Reaktion auf das Aufbrechen der Tür durch das Spezialeinsatzkommando. Schon aus diesem Grund könnte man daran denken, dass A möglicherweise in Notwehr gerechtfertigt handelte, weil er doch zumindest sein Hausrecht verteidigte. Denn auch staatliche Maßnahmen können einen Angriff iSd § 32 StGB darstellen, gegen den sich der Betroffene zur Wehr setzen darf. Voraussetzung für eine Rechtfertigung ist jedoch, dass das hoheitliche Handeln seinerseits rechtswidrig ist. Das ergibt sich für die Notwehr bereits aus dem Wortlaut des § 32 StGB, der als Notwehrlage einen gegenwärtigen und rechtswidrigen Angriff verlangt. Zunächst kam es also auf die Rechtmäßigkeit des Polizeieinsatzes an. Diese könnte hier durchaus zweifelhaft sein, da die Wohnungsdurchsuchung nach den §§ 102 ff. StPO grds. offen zu gestalten ist, während die Beamten hier früh am Morgen bei A auftauchten, um ihn im Schlaf zu überraschen.

Wäre dieses Vorgehen rechtswidrig gewesen, so hätte eine Notwehrlage vorgelegen und es wären die weiteren Voraussetzungen zu prüfen, insbesondere die Frage, ob der Schusswaffeneinsatz in dieser Form erforderlich war. War der Polizeieinsatz hingegen rechtmäßig, so scheidet eine Rechtfertigung wegen Notwehr aus, da dann keine Notwehrlage bestanden hätte. Dann wäre jedoch zu berücksichtigen, dass A fälschlicherweise davon ausging, dass ein Angriff seitens der „Bandidos" bevorstand. Wäre dies wirklich der Fall gewesen, so hätten die tatsächlichen Voraussetzungen einer Notwehrlage vorgelegen, nämlich in Gestalt eines lebensgefährlichen (und selbstverständlich auch rechtswidrigen) Angriffs der „Bandidos". Hätten die Schüsse eine erforderliche und gebotene Notwehrhandlung dargestellt, wenn die Vorstellungen des A zugetroffen hätten, so läge ein sog. Erlaubnistatbestandsirrtum vor. Bei diesem nimmt der Täter irrigerweise Umstände an, die, wenn sie zuträfen, sein Tun rechtfertigen würden. Dies setzt voraus, dass A sich bei einem tatsächlichen Überfall der „Bandidos" auf die gewählte Art und Weise hätten verteidigen dürfen, denn nur dann läge die Konstellation des Erlaubnistatbestandsirrtums vor.

4   Die Rechtsfolge dieser Irrtumskonstellation ist gesetzlich nicht ausdrücklich geregelt. Hier stellt sich das Problem, dass das StGB nur zwei Normen bereithält, um diesen Irrtum zu behandeln: Den Tatbestandsirrtum nach § 16 StGB und den Verbotsirrtum nach § 17 StGB. Beim Erlaubnistatbestandsirrtum irrt der Täter aber über das tatsächliche Vorliegen eines Rechtfertigungsgrundes und damit nach dem herrschenden dreistufigen Deliktsaufbau nicht über ein Merkmal des gesetzlichen Tatbestandes, wie es § 16 Abs. 1 StGB voraussetzt. Allerdings unterliegt er auch keinem rechtlichen Irrtum in Bezug auf einen Rechtfertigungsgrund, was der originäre Anwendungsfall des § 17 StGB wäre, da er doch über die Tatsachen und nicht über das Recht irrt. Soll der Irrtum dennoch wie ein Tatbestandsirrtum behandelt werden und zum Entfallen des Vorsatzes führen? Oder ähnelt er mehr einem Verbotsirrtum, der die Straflosigkeit zusätzlich an das strenge Kriterium der Unvermeidbarkeit des Irrtums knüpft?

III. Die Entscheidung des BGH

5   Der BGH hob die Verurteilung des A wegen Totschlags auf. Hierzu erörterte das Gericht zunächst das Bestehen einer Notwehrlage nach § 32 StGB und stellte zu Recht fest: *„Eine Notwehrlage hätte für ihn vorgelegen, wenn der Polizeieinsatz in seiner konkreten Gestalt nicht rechtmäßig war"*. Anders als die Vorinstanz äußerte der BGH auch durchaus Zweifel an der Rechtmäßigkeit des Einsatzes: *„Gegen die Rechtmäßigkeit könnte sprechen, dass es sich bei einer Durchsuchung um eine grundsätzlich offen durchzuführende Maßnahme handelt. Ob sich für das konkrete Vorgehen der Polizei in den §§ 102 ff. StPO eine gesetzliche Ermächtigungsgrundlage ergibt [...], kann zweifelhaft sein. § 164 StPO erlaubt ein Einschreiten nur gegen eine tatsächlich vorliegende oder konkret bevorstehende Störung der Durchsuchung [...]. Ob präventiv-polizeirechtliche Regeln das Verfahren der strafprozessualen Durchsuchung abändern können, ist fraglich."*

6   Im Ergebnis ließ der BGH dies jedoch offen. Auf die etwaige Rechtswidrigkeit der polizeilichen Maßnahme komme es hier nämlich gar nicht an, denn auch im Falle ihrer Rechtmäßigkeit habe sich A jedenfalls in einem Erlaubnistatbestandsirrtum befunden. Der BGH erläuterte: *„Der Angekl. ging nach den Feststellungen des LG aufgrund der Hinweise vom Vortag durch die Zeugen La und Le von einem Überfall durch ein Rollkommando der verfeindeten ‚Bandidos' aus. Er schloss einen ‚normalen Einbruch' angesichts des Vorgehens der Angreifer, die sich auch durch Einschalten der Beleuchtung im Haus und den Ruf ‚verpisst euch' nicht aufhalten ließen, aus. Die Bedrohung war aus seiner Sicht akut, da die Angreifer die Haustür bereits weitgehend aufgebrochen*

III. Die Entscheidung des BGH

hatten und das Eindringen unmittelbar bevorstand, weil er mit einer nicht abschätzbaren Zahl von Angreifern mit unbekannter Bewaffnung und Ausrüstung und mit einem besonders aggressiven Vorgehen rechnete."

Nach der Ansicht des BGH wähnte sich A also in einer Notwehrlage, so dass sich im Hinblick auf den Erlaubnistatbestandsirrtum die Frage stellte, ob die Abgabe der Schüsse dann auch eine erforderliche Notwehrhandlung gewesen wäre. Auch dies bejahte das Gericht: *„Wenn diese irrtümliche Annahme des Angekl. zutreffend gewesen wäre, wäre der sogleich auf eine Person gerichtete Schusswaffeneinsatz als erforderliche Notwehrhandlung gerechtfertigt gewesen. Wird eine Person rechtswidrig angegriffen, dann ist sie grundsätzlich dazu berechtigt, dasjenige Abwehrmittel zu wählen, welches eine endgültige Beseitigung der Gefahr gewährleistet; der Angegriffene muss sich nicht mit der Anwendung weniger gefährlicher Verteidigungsmittel begnügen, wenn deren Abwehrwirkung zweifelhaft ist. Das gilt auch für die Verwendung einer Schusswaffe. Nur wenn mehrere wirksame Mittel zur Verfügung stehen, hat der Verteidigende dasjenige Mittel zu wählen, das für den Angreifer am wenigsten gefährlich ist."* 7

Das gilt nach der Ansicht des BGH auch bei einem tödlichen Schusswaffeneinsatz. Zwar gilt hier – wie sonst auch –, dass der Täter sich eines milderen Mittels bedienen muss, was gerade bei einer Schusswaffe schon im Androhen eines Schusses, einem Warnschuss oder einem gezielten Schuss in die Beine liegen kann. Der BGH wies allerdings darauf hin, dass dies von den Umständen des Einzelfalls abhängt. Insofern erläuterte er anschaulich: *„In der Regel ist der Angegriffene bei einem Schusswaffeneinsatz zwar gehalten, den Gebrauch der Waffe zunächst anzudrohen oder vor einem tödlichen Schuss einen weniger gefährlichen Einsatz zu versuchen. Die Notwendigkeit eines Warnschusses kann aber nur dann angenommen werden, wenn ein solcher Schuss auch dazu geeignet gewesen wäre, den Angriff endgültig abzuwehren [...]. Das war hier nicht der Fall, zumal der Angekl. damit rechnete, dass er seinerseits von den Angreifern durch die Tür hindurch beschossen werden könne. Ihm blieb angesichts seiner Annahme, dass ein endgültiges Aufbrechen der Tür und das Eindringen mehrerer bewaffneter Angreifer oder aber ein Beschuss durch die Tür unmittelbar bevorstand, keine Zeit zur ausreichenden Abschätzung des schwer kalkulierbaren Risikos. Bei dieser zugespitzten Situation ist nicht ersichtlich, warum die Abgabe eines Warnschusses die Beendigung des Angriffs hätte erwarten lassen [...]. Ein Warnschuss ist im Übrigen auch nicht erforderlich, wenn dieser nur zu einer weiteren Eskalation führen würde [...]. Hier war aus Sicht des Angekl. zu erwarten, dass die hartnäckig vorgehenden Angreifer ihrerseits gerade dann durch die Tür schießen würden, wenn sie durch einen Warnschuss auf die Abwehrbereitschaft des Angekl. aufmerksam gemacht worden wären. Auf einen Kampf mit ungewissem Ausgang muss sich ein Verteidiger nicht einlassen. Daher waren beide Schüsse, die der Angekl. durch die Tür abgegeben hat, aus seiner Sicht erforderliche Notwehrhandlungen."* 8

Das Gericht benannte mit knappen Worten die Rechtsfolge dieses Erlaubnistatbestandsirrtums: *„Dies führt entsprechend § 16 Abs. 1 S. 1 StGB zum Ausschluss der Vorsatzschuld."* Schließlich müsse auch das dann in Betracht kommende Fahrlässigkeitsdelikt (§ 16 Abs. 1 S. 2 StGB) ausscheiden. Das irrtumsbedingte Handeln des A sei nicht pflichtwidrig gewesen, *„weil der Angeklagte [...] mit plausiblen Gründen von einem lebensbedrohenden Angriff durch ‚Bandidos' ausging, ferner weil die tatsächlich angreifenden Polizeibeamten sich auch nach Einschalten der Beleuchtung im Haus* 9 *nicht zu erkennen gaben und weil der Angeklagte wegen ihres verdeckten Vorgehens keine Möglichkeit hatte, rechtzeitig zu erkennen, dass es sich um einen Polizeieinsatz handelte".*

IV. Einordnung der Entscheidung

10   Mit den Argumenten des BGH hätte sich auch eine Notwehrlage annehmen lassen. Denn seine Zweifel an der Rechtmäßigkeit des polizeilichen Vorgehens werden in der Literatur durchaus geteilt. Allerdings folgt auch aus der etwaigen materiellen Rechtswidrigkeit des polizeilichen Vorgehens nicht automatisch das Vorliegen einer Notwehrlage. Welche Voraussetzungen an die Rechtmäßigkeit hoheitlicher Maßnahmen im Kontext der Notwehr zu stellen sind, ist streitig. Eine Meinung möchte den aus § 113 StGB stammenden, sogenannten strafrechtlichen Rechtmäßigkeitsbegriff anwenden. Demzufolge soll eine Diensthandlung bereits dann rechtmäßig sein, wenn sie wenigstens formell rechtmäßig ist. Polizeiliche Maßnahmen, die die Zuständigkeits- und Formvorschriften erfüllen, dürften dann nicht durch Notwehr abgewehrt werden, selbst wenn sie den Anforderungen des materiellen Rechts nicht genügen. Begründen lässt sich diese Ansicht etwa damit, dass die Polizeiarbeit übermäßig erschwert würde, wenn jedes Tätigwerden auf unsicherer Tatsachengrundlage (jenseits der Verdachts- und Gefahrentatbestände) für die Beamten das Risiko bergen würde, eine Notwehrlage zu schaffen. Dem wird entgegengehalten, dass es einer unsachgemäßen und mit dem Gesetzeswortlaut unvereinbaren Einschränkung des Notwehrrechts gleichkomme, wenn Bürger gezwungen wären, materiell rechtswidrige Diensthandlungen zu erdulden, um sich nicht selbst strafbar zu machen. Der strafrechtliche Rechtmäßigkeitsbegriff sei insofern abzulehnen, die für ihn sprechenden Erwägungen könnten auch bei der Prüfung der Gebotenheit der Notwehrhandlung berücksichtigt werden. Hier wäre insbesondere problematisch, ob denn das betroffene Hausrecht auf diese Art und Weise verteidigt werden durfte. Der BGH hat sich freilich der näheren Auseinandersetzung mit dem Meinungsstreit entzogen, indem er die Rechtswidrigkeit des polizeilichen Eindringens im vorliegenden Fall offenlässt. Damit eröffnet er zugleich den Problemkomplex des Erlaubnistatbestandsirrtums. Hierbei handelt es sich um eines der umstrittensten Probleme des Allgemeinen Teils. Sehr umstritten ist dabei va die Rechtsfolge des Erlaubnistatbestandsirrtums.

11   Nach der älteren Vorsatztheorie war das Unrechtsbewusstsein ein Teil des Vorsatzes, so dass auch bei einem Irrtum über die Rechtswidrigkeit der Tat der Vorsatz entfiel. Seit der Einführung des § 17 StGB ist diese Theorie allerdings überholt. Denn § 17 StGB bringt nun klar zum Ausdruck, dass ein fehlendes Unrechtsbewusstsein erst auf der Ebene der Schuld zu berücksichtigen ist. Daher ließe sich annehmen, dass ein Irrtum, der nicht die Umstände des Tatbestandes, sondern die Rechtswidrigkeit der Tat betrifft, immer nur als Verbotsirrtum zu behandeln wäre, mit der Folge, dass es auf die Vermeidbarkeit ankäme. Dies ist die Lösung der mittlerweile nur noch selten vertretenen strengen Schuldtheorie. Diese unterscheidet nicht zwischen Irrtümern über die tatsächlichen oder rechtlichen Voraussetzungen von Rechtfertigungsgründen; in beiden Fällen lässt sie nur die Schuld unter den Voraussetzungen des § 17 StGB entfallen. Das ist auch mit dem Wortlaut der Norm vereinbar.

12   Die heute herrschende Meinung ist die sogenannte eingeschränkte Schuldtheorie. Sie macht geltend, dass ein Täter, der sich wie A über tatsächliche Voraussetzungen eines Rechtfertigungsgrundes irrt, die rechtlichen Wertvorstellungen des Gesetzgebers gera-

IV. Einordnung der Entscheidung

de teilt und sich auf dieser Grundlage rechtstreu verhalten will. Sein Irrtum über tatsächliche Umstände dürfe daher nicht gleichgesetzt werden mit dem Irrtum eines Täters, der die rechtlichen Grenzen eines Rechtfertigungsgrundes verkennt (oder sogar einen gar nicht existenten Rechtfertigungsgrund annimmt) und insofern auch von den Wertungen der Rechtsordnung abweicht. Sachgerechter sei die Anwendung der Rechtsfolgen des § 16 StGB, wobei die dogmatische Begründung des Ergebnisses variiert. Innerhalb der eingeschränkten Schuldtheorie lassen sich drei Unterarten unterscheiden, denen aber immerhin gemein ist, dass sie versuchen, über eine direkte oder analoge Anwendung des § 16 Abs. 1 S. 1 StGB die Strafbarkeit aus der Vorsatztat zu beseitigen, während im Hinblick auf § 16 Abs. 1 S. 2 StGB eine Bestrafung aus einer Fahrlässigkeitstat möglich bleibt.

Die Lehre von den negativen Tatbestandsmerkmalen schafft dies bereits mit einer direkten Anwendung des § 16 StGB, indem sie ein weites Verständnis vom Umfang des Tatbestandsbegriffs zu Grunde legt. Denn für sie umfasst dieser nicht nur die Voraussetzungen des objektiven Tatbestandes. Auch das Nichtvorliegen von Rechtfertigungsgründen stellt ein Merkmal des gesetzlichen Tatbestands dar. Demnach sei neben den gesetzlichen Merkmalen eines Straftatbestandes stets als „Negativmerkmal" das Nichtvorliegen rechtfertigender Umstände zu prüfen. Werden Rechtfertigungsgründe auf diese Weise zu (negativen) gesetzlichen Tatbestandsmerkmalen erklärt, dann lassen sich Irrtümer über diese ohne Weiteres vom Wortlaut des § 16 StGB erfassen. Diese Ansicht schafft es also zwanglos, das Problem des Erlaubnistatbestandsirrtums zu lösen. Freilich lässt sie sich nicht mit dem gängigen dreistufigen Deliktsaufbau vereinbaren. 13

Die reine eingeschränkte Schuldtheorie lehnt zwar das Hineinlesen der Rechtfertigungsgründe in den Tatbestand ab, argumentiert jedoch, dass die Tatbestandsmäßigkeit und die Rechtswidrigkeit in ihrer Funktion als Voraussetzung für das Unrecht eines Verhaltens ähnlich sind. Insofern heben tatsachenbezogene Irrtümer über einen Rechtfertigungsgrund den Unrechtsgehalt einer Tat in ähnlicher Weise auf wie Irrtümer über ein Merkmal des Tatbestands, was eine analoge Anwendung von § 16 Abs. 1 S. 1 StGB rechtfertige. Anders formuliert: Der Erlaubnistatbestandsirrtum entspricht eher einem Tatbestandsirrtum nach § 16 StGB als einem Verbotsirrtum nach § 17 StGB. Man führe sich an dieser Stelle vor Augen, dass durch die Verwirklichung des objektiven und subjektiven Straftatbestands durch den Täter ein gewisses Erfolgs- und Handlungsunrecht verwirklicht wird. Das Vorliegen objektiver Rechtfertigungsumstände sorgt dabei – vereinfacht ausgedrückt – für einen Ausgleich des objektiven Erfolgsunrechts, das subjektive Rechtfertigungselement hingegen gleicht den subjektiven Handlungsunwert (oder das Vorsatzunrecht) einer Tat aus. Im Falle des Erlaubnistatbestandsirrtums fehlt es – mangels Notwehrlage – am objektiven Rechtfertigungstatbestand, so dass lediglich das Vorsatzunrecht (der Täter handelt ja in der Absicht, sich eines vermeintlichen Angriffs zu erwehren), nicht aber das Erfolgsunrecht kompensiert wird. Dies aber entspricht wertungsmäßig dem Fall, dass ein Täter zwar objektiv tatbestandsmäßig, aber ohne den erforderlichen Vorsatz handelt, denn auch in diesem Falle wird lediglich das Erfolgsunrecht, nicht aber das Vorsatzunrecht verwirklicht. Hieran knüpft § 16 Abs. 1 StGB konsequenterweise die Rechtsfolge, dass eine Bestrafung wegen einer Vorsatztat ausscheidet. So lässt sich die analoge Anwendung des § 16 Abs. 1 StGB beim Erlaubnistatbestandsirrtum erklären. 14

15 Die herrschende rechtsfolgenverweisende eingeschränkte Schuldtheorie schließlich verweist auf die Doppelfunktion des Vorsatzes für den Tatbestand und die Schuld: Der Vorsatz wirkt sich demnach nicht nur auf das verwirklichte Unrecht einer Tat aus, sondern hat auch Bedeutung für das Maß der individuellen Vorwerfbarkeit einer Tat, die ja gerade Gegenstand der Schuldprüfung ist. Dass den Vorsatztäter ein qualitativ und quantitativ anderer Schuldvorwurf trifft als den Fahrlässigkeitstäter, leuchtet ein. Legt man diese Gedanken der hier diskutierten Problematik zugrunde, so kann argumentiert werden, dass ein Erlaubnistatbestandsirrtum zwar den Vorsatz im Rahmen des subjektiven Tatbestands (und damit das Maß des verwirklichten Unrechts) unberührt lässt, dass er aber zu einer Abschwächung oder gar Beseitigung des individuellen Unrechtsbewusstseins führt, so dass ein Vorsatzschuldvorwurf nicht erhoben werden kann. § 16 Abs. 1 S. 1 StGB wird dabei nur im Hinblick auf die dort geregelte Rechtsfolge auf der Schuldebene entsprechend herangezogen. Eine Strafbarkeit aus der Vorsatztat scheidet damit zwar aus. Im Ergebnis bleibt aber dennoch ein objektiv und subjektiv tatbestandsmäßiges und rechtswidriges Handeln bestehen, das lediglich nicht schuldhaft ist.

16 Diese heute ganz herrschende Ansicht ist gleichwohl nicht unumstritten. Ihr wird teilweise entgegengehalten, dass sie konstruiert wirke und offensichtlich ergebnisorientiert argumentiere. Denn wenn man, wie die zuvor dargestellte reine eingeschränkte Schuldtheorie, bereits das Vorsatzunrecht verneint, hat dies zur Folge, dass auch mögliche Anstifter oder Gehilfen nicht gem. §§ 26, 27 StGB bestraft werden könnten, da hierfür das Vorliegen einer vorsätzlichen, rechtswidrigen Haupttat nötig ist. Durch die Lösung der herrschenden Meinung werden die dadurch entstehenden Strafbarkeitslücken gerade vermieden, da sie erst auf der Schuldebene greift und die Tatbestandsmäßigkeit und Rechtswidrigkeit einer Tat unberührt lässt. Der 2. Senat des BGH selbst geht in seiner kurzen Stellungnahme von einem Entfallen der Vorsatzschuld aus, entscheidet sich also für die letztgenannte rechtsfolgenverweisende Theorie. Das stellt eine Abweichung von der Praxis der anderen Senate dar, die in ständiger Rechtsprechung die unrechtsverneinende Lösung angewendet haben (so etwa BGH NJW 2014, 1121). Die fehlende Begründung durch den 2. Senat dürfte dem Umstand geschuldet sein, dass beide Varianten der eingeschränkten Schuldtheorien in diesem Fall zu demselben Ergebnis führen. Das muss – wie eben dargelegt – jedoch nicht immer so sein, denn wenn auch die Strafbarkeit von Teilnehmern in Betracht kommt, wird es entscheidungserheblich, ob nach der rechtsfolgenverweisenden Theorie lediglich die Schuld oder nach der unrechtsverneinenden Theorie bereits die vorsätzliche rechtswidrige Haupttat des Täters entfällt. Inzwischen hat sich der BGH in NStZ 2020, 725 eindeutig für einen Vorsatzausschluss analog § 16 Abs. 1 S. 1 StGB ausgesprochen.

V. Zusatzfragen

17 1. Wie müsste das Urteil lauten, wenn der BGH die strenge Schuldtheorie anwenden würde?

Nach der strengen Schuldtheorie ist auch der Erlaubnistatbestandsirrtum als Verbotsirrtum nach § 17 StGB zu behandeln, da der Täter ja nicht über Umstände des Tatbestandes irrt. Ob A dann mangels Schuld straflos bliebe oder lediglich die fakultative Strafmilderung nach § 17 S. 2 StGB in Betracht käme, würde sich demzufolge danach bestimmen, ob der Irrtum über das Vorliegen der Notwehrlage für ihn vermeidbar war. Eine vergleichbare Wertungsfrage muss der BGH auch bei der von ihm tatsächlich

V. Zusatzfragen

angewandten eingeschränkten Schuldtheorie beantworten, nur an anderer Stelle. Denn die nach § 16 Abs. 1 S. 2 StGB im Anschluss zu prüfende Fahrlässigkeitsstrafbarkeit setzt eine Sorgfaltspflichtwidrigkeit voraus, die nur dann vorliegt, wenn der Irrtum für den Täter vermeidbar gewesen wäre. Freilich ist hierbei zu beachten, dass die Rechtsprechung bei der Vermeidbarkeitsprüfung im Rahmen des § 17 StGB strengere Maßstäbe anlegt als im Rahmen der Fahrlässigkeitsprüfung. So führte der BGH in BGHSt 4, 236 (242 f.) aus: „Wie der Bundesgerichtshof [...] ausgeführt hat, hat der Mensch bei allem, was er zu tun im Begriff steht, sich bewußt zu machen, ob es mit den Sätzen des rechtlichen Sollens im Einklang steht. Zweifel hat er durch Nachdenken und Erkundigung zu beseitigen. Hierzu bedarf es der Anspannung des Gewissens. Ihr Maß richtet sich nach den Umständen des Falles und nach dem Lebens- und Berufskreis des Einzelnen, insoweit also nach Gesichtspunkten, die auch bei der Frage, ob jemand ein fahrlässiges Delikt begangen hat, von Bedeutung sind. Anspannung des Gewissens ist aber etwas anderes als die Beobachtung der Sorgfalt, die vom Einzelnen verlangt wird, damit er Gefährdungen oder Verletzungen von Rechtsgütern vermeide. Hinsichtlich der Erkenntnis der Rechtswidrigkeit eines straftatbestandsmäßigen Sachverhalts werden höhere Anforderungen gestellt als hinsichtlich der Erkenntnis der Tatumstände selbst, weil mit der Tatbestandsmäßigkeit eines Verhaltens seine Rechtswidrigkeit in der Regel gegeben und dies allgemein bekannt ist. Die Frage, ob gleichwohl im einzelnen Falle die Tatbestandsverwirklichung erlaubt ist, hat der Täter deshalb besonders sorgfältig zu prüfen."

Dies zu Grunde gelegt bilden unvermeidbare Verbotsirrtümer nur eine Ausnahme. Im Fall Hell's Angels verneinte der BGH die Vermeidbarkeit bei seinen Erörterungen zur Fahrlässigkeit. Ob er auch unter Rückgriff auf die strenge Schuldtheorie im Rahmen der Prüfung des § 17 StGB zu dieser Lösung gekommen wäre, ist indes fraglich, hier aber durchaus denkbar. Immerhin war die Fehlvorstellung des A angesichts sämtlicher Umstände des Falls gut nachvollziehbar, insbesondere fehlte ihm angesichts der akut zugespitzten Bedrohungssituation die Möglichkeit, vertiefte rechtliche Überlegungen anzustellen oder gar Rechtsrat einzuholen.

2. Wie würde sich die Lösung des Falls ändern, wenn man wie die Vorinstanz davon ausgeht, dass A die Abgabe eines Warnschusses als milderes Mittel zumutbar gewesen wäre, er selbst jedoch die Rechtmäßigkeit seines Handelns annahm?

A wäre in dieser Abwandlung gleich zwei Irrtümern erlegen. Zum einen wie in der Ausgangskonstellation einem Irrtum über das tatsächliche Vorliegen einer Notwehrlage. Hinzu träte aber noch ein Verbotsirrtum, weil A sich zusätzlich über die Erforderlichkeit seiner Schüsse, also über die Anforderungen an die zulässige Notwehrhandlung, geirrt hätte. Er hätte also auch die rechtlichen Grenzen des Notwehrrechts verkannt. Eine solche Konstellation wird oft als „Doppelirrtum" bezeichnet. Der Meinungsstreit um die Rechtsfolgen des Erlaubnistatbestandsirrtums ist dann irrelevant, denn selbst wenn die vorgestellte Notwehrlage vorgelegen hätte, wäre A mangels Erforderlichkeit seines Handelns nicht gerechtfertigt gewesen. Mit anderen Worten würde ein Erlaubnistatbestandsirrtum hier im Ergebnis also gar nicht vorliegen, so dass die Bezeichnung als „Doppelirrtum" zumindest missverständlich ist. Man spricht insofern auch von einem „Putativnotwehrexzess". Eine Entschuldigung nach § 33 StGB kommt in diesem Fall nach hM nicht in Betracht, denn es liegt objektiv keine „Notwehrlage" vor, deren Grenzen überschritten werden könnten. Ob A hier aus Verwirrung, Furcht oder Schrecken gehandelt hätte, wäre damit irrelevant. Somit stellt sich die Konstellation im Ergebnis als regulärer Anwendungsfall des § 17 StGB dar. Zu entscheiden bliebe dann wiederum, ob der Irrtum des A über die Erforderlichkeit der Schüsse vermeidbar war.

Zur Vertiefung:
Baumann/Weber/Mitsch/Eisele, AT, § 14 Rn. 68 ff.
Christoph, JA 2016, 32
Gasa, JuS 2005, 890
Heinrich, AT, Rn. 1123 ff.
Hilgendorf/Valerius, AT, § 8 Rn. 37 ff.
Kaspar, AT, § 7 Rn. 49 ff.
Rengier, AT, § 30 Rn. 1 ff.
Roxin/Greco, AT I, § 14 Rn. 52 ff.
Schmelz, JURA 2002, 391
Wessels/Beulke/Satzger, AT, Rn. 739 ff.
Zieschang, AT, Rn. 349 ff.

Fall 30: Dagobert

BGH, 5 StR 465/95, BGHSt 41, 368

Konkurrenzen; Handlungseinheit und Handlungsmehrheit

I. Sachverhalt

A forderte mit Schreiben vom 11.5.1988 den Betreiber des Kaufhauses K mittels Drohung mit Bombenanschlägen zu einer Zahlung von 500.000 DM auf, ohne einen expliziten Termin für die Geldübergabe zu bestimmen. Am 25.5.1988 brachte A im Kaufhaus K eine selbst hergestellte Rohrbombe durch Zeitzünder zur Explosion, wodurch ein Sachschaden in Höhe von 230.000 DM entstand (Tatkomplex 1). In einem weiteren Schreiben vom 28.5.1988 bekannte sich A anonym zu der Tat und forderte unter Bezugnahme auf sein Schreiben vom 11.5.1988 und unter Drohung weiterer Anschläge die Übergabe der 500.000 DM. Daraufhin warf ein Geldbote des Kaufhauses K das Geldpaket auf ein Funksignal des A aus einem S-Bahn-Zug, wo es der mit einer Schusswaffe bewaffnete A wie geplant aufnahm (Tatkomplex 2).

Nachdem A einen Großteil der Beute verbraucht hatte, zündete er am 12.6.1992 eine weitere selbstgefertigte Rohrbombe mittels Zeitzünder in den Räumlichkeiten des Kaufhauskonzerns A-AG, wodurch ein Sachschaden von 114.000 DM entstand (Tatkomplex 3). Zeitgleich bekannte sich A in einem Schreiben an die A-AG anonym zu der Tat und forderte die Zahlung von einer Million DM, ansonsten drohe eine „Katastrophe". Nachdem er die Drohung am 19.6.1992 brieflich wiederholt hatte, erreichte er, dass die A-AG ihre Zahlungsbereitschaft durch Verwendung des Satzes „Onkel Dagobert grüßt seine Neffen" in einer Zeitungsannonce signalisierte. Dabei benutzte A fortan den Namen „Dagobert" als Erkennungszeichen. Am 15.7.1992 ließ er dem Geldboten der A-AG ein Behältnis zukommen, welches laut Anweisung des A an einem Zug durch eine Haltevorrichtung befestigt werden sollte. Anschließend löste A an einer passenden Stelle die Haltevorrichtung durch ein Funksignal aus, wodurch das Geldbehältnis auf die Gleise fallen sollte. Auch hier führte er eine geladene Schusswaffe bei sich. Er fand nichts, da das Paket, das entweder gar kein Geld oder lediglich Deckgeld enthalten hatte, von dem Geldboten so angebracht worden war, dass es auch nach Lösung der Haltevorrichtung am Zuge verblieb (Tatkomplex 4). Aufgrund der misslungenen Übergabe erteilte A am 7.8.1992 schriftlich Anweisungen für eine erneute Übergabe. Er ließ daraufhin dem Geldboten der A-AG eine weitere Geldabwurfvorrichtung zukommen, welche an einem Intercity-Zug angebracht werden sollte. Weiterhin drohte er mit der Zündung einer, wie A wahrheitswidrig behauptete, bereits platzierten Bombe zur Geschäftszeit, wenn seinen Anweisungen nicht Folge geleistet werde. A löste daraufhin per Funk erfolgreich den Geldbehälter ab und nahm diesen an sich, wobei er wieder eine geladene Schusswaffe mit sich führte. Der Geldbehälter enthielt jedoch nur vier Scheine von je 1000 DM als Deckgeld, welche A für sich verbrauchte (Tatkomplex 5).

Da nach Vorstellung des A die A-AG nur durch eine weitere Explosion zur Zahlung zu bewegen war, zündete er in einem Kaufhaus der A-AG nachts eine weitere, speziell zur Erzeugung hoher Sachschäden hergestellte Rohrbombe mittels Zeitzünder, wodurch ein Sachschaden in Höhe von vier Millionen DM entstand (Tatkomplex 6). Weiterhin brachte A am 15.9.1992 in einem weiteren Kaufhaus der A-AG gegen 18:00 Uhr eine Rohrbombe zur Explosion. Die in direkter Nähe befindliche Verkäuferin J erlitt dadurch ein leichtes Ohrensausen, welches vier Tage anhielt. Zusätzlich entstand ein Sachschaden von ca. 4200 DM (Tatkomplex 7). Daraufhin verlangte A am 13.10.1992, dass der Geldbote auf ein Funksignal hin das Geldpaket aus einem Intercity-Zug werfen solle. Der Abwurf erfolgte hierbei etwas verzögert, so dass das Paket, in welchem sich zumindest Deckgeld befand, ca. 150 Meter von der von A berechneten Stelle entfernt auf einem Bahngelände landete. Aus Angst vor Entdeckung nahm A das Paket nicht auf, sondern flüchtete. (Tatkomplex 8). In einem erneuten Schreiben vom 29.10.1992 forderte A die A-AG auf, das Geldpaket aus einem Intercity-Zug auf sein Funksignal hin aus dem Zug zu werfen. Der Geldbote warf daraufhin nach dem Funksignal des A das Geldpaket, welches mit Deckgeld gefüllt war, aus dem Zug. A bemerkte dabei jedoch zwei zur Beobachtung eingesetzte Polizeibeamte und nahm das Geldpaket daraufhin wiederum nicht auf (Tatkomplex 9). Am 5.1.1993 verschaffte A dem Geldboten telefonisch Zugang zu einem weiteren Geldabwurfgerät, welches dieser mit dem Geldpaket am letzten Waggon eines Zuges anbringen sollte. Als A das Funksignal auslöste, fiel das Geldpaket auf die Gleise. Jedoch konnte A das Geldpaket nicht finden (Tatkomplex 10).

Am 19.4.1993 veranlasste A telefonisch den Geldboten dazu, das Geldpaket in eine am Straßenrand befindliche Holzkiste abzulegen. A verschaffte sich über die Kanalisation von unten einen Zugang zu der Kiste, stellte jedoch fest, dass das Paket kein Geld enthielt, ließ es zurück und entkam durch die Kanalisation (Tatkomplex 11). Als Reaktion hierauf zündete A in einem weiteren Kaufhaus der A-AG eine auf Verursachung eines hohen Sachschadens gerichtete Rohrbombe. Jedoch entzündete sich hierbei der Brandbeschleuniger nicht, wodurch lediglich ein Sachschaden in Höhe von 12.000 DM entstand (Tatkomplex 12). Am 6.12.1993 zündete A um 11:15 Uhr eine weitere Rohrbombe durch Fernzündung in einem Kaufhaus der A-AG, wodurch ein Sachschaden von 35.000 DM entstand. In einem Schreiben an die A-AG drohte er, im Falle der Nichterfüllung seiner Geldforderung mit dem Einsatz von Plastiksprengstoff (Tatkomplex 13). Am 15.1.1994 verlangte A die Platzierung des Geldpakets in einem Schacht unter einem Gitterrost. Als das Paket von dem Geldboten dort abgelegt wurde, war A, welcher von unten auf das Geldpaket Zugriff hatte, bereits geflohen, da ihm die Übergabe zu lange gedauert hatte (Tatkomplex 14). Am 22.1.1994 veranlasste A wiederum, dass der Geldbote ein Geldpaket mit der nun geforderten Summe in Höhe von 1,4 Million DM auf ein von A selbst gebautes Schienenfahrzeug auf einer stillgelegten Gleisanlage ablegte und das Fahrzeug startete. Das Schienenfahrzeug entgleise jedoch nach knapp 900 Metern kurz vor der Stelle, an der A wartete. Aus Angst vor einer Ergreifung flüchtete A erneut (Tatkomplex 15). In der Folgezeit drohte A schriftlich und telefonisch immer wieder mit der Zündung weiterer Bomben und forderte telefonisch am 20.4.1994 eine weitere Geldübergabe. Bei einem die Geldübergabe vorbereitenden Telefonat konnte A schließlich am 22.4.1994 festgenommen werden (Tatkomplex 16).

II. Rechtliche Probleme des Falls

2   Der Kaufhaus-Erpresser „Dagobert" hat in den 1990er Jahren große Berühmtheit erlangt. Wer sich dem rechtlichen Problem des Falls nähern will, muss zunächst einen für dieses Casebook ungewöhnlich langen Sachverhalt lesen. Genau hier liegt aber der Schwerpunkt des Falls, denn während die Sachlage materiellrechtlich relativ einfach zu lösen ist – A hat sich in diversen Fällen wegen des Herbeiführens einer Sprengstoff-

explosion sowie wegen einer (versuchten) (schweren) räuberischen Erpressung strafbar gemacht –, so beschränkt sich die rechtliche Problematik im Wesentlichen auf die Beurteilung der Konkurrenzen und dabei ganz konkret auf die Frage, wann bei mehreren strafrechtlich relevanten Verhaltensweisen noch eine „rechtliche" oder „natürliche Handlungseinheit" angenommen werden kann. Hat A nicht immer wieder unmittelbar zur Erpressung angesetzt, um sie endlich zu verwirklichen? Kann man insofern nicht sogar von einer einheitlichen Tat im Sinne einer einzigen Gesetzesverletzung sprechen, wenn der Täter den Taterfolg sukzessiv herbeiführt? Inwiefern lässt sich dies für die unterschiedlichen Tatkomplexe sagen?

Das LG Berlin hatte A wegen vorsätzlichen Herbeiführens einer Sprengstoffexplosion in Tateinheit mit schwerer räuberischer Erpressung (Tat 1), wegen vorsätzlichen Herbeiführens einer Sprengstoffexplosion in Tateinheit mit versuchter räuberischer Erpressung in zwei Fällen (Tat 2), wegen zweier tateinheitlich zusammentreffender Fälle des vorsätzlichen Herbeiführens einer Sprengstoffexplosion in Tateinheit mit versuchter schwerer räuberischer Erpressung und versuchter räuberischer Erpressung in drei Fällen (Tat 3) sowie wegen zweier tateinheitlich zusammentreffender Fälle des vorsätzlichen Herbeiführens einer Sprengstoffexplosion in Tateinheit mit versuchter räuberischer Erpressung in drei Fällen (Tat 4) zu einer Gesamtfreiheitsstrafe von sieben Jahren und neun Monaten verurteilt. Das LG kam zu diesem Ergebnis, indem es zwischen den Tatkomplexen 1 und 2, 3 bis 5, 6 bis 11 sowie 12 bis 16 jeweils eine „natürliche Handlungseinheit" angenommen und A deshalb nur wegen insgesamt vier Taten verurteilt hat. Die Revision der Staatanwaltschaft beanstandete diese Annahme von Handlungseinheit zwischen den einzelnen Geschehensabläufen. Nach ihrer Auffassung hat sich A vielmehr wegen 16 Einzeltaten schuldig gemacht. A legte indes ebenfalls Revision ein und vertrat dabei die Ansicht, er habe sich lediglich wegen zwei Einzeltaten schuldig gemacht.

3

III. Die Entscheidung des BGH

Der BGH kam im Ergebnis zu einer anderen konkurrenzrechtlichen Bewertung der Tatkomplexe als das LG. Da das LG eine „natürliche Handlungseinheit" angenommen hatte, gab der BGH zunächst die diesbezügliche Definition wieder, so wie sie in der Rechtsprechung bis dahin verstanden wurde: *„Nach der Rechtsprechung liegt eine natürliche Handlungseinheit vor, wenn zwischen einer Mehrheit gleichartiger strafrechtlich erheblicher Verhaltensweisen ein derart unmittelbarer räumlicher und zeitlicher Zusammenhang besteht, daß das gesamte Handeln des Täters objektiv auch für einen Dritten als ein einheitliches zusammengehöriges Tun erscheint, und wenn die einzelnen Betätigungsakte auch durch ein gemeinsames subjektives Element miteinander verbunden sind [...]."* Sodann stellte er jedoch fest, dass sich die Frage, ob das LG diese Grundsätze zutreffend angewendet habe, hier gar nicht stelle, weil die Handlungen des A teilweise schon aus einem anderen Grund *„zu einer Handlung im Rechtssinne"* zusammenzufassen seien. Diese Frage sei bislang im Zusammenhang mit der Prüfung der Konkurrenzen wenig erörtert, jedoch sei *„die Frage nach der Reichweite der Tat im materiellen Sinne in Fällen der vorliegenden Art [...] weitgehend geklärt, soweit es darum geht, wie weit ein möglicher Rücktritt des Täters sich auf vorangegangene Einzelakte erstreckt [...]."* Eben weil es sich bei den Taten des A vielfach nur um eine versuchte Erpressung gehandelt hatte, meinte der BGH die zum Rücktritt vom Versuch entwickelten Grundsätze auch bei den Konkurrenzen anwenden zu können, und stellte

4

insofern fest: „*Es bestehen keine Bedenken, die Ergebnisse dieser Rechtsprechung auch auf die Beurteilung der Konkurrenzen anzuwenden, denn Tat iSd § 24 Abs. 1 StGB, auf die sich der Rücktritt erstreckt, ist die für die Beurteilung der Konkurrenzen maßgebliche Tat im materiellrechtlichen Sinne [...]."*

5   Insofern gelte hier Folgendes: „*Eine Tat im Rechtssinne liegt vor, wenn die der Tatbestandsvollendung dienenden Teilakte einen einheitlichen Lebensvorgang bilden, wobei der Wechsel des Angriffsmittels nicht von entscheidender Bedeutung ist. Ein einheitlicher Lebensvorgang in diesem Sinne ist gegeben, wenn die einzelnen Handlungen in engem räumlichen und zeitlichen Zusammenhang stehen. Dieses Erfordernis besteht bei Erpressung auch dann, wenn durch die Einzelakte, die auf die Willensentschließung des Opfers einwirken sollen, letztlich nur die ursprüngliche Drohung durchgehalten wird [...]. Die tatbestandliche Einheit der Erpressung endet dort, wo der Täter nach den Regelungen über den Rücktritt nicht mehr strafbefreiend zurücktreten kann, dh entweder bei der vollständigen Zielerreichung oder beim fehlgeschlagenen Versuch. Ein Fehlschlag in diesem Sinne liegt vor, wenn der Täter nach dem Mißlingen des vorgestellten Tatablaufs zu der Annahme gelangt, er könne die Tat nicht mehr ohne zeitliche Zäsur mit den bereits eingesetzten und anderen bereitliegenden Mittel vollenden [...]."*

6   Für unseren Fall bedeutete dies: Das Herbeiführen der Sprengstoffexplosion am 25.5.1988 im Kaufhaus K (Tatkomplex 1) sei wegen der zuvor schriftlich geäußerten Geldforderung ein Nötigungsmittel in Form von Gewalt gewesen und habe insofern nicht mehr nur der Vorbereitung einer Erpressung gedient. Die deshalb tateinheitlich mit § 311 StGB begangene schwere räuberische Erpressung gem. § 250 Abs. 1 Nr. 1 und 2 StGB aF (Tatkomplex 2) sei mit der Übergabe des Geldes vollendet gewesen. Die zeitgleich mit dem Erpressungsschreiben abgelegte Rohrbombe am 12.6.1992 habe mit ihrer Explosion wiederum den Beginn der Ausführungshandlung der versuchten schweren räuberischen Erpressung dargestellt (Tatkomplexe 3 und 4). Die deshalb tateinheitlich mit § 311 StGB begangene versuchte schwere räuberische Erpressung sei fehlgeschlagen, weil sich die Geldabwurfvorrichtung nicht vom Zug gelöst hatte und A die Tat mit den bereits eingesetzten oder bereitstehenden Mitteln ohne zeitliche Zäsur nicht habe vollenden können.

7   Daher habe auch der mit dem Schreiben vom 21.7.1992 beginnende Geschehensablauf (Tatkomplex 5) eine neue Tat dargestellt, nämlich eine vollendete schwere räuberische Erpressung, da A die 4.000 DM erlangte. Mit Vollendung der Tat sei der weitergehende, auf Erlangung einer höheren Summe gerichtete Versuch einer Erpressung wiederum fehlgeschlagen, so dass auch das mit der Bombenexplosion am 9.9.1992 beginnende Geschehen (Tatkomplex 6) wieder eine neue Tat eingeleitet habe. Die Sprengstoffexplosionen vom 9.9. und 15.9.1992 (Tatkomplex 6 und 7) hätten nun an die vorangegangenen Erpressungsversuche angeknüpft und deshalb jeweils Nötigungsmittel in Form von Gewalt beinhaltet. Sie hätten den Beginn der Ausführungshandlung eines neuerlichen Erpressungsversuchs (Tatkomplex 8) dargestellt und seien deshalb tateinheitlich mit diesem verbunden gewesen, wobei der Qualifikationstatbestand des § 250 Abs. 1 Nr. 2 StGB aF und § 311 StGB jeweils zweifach verwirklicht worden seien. Diese versuchte schwere räuberische Erpressung sei gescheitert, weil A das aus dem Zug geworfene Paket nicht aufnahm, sondern aus Angst vor einer Festnahme flüchtete, so dass auch dieser Versuch fehlgeschlagen sei. Damit habe das mit dem Schreiben vom 15.10.1992 beginnende Geschehen (Tatkomplex 9) wieder eine neue Tat dargestellt.

Diese sei wiederum gescheitert, als A das aus dem Zug geworfene Paket nicht aufnahm und flüchtete. Der mit neuerlichen Schreiben und einer Erhöhung der Geldforderung beginnende, weitere Erpressungsversuch (Tatkomplex 10) sei ebenfalls im Sinne eines Fehlschlags gescheitert, weil A das abgeworfene Paket nicht auffinden konnte und den Übergabeort verließ. Damit habe der daran anschließende Brief des A mit der Ankündigung, einen neuen Übergabetermin zu bestimmen, den Beginn einer weiteren Tat (Tatkomplex 11) dargestellt. Diese versuchte Erpressung sei ebenfalls im Sinne eines Fehlschlags gescheitert, nachdem A lediglich ein Paket mit Papierschnipseln erlangt hatte.

Wegen dieses Fehlschlags sei der mit der Bombenexplosion am 18.5.1993 beginnende Geschehensablauf (Tatkomplex 12) wiederum eine neue Tat gewesen. Die Sprengstoffexplosionen (Tatkomplexe 12 und 13) hätten sodann aber wiederum den Beginn bzw. die Verstärkung eines neuerlichen Erpressungsversuchs (Tatkomplex 14) dargestellt. Als Nötigungsmittel stünden die (zweifach verwirklichten) Verbrechen nach § 311 StGB deshalb jeweils in Tateinheit zu der versuchten schweren räuberischen Erpressung. Dieser Versuch sei fehlgeschlagen, nachdem A die Geldübergabe nicht abwartete, sondern aus Angst vor einer Festnahme floh. Der mit dem Telefonat vom 20.1.1994 beginnende weitere Erpressungsversuch (Tatkomplex 15) sei auch fehlgeschlagen, nachdem das zur Geldübergabe eingesetzte Schienenfahrzeug entgleist war und A vom Übergabeort flüchtete. Der wegen des Fehlschlags des vorangegangenen Erpressungsversuchs selbstständige letzte Erpressungsversuch (Tatkomplex 16) sei sodann mit der Festnahme des A am 22.4.1994 fehlgeschlagen.

Im Ergebnis hat A sich deshalb nach Ansicht des BGH der schweren räuberischen Erpressung in zwei Fällen (Tatkomplexe 1/2 und 5), davon in einem Fall in Tateinheit mit Herbeiführen einer Sprengstoffexplosion (Tatkomplexe 1/2), schuldig gemacht. Er hat sich weiterhin der versuchten schweren räuberischen Erpressung in vier Fällen (Tatkomplexe 3/4, 9, 6 bis 8, 12 bis 14), davon in zwei Fällen in Tateinheit mit jeweils zweifachem Herbeiführen einer Sprengstoffexplosion (Tatkomplexe 6 bis 8, 12 bis 14) und in einem Fall in Tateinheit mit Herbeiführen einer Sprengstoffexplosion (Tatkomplexe 3/4), schuldig gemacht. Er hat sich weiterhin der versuchten räuberischen Erpressung in vier Fällen (Tatkomplexe 10, 11, 15, 16) schuldig gemacht.

IV. Einordnung der Entscheidung

Mit dieser Entscheidung versuchte der BGH die bis dahin im Rahmen der Konkurrenzen wenig erörterte Frage zu lösen, wann zwischen mehreren Versuchshandlungen eine Handlungseinheit besteht. Genau genommen ging es darum, ob teilweise nur eine einzige Gesetzesverletzung vorlag, nämlich ein einheitlicher Erpressungsversuch, und wann die Handlungen so auseinanderfielen, dass es sich um mehrere Taten handelte. Dabei geht es um unterschiedliche Rechtsfolgen für den Täter. Verletzt dieselbe Handlung mehrere Strafgesetze oder dasselbe Strafgesetz mehrmals, so liegt Tateinheit vor und es wird gem. § 52 Abs. 1 StGB nur auf eine Strafe erkannt, die sich nach dem schwersten Delikt bestimmt. Hat der Täter hingegen mehrere Straftaten begangen, die gleichzeitig abgeurteilt werden, und dadurch mehrere Freiheitsstrafen oder mehrere Geldstrafen verwirkt, so liegt Tatmehrheit vor und es wird gem. § 53 Abs. 1 StGB auf eine Gesamtstrafe erkannt. Diese Gesamtstrafe wird gem. § 54 Abs. 1 S. 2 StGB durch Erhöhung der verwirkten höchsten Strafe, bei Strafen verschiedener Art durch Erhöhung der ihrer Art nach schwersten Strafe gebildet. Erste Voraussetzung der Tateinheit ist das Vorliegen nur einer Handlung des Täters (Handlungseinheit), während Tatmehrheit nur bei mehreren Handlungen (Handlungsmehrheit) vorliegt. Sowohl die Tateinheit als auch die Tatmehrheit setzen allerdings voraus, dass der Täter überhaupt mehrere Gesetzesverletzungen begangen hat, was dann nicht der Fall ist, wenn einzelne Willensbetätigungen nicht nur zu einer Handlungseinheit, sondern auch zu einer einheitlichen Gesetzesverletzung zusammengefasst werden.

11 Die hM geht zunächst davon aus, dass eine Handlungseinheit jedenfalls dann vorliegt, wenn der Täter nur eine einzige Handlung im natürlichen Sinne, dh nur eine einzige Willensbetätigung vorgenommen hat. Dies kann man bei A hier nicht sagen, da er mehrere Bomben platziert und verschiedene Erpresserschreiben versendet, also immer wieder seinen Willen neu betätigt hat. Daneben ist eine sog. „tatbestandliche Handlungseinheit" für bestimmte Fälle anerkannt, bei der trotz mehrfacher Willensbetätigung des Täters eine Handlungseinheit im Rechtssinne entsteht, weil diese verschiedenen Willensbetätigungen normativ zusammengefasst werden. Das Besondere daran ist allerdings, dass es sich hierbei um Fälle handelt, in denen im Ergebnis auch nur eine Gesetzesverletzung anzunehmen ist. Darunter fallen als klarste Fallgruppe die mehraktigen Delikte. So setzt sich etwa der Raub aus einer Nötigung und einem Diebstahl zusammen, also grds. aus mehreren Willensbetätigungen, nämlich dem Einsatz eines Raubmittels der Gewalt oder der Drohung und der Wegnahme einer fremden beweglichen Sache. Gleichwohl werden diese unterschiedlichen Handlungen im natürlichen Sinne zu einer rechtlichen Handlungseinheit zusammengefasst, weil schon das Gesetz sie zu einer einheitlichen Gesetzesverletzung verbindet.

12 Insbesondere die Rechtsprechung hat darüber hinaus aber auch eine sog. „natürliche Handlungseinheit" anerkannt. Sie wurde traditionell neben der rechtlichen Handlungseinheit genannt, da sie sich aus einer „natürlichen Betrachtung" ergeben soll. Der BGH definierte sie in BGHSt 43, 312 folgendermaßen: Hierzu sei erforderlich, *„daß der Täter aufgrund eines einheitlichen Willens im Sinne derselben Willensrichtung handelt und die einzelnen tatbestandsverwirklichenden Handlungen in einem derart engen – zeitlichen, räumlichen und sachlichen – Zusammenhang stehen, daß sie bei natürlicher, an den Anschauungen des Lebens orientierter Betrachtungsweise als ein einheitliches zusammengehörendes Tun erscheinen."* Den klassischen Fall bildet die sog. „iterative Tatbegehung", bei welcher der Täter in einem kurzen räumlichen und zeitlichen Abstand denselben Tatbestand aufgrund eines einheitlichen Entschlusses mehrfach verwirklicht und dadurch Unrecht und Schuld lediglich steigert. Mehrere Willensbetätigungen werden auf diese Weise zu einer Handlungseinheit und im Ergebnis wiederum zu einer einheitlichen Gesetzesverletzung zusammengefasst. So liegt etwa nur eine einzige Körperverletzung vor, wenn der Täter dem Opfer hintereinander mehrere Ohrfeigen verpasst.

13 Lange Zeit wurde seitens der Rechtsprechung auch die sukzessive Tatbegehung als Fall der natürlichen Handlungseinheit angesehen. Hierzu gehören die Fälle, in denen der Täter mehrere Willensbetätigungen benötigt, um den Erfolg herbeizuführen, also etwa mehrere Messerstiche oder Schüsse auf das Opfer abgibt, bis es plangemäß stirbt. Der letztlich eingetretene Erfolg bewirkt auch hier das Zusammenziehen der Einzelakte zu einer einheitlichen Gesetzesverletzung. Der BGH zeigte in unserem Fall, dass dasselbe auch dann gilt, wenn der Täter den Erfolg auch später nicht herbeiführen kann (sukzessiver Versuch). Hierbei übertrug er wie gesehen die zum Rücktritt vom Versuch entwickelten Grundsätze (vgl. dazu auch Fall 19: Denkzettel, S. 135 ff.). Die

Tat iSd § 24 Abs. 1 StGB, auf die sich der Rücktritt erstreckt, soll also mit der für die Beurteilung der Konkurrenzen maßgeblichen Tat im materiellrechtlichen Sinne identisch sein. Dabei bildet ein mehrmaliges Ansetzen zur Tatbestandverwirklichung einen einheitlichen Versuch und erst der Fehlschlag oder die endgültige Erreichung des Ziels bewirken eine Zäsur. Interessant ist, dass der BGH im vorliegenden Fall darin aber nicht wie bisher eine „natürliche Handlungseinheit" sah, sondern eine einheitliche Tat im Rechtssinne annahm. In diesem Fall geht es, wie gesagt, nicht nur um eine Handlungseinheit, sondern um eine einheitliche Gesetzesverletzung, also nicht um Tateinheit. Mit anderen Worten zog der BGH bestimmte Verhaltensweisen des A zu einem einheitlichen Versuch zusammen, während die anderen nach der jeweiligen Zäsur durch das Fehlgehen der Tat dazu in Handlungs- und Tatmehrheit standen.

Als rechtliche Handlungseinheit wurde lange Zeit auch die fortgesetzte Handlung eingeordnet. Hiermit konnten gerade auch solche Fälle wie der Fall Dagobert, in denen der Täter mehrere an sich selbstständige Verwirklichungen desselben (Grund-)Tatbestands beging und die insofern keine „natürliche Handlungseinheit" bildeten, zu einer rechtlichen Handlungseinheit zusammengefasst werden. Dies war abhängig von einer *„rechtlich und tatsächlich gleichartigen Begehung [...], die zudem durch einen (nahen) räumlichen und (engen) zeitlichen Zusammenhang der einzelnen Teilakte gekennzeichnet ist"* (BGHSt 40, 138 (146)). Nach langjähriger Kritik seitens der Literatur hat der Große Senat die Rechtsfigur des Fortsetzungszusammenhangs in BGHSt 40, 138 faktisch aufgegeben. Die Behandlung von Serientaten bereitet daher (weiterhin) Probleme. Die Rechtsprechung versucht nicht selten eine Lösung durch eine großzügigere Annahme von rechtlichen Bewertungseinheiten zu erzielen, um die Folge des § 53 StGB zu vermeiden.

14

V. Zusatzfragen

1. Ist die Annahme einer „natürlichen Handlungseinheit" auch bei Taten gegen höchstpersönliche Rechtsgüter unterschiedlicher Rechtsgutsträger möglich?

15

Diese Frage wird sehr kontrovers diskutiert. Es geht dabei etwa um den Fall, dass der Täter zwei Menschen nacheinander verletzt. Festzuhalten ist dabei zunächst, dass in einem solchen Fall Einigkeit darüber besteht, dass es sich hierbei nicht bloß um eine einheitliche Gesetzesverletzung handelt. Schlägt A den B in schneller Folge zweimal hintereinander ins Gesicht, so ist dies eine einzige Körperverletzung. Schlägt er hingegen nacheinander B und C, so sind dies fraglos zwei Körperverletzungen. Die Frage ist nur, ob diese zwei Körperverletzungen wegen der zeitlichen Nähe in einer „natürlichen Handlungseinheit" und daher auch in Tateinheit, § 52 StGB, stehen oder ob es sich auch um zwei Handlungen und damit um Tatmehrheit, § 53 StGB, handelt.

Die Rechtsprechung des BGH zu dieser Frage hat sich im Laufe der Zeit gewandelt. Anders als noch das RG hat der BGH in BGHSt 16, 397 eine natürliche Handlungseinheit bei unterschiedlichen Trägern höchstpersönlicher Rechtsgüter zunächst kategorisch abgelehnt. Hier hatte der Angeklagte nacheinander versucht, seine Frau und seine beiden Kinder mit einem Beil zu erschlagen. Wegen der Verschiedenheit der höchstpersönlichen Rechtsgüter sah der BGH hierin unterschiedliche Willensbetätigungen, die sich *„unter keinem Gesichtspunkt rechtlich zu einer Einheit verbinden lassen"*. Inzwischen sieht der BGH dies allerdings etwas anders und lässt in Ausnahmefällen auch bei höchstpersönlichen Rechtsgütern unterschiedlicher Rechtsgutsträger eine Handlungs- und Tateinheit zu, *„wenn eine Aufspaltung in Einzeltaten wegen eines außergewöhn-*

lich engen zeitlichen und situativen Zusammenhangs, etwa bei Messerstichen oder Schüssen innerhalb weniger Sekunden [...] oder eines gegen eine aus der Sicht des Täters nicht individualisierte Personenmehrheit gerichteten Angriffs [...] willkürlich und gekünstelt erschiene" (BGH StV 1994, 537 (538)). Die natürliche Handlungseinheit hat demnach aus der Sicht der Rechtsprechung eine „Doppelfunktion", da sie einerseits (bei iterativer Tatbegehung) das Zusammenziehen zu einer einheitlichen Gesetzesverletzung und andererseits bei höchstpersönlichen Rechtsgütern unterschiedlicher Rechtsgutsträger zur Tateinheit führt.

In der Literatur wird dies überwiegend abgelehnt und die Figur der natürlichen Handlungseinheit entweder vollends verworfen oder jedenfalls auf solche Fälle beschränkt, in denen sie zu einer einheitlichen Gesetzesverletzung führt. Wer zwei Menschen nacheinander verletzt, tut dies durch zwei verschiedene Willensbetätigungen. Es bedürfe eines besonderen rechtlichen Grundes, diese zusammenzufassen. Hierfür sei entscheidend, ob bei normativer Betrachtung nur eine Steigerung von Unrecht und Schuld oder ob ein selbstständiges Unrecht anzunehmen sei. Wer zweimal denselben Menschen schlägt, steigere nur das Unrecht, wer nacheinander zwei unterschiedliche Menschen schlägt, begehe jeweils eigenständiges Unrecht.

16   2. Ist eine „natürliche Handlungseinheit" auch bei Verwirklichung verschiedenartiger Tatbestände denkbar?

Auch über diese Frage herrscht zwischen Literatur und Rechtsprechung keine Einigkeit. Die Rechtsprechung erkennt in besonders gelagerten Konstellationen eine „natürliche Handlungseinheit" auch zwischen verschiedenartigen Tatbeständen an. Den Hauptanwendungsfall bilden die sog. Polizeifluchtfälle, in denen der Täter während der Flucht vor der Polizei eine Vielzahl an unterschiedlichen Delikten begeht. Zur Begründung führte der BGH in BGHSt 22, 67 an, dass aufgrund der einheitlichen Zielsetzung der Tathandlung, sich dem Zugriff der Polizei entziehen zu wollen, alle Delikte zu einer Einheit zusammengeschlossen werden könnten. Er nahm insofern eine „natürliche Handlungseinheit" zwischen allen begangenen Delikten und damit Tateinheit, § 52 StGB, an. Die hL lehnt hingegen eine Erweiterung der „natürlichen Handlungseinheit" auf verschiedenartige Tatbestände ab. Denn wie soeben bereits ausgeführt interpretiert sie die „natürliche Handlungseinheit" nur als Form der tatbestandlichen Handlungseinheit iwS, indem die Einzelakte, zB mehrere Faustschläge auf dasselbe Opfer hintereinander, im Ergebnis zu einer Gesetzesverletzung zusammengezogen werden, weil es sich nur um eine Steigerung des Unrechts- und Schuldgehalts ebendieser Tat handelt.

Zur Vertiefung:
Baumann/Weber/Mitsch/Eisele, AT, § 27 Rn. 20 ff.
Heinrich, AT, Rn. 1423 ff.
Hilgendorf/Valerius, AT, § 13 Rn. 10 ff.
Kaspar, AT, § 11 Rn. 5 ff.
Puppe, JR 1996, 513
Rengier, AT, § 56 Rn. 68 ff.
Roxin, AT II, § 33 Rn. 29 ff.
Satzger, JR 1998, S. 518
Wessels/Beulke/Satzger, AT, Rn. 1253 ff.
Zieschang, AT, Rn. 780 ff.

Stichwortverzeichnis

Die Angaben verweisen auf die Fälle des Buches (**fette Zahlen**) sowie die Randnummern innerhalb der einzelnen Fälle (magere Zahlen).
Beispiel: Fall 9 Rn. 10 = **9** 10

Aberratio ictus **6** 12
Actio illicita in causa **8** 12, **13** 20
Actio libera in causa **13** 3 ff., 8, 10 ff., 17, 19
Alternativvorsatz **6** 2 ff.
Anstiftung **22** 7, **23** 3, **24** 4, 11, 13, **25** 3, **26** 3 ff., 11 f., **27** 4, **28** 10
– doppelter Anstiftungsvorsatz **26** 3
– versuchte **27** 14
Ärztlicher Heileingriff **10** 11, **12** 2, 5
Beihilfe **22** 2 ff., 3, 6 f.
– zum freiverantwortlichen Suizid **11** 20
Conditio-sine-qua-non-Formel **1** 5, 16, **3** 5, **4** 4
Defensivnotstand **9** 12 f., **15** 11
Distanzfälle **17** 3, **27** 3, 10
Dolus alternativus **6** 2 ff.
Dolus cumulativus **6** 12
Einwilligung **10** 3 ff., **11** 3 ff., 6 ff., 12, 16 ff., **12** 1 ff., **23** 11
– dispositives Rechtsgut **10** 7 f., **11** 3
– Einwilligungsfähigkeit **11** 7 f., 21
– Eskalationsgefahr **10** 13 f.
– Freiheit von Willensmängeln **12** 2
– hypothetische Einwilligung **12** 3 ff., 8 f.
– mutmaßliche Einwilligung **11** 18, **12** 1 f., 9
– Sittenwidrigkeit **10** 5 ff., **12** ff.
– Sportwettkämpfe **10** 15 f.
Entschuldigender Notstand **2** 4 f., **9** 4, 9, **11** 6, **14** 9, **15** 3, **22** 14, **24** 5 f.
– Abwendbarkeit **15** 6 ff., 11, **22** 14
– Dauergefahr **9** 6 f., **15** 5 f., 9
– gegenwärtige Gefahr **9** 4, 6 ff., **15** 5
– Irrtum **15** 7, 11
Erfolgsqualifikation **4** 11, 17
– erfolgsqualifizierter Versuch **4** 3, 7, 11, 17 f.
– Letalitätstheorie **4** 7
– spezifischer Gefahrzusammenhang **4** 4, 7 f., 12, 15 f., 17, **10** 2
– Unmittelbarkeitszusammenhang **4** 15

Fahrlässigkeit **1** 13, 17, **3** 1, 6, **5** 9, **21** 2, 17 f., 18
– bewusste **5** 2 ff.
– objektive Sorgfaltspflichtverletzung **3** 11
– objektive Vorhersehbarkeit **3** 11, **4** 9, **13** 4
Fahrlässigkeitsexzess **28** 10
Festnahmerecht **9** 4, 6, 9
– Festnahmegrund **9** 4, 10
– Festnahmelage **9** 4, 10, 12
Fortsetzungszusammenhang **30** 14
Garantenpflicht **1** 21
Garantenstellung **20** 3, **21** 3 ff.
– aus enger Lebensgemeinschaft **21** 9
– aus tatsächlicher Übernahme **21** 6, 9, 14 ff.
– Beschützergarant **21** 10, 14
– Ingerenz **1** 3, 9 ff., 19 f., **20** 5 ff., **21** 4, 9, 11 ff.
– tatsächlicher Übernahme **1** 20
– Überwachungsgarant **21** 10, 14
– Überwachungspflicht **1** 20
– Verkehrssicherungspflicht **1** 8, 20
Handlungseinheit **30** 10 ff.
– fortgesetzte Handlung **30** 14
– Handlung im Rechtssinne **30** 4 f., 11
– natürliche Handlungseinheit **30** 2 ff., 11 ff., 15 f.
– rechtliche Handlungseinheit **30** 2, 11 ff.
– tatbestandliche Handlungseinheit **30** 11, 16
Handlungsmehrheit **30** 10
In dubio pro reo **1** 16, **2** 2 f., 6 f., **3** 4, 8 f., **12** 4 ff., **13** 2
Irrtum **7** 2, **23** 5 ff., 9 ff., 14, **24** 12, **26** 2 f., 5, 7, **27** 2, 11, **28** 11
– Doppelirrtum **29** 18
– Erlaubnistatbestandsirrtum **24** 3, 5, **29** 3 ff., 9 ff., 17 f.
– Motivirrtum **23** 7, 11 ff., **26** 2, 12
– Quasi-Tatbestandsirrtum **23** 10 f.
– Tatbestandsirrtum **23** 10, 14, **26** 2, 9, **27** 13, **29** 4, 14
– über den Kausalverlauf **7** 4

217

Stichwortverzeichnis

- Verbotsirrtum 24 3 f., 5 f., 8 f., 10 f., 13, 29 4, 11, 14, 17 f.

Iterative Tatbegehung 30 12

Kausalität 1 15 f., 2 5, 7 f., 3 2 ff., 7 3 f., 20 10, 21 17
- alternative 1 5, 18, 22
- Äquivalenztheorie 2 10, 4 17
- Gremienentscheidung 1 21
- Gremienentscheidungen 1 4 f., 17 f.
- kumulative 1 5, 18, 22, 2 6
- Regressverbot 2 10
- überholende 7 6, 10

Konkurrenzen 30 2 ff., 10, 13

Kumulativvorsatz 6 12

Letalitätstheorie 4 11 f.

Mittäterschaft 1 12 f., 17, 21 f., 2 2, 4 8, 11 2, 16 2, 22 3, 7, 11, 24 11, 25 2 f., 5, 7, 12, 26 12, 28 3 f., 6 ff., 12 f.
- Mittäterexzess 28 13
- sukzessive 2 9

Mittelbare Täterschaft 13 9, 16 f., 17 2, 22 3, 11, 23 3 f., 8, 10 f., 13, 14 f., 24 2, 4, 7 f., 9 ff., 13 f., 26 11, 28 10

Nothilfe 11 6

Notwehr 2 4, 8 2 ff., 9 3 ff., 14 2, 4 ff., 15 3 f., 8, 10, 29 2 f.
- Absichtsprovokation 8 9, 12 ff., 14 7, 9
- Abwehrprovokation 8 13
- Drei-Stufen-Modell 8 11, 14, 14 7, 15 10
- Erforderlichkeit 8 2, 4, 7, 14 2, 15 3, 10, 29 18
- Gebotenheit 8 2, 4, 6 ff., 13, 14 2 f., 9, 15 10
- gegenwärtiger, rechtswidriger Angriff 8 2, 9, 9 3 f., 5, 10, 14, 11 5, 14 2, 15 3 f., 24 5, 29 2 f., 7
- Individualschutzprinzip 8 7
- krasses Missverhältnis 15 10
- notwehrähnliche Lage 9 3
- Präventivnotwehr 15 8
- Putativnotwehrexzess 29 18
- Rechtsbewährungsgedanke 15 10
- Rechtsbewährungsprinzip 8 7, 10
- Schutzwehr 8 9, 11, 14 4 f., 7, 9, 15 10
- Solidargemeinschaft 15 10
- sonst vorwerfbare Provokation 14 7, 9
- Trutzwehr 8 6, 9, 11, 14 4 f., 7, 9, 15 10
- unabsichtlich provozierte Notwehrlage 8 10
- Verteidigungswille 8 9

- Vorsatzprovokation 8 14

Notwehrexzess 2 4, 14 2 ff., 6
- asthenischer Affekt 14 8, 11
- extensiver 14 11
- intensiver 14 9, 11
- nachzeitiger 14 11
- vorzeitiger 14 11

Objektive Zurechnung 2 5, 6 ff., 20 10 f.
- Abweichung des Kausalverlaufs 26 5
- atypischer Kausalverlauf 3 11, 4 10, 7 7 f., 20 13, 26 7
- Dazwischentreten Dritter 2 6 f., 4 16, 7 7, 11, 21 18
- objektive Vorhersehbarkeit 20 13
- Pflichtwidrigkeitszusammenhang 3 5 ff., 10 f.
- Schutzzweck der Norm 2 10, 4 15 f.

Omissio libera in causa 13 20

Rechtfertigender Notstand 9 4, 6, 9, 11 6, 15 3 f., 10, 22 14, 24 3, 5 f.
- Dauergefahr 9 4, 11, 15 3
- Erforderlichkeit 9 11, 13, 15 3
- gegenwärtige Gefahr 9 4, 22 14, 24 5
- Interessenabwägung 9 11, 13, 15 4, 8

Rechtfertigungsgrund 14 4

Rechtswidrigkeit 2 4

Risikoerhöhungslehre 3 7 ff.

Rücktritt 19 2 ff., 20 2, 4, 7, 12 f., 24 6, 25 4
- Aufgabe der Tat 19 16
- außertatbestandliches Handlungsziel 19 12, 14
- außertatbestandsmäßiges Handlungsziel 19 5, 7 f.
- Beteiligung mehrerer 16 9
- Einzelbetrachtungslehre 19 4, 9 f.
- ernsthaftes Bemühen 20 9
- fehlgeschlagener Versuch 16 9, 17 13, 19 4 f., 8 ff., 15
- Freiwilligkeit 16 9, 19 2 ff., 7, 15, 20 12, 25 9, 13
- Gesamtbetrachtungslehre 19 4 f., 9 f.
- Lehre vom Rücktrittshorizont 19 4 ff.
- Tatplantheorie 19 11
- Unterlassungsdelikt 20 9
- von der versuchten Beteiligung 25 9, 11, 13 f., 16

Schuld 2 4, 13 2, 14 11, 15 3
- Entschuldigungsgrund 2 5
- Schuldausschließungsgrund 2 4

Stichwortverzeichnis

- Schuldunfähigkeit 13 8
- Schuldgrundsatz 3 6
- Schuldprinzip 1 2, 21
- Sterbehilfe 11 4 ff.
  - Behandlungsabbruch 11 10 ff.
  - Patientenverfügung 11 3, 7
- Subjektive Zurechnung 3 11, 4 10, 7 4, 8, 26 5
- Sukzessive Tatbegehung 30 13
- Tateinheit 30 2 ff.
- Tatentschluss 1 21, 23 3
- Täterschaft 22 7, 23 3, 7 ff., 26 4, 7
  - alternative Tatherrschaft 28 9
  - extrem-subjektive Theorie 22 8, 10, 12, 23 8
  - formal-objektive Theorie 22 9 f., 11
  - materiell-objektive Lehre 22 5
  - mittelbare 17 5 ff.
  - Nebentäterschaft 24 14
  - subjektive Theorie 22 4, 28 8
  - Täter hinter dem Täter 24 4, 7, 11, 13 f.
  - Täterwille 22 4, 6, 8, 12, 23 8
  - Tatherrschaft 22 5, 11 f., 23 7 ff., 14 f., 24 8, 12, 13, 28 3, 8
  - Tatherrschaftslehre 22 9, 11, 13
  - Teilnehmerwille 22 8
  - Verantwortungsprinzip 24 4, 7, 10 ff.
- Teilnahme 23 8 f., 24 10, 14, 26 4, 28 8
  - Akzessorietät 9 14, 26 7 f.
- Übergesetzlicher Notstand 11 6, 24 3
- Ultima Ratio 8 9
- Unmittelbare Täterschaft 24 8
- Unterlassen 1 8 ff., 12 f., 17, 19 f., 22, 11 2, 4, 6, 9 ff., 16 ff., 20 12, 21 2 f., 17
  - Abgrenzung vom aktiven Tun 1 3, 7, 20 2 f.
  - Garantenpflicht 11 16, 20 3, 7, 21 3 ff., 9 ff., 17
  - Quasi-Kausalität 1 22
  - Rücktritt 20 9
- Unterlassung
  - Garantenpflicht 13 20

- Verbotsirrtum 21 7
- Verbrechensverabredung 25 3 ff., 10 ff., 16
- Versuch 16 2 ff., 23 15, 25 6
  - abergläubischer 18 13
  - Alternativformel 17 11
  - Beendeter 17 2, 5, 13, 19 3 ff., 15, 20 4 f., 9, 12
  - der Beteiligung 25 3
  - erfolgsqualifizierter Versuch 4 4, 7, 11 ff., 17 f.
  - fehlgeschlagener Versuch 17 13, 27 14, 30 7 f.
  - formal-objektive Theorie 16 6
  - gemischt subjektiv-objektive Theorie 16 5, 17 9
  - grob unverständiger 18 3 ff., 12 f.
  - Tatentschluss 4 10, 7 11, 17 2, 7, 12, 18 2, 19 2, 12 f., 27 2 f., 5, 11, 14
  - unbeendeter 17 10, 13, 19 3 ff., 15, 20 4, 9, 12
  - unmittelbares Ansetzen 4 6, 10 f., 16 2 ff., 9 f., 17 2 ff., 13 f., 19 2, 20 2, 7, 25 2 f., 26 12, 27 3, 5, 11 f., 28 2, 10
  - untauglicher 18 2 ff., 12 f., 20 5, 9, 26 12, 28 4 f.
  - Zwischenaktstheorie 16 7
- Vollrausch 13 3
- Vorbereitungsstadium 16 2, 25 2 f., 28 8
- Vorsatz 20 2
  - aberratio ictus 13 19, 17 14, 26 6, 9, 12, 27 2 f., 7 ff., 13
  - dolus antecedens 7 2
  - dolus directus I 5 2, 13, 7 9, 17 9
  - dolus directus II 5 2, 13, 17 9
  - dolus eventualis 5 2 ff., 5, 8 ff., 7 2, 4, 9, 8 14, 17 2, 9, 19 2, 7, 12 f.
  - dolus generalis 7 2 f., 5 f., 9, 11
  - error in persona 13 19, 17 14, 26 2, 5, 7 ff., 11, 27 2 f., 4, 7, 13, 28 2, 5, 10 f., 12
  - Hemmschwellentheorie 5 12
  - Koinzidenzprinzip 7 2, 11
  - Quasi-Vorsatz 23 10
  - Simultanitätsprinzip 7 2, 5, 20 7